Primera edición: noviembre de 2021
© Copyright de la obra: Juan Ignacio González Montejano
© Copyright de la edición: Angels Fortune Editions
Código ISBN: 978-84-124212-4-8
Código ISBN digital: 978-84-124212-5-5
Depósito legal: B 15014-2021
Ilustración portada: Cristina Lamata
Corrección: Teresa Ponce
Maquetación: Cristina Lamata
Edición a cargo de Mª Isabel Montes Ramírez
©Angels Fortune Editions
www.angelsfortuneditions.com

Derechos reservados para todos los países
No se permite la reproducción total o parcial de este libro, ni la compilación en un sistema informático, ni la transmisión en cualquier forma o por cualquier medio, ya sea electrónico, mecánico o por fotocopia, por registro o por otros medios, ni el préstamo, alquiler o cualquier otra forma de cesión del uso del ejemplar sin permiso previo por escrito de los propietarios del copyright.
«Cualquier forma de reproducción, distribución, comunicación pública o transformación de esta obra solo puede ser realizada con la autorización de sus titulares, excepto excepción prevista por la ley»

EL CAMINANTE

Juan Ignacio González Montejano

A mi madre, Josefa Montejano Moreno

DICHOS DE UN CORAZÓN DE DIAMANTE

¿Qué dedo me corto?, ¿de cuál me separo?, ¿cuál de mis frases sientes como tuya?, ¿cuál de mis dichos más te ha marcado?

Que si la zapatilla me quito y a dormir calentico, de comer hay comida o voy a hacer un recado.

¿Qué dedo me corto?, ¿de cuál me separo?

No hay una perra, como coja camino, no hagas eso que te, que te, mira a ver si tu padre vino.

¿Qué dedo me corto?, ¿de cuál me separo?, mis ocho almas, mis hijos, siempre estaréis a mi lado.

Frita como un chicharrón o porque lo dices tú, que si eres mujer o porque te lo digo yo.

¿Qué dedo me corto?, ¿de cuál me separo?

PRÓLOGO

Y así resulta imposible llegar a resolver el enigma de cuándo se producirá el acontecimiento que lo cambiará todo, que dará inicio a esa chispa, a ese instante que te coloca en la verdadera casilla de salida, con el que se emprenderá un camino de no retorno que acabará tejiendo la historia de tu propia vida, de la vida de cada uno de nosotros.

Porque, al fin y al cabo, ¿qué conforma ese camino si no se trata de la distancia recorrida y que transcurre entre cada nueva experiencia?

Y durante todo ese trayecto, esa senda, ese camino, el tiempo que discurre es cambiante. Días afligidos y tristes se entrelazan con otros dichosos, y, a cada paso dado, amor, desamor, sosiego, dolor, desilusión, alegría, esperanza... Toda una amalgama de sentimientos y sensaciones variopintas que siempre serán parte de la mochila en ese extraordinario y efímero peregrinaje que simple y llanamente comporta la vida misma.

Esa vida que confluye ramificada junto a otros caminos, de ahí que cada decisión tomada o no, cada frase enunciada o callada, cada obra, cada acto omitido o llevado a cabo acabará teniendo repercusión y consecuencias que determinarán la dirección y devenir del resto de caminantes que coinciden a tu lado en algún punto.

De todo eso trata *El caminante*. De cómo tras la idea primigenia de buscar a alguien pueden llegar a descubrirse las casualidades e imprevistos más inverosímiles, los reencuentros más demenciales, las sorpresas más inusitadas... Todo mezclado en un entramado de mentiras, medias verdades, desgracias personales y superación, junto un final tan mordaz como insospechado.

CAPÍTULO 1
Duele, ¿verdad?

—*Una ambulância, Tiago, pegue o telefone e peça ajuda, vamos lá!*
—*Companheiro, por Deus, volte! Você prometeu, Danilo e seu futuro depende de você, meu amigo!*
—¡Vamos, abre los putos ojos! ¡Piensa en Danilo, tío, tienes que luchar!

A pesar del miedo y el agobio, esa poderosa y terrible angustia —ante la que en mil ocasiones su amigo hizo alarde de afrontar con entereza e incluso indiferencia, llegando a rozar la locuacidad— no estaba siendo procesada con la misma mesura y templanza por parte de Joao, quien observaba aturdido a su vez como su amigo y compañero se desangraba a través de una herida infligida a escasos centímetros del corazón, causada por una bala disparada por parte del malnacido que instantes antes se la había dispensado de forma gratuita e inexplicable, sin mediar palabra alguna.

Hacía tiempo que el hombre que se encontraba postrado en el suelo frío de esa sucia y degradada callejuela había abandonado la idea de portar, como prenda indispensable para llevar a cabo su tarea, el chaleco antibalas que le proporcionaba protección y seguridad, esperando que por fin y de una vez por todas un proyectil o un trozo de metralla hiciese blanco en su cuerpo. Procediese de donde procediese, no haría culpable a nada ni a nadie de su trágico destino, daba igual que surgiera de fuego amigo u oponente. Y al fin parecía que había llegado el momento, ese dulce momento en el cual dejar de lado ese resquicio de monótona vida sin expectativa ni demanda de ilusión alguna para sí mismo, hastiado de ver tanto sufrimiento, decepcionado con la condición humana en su más amplio sentido.

La cámara fotográfica que instantes antes portaba en sus manos y con la cual capturaba todo tipo de detalles de los asentamientos y gentes de la favela Fazenda Coqueiro, una de las más extensas de Río de Janeiro, se encontraba a unos cinco metros de distancia. Arrojada en la vía pública —el sustantivo de vía quedaba exagerado para dicho camino-senda entre chabolas—, el teleobjetivo se había partido por la mitad debido al brutal golpe al caer. El tiempo parecía haberse detenido, ralentizado, fluía extraño, transcurría de idéntica forma que si lo hiciese entre fotogramas, como si de un sueño a retales por partes se tratase.

—Ñao me foda, ñao me foda, vamos lá, volte agora!

Joao apretaba fuertemente la herida con un trozo roído de su camiseta de tirantes azul. A pesar de haberse visto envuelto involuntariamente en alguna que otra pelea en su Lisboa natal debido a los celos que ofuscaban a los enfurecidos novios de las chicas que se sentían atraídas por él, le violentaba cualquier tipo de circunstancia similar. Había tenido referencia de muertes violentas en las favelas brasileñas a través de algún reportaje dominical que la televisión portuguesa ofertaba en su programación semanal, pero ahora lo estaba viviendo en primera persona, el que ahora yacía en el suelo no era otro que su amigo y Joao era ante todo... hombre de paz.

Joao, hombre de complexión atlética, unos ciento noventa centímetros de fornida presencia, rozando los treinta y uno, bien llevados, muy bien llevados, piel agradecida color caoba, pelo moreno, rizado, labios gruesos y carnosos, ojos de un azul tan profundo que ejercían un influjo inquietante, entre admiración y sorpresa, no era de extrañar que tanto él como su malherido amigo fuesen asediados por parte de mujeres tan variopintas como bellas durante las noches frenéticas que se dispensaba en la zona del barrio Alto de la capital lisboeta y discotecas circundantes bajo el puente del Veinticinco de Abril. Se conocieron por primera vez en un club de ambiente africano con música en directo, un lugar donde se exaltaba el cóctel de mestizaje y fusión de composiciones y danzas de diversos países.

Joao era el hijo único de un prestigioso y acaudalado arquitecto de la capital portuguesa de nombre Adalberto Botelho, quien contrajo nupcias treinta años atrás con una bella y escultural mujer de Cabo Verde, Isla de Fogo, de nombre Cesária. Adalberto Botelho se había granjeado buenas e influyentes amistades entre empresarios y políticos de varios países. Con fama de hombre sosegado y seguro, embaucaba a conocidos y clientes mediando no poca dosis de confianza y buena gestión en cada edificación u obra llevada a término y que oportunamente publicitaba promocionando a su vez nuevas ejecuciones. Por el año 2005, entreviendo el más que factible auge económico de aquellas maravillosas islas icónicas que constituyen el archipiélago de Cabo Verde y habiéndose priorizado en la última década reformas ingentes y privatizaciones en el sector turístico ante la seguridad jurídica que recientemente se estaba instalando en el país, Adalberto aprovechó esta circunstancia haciendo valer su reputada fama para ganar muchísimo dinero a través de la construcción de varias cadenas hoteleras de renombre.

Mientras su padre acrecentaba el patrimonio familiar, Joao se formaba en la Universidad Técnica de Lisboa en Ingeniería Genética y Virología. Cualquiera diría que su propio genoma había sido manipulado sistemáticamente en una probeta mediante alguna metodología que finalmente y como consecuencia de ello aportó a cada una de las partes de su cuerpo su imponente aspecto. Era un poco cómico el ver como las chicas reían clamando que no hacía falta que se inventase que era licenciado en dicha disciplina, ya que con su porte sobraba para sentirse atraídas por él. No obstante, además de la licenciatura y tras años de carrera, había obtenido un doctorado mediante un estudio realizado en un laboratorio de Berlín en base a coincidencias sobre algunas mutaciones víricas, así como la elaboración preliminar y en pruebas de un fármaco susceptible de poder llegar a combatir la resistencia de algunos tipos de virus —trabajo que nunca vio la luz toda vez que una empresa dedicada al sector de la farmacéutica se otorgó la titularidad de la investigación efectuando el desembolso de grandes emolumentos al laboratorio con la promesa de dar curso a dicho descubrimiento, si bien pasados ya varios años nada se sabía del mencionado fin, pues probablemente su verdadera intención fuera callarlo, ya que lo que siempre ha aportado pingues ingresos e ingentes cantidades de dinero no es otra cosa que la cronificación de las enfermedades—.

Joao no ansiaba dinero, había vivido gracias a su padre prácticamente en la opulencia, no deseaba reconocimiento, condescendencia o gratitud alguna, solo registrar su hallazgo y ponerlo desinteresadamente a disposición de todas las personas, de cada organización y estamento global, de cada empresa, ¿de quién...? Desde los albores de los tiempos la vanidad humana ha prevalecido sobre la caridad y la empatía ante el dolor y sufrimiento ajeno.

Dado que, hiciera lo que hiciera en el campo de la investigación, incluido conseguir una posible solución a varias dolencias, su trabajo sería siempre afanadamente enmudecido ante los oídos de aquejados y enfermos, dejó de transigir con todos y cada uno de los laboratorios por donde fue plasmando a su paso sus inquietudes y conclusiones.

Tiago había telefoneado con un viejo y obsoleto terminal a urgencias médicas, si bien una vez realizada la llamada y puesta en conocimiento la ubicación, zona alta de favela Fazenda Coqueiro, el interlocutor alegó la imposibilidad de mandar ayuda alguna, tenían instrucciones de que debían prestar asistencia siempre en compañía y con protección policial, no encontrándose disponible en ese momento ninguna dotación debido a unos altercados que se estaban ocasionando en la otra parte de la ciudad, a la vez que reyertas y detenciones en otras favelas de la inmensa urbe.

Tiago, resignado ante la adversidad, trasladó a Joao lo que le habían manifestado de forma aséptica, como si de un puto contestador se tratase, sin ápice alguno de interés.

Ese hombre, ese que yacía en la callejuela, expuesto, desvalido, indefenso, que inicialmente añoraba el fin de su existencia y que había ansiado que su muerte fuese precisamente de esta forma, abrió los ojos de repente...

—¡Joder, qué dolor! ¡Mierda! ¡Me cuesta respirar!

La ensoñación de una muerte rápida, dulce e indolora se había desvanecido de forma tan precipitada como igualmente rauda fue la bala en llegar hasta su dolorido cuerpo. Comprobó por sí mismo que dicho deseo no había sido otra cosa que figuraciones en su mente, parecía mentira, después de haber visto morir a tantos hombres, habiendo envidiado su trágico final, ahora él estaba comenzando a cambiar la bucólica opinión de aquel desenlace.

—No vas a hacerme esto, tío, no te voy a dejar hacerme esto. ¡Levanta!

Mediando en él mismo una inusitada fuerza, conminó a Tiago a que le ayudara con su amigo, para levantarlo en volandas del suelo mientras entre ambos obturaban la lesión.

Comenzaron a deambular de forma torpe e inconexa, Joao a la izquierda y Tiago a la derecha del maltrecho desventurado.

Cada escaso tramo recorrido era vigilado por parte de los moradores de cada chozo de favela Fazenda Coqueiro, si bien nadie intervenía, nadie parecía condolerse de aquellos sujetos que requerían auxilio a cada paso dado, amparo que no fue dispensado a pesar de aquellas miradas inertes en su expresión de todo atisbo de empatía.

Cuando parecía que estaba todo perdido y que de ninguna forma llegarían a tiempo a la zona baja del asentamiento, lugar donde podrían solicitar el traslado a algún centro facultativo, un hombre menudo, delgaducho, de pelo moreno a media melena, barba de varios días, pero bien cuidada, tez blanca algo amarillenta, pasados ya los cuarenta, con aspecto doliente y achacoso, se dirigió hasta los foráneos y les instó a que con premura introdujesen a su colega en la parte trasera de una furgoneta azul descolorida y oxidada, tipo *pick-up*, que bien podría definirse como una especie de tartano deteriorado, confeccionado pieza a pieza con partes de otros vehículos, siendo el rugir de su motor análogo al de una motosierra en apuros.

Subieron torpemente a su amigo a la furgoneta, en el mismo instante que súbitamente volvió a desvanecer...

—*Acelere, amigo, ñao há tempo!*

Transcurridos quince interminables minutos y tras callejear entre edificios y construcciones erigidas de forma absurda e incoherente en la colina, llegaron hasta la unión de una carretera que daba trayecto a una zona de la ciudad algo más desarrollada y a su vez segura, como si se tratase de la desembocadura de un afluente en su río principal que cursaba sus aguas hasta el mar.

De forma ininteligible, una ambulancia había llegado al mismo tiempo que ellos, como sincronizada, a ese trozo de asfalto esperanzador. Lo que desconocían tanto Joao como Tiago es que el piadoso conductor de ese destartalado vehículo había telefoneado instantes antes a un conocido, quien casualmente le debía el favor de haber encontrado trabajo como chófer de equipo de emergencia metropolitana por medio de su influencia. A su vez, el agraciado había requerido el favor de un enfermero amigo para que le acompañase a la práctica del traslado.

En el instante en el cual procedían a transferir al herido entre vehículos, este entreabrió nuevamente sus ojos. Viendo de forma desdibujada y confusa, extendió sus brazos y, dirigiéndose a quien cooperó de forma desinteresada bajándoles hasta la carretera en su *pick-up*, balbuceó...

—¡Ron! ¡Ron! ¡Eres tú! ¡Eres tú!

Tras lo cual se fundió nuevamente en una preocupante somnolencia debido a la extremada pérdida de sangre.

Antes de emprender el camino hacia el hospital más próximo, Joao interpeló al altruista individuo por su nombre, a lo que este alegó:

—*Marcelo, meu nome é Marcelo.*

—*Obrigado, Marcelo.*

CAPÍTULO 2
Tiempos de transformación

Montepardo de la Duquesa no era un pueblo al uso, emanaba cierto toque bucólico, campestre. En lo alto de un monte de exigua elevación se alzaban las ruinas de lo que en su día fue un enclave fortificado testigo de singulares momentos de la historia de España. Construido a fin de otorgar defensa y bastión ante el avance raudo y frenético de los sarracenos, había sido asediado y sitiado durante varios años hasta su caída final a manos de un general del califato de Córdoba.

Las murallas exteriores, altas y robustas en sus orígenes, debido al inexorable transcurso del tiempo habían dado paso a una especie de dispersos y escasos amontonamientos de piedra.

La parte central del castillo fue restaurado a mediados del siglo XVIII por un conde residente en Madrid, que, prendado del paraje, procedió a la recuperación para sí de tan sobrecogedora ruina, conminando a la que era su esposa a realizar un cambio de residencia desde la capital del reino hasta dicha ubicación.

De todo aquel despropósito surgió finalmente la denominación del pueblo: Montepardo de la Duquesa. Las definiciones de monte y de duquesa eran inherentes a la vista y a la historia del lugar, a la vez que el color parduzco le fue otorgado por parte de sus habitantes recurriendo a la tonalidad de las inmediaciones de la loma en la que se asentaba el poblado y su castillo.

A escasos metros de las ruinas, junto a una atalaya de vigilancia igualmente semiderruida, se encontraba una laguna de escasa profundidad, cenagosa, y a la cual se le atribuían ciertas propiedades de mejoría y curación respecto a algunas enfermedades reumatoides.

La vegetación circundante estaba formada por pinos e innumerables carrascas, si bien existía en dicho lugar un árbol al que todo el mundo se refería con el sobrenombre de Máximo, debido a su imponente altura y proporción. Máximo era un cedro procedente del Atlas marroquí cuya edad se había datado en unos trescientos cincuenta años. Casi con toda probabilidad pudiera haber sido plantado por algún nostálgico en rememoración de los tiempos en los cuales aquellas tierras habían formado parte de una cultura musulmana, como reflejo de lo que en su día fue tierra de antepasados.

El pueblo estaba formado por unos mil trescientos vecinos aproximadamente, y entre ellos había un grupo de amigos que destacaban sobre los demás por su locuacidad y simpatía: se hacían llamar los Volaos. Integrantes de aquel grupo tan heterogéneo eran Julio, José, Alberto, Laura y Alicia.

Julio era el hijo del por entonces alcalde de la localidad. Estudiante que acababa de comenzar el Curso de Orientación Universitaria sin tener determinada todavía la rama que más se acercaba a sus expectativas académicas, era alto, esparragado, de pelo moreno y unos ojos verdes que causaban animadversión en todos los otros chicos de los pueblos cercanos y admiración y deseo en las féminas. Hablaba un casi perfecto inglés, toda vez que su padre, Julián el alcalde, debido a ser hombre inquieto y bohemio había estado viajando por toda Europa y residido cinco años en Londres, donde conoció a Erin, la cual quedó locamente enamorada de este e inició un exilio voluntario hacia España para instalarse definitivamente en Montepardo de la Duquesa junto al padre de Julio, estableciéndose como nuevos propietarios de una tienda de comestibles. Si bien inicialmente no habían gozado de buen nombre entre los pobladores por no haber nacido en la localidad, con el paso del tiempo los reticentes vecinos les fueron conociendo y otorgando su plena confianza, fidelizándose como sus nuevos clientes y a la postre eligiendo de alcalde a Julián una década después de su llegada.

La antítesis de guapo era su mejor amigo, José, aunque por su carácter bonachón y el léxico del lugar era llamado por sus colegas con el sobrenombre de Josico. Entrado ya en kilos, de pelo moreno, ojos pardos y nariz achatada, era hijo de María y Manolo, único panadero de la población —hombre afable y simpático, aunque sus problemas dorsales habían mermado un poco su ángel—. Discutir con Josico era simplemente una quimera, no daba pie a iniciar una disputa. Si él era el aludido por algún desprecio o alguna palabra malsonante o insulto, él mismo zanjaba el asunto con un «será como tú dices», «ea», «no lo pongo en duda», «llevas razón» o un concluyente «no ni *ná*».

Alberto era un bala perdida. Su padre, José Martínez, al que todos llamaban Pepe, era un empresario dedicado a la manufacturación textil que, a través de una imponente fábrica denominada PM —haciendo referencia a las siglas de su filiación— y ubicada a las afueras, daba trabajo a buena parte de los habitantes de Montepardo de la Duquesa. La mujer de este, de nombre Arabela, era oriunda del norte de España, algún año menor que él, físicamente bastante llamativa, de muy buena planta, si bien de carácter algo introvertido y distante con el resto de vecinos.

Alberto, físicamente, no así en la personalidad, era el fiel reflejo de su progenitora. Aunque de natural era rubio, rara era la semana que no teñía su cabello de color distinto, unas veces moreno, otras pelirrojo, otras de distintos colores; eso sí, sus cejas siempre seguían siendo rubias, de ahí las risotadas que le dedicaban el resto de jóvenes y chiquillos del lugar. No tenía para nada mala fisionomía, y hacía ya años que, debido a su amaneramiento, sus amigos ya habían intuido cuál iba a ser su orientación sexual. Siempre manifestaba que en un futuro no muy lejano sería un importante modisto del país, y la fábrica de prendas de su padre no hacía otra cosa que facilitarle un lugar donde refugiarse para así poder practicar en momentos fugaces con algunas de sus evocaciones de diseño, con patrones inusualmente atrevidos para la época que por entonces se vivía.

Laura era una chica indescriptiblemente bella para su edad. De pelo castaño, liso y muy largo, en su cara se disponían aquellos ojos redondos y enormes de color azul y se le marcaban unas pequeñas pecas en sus mejillas que no hacían otra cosa que realzar todavía más si cabe su exuberante hermosura. Cuando se encontraba superando la adolescencia ya aparentaba ser una mujer hecha. Su padre había muerto prematuramente debido a una enfermedad coronaria, extremo que en ningún momento le hizo replantearse al buen hombre que debía dejar de fumar para por lo menos menguar la posibilidad de abandonar este mundo de forma tan precipitada. Su madre, Pilar, la cual había enviudado cuando ella tendría apenas cuatro años, era maestra en el colegio y con el paso del tiempo se convirtió en la actual directora. Laura siempre había idealizado la fuerza, tenacidad e imagen de su progenitora, siendo su deseo el comenzar los estudios de magisterio y emular dicho empleo. Estaba locamente enamorada de Julio y este parecía corresponderle.

Por último, estaba Alicia. ¿Qué decir de esta criatura? Alicia era una chica menuda, de pelo moreno siempre recogido en coleta y aspecto normalito, ni fea ni guapa. Vestía de forma poco femenina, sus amigos no recordaban haberla visto jamás portando una falda o vestido, y ante todo era una escritora en potencia, analizaba cada vivencia, cada instante, cada frase, escrutando cuidadosamente cualquier detalle que pudiese aportarle algún argumento para sus obras, las cuales eran publicadas y publicitadas para muy pocas personas en el colegio del municipio mediando la inestimable colaboración de su amiga Laura junto a la madre de esta, la directora del centro educativo. Alicia era la hija de Adelina, una mujer extrovertida y cercana que años atrás se instaló en el pueblo accediendo no sin poca fortuna a la única plaza de auxiliar administrativo que por aquel año se promocionó en el Ayuntamiento de Montepardo de la Duquesa y que se dedicaba a la intendencia y administración de la oficina del Consistorio realizando labores acordes a las de secretaría sin llegar a ostentar el cargo. Madre soltera, madre abnegada, madre de Alicia.

CAPÍTULO 3
El despertar

—¡Por fin! Tío, te daba por perdido. ¿Cómo te encuentras? Cinco días adormecido te has tirado, ahora parece que razonas.
—Bien, dolorido y con la boca seca. Anda, dame agua.
—No puedo darte agua, mójate un poco los labios. Toma, pero no bebas, lo ha dicho el doctor.
—¿Qué mierda pasó? Estaba haciendo una foto a un balcón de la favela y noté un dolor jodidamente seco en el hombro izquierdo.
—¿No recuerdas? Un loco con un pañuelo que le cubría la cara te encañonó con una pistola a escasos tres metros y te disparó por la espalda, a la altura del corazón. No dijo nada, solo se acercó, disparó y se alejó caminando tranquilamente, sin mirar atrás ni un instante.
—Joao, incorpórame un poco.
La habitación del hospital donde le habían trasladado era cutre —paredes rozando lo grisáceo, a lo sumo de unos siete u ocho metros cuadrados—, pero al menos había una pequeña ventana por donde entraba la luz del sol y estaba solo, salvo por la compañía de Joao, quien, recostado en una especie de sillón roto, no se había separado de la habitación excepto para poder degustar algún que otro bocadillo y café de un bar cercano mientras Tiago le suplía en la vigilancia.
—Cuando me subisteis a la ambulancia pude ver a una persona, un hombre al que conozco.

—¿Te refieres al hombre que desinteresadamente nos bajó de favela Fazenda Coqueiro? Nos ayudó a subirte a su furgoneta y bajó a toda prisa por las callejuelas. Por su forma de conducir, conocía cada esquina, cada punto exacto de ese maldito lugar. A Tiago le hubiese costado el doble de tiempo bajarnos. Según indicó el cirujano, cinco minutos más y no lo cuentas. Pero... ¿qué estás diciendo, que lo conoces? ¿De qué...?

Joao era su amigo, su compañero de viaje y de aventuras, pero no podía revelarle la razón por la cual había manifestado ante él que dicho rostro le era familiar, no le creería o de hacerlo pensaría que se encontraba bajo los efectos de los analgésicos.

—De nada, qué tontería acabo de decir, supongo que estaría atolondrado por las circunstancias y la herida. Déjalo, en serio.

Joao frunció el ceño, no era la primera vez que su amigo le mentía, y su actitud balbuceante denotaba que no le estaba diciendo toda la verdad. Aun así lo dejó estar.

—Descansa, tienes que recuperarte. Los doctores no se explican todavía cómo la lesión no te afectó al corazón ni a la columna, podrías incluso haber quedado tetrapléjico por escasos centímetros. Además, la policía ya nos tomó declaración a Tiago y a mí sobre lo ocurrido, y ya te adelanto que, debido a los pocos datos que pudimos facilitarles sobre las características físicas de ese cabrón, nos indicaron que va a resultar prácticamente imposible detener al autor del disparo.

—Tranquilo, Joao, te agradezco lo que has hecho por mí, no te preocupes.

—De acuerdo, de nada, tú lo habrías hecho por mí, pero a partir de ahora, si te veo sin el chaleco antibalas debajo de la camiseta, te daré un puñetazo en la cara.

Ambos rieron, todavía de forma asustadiza y contenida, pero él y solo él sabía que la cara del buen samaritano que accedió a ayudarle le era muy pero muy familiar.

Transcurrida una semana más se produjo el alta, previas advertencias facultativas de no ejercer actividad o esfuerzo de intensidad hasta que la lesión así lo permitiese, siéndole administrados unos fármacos para acelerar su recuperación.

Transcurridos unos días y tras reponerse en la habitación de su hotel ubicado en Praia de Botafogo, telefoneó a Joao y le conminó a encontrarse con él en un bar cercano cuyo nombre le propició una leve sonrisa.

No habían transcurrido ni treinta minutos, siendo aproximadamente las nueve y media de la mañana, cuando ya se encontraban tomando un café en un local llamado Obrigado Pelo Seu Dinheiro (gracias por tu dinero), donde comenzó de nuevo una conversación entre los tres que a Joao y Tiago no hizo ni ápice de gracia.

—Joao, voy a subir. Tú puedes quedarte aquí, no tienes por qué exponerte. Tengo que saber de la persona que me ayudó y no voy a cejar en mi empeño. Me da igual lo que digas, no acepto consejos ni mucho menos imposiciones de ti. Te quiero como a un hermano, pero es algo que sí o sí tengo que hacer, no lo entenderías.

—Tiago, aquí acaba tu contrato conmigo —dirigiéndose esta vez a quien había realizado todo ese tiempo el trámite de guiarle por aquellas callejuelas.

Le entregó un sobre que contenía cinco mil reales brasileños, equivalentes a unos mil euros según el cambio actualizado. Tiago, con mirada condescendiente y agradecida, lo abrazó, le deseó buena suerte y abandonó el establecimiento. Había sido un espléndido guía por las calles de Río de Janeiro, mostrando sus favelas y lugares más recónditos e inaccesibles a esos dos forasteros durante los dos meses que se prestó a ello a pesar de las discrepancias y reticencias de su mujer.

—¡Qué mierda dices! ¿Estás loco o te lo haces? No, definitivamente lo estás, eres un inconsciente. Te he seguido hasta aquí para dar conocimiento al mundo, para visibilizar la terrible expectativa y falta de futuro de las personas que malviven de forma inhóspita y cruel en las favelas, que se dirimen entre la droga y la miseria y una muerte temprana, para que de alguna forma tenga notoriedad tu proyecto, el proyecto de ayudar a los más desvalidos, a los niños de los orfanatos. Para eso hemos venido, ¿no? Para realizar unas fotos y alguna entrevista, no para morir. ¡No para eso, imbécil! Ni tampoco para ver como lo haces tú. Además, está ese crío... Danilo necesita de ti, lo sabes, si no le ayudas...

—¡Óyeme! Fuiste tú quien decidió emprender junto a mí esta aventura, no te forcé a ello, lo elegiste tú así. El plan inicial era que me acompañarías, luego yo haría lo propio junto a ti, viajando hasta el Amazonas por tu puñetera investigación de no sé qué mal que está aquejando a esas tribus alejadas del mundo civilizado y captando fotografías de tus logros a la hora de descubrir algún tipo de cura.

—Efectivamente, y llevamos todo el tiempo sin haber salido tan siquiera de esta urbe, donde, por cierto, casi te matan.

—Joao, entiende que...

—¡No, no sigas, cállate de una puta vez! Ibas a hacer el maldito reportaje, ayudar a Danilo como buenamente pudieras e irnos a otro lugar. Sí, a la puta selva, hay más personas que nos necesitan. Y con toda sinceridad, incluso me estoy replanteando volver a Lisboa y dejar aparcado el cometido que yo mismo me impuse, estoy pagando de mi propio bolsillo la ayuda que otros deberían dispensar a sus congéneres.

—¿Pagar?, ¿no querrás decir del bolsillo de tu padre? Y me lo dices así, sin más. ¿No te das cuenta que tanto tú como yo siempre huimos? No afrontamos los problemas, los miedos. Si algún proyecto ilusionante llama a la puerta, le das la espalda. ¿Qué creías, que con tu doctorado y las influencias de papá todas las farmacéuticas se postrarían a tus pies?, ¿que te harían entrega de la piedra filosofal?, ¿que te darían recursos ilimitados y hallarías la solución a cada enfermedad de este mundo? No te quejes tanto, no te he visto buscar alternativas ni hacer un mínimo esfuerzo por enfrentarte a esa carroña. La gente está esperando tu ayuda, y tú te refugias en un «es que no me dejan hacer», «no se puede luchar contra lo imposible»... Te aprecio mucho, pero a veces eres patético.

La cara de Joao, a pesar de su color caoba, se tornaba roja por momentos. A punto de explotar, estaba intentando contenerse, no vilipendiar a su amigo tal y como este acababa de hacer con él, pero se sentía ultrajado, herido en lo más profundo de su ser y ahora le tocaba exponer lo que pensaba y que había callado tanto tiempo.

—Mira, siempre supuse que algo terrible te había ocurrido, ya lo intuí la noche que nos conocimos. Tu forma de expresarte, la tristeza de tu mirada, me contaste todos y cada uno de los momentos que viviste como corresponsal de guerra y como reportero sin fronteras, cada muerte, cada vida sesgada, cada sonido, cada grito de dolor, todo se había quedado grabado en tu mente como si de una aflicción, una pesadumbre inexorable se tratase. Aun así sé que todo ello era la huida que emprendiste por algo que te pudo suceder años atrás, pero no me has hecho partícipe de ello, solo sé que has deseado morir. A pesar de las risas, de la diversión, de todos los buenos momentos, siempre has sido un puto loco. Crees dar lo mejor de ti a los que te rodean, pero en la soledad no eres más que una persona amargada, decaída, y no irradias esa luz que parece que te envuelve cuando portas tu mierda de cámara entre tus manos. Estás vacío, y me das mucha lástima.

—Bueno, ¿ves, amigo? Te ha costado, pero al final has vomitado todo lo que verdaderamente piensas sobre mí. Después de tantas vivencias, de tantos momentos, hemos tenido que tomar un café en un barezucho de una playa perdida y lejos de nuestra querida península para que ambos por fin nos sinceremos, un español y un portugués unidos por las desavenencias y por las casualidades de la vida.

Pagó las consumiciones, se levantó, dio un beso en la frente a Joao y le deseó lo mejor. Tras ello salió a la calle y desapareció entre los viandantes.

Joao se quedó quieto, inmóvil. Esperó unos minutos con la mirada perdida en el suelo del local antes de abandonarlo. No podía creer lo que acababa de decirle a su amigo, a su mejor amigo, a su camarada incondicional y leal compañía en los malos momentos. Apesadumbrado, se alejó para deambular pensativo por la fina arena de la playa, inmerso en tantos instantes compartidos, buenos, malos y peores.

CAPÍTULO 4
¿Un día cualquiera?

Ese caluroso 30 de agosto los chicos habían quedado a las siete de la tarde en la base del titán de madera apodado por el pueblo como Máximo a fin de determinar entre todos cómo podrían dirigirse a una población cercana que se encontraba disfrutando de las fiestas patronales. Si bien la distancia era relativamente escasa entre los dos puntos, debido a su edad ninguno de ellos se hallaba en posesión del carné de conducir, circunstancia por la cual solicitaron ayuda a Pacote, un chico mayor que ellos, de unos veintitrés años, buena gente, pero muy introvertido, quien ya ejercía su actividad laboral en la labranza y cuidado de las tierras de su padre y que desde hacía un tiempo atrás sufría por no verse correspondido por parte de Alicia.

Alicia en primera instancia mostró su disconformidad, pues seguramente no podría deshacerse de la insoportable presencia de su pretendiente en toda la noche, si bien, como quiera que Pacote era la única persona a la que podían interpelar por contar con el pertinente permiso y la vieja furgoneta de su padre, donde cabrían al menos ocho ocupantes −siendo ellos ya un grupo integrado por cinco personas, era indispensable un vehículo de gran capacidad−, se llegó a la conclusión de que esa noche Paco, el aspirante a novio de Alicia, sería agraciado con convertirse en el improvisado chófer de los Volaos.

Así se conformó la estratagema y a las diez de la noche todos conminaron a Alicia para que en el interior del pub y de forma coqueta se aproximara a Pacote, quien se encontraba solo degustando una cerveza sin alcohol, y le expusiese la idea. Este hizo un gesto inequívoco de aprobación elevando el dedo pulgar de su mano derecha, cual emperador romano con el propósito de perdón de su deidad a los apenados gladiadores.

Alicia no era muy femenina, pero un poco de pintalabios, colorete y lápiz de ojos, que previamente Laura le había aplicado en su casa, parecían otorgarle dicho calificativo.

La furgoneta tenía un asiento de copiloto roído y desgastado en el que Alicia a regañadientes acomodó su trasero; atrás un sillón de tres plazas donde a continuación se adaptaron Julio, Laura y Josico, y un último compartimento en el que finalmente se repantigó Alberto —esa noche su pelo era verde, parecía un duende salido de la frondosidad de la arboleda—.

A pesar de que el firme por donde viajaban estaba en aparente buen estado y la mayor parte del trayecto se encontraba con inexistencia de curva alguna, Pacote no superaba los sesenta por hora, hecho este que no pasó desapercibido a Josico, quien le presionó para que condujese con más premura. Pacote, aprovechando la infinita recta que recorrían, sacó el volante de su ubicación y se lo cedió a Josico...

—Tómalo tú, a ver si vas más rápido.

La cara de terror de los pasajeros del siniestro vehículo lo decía todo, Josico con el volante en sus manos solo atinaba a balbucear:

—*Mae* mía, *mae* mía.

El único que reía ante dicha tesitura era Julio, quien conocía de antemano que el volante de la furgoneta se extraía con facilidad debido a un problema mecánico que Pacote le había mencionado recientemente y que, colocado de nuevo en su lugar, seguía realizando la función de pilotaje.

Pacote puso de nuevo el volante en su posición inicial y todos exclamaron frases de agradecimiento, sumidos entre el pánico y la risa por la ocurrencia del conductor.

No habían transcurrido veinte minutos cuando ya se vislumbraban los destellos de las luces de una discoteca portátil que había sido instalada en una de las plazas del pueblo.

Estacionado el medio de transporte a las afueras, los seis caminaron hasta la plazuela donde concurría la juventud de esa y otras localidades próximas. Sonaban los éxitos del momento y otros pasados —Modern Talking, Roxette, Depeche Mode—, y por supuesto el grupo preferido de Julio, que por esas fechas era muy influyente en el *rock* español: Héroes del Silencio.

Empezó a sonar *Entre dos tierras*. Julio creía que esa canción..., esa canción era el preludio de lo que sería su vida, no sabía por qué, pero así lo sentía...

Déjalo ya,
no seas membrillo y permite pasar.
Y si no piensas echar atrás,
tienes mucho barro que tragar.

Déjame,
que yo no tengo la culpa de verte caer,
si yo no tengo la culpa de verte.

Entre dos tierras estás
y no dejas aire que respirar.

Varias chicas que se encontraban en la plaza, al percibir la presencia de Julio, quien ya era reconocido por ellas como el joven más guapo de la comarca, se aproximaron entre risas, empujando hacia él a una de las más tímidas, quien le preguntó por su nombre a pesar de saber fehacientemente cuál era de antemano.

A Laura parecía no importarle los intentos desmesurados de aquellas chicas por entablar conversación con su novio, es más, le otorgaba plena confianza; al igual que los celos en Julio no tenían cabida pese a constatar como ella era rodeada por todo un enjambre de testosterona.

Alberto iniciaba un frenético baile, idolatraba a un cantante de un grupo inglés, The Communards, e intentaba emular sus pasos, moviendo reiteradamente de forma compulsiva un brazo y otro al ritmo descompasado de sus caderas. Si a todo ello se le añadía la extravagancia del color verde de su pelo, bien pareciera que una enorme rana se encontraba dando saltos con la finalidad de cazar la innumerable cantidad de mosquitos que degustaban la dulce sangre de los allí presentes.

Josico había ido a por una ronda de cervezas a la barra y cuando regresaba con seis botellas, tres en cada una de sus manos, fue increpado por un grupo de exaltados niñatos, quienes, teniendo conocimiento de la amistad que le unía a Julio, siendo este por quien suspiraban todas las mozuelas de la zona, escupieron a sus pies.

—¡Rechoncho inútil! Pareces una patata, eres un puto perro igual que tus amigos. La única que se salva es Laurita, que está para mojar. Tú, feo y ridículo, pareces un tumor con patas, el espantajo amariconado de pelo verde parece un sapo salido de una charca y la loca marimacha esa viste como un tío y escribe gilipolleces. Además está el chulito de tu colega, ¿qué se cree, un *sex-symbol*? Gordo, pierde el culo y lárgate, que nos produces arcadas al verte.

Josico se acercó a quien parecía erigirse como el cabecilla de dicha turba y le espetó:

—Si tú lo dices, será así.

—¡No me jodas, excremento, que te llevas una hostia!

De no haber sido por la cercanía de Pacote, que se dirigía raudo a ayudar a Josico con las botellas que portaba, con toda probabilidad hubiese sido agredido, si bien ante la amenazante mirada del conductor de la furgoneta del averno dieron un paso atrás y se alejaron, pues era más que notoria y acreditada la fuerza de Pacote a la hora de repartir estopa en las reyertas ocasionales de los pueblos cercanos.

—¿Pasa algo con esos payasos?

—Qué va, Pacote, los tontuzos no dicen más que pamplinas, no hay problema.

—¿Seguro?

—No ni *ná*.

Esa última expresión hizo sonreír a un tímido Pacote, quien dio una palmada en la espalda de Josico haciéndole saber que le apreciaba, a su vez que Josico le emuló con una mueca de satisfacción.

La escena no había pasado desapercibida para Julio, con quien el resto de jóvenes parecían no querer llegar a una disputa por tratarse del hijo del alcalde de Montepardo de la Duquesa.

—¡Julio, Julio! ¿Dónde vas? ¡Espera!

No le dio tiempo a Laura a llegar hasta él cuando ya se había encarado con el más gallito del grupo.

—¡Repite lo que has dicho de nosotros, bacín!

Antes de que pudiera pestañear un puño a toda velocidad impactó en su frente haciéndole rodar por los suelos y siete u ocho chicos del pueblo le propinaban patadas y más patadas, ni tan siquiera se veía a Julio entre tantas extremidades que de forma virulenta se dirigían hacia su cuerpo.

Josico, al ver a Laura llorando y gritando en sentido a los agresores, corrió también en ayuda de su amigo. No había llegado hasta estos cuando tropezó y cayó a los pies de dicha infantería: los puntapiés y coces que el pobre se llevó hicieron que se desmayara. Y ahí fue cuando Pacote empezó a repartir cariño entre todos y cada uno de los contrincantes. ¡Qué hostiacina, de las que hacen época!...

Mientras, Alicia contenía a Laura para que dejara actuar a Pacote. ¿Qué podrían hacer ellas? Si acaso, recibir algún golpe perdido o de fuego amigo, así que esperaron el desenlace.

En menos de dos minutos la fuerza enemiga pedía clemencia debido a la inusitada furia de Pacote, que ante los ojos de Alicia esa noche había ganado muchos enteros, y ella decidió ofrecerle otra oportunidad para conocerle mejor.

Y mientras, ¿dónde se encontraba Alberto? Ese aspirante a modisto estaba bailando solo, en trance, a unos cincuenta metros de distancia, increíblemente no se había dado cuenta de nada.

—¿Qué ha pasado? —interpeló Josico tras despertar de su involuntario letargo.

Julio le indicó que gracias a su heroicidad los tobillos de los adversarios estarían doloridos unas semanas. Josico miró a Julio y le contestó:

—¡No ni *ná*!

Todos reían mientras solicitaban hielo a una camarera para así aminorar los efectos de la inflamación en la frente de Julio, en la cabeza de Josico y cómo no, en los puños de Pacote.

Recogieron a la rana enloquecida y se dispusieron a regresar a sus casas. Esta vez Josico no presionó a Pacote con la destreza y la ínfima velocidad en la conducción, Laura acariciaba la cara de Julio dando gracias por no haberse ocasionado una desgracia, Alicia sonreía furtivamente ante las miradas que le lanzaba Pacote mientras manejaba el trasto móvil y Alberto se había entregado en la parte trasera a los brazos de Morfeo.

Fue una noche extraña, pero que unió todavía más si cabe la íntima relación que mantenía ese grupo de amigos.

CAPÍTULO 5
El inicio de la subida

No sabía de qué forma iba a poder localizar al sujeto que vio cuando se encontraba semiinconsciente, y que de no haber sido por su auxilio bien pudiera haber pasado al mundo de las ánimas, pero tenía muy presente ese rostro a pesar de que lo retuvo en su retina no más de dos segundos. No sabía cómo llegar, no sabía a quién preguntar, no sabía si nuevamente se encontraría con ese despiadado criminal que sin muestra alguna de humanidad apretó el gatillo con intención de arrebatarle la vida, pero sí sabía que no iba a exponer a nadie más, no solicitaría nuevamente la ayuda de Tiago para hacer de guía y salvaguarda, no después de lo sucedido. Antes de emprender ese viaje, que podría ser el último, sentía la necesidad de ver a Danilo. Ese niño había causado una onda e imborrable impresión en sus adentros, le había devuelto por momentos las ganas de vivir.

Cogió la mochila, introdujo con cuidado la cámara fotográfica reparada el día anterior, teniendo que abonar una cantidad demasiado elevada para el daño que presentaba, pero no importaba, todavía tenía a buen recaudo una gran remesa de dinero debido a la gratificación obtenida por su último y fructífero trabajo y que facilitaba sufragarse cualquier acontecimiento inesperado. Metió, esta vez sí, el chaleco antibalas táctico, ligero, pero a la vez eficaz ante disparos de no muy elevado calibre, el cual en su día le fue entregado de forma furtiva en un vestuario por parte de un conocido, mando intermedio del Ejército de Tierra español, y tras ello se dispuso a tomar el maltrecho autobús que le llevaría a su encuentro con aquel chiquillo de apenas seis años recién cumplidos.

Tras apearse de la especie de guagua, escudriñó cada rincón, cada porción de esa desgastada y vieja calle. Ahí, a escasos veinte pasos, de forma solemne e impasible ante el paso de los años se hallaba el orfanato, a la falda de una prominente colina, desde la cual se podía distinguir la incipiente construcción de un muro que haría de línea de contención periférica de los moradores de la penuria y la indigencia, de los seres sin futuro, a la vez que realizaría la función de escudo y facilitaría el divorcio racial y de estatus entre personas. Pero ¿qué más daba? Nadie protestaba, nadie daba el paso, y el que de forma tibia daba cuenta de esa aberración y ponía tenuemente el grito en el cielo era acallado sutilmente mediando variados formatos —bienes, dinero, amenazas...—, y así las pocas y endebles quejas de los ocupantes del infierno en ese pedazo de tierra inerte de porvenir eran desoídas o mitigadas por parte del poder de la fuerza estamental.

En fin, a escasa distancia de la iniciación de ese muro de las lamentaciones, junto a una tapia adornada de exóticos murales y grafitis ejecutados de forma anárquica, llevados a cabo plasmando más colores de los existentes en el arcoíris, se hallaba un edificio unido a una vieja iglesia carcomida por el paso del tiempo, austera en su contorno, tosca, lo que le otorgaba igualmente cierto carácter. En su ala izquierda, unidas ambas construcciones mediante un pórtico central, se encontraba la edificación que realizaba la función de hospedaje y residencia para una infinidad de inocentes criaturas, las cuales habían sido abandonadas a su suerte. Unos llegaban maltratados por sus progenitores, golpeados, sin cariño, sin compasión; otros por no tener sus padres nada que llevarse a la boca y la manutención serles denegada por selección natural, y otros pocos más eran entregados con la ilusión de que obtuviesen una vida mejor, alejada de la marginalidad, la pobreza y una muerte prematura entre bandas, droga y desesperanza. Ese lugar era dirigido de forma desinteresada por unas diez monjas clarisas, dos de ellas españolas, rondando la suma de sus edades casi el milenio. Se hacían cargo de nada más y nada menos que de unos doscientos niños cuyas edades oscilaban entre los tres o cuatro años y los doce ya avanzados. Al traspasar esa edad, esa terrible barrera, muchos de ellos abandonaban el cobijo y resguardo de esas maravillosas mujeres y desoyendo sus consejos se integraban en las bandas que conformaban todo tipo de delincuencia, convirtiéndose en pequeños camellos, ladrones, traficantes y gentuza de la misma índole o dándose a la prostitución por unos míseros reales. Buena parte de estos morían a los pocos meses de haber abandonado la protección de los muros del orfanato.

El deseo de los pequeñajos no era otro que el llegar a ser adoptados por alguna familia —mejor si eran residentes en un país distinto—, sentirse apreciados y no como un estorbo al que hay que extirpar, experimentar el afecto, el apego de un hogar, recibir un abrazo cálido mientras una voz sosegada y unos ojos amables les proporcionaran el amor que nunca se les hubo otorgado. Ellos a cambio darían como pago hasta su propia alma.

Aporreó la puerta oxidada. Transcurrido cerca de un minuto, esta fue abierta de forma torpe por sor Caridad, una de las monjas españolas. A sus setenta y dos años aparentaba doblar esa edad. Era bajita, muy bajita, con la nariz respingona, cara alargada y más arrugas en la piel que estrellas en el cielo, pero con una ternura en su rostro que irradiaba tranquilidad. Su semblante se mostraba contrariado, no esperaban visita a esas horas, ya que los viernes a las once tenían misa junto a los niños y el padre Bosco en la iglesia adosada.

—Hola, guapetón, ¿qué haces por aquí a estas horas? Nos vamos ya para escuchar la liturgia y...

No dejó a esa maravillosa mujer terminar la frase.

—Lo siento, madre, es urgente, muy urgente, necesito ver a Danilo, tengo que preguntarle algo.

—No sé, mira, es que no va a llegar a tiempo, ya estábamos entrando a la iglesia. He vuelto yo a abrir la puerta acuciada por los golpes que dabas, pero...

—¡Por favor se lo pido, Caridad! Es vital para mí ver hoy y en este instante a Danilo.

—Veré lo que puedo hacer, pero no prometo nada. Don Bosco es muy estricto cuando se encuentra impartiendo la palabra de Dios y la fe cristiana, fe que por cierto desde hace tiempo te falta a ti.

—Sí, sí, madre, lleva razón. Por favor, si no fuera tan crucial, no se lo pediría.

—Espera aquí, tunante, voy a ver qué puedo hacer.

Si bien habían pasado tres escasos minutos, a él se le hicieron una eternidad. Allí estaba, ese niño, ese párvulo de seis años, pelo moreno y lacio, de mirada brillante, ojos verde albahaca, labios perfectamente definidos y simétricos, delgadito, bien podría hacerse pasar por su hijo debido a la similitud física tan sobresaliente.

Danilo hablaba español perfectamente, sor Caridad se había afanado en ello para así facilitar la posibilidad de ser de interés para parejas de habla hispana que no hubiesen podido procrear.

—Hola, Danilo, perdona por no haber venido estas semanas.

No quería ni deseaba informar a ese pequeñajo de que la razón que le había llevado a no asistir a sus reuniones convenidas cada par de días era el haberse encontrado más cerca del otro mundo —caso de haberlo— que de este, pero tenía que verle.

—Es muy importante que me contestes una duda que me da vueltas y no me deja conciliar el sueño. Quiero que pienses detenidamente antes de contestar, ya que puede comprometer tu futuro y el mío.

Los ojos de Danilo se iluminaron, la sensación que rondaba su mente de que pudiera caber la eventualidad de que le mostrase su deseo de vivir junto a él se acrecentaba por momentos. Era una sensación muy linda a la vez que vertiginosa.

Miró a Danilo, tragó saliva, mucha saliva, se sintió mareado por momentos y no pudo articular palabra. Casi de forma refleja estuvo a punto de vomitar. Nunca, a pesar de tantos riesgos y exposiciones ante la muerte, creyendo en alguna de esas veces ver a la parca junto a él, jamás había estado tan angustiado. Volvió a mirar al niño, tras ello a sor Caridad, y abandonó a toda prisa el recinto. No miró atrás, no pudo, intentó girarse, volver, pero sus piernas no le dejaban, y se alejó.

Danilo casi en estado catatónico quedó inmóvil, con la expresión tan afligida que fue sor Caridad quien dejó caer dos lágrimas por sus vetustas mejillas al ver la desolación del pequeño. Entonces puso su mano derecha en su cabecita, se giraron y volvieron sobre sus pasos camino de la iglesia.

Ahí estaba él, maldiciéndose por no haberle dicho lo mucho que lo quería, la forma en que su mera presencia apaciguaba su ser y por no haber tenido la valentía de preguntar sin rodeos si podría haber llegado a aceptarle como padre. Pero sabía que tras subir de nuevo a lo alto de la colina había bastantes papeletas de que no volviese a bajar, o de hacerlo lo hiciese de una forma inerte. Y tal era su amor por Danilo que no soportaría que por su culpa este padeciese de nuevo el abandono de quien pudiese llegar a erigirse como su nueva familia. Aunque la idea principal era comunicarle su deseo de adoptarlo, en el último suspiro llegaron a su mente ideas recurrentes viéndose a sí mismo tirado en un callejón abandonado y a sor Caridad explicando a Danilo que él ya no volvería, causándole más dolor, sumando más pesar y aflicción al niño al que tanto idolatraba. Así que no por él, sino por el inconmensurable amor hacia Danilo, calló y se retiró con celeridad.

Se encontraba mirando desde la carretera la inclinación inicial de la colina, cuando se escuchó un silbido agudo y tras ello un gentilicio guasón muy familiar...

—¡Tú, españolito! ¿Crees que me puedes dejar aquí abajo mientras tú solito disfrutas de la aventura? De eso nada, *makitruki*.

Se giró y observó con deleite como Joao estaba ya junto a él y le daba una contundente palmadita en la espalda, para tras ello cubrir su mirada del sol con una de sus manos mientras que con la otra señalaba el camino a recorrer.

De nuevo juntos, unidos por una atracción enfermiza de ambos hacia lo arriesgado, hacia lo comprometido.

Aun así Joao insistió:

—Solo te lo preguntaré una vez más antes de subir: ¿por qué?, ¿cuál es la finalidad?

—No me creerías, pero tengo que hacerlo, te juro que es primordial para mí.

Joao realizó un gesto de aprobación y comenzaron a subir ante la ojeada continua de todos los que a su paso se iban encontrando.

CAPÍTULO 6
Distracción y promesas

Transcurridas varias semanas desde la contienda, circunstancia que acarreó severos castigos a cada uno de los integrantes del clan de los Volaos tras hacerse pública la noticia en Montepardo de la Duquesa, Josico había propuesto fijar el punto de reunión en las ruinas que en su día fueron inexorables defensas de la fortaleza. La primera en unirse a él fue Laura, haciéndose de rogar la llegada del resto de la manada. La joven, aprovechando la soledad que se encontraban disfrutando y sabiendo de la relación de apego que Josico mantenía con el que era su pareja, interpeló a Josico sobre la determinación y firmeza de Julio por su amor, requiriendo de forma nerviosa e inmediata una respuesta.

—Chica, parece mentira, no entiendo tu inseguridad. Julio te adora, no tiene hartura a la hora de hablar de ti. Me consume de lo repetitivo que se vuelve nombrándote: Laura hizo esto, Laura dijo aquello, Laura, Laura, Laura...

—¿De verdad?

Ella quería seguir oyendo todas y cada una de las sandeces por más ñoñas que fueran acerca de cómo Julio besaba el suelo por donde pisaba.

—¡No ni *ná*!

Se ruborizó ante tanto halago y ambos quedaron en el más absoluto mutismo. Esa situación incómoda duró poco, al momento ya se encontraba en el lugar Alberto y esta vez...

—¡No jodas! ¿Ahora de naranja? ¿Y esa cresta?

Josico y Laura tuvieron que retener la incipiente risa mordiéndose los labios, autoinfligiéndose dolor ante el avistamiento del peinado, una especie de penacho anaranjado sin tan siquiera haber cortado el resto de cabello por su zona lateral: parecía una versión ridícula de un punki descafeinado.

—¿Pero qué te has hecho, desgraciado?

Laura no pudo reprimir el cosquilleo insoportable de la carcajada, que finalmente emitió ante la pregunta de Josico, y los tres comenzaron a reír y reír durante un par de minutos, hasta que Alberto pudo recobrar la función del habla y exponer ante ellos la cruenta batalla con su cabellera.

—¡Calla, cabronías! He tenido que gastar dos botes de laca para poder ejecutar esta obra de arte, más luego otro de pintura en aerosol naranja para teñirme. No veas, mi padre creía que me había muerto en el baño. Primero el susto por la tardanza y luego el susto al verme. Mi madre ni me habla, y mi padre dice que hoy no ceno, que pique por ahí alguna semilla, ya que parezco una gallina enfermiza.

No había terminado de contarlo cuando de nuevo Josico llorando debido a las contracciones del regocijo exclamó:

—¡Me he *meao*!

Laura y Alberto miraron el pantalón de Josico, zona cremallera, y constataron la humedad que presentaba la prenda. No hubo tiempo ni remedio de autocontrol, al ver dicha tesitura Alberto no pudo reprimirse y se orinó encima imitando a Josico. De nuevo carcajadas. La escena surrealista duró unos minutos, hasta que, extasiados, se dejaron los tres caer en el césped y, cogidos de la mano, se quedaron mirando al cielo.

Alicia y Julio hicieron acto de presencia a la vez y, viendo a los tres que aguardaban su llegada, promulgaron al unísono que tenían manchados los pantalones. Tras relatar Laura lo acaecido instantes antes, explotaron todos a reír nuevamente en una algarabía risueña y festiva.

Tras una tregua a tanta convulsión cómica, Alicia cambió el tercio, comenzando el relato de una historia que había leído en una revista hacía escasos días. Venía a exponer, según una teoría de un reputado escritor y estudioso de lo anómalo y paranormal, que, bien en este mundo o en otros establecidos en universos paralelos u otra dimensión, se estaría produciendo la particularidad de la existencia de varias personas o seres con increíble similitud física, siendo prácticamente calcos de sí mismos, y que podría haber más de un doble, no descartándose la acción premeditada de una fuerza superior o extraterrestre. Fundamentaba esa afirmación en que en la antigüedad ya se hacía mención a ello en la mitología egipcia y griega, e incluso más recientemente, habiéndose dado el caso de humanos que habían sido testigos de tener ante sí la inquietante presencia de un ser idéntico a ellos, incluso en más cuantía, como si fuesen gemelos, trillizos o...

—¡O un equipo de futbol, no te jode! —respondió espontáneamente Josico ante los temerosos semblantes de los que escuchaban la inquietante narración.

—¿Os imagináis otro tarado como Alberto por ahí, con esos pelos?

La pregunta retórica lanzada al aire por Josico no fue contestada por nadie, no se le podía pasar por la cabeza a ninguno de ellos que un sujeto tan atípico pudiera tener un sosias danzando por ahí fuera.

Entonces Alberto miró a los ojos de Alicia, fijamente, intenso.

—¿Te imaginas que hay dos Pacotes para tu *body*?

Contuvieron de nuevo la risa. ¿Cuánto? Dos segundos.

Si bien para todo el grupo fue un puntazo la ocurrencia de Alberto, a Alicia no le empezaba a disgustar el pensamiento de tener a su lado a ese chico unos años mayor que ella. ¿Qué había de malo? Era bueno, comprensivo y sabía escuchar. Además, desde lo ocurrido la noche de la reyerta, le estaba empezando a remover un gusanillo por el estómago cada vez que lo veía de forma repentina deambulando por la calle.

—Vamos al interior del castillo —indicó Laura de forma imperativa.

Todos le siguieron, llegando hasta un arco agrietado escoltado por sendas torres ruinosas que daba acceso a lo que en su día pudo ser el patio de armas, la entrada del que fue un magnífico alcázar. Varios recintos se distribuían a un lado y a otro: caballerizas, una especie de celda... Todos y cada uno de los rincones de esa decadente y devastada edificación tenían un encanto especial, único.

—Ven por aquí... —susurró Julio.

Cogió de forma decidida la mano de Laura y ambos se separaron sigilosamente. Escondiéndose de la vista de sus amigos, comenzaron ambos a acariciarse la piel mientras sus labios parecían estar hechos como partes de un puzle que debía ser completado.

En ese momento Laura le prometió que siempre le amaría, y él, con la misma firmeza, prometió que siempre estaría a su lado, cada día, cada noche, hasta el final de su vida.

CAPÍTULO 7
Rememorando la primera noche

A medio camino, perdidos y sin referencias en ese laberinto, intentando encontrar a un desconocido en una especie de amalgama de chabolas, viviendas prefabricadas y chozas que a duras penas podrían contener el frío, el calor o la lluvia, y sin la ayuda indispensable de Tiago, se encontraban ya exasperados ante la aflicción que empezaba a reinar en sus cabezas atisbándose ya el nerviosismo, dado que cada pregunta dirigida a los residentes del barrio del averno, bien no era tenida en consideración, o arrojaba resultado infructuoso. Joao solicitó a su amigo sentarse en el suelo junto al quicio de una puerta oxidada con restos de color amarillo que daba entrada a lo que bien podría ser considerada como la morada del inframundo, para poder descansar del esfuerzo realizado en tan, hasta el momento, ineficaz pesquisa.

Portaba en el interior de su mochila el chaleco antibalas, pero no hizo ademán alguno de sacarlo y usarlo, a pesar de casi haber sucumbido al disparo de un total desconocido sin poder tan siquiera dilucidar el motivo que llevó al matón a proceder así.

Joao reprochó a su amigo el despropósito de no vestir el chaleco, ya que lo llevaba en el interior de esa especie de petate negro con asas. No obtuvo respuesta alguna.

—¿Te acuerdas de cuando nos conocimos? —interpeló Joao exhalando fuertemente, sin dar por sentado una réplica, pues habían mantenido esa conversación en innumerables ocasiones.

Hacía una semana que su supervisor le había notificado su despido en el laboratorio por no dejar de lado la investigación sobre mutaciones víricas y no haber aportado en fecha el estudio que se le requería y para el cual fue contratado sobre un hongo que se desarrollaba en determinados árboles frutales y terminaba secándolos, por lo que ya no era precisa su presencia en ese maldito país. Con su contrato finiquitado y recibida la gratificación por el tiempo empleado, había regresado a su Lisboa natal a una de las inconmensurables viviendas propiedad de su progenitor.

Se encontraba intentando mitigar los efectos de la incipiente depresión y para tal fin habían mediado ya unos cuatro *whiskies on the rocks* en uno de los establecimientos de moda denominado B.Leza. Sonaba una versión más actual y lenta de una canción de raíces africanas con la cual se daba notoriedad a la lucha contra el Apartheid de nombre *Gimme hope Jo'anna* cuando por la puerta del local entró un sujeto musculado, moreno y de ojos verdes que vestía un pantalón vaquero ajustado y un chaleco tipo Coronel Tapioca color beis con bolsillos dentro de los bolsillos y más bolsillos —parecía una familia de bolsillos con cremalleras residentes en su mundo textil—.

Se dirigió a la barra y se sentó junto a Joao, a quien maravilló su enorme atractivo. Poseía ángel, estilo, pero su semblante era de pesar.

En fin, a Joao le hechizó su apariencia. Hacía muchos años que había hecho las paces con su torturada mente y había reconocido su homosexualidad ante sí mismo y ante su madre y amigos, quienes recibieron la noticia con la más absoluta indiferencia y normalidad al ser de sobra sabido por todos desde su adolescencia.

El guapo varón pidió una consumición en un irreconocible portugués.

—¿Español?

—Sí, mi acento portugués es de lo más exótico. Me manejo en otros idiomas, pero, ya ves, siendo una lengua prima hermana, se me atraganta un poquito.

—Ya he oído, ya. —Joao sonrió y preguntó nervioso—: ¿Te puedo invitar?

—Sí, acepto tu ofrecimiento. Además, veo que tu español es casi mejor incluso que el mío.
—Tanto no, pero yo también me manejo un poco con varios idiomas, es primordial para poder ejercer mi trabajo. Además, tampoco mi portugués es muy ortodoxo: mi madre es de Cabo Verde y allí se habla portugués con una mezcla casi impronunciable de criollo influenciado por una serie de lenguas africanas.
—Interesante. ¿A qué te dedicas?
—Soy ingeniero.
—Buena elección. ¿Ingeniero de caminos, agrícola, industrial...?
Joao sonreía de nuevo mientras solicitaba la misma bebida para su nuevo compañero nocturno. Aunque hubiese dado mucho más tiempo a su interlocutor, no habría adivinado su profesión.
—Soy ingeniero genético, ya sabes, ADN, enzimas, virus, bacterias...
—Ya, ya, complicado e interesante a la vez.
—¿Y tú?
—¿Yo qué?, ¿que a qué me dedico? Lo mío no es tan monótono. ¡Perdona, no quería decir eso! Me refería a que es más trabajo de campo, de campo abierto.
—Déjame probar a mí. Por la ropa que llevas, diría... Mmm... ¿Arqueólogo?, ¿contratista?, ¿policía?, ¿militar?...
—Casi. Soy reportero, concretamente corresponsal de guerra. Me encuentro en Portugal por una reunión de negocios, me han ofrecido realizar un reportaje fotográfico sobre el estilo de vida en las favelas de Río de Janeiro. Droga, delincuencia, costumbres, marginalidad, esperanza..., ya sabes, y de paso sobre un orfanato y los niños que residen en él.
—¿En serio? —No podía creer que ese tío pudiera jugarse la vida a fin de salir un instante fugaz en algún noticiario—. Haces reportajes y entrevistas a personas en países en conflicto, das visión a las injusticias, no está nada mal, pero que nada mal.
—Bueno, básicamente hago fotos, las cuales vendo al mejor postor, que estos a su vez vuelven a subastar entre las cadenas más interesadas en su adquisición. Y entre foto y foto, efectivamente, me expongo al entorno.
Lo que no se atrevía a participar a Joao era que dicha exposición era algunas veces casi suicida, como solicitando abiertamente su

propia eutanasia programada, sin que, de forma milagrosa en muchas ocasiones o bien por la acción o intervención de un orden superior, fuese llevada a cabo. Más de una vez habían explotado morteros a escasos veinte metros. En dos ocasiones se había introducido en un camino minado en Afganistán. En la frontera que delimita Ucrania y Rusia, un francotirador disparó a su cabeza, impactando el proyectil tenuemente en el casco que llevaba puesto de manera inoperante, rozando su testa, precipitándose desde un segundo piso, que era el lugar donde se encontraba apostado realizando las fotografías. De ese altercado estuvo recuperándose unos cuantos meses. Milagrosamente, la herida de la cabeza fue el menor de los daños corporales ocasionados. Debido a la caída, sufrió la fractura de la tibia izquierda, así como de ambas muñecas y se clavó una costilla en la pleura derecha, si bien, prodigiosamente, sanó en tiempo récord.

Líbano, Irak, Mauritania, Sierra Leona, Nigeria, Yemen y una infinidad de países más. Fue testigo impertérrito de muertes, violaciones, tortura, hambre, desesperanza, tristeza y de la más deplorable deshumanización, de ahí parte de la expresión de su mirada, la cual pocos años atrás era vivaz y tibia.

—Fotos dices, bueno, tendrán que ser de calidad, entiendo que si no fuera así no te las comprarían.

—Ya ves, fotos, simples fotos.

Joao intuía que su nuevo amigo había sufrido de alguna forma que se escapaba a su entendimiento y que el mero hecho de verse involucrado, aunque fuera de forma testimonial, en guerras y desgracias ajenas acabaría por causar estragos en el espíritu de cualquier hombre.

Y la noche transcurrió plácida. La conversación se hizo amena, profunda y, como creían que no volverían a encontrarse, los dos se confesaron mutuamente sus deseos, sus anhelos, sus secretos... Qué más daba.

Lejos de ello, se reencontraron varias noches y días alternos de manera fortuita, bien de nuevo en el B.Leza, bien caminando por el barrio de Belem, Alfama u otros locales asentados en el alternativo barrio Alto de la capital portuguesa. Pareciera como si el destino jugase con ellos, como si este quisiese que los dos unieran su ventura o fatalidad, su fortuna o su estrella.

Y así, muy poco a poco se fue forjando una amistad inquebrantable.

Rara era la noche que no eran asaltados por todo tipo de chicas esplendorosas, juveniles, ávidas de sus respectivos cuerpos masculinos, con apetito de ser cortejadas, de sexo, y siempre dichos ofrecimientos eran sutilmente declinados.

Una noche, Joao, en actitud nerviosa procedió a comunicar a su camarada su orientación sexual, como razón por la cual no se mostraba interesado en la atracción que ejercía en las chicas —jóvenes, adultas, maduras...—, a lo que el reportero respondió que desde el día que se conocieron ya vislumbraba la posibilidad y que eso pertenecía exclusivamente al ámbito de su intimidad.

Joao quedó laxo, liberado de nuevo, al igual que cuando se cercioró de que su madre y conocidos sabían de su supuesto secreto. Aunque era una idea que ni tenía que haber expuesto verbalmente, necesitaba formularla para evitar malos entendidos y confusiones cuando menos embarazosas.

—Vale, te doy las gracias por normalizar lo que por ende debe ser así y valoro tu mesura al expresarlo, pero ¿qué te lleva a ti a no desear a esas mujeres?, ¿eres...?

—No, Joao, no lo soy y, de serlo, tú serías mi primera opción. Aprecio tu franqueza, pero mi corazón hace tiempo que está jodido. De verdad, no sigas por ahí... Además, si algo necesito en esta etapa de mi vida es una amistad sincera como la tuya, nada más.

Joao se quedó mudo. Era uno de esos instantes que al mismo tiempo que enigmáticos resultaban incómodos, por lo que desde ese momento no volvió a sacar el tema que tanto pesar parecía causar a su colega.

CAPÍTULO 8
El transcurrir del tiempo

Habían pasado unos años, los amigos autodenominados Volaos seguían manteniendo firme su apego y cariño mutuo, unos con afección y necesidad de integración en ese grupo tan heterogéneo, otros con amor y deseo por alguno de sus integrantes.

En Alicia hacía tiempo que había prendido la llama del apego hacia Pacote, siendo aceptada por parte del resto la presencia de este último en todas y cada una de las reuniones y salidas.

Pacote bebía los aires por Alicia, y poco a poco fue sutilmente correspondido. Mientras, Alicia había empezado a escribir pequeños ensayos y relatos cortos. Era una narrativa muy personal con un toque misterioso, al mismo tiempo que muy pero muy amena para los escasos lectores que tenían el privilegio de acceder a esos manuscritos realizados de puño y letra —que furtivamente Pacote fotocopiaba y repartía entre sus afines en el más absoluto secretismo—. La admiración de los pocos privilegiados que habían podido leer las obras de Alicia, entre los cuales igualmente se encontraban Laura, Julio, Josico y Alberto, fue lo que llevó a Pacote a dar el paso y, tras pensarlo detenidamente, de manera decidida procedió a mandar por correo certificado todos los textos terminados de Alicia a una editorial ubicada en Madrid, lo que despertó el interés de su responsable por conocer en primera persona a la autora de tan prodigiosas obras.

Una mañana soleada de un sábado primaveral, Pacote quedó con Alicia junto a la sombra proporcionada por Máximo.

—Hola, vida, estaba ayudando a mi madre con papeleo del Ayuntamiento. Me pidió que le asistiera con unos ficheros y por eso llego tarde. ¿Qué ocurre? ¿Y los demás? ¿Pasa algo?

—No, cariño, estoy solo yo porque...

Pacote desconocía si Alicia se tomaría con agrado la noticia que en breve iba a exponer o si podría infligirle algún tipo de contrariedad o desazón a su novia.

—Paco, ¿qué pasa? Me estás asustando.

Verás, las novelas que has escrito... son buenas, qué digo buenas, son excepcionales, les han gustado mucho a la pandilla.

—Ya me lo han dicho, Paco, incluso Laura me animó a emprender una carrera como escritora, pero lo hace por condescendencia, porque es una buena amiga.

—Ya, ya, pero es que son muy buenas.

—Paco, te conozco muy bien, estás muy nervioso y me estás poniendo a mí un poquitín alterada. ¿Qué ocurre? ¡Suéltalo ya!

—Verás, tus novelas no solo las han leído los colegas...

—¿Qué? Paco, por Dios, dime que no...

No le dio tiempo a terminar la frase cuando Pacote hizo el gesto inequívoco de la afirmación, bajando y subiendo la cabeza en prueba de que había acertado en sus predicciones.

—Paco, mi vida, mi amor, mi locura, mi... ¡Cabronazo!, ¡serás cabrón! Te dije..., no, os dije a todos que lo que yo escribo no podía salir de mi entorno más cercano, de mi gente, que solo son ensoñaciones de una pobre chica de pueblo que nunca obtendrán compensación ni recompensa. Solo escribo por placer, por mera y absoluta autocomplacencia, no para..., porque sé, en el fondo sé...

Alicia se quedó repentinamente muda.

—¿Qué sabes?

—Que no soy buena, Paco, que no soy buena escribiendo, o al menos eso creo. Y tú..., tú..., la persona que más quiero me traiciona y me avergüenza ante los demás. ¡No sé si podré perdonarte!

—Comprendido, te has expresado sinceramente, ahora me toca a mí. Sé que soy físicamente normalito y no excesivamente abierto y simpático. Trabajar el campo ha sido la única alternativa que he tenido, la escasa capacidad económica de mis padres no daba para ofrecerme la oportunidad de estudiar. No tenía expectativa de futuro, de amar ni ser amado. Pero llegas tú, me das la oportunidad de sentirme distinto, me otorgas confianza, me haces mejor, me apoyas y me quieres. Pues ahora me toca a mí devolver parte de lo recibido. Tú que siempre alardeas de mí ante tus amigos y al principio no habías caído ni en mi mera presencia cuando furtivamente babeaba por cada rincón de las calles que pisabas...

—Cariño, perdona, me he pasado y....

—¡Calla de una puñetera vez! Te quiero con mi alma, pero eres insegura y dependiente, no sé si porque nunca conociste a tu padre, no sé si porque has visto a tu madre luchar y luchar para sacarte adelante sin el apoyo de esa figura paternal, pero para mí y mi corto entender no solo escribes bien, sino que enamoras el alma de quien tiene la gran suerte de poder ojear tus obras, erizas la piel del espíritu. Son magníficas y van a venir a conocer a su autora.

—¿Qué? ¿Quién? ¿Quién quiere conocer mis obras, Paco?

—Un editor de Madrid viene esta tarde a instalarse un par de días en el hostal de la Mari. Le envié tus escritos y ha quedado prendado, quiere hablar contigo, probablemente te ofrezca un contrato para que escribas para él y además publicitar y comercializar las novelas que ya has finalizado.

—Cariño, no sé si besarte o matarte, no lo sé, de verdad...

Tras ello, Alicia se acercó a Pacote, rozó su frente con sus labios, bajando por su nariz, lentamente, y lo besó intensamente, con una pasión inusual para su destinatario.

Cuando hubo acabado el desenfreno, Pacote, exhausto, la miró fijamente.

—Eso sí, ponte una falda y suéltate el pelo, sé por un día algo más femenina, mi amor.

Aunque había sonado algo machista, no era ese el calificativo que podría describir a Paco.

—¡Te mato! ¡Definitivamente te mato!

Las notas de las evaluaciones de Julio eran mejores cada trimestre y se atisbaba un prometedor porvenir en la carrera que cursaba, no daba pie a duda alguna, y su esfuerzo no había sido mermado en absoluto por la relación amorosa que mantenía desde mucho tiempo atrás con Laura.

Su padre ya no era el alcalde de la población, habiéndose dado traslado del bastón de mando a otro vecino de Montepardo.

Laura, al igual que Julio, no quedaba atrás en la tarea y enfilaba el final universitario con unas puntuaciones que, de seguir así, le otorgarían la oportunidad de estar en posesión del título de magisterio, profesorado en EGB, para así poder opositar y concursar a alguna plaza que en el futuro pudiera quedar vacante en el pueblo que tanto le había dado, al igual que había hecho su madre, a la que ella idolatraba, como si se sintiera en deuda con sus raíces y con las generaciones venideras.

Alberto, animado por su padre, había cursado estudios sobre diseño de moda, si bien no había dejado de confeccionar todo tipo de ropa y complementos con identidad propia.

Como quiera que su padre había mantenido buenas y fructíferas relaciones comerciales a través de su fábrica textil con algunos empresarios relevantes de la capital y se había granjeado favores al solventar *in extremis* alguna que otra crisis en el sector evitando el desabastecimiento a sus clientes, consiguió mediante estos mecenas poner en contacto a Alberto con el afamado diseñador Amador del Sol. Su verdadero nombre era Amador Soriano Parreño, un tío excéntrico y singular, pero bastante jovial y cercano, adelantado a su tiempo. Había decidido tomar el sobrenombre del rey astro tras denotar que para triunfar necesitaba, además de buenas ideas y buen género para llevar a cabo sus proyectos, un alias contundente, con chispa. Amador del Sol, sin dudarlo un segundo, tras intuir el talento de Alberto lo llevó con él en calidad de becario aprendiz a su estudio de moda.

Hicieron buenas migas. Amador del Sol vestía de forma estrambótica, con largas túnicas multicolor con capuchas desorbitadas en relación al conjunto de la vestimenta, si bien era uno de los modistos más admirados en la pasarela Cibeles. Y a su lado, cómo no, Alberto con el pelo azul celeste y sus cejas rubias amarillo trigo.

Josico ayudaba en la panadería, interiorizando la forma de llevar a cabo cada enseñanza impartida desde que era un crío sobre las cantidades exactas de harina de fuerza, levadura, sal, agua y azúcar que debían mezclarse para parir a diario el mejor pan de la comarca, empleándose con tal pericia que llegaron a otorgarle el sobrenombre del Alquimista por la semejanza del color de ese pan con el oro, así como por el intenso olor y sabor que desprendía, un deleite para el olfato y el gusto de los clientes.

Además del buen trabajo ejecutado en la panadería, algo tendría que ver la masa madre con la que iniciaban el proceso y a la cual cincuenta años atrás el abuelo de Josico había dado vida propia, siendo alimentada casi a diario por parte del docto anciano y de su sagaz predecesor hasta que finalmente dicho secreto le fue revelado a Josico para que la mezcla siguiera aportando su puntito de acidez almibarada que tanto encandilaba a los clientes.

A Josico le encantaba su labor, no así el horario, eso de tener por obligada rutina la de levantarse a las cinco de la madrugada pesaba un poco en su ánimo, pero su compromiso con el negocio familiar era fuerte e inalterable.

Todos y cada uno de los miembros de los Volaos añoraban semanalmente la llegada del viernes para poder reencontrarse. Julio y Laura regresaban de sus estudios en la universidad; Alberto de la capital, tras el visto bueno de Amador del Sol; Josico, Alicia y Pacote esperaban impacientes ese momento en Montepardo de la Duquesa.

CAPÍTULO 9
Buscando a Marcelo

Joao dirigió la mirada nuevamente a su amigo y le invitó a que significara la razón por la cual era tan primordial para él intentar localizar al sujeto, al buen samaritano, del que únicamente sabían su nombre, Marcelo, siempre y cuando fuese esa su verdadera identidad. Además, no había que obviar la circunstancia de que un psicópata armado, al igual que otros tantos, se encontraba por la zona y que, de constatar que seguía con vida, podría verse abocado a tener que finalizar la tarea dejada a medias. El panorama era completado por pandilleros, drogadictos, críos que les seguían requiriéndoles algo de dinero o caramelos y una algarabía de perros asilvestrados que, más que parecer animales de compañía, parecían bestias luciferinas.

No hubo réplica, se miraron y con solo ese detalle ambos dieron por finalizado el pequeño descanso.

—¡Por favor, un hombre llamado Marcelo, sobre cuarenta y cinco años, delgado, pelo moreno, media melena, con barba y que pudiera estar enfermo!

Nadie atendía a sus demandas, si bien cientos de ojos acompañaban sus siluetas a cada paso dado, aunque dicha circunstancia no era nueva, ya lo habían vivido en sus carnes los días en que Tiago les orientaba por la zona.

Habían transcurrido ya tres horas desde el inicio de la andadura por ese lugar abandonado de la mano de Dios. Dando la misión prácticamente por estéril e infructuosa, a punto de desistir tras el inconmensurable esfuerzo realizado, un chico joven se acercó a Joao y le indicó en portugués que le acompañara.

Los dos, sin emitir ningún resquicio de desacuerdo fueron escoltando a su desinteresado guía.

Allí estaba, el mismo edificio decrépito y vetusto, el lugar preciso en el que se produjo el ataque del asesino morador de la barriada y que casi le cuesta la vida al amigo de Joao.

—*É aquí, Marcelo mora naquela casa.*

Tras esa afirmación, el chico emprendió la carrera cuesta abajo sin mirar hacia atrás. ¿Miedo? ¿Recelo? ¿Por qué se alejaba de manera tan rauda?...

Golpeó la puerta mediando unas leves patadas en la parte inferior, mohosa y corroída. Repitió la acción esta vez sin el beneplácito de Joao, quien estaba empezando a sentirse un poco angustiado por la profusa animación que comenzaba a amontonarse en torno a la entrada.

Una chica abrió la maltrecha puerta, bajita, de pelo moreno, corto y muy rizado, piel tan negra y brillante como el azabache, mirada asimétrica, ojituerta, y la nariz roma —los dos agujeros nasales parecían nacerle prácticamente de la cara—. Con todo, vestía de forma elegante en comparación a la gente de por allí, que ya había formado diversos grupos en la mal llamada vía pública.

—*O que você quer? Quem é você?*

—*Estamos procurando Marcelo. Meu amigo está vivo graças a ele e queremos agradecê-lo.*

La chica sacó un terminal del bolsillo izquierdo de su pantalón y marcó un número. Tras unos susurros ininteligibles les instó a que la siguieran. Deambularon por una especie de pasillo desastrado de color anaranjado de unos quince metros de distancia del cual se ramificaban distintas habitaciones de forma laberíntica —bien podría deducirse que cada recinto se comunicaba con otro y así sucesivamente— y que finalizaba en otra puerta aparentemente blindada y de un gran espesor.

La chica bizca silbó tres veces, a intervalos muy cortos, y dio dos golpes consecutivos en la puerta.

Una especie de mirilla cobró animación propia y tras verificar que la que se encontraba al otro lado era la antiestética persona, que acompañaba a dos sujetos, se oyó el ruido inquietante de varias cerraduras y cadenas.

La pesada puerta se abrió, esta vez lenta, pausada, calmosa, encontrándose en ese recinto la presencia de un hombre fuertemente armado: mantenía un AK47 en sus manos y en su cintura una pistola semiautomática.

—*Venha agradecer Marcelo* —alegó la mujer.

Esa especie de guerrillero bien vestido sonrió y solicitó la presencia de un tercero. Un hombre alto y musculado, con parecida indumentaria, peinado al estilo gánster italiano, exploró a los visitantes con un detector de metales alargado color negro, pasando el aparato pausadamente por sus cuerpos mientras emitía todo tipo de pitidos chirriantes e intermitentes, deteniéndose junto a las hebillas de las correas de cada pantalón y las decenas de bolsillos de los dos extraños. Tras ello revisó la mochila negra y sacó el chaleco antibalas y la cámara de fotos con su gran objetivo, la examinó cuidadosamente, volvió a introducir los objetos e indicó el sentido de la marcha que debían seguir.

El interior de ese recinto era recargado, abarrocado, adornadas las paredes con innumerables cuadros en cada una de las estancias. Picasso, Monet, Kandinsky, Renoir, Richter, Kiefer, Marlene Dumas... Cuadros de artistas clásicos más que conocidos y otros contemporáneos.

Cada apartado estaba decorado con antiguos complementos chinos, egipcios, griegos y romanos, así como otros actuales que daban un punto rompedor y variado a dicha linealidad.

—Qué buenas imitaciones, ¿verdad, Joao?

La conductora deforme pareció entender al amigo de Joao y rompió a reír a carcajadas. Daba miedo, esa turbadora risotada parecía la versión femenina de la terminación del vídeo musical *Thriller*, del cantante Michael Jackson.

Finalmente llegaron a un gran salón con cortinas de tela tupida que flanqueaban los cristales blindados que dejaban ver toda la colina, amueblado con dos grandes sofás de piel color rojo y una enorme mesa ovalada de madera de caoba donde por fin se encontraba

Marcelo junto a cinco hombres igual de armados que el que les dio acceso un minuto antes.

Todos dirigieron la mirada hacia el esperpento de mujer, como solicitando a esta una razón por la cual había guiado a dos desconocidos hasta el sanctasanctórum de la vivienda sin haber esperado órdenes para hacerlo.

Joao anticipándose con la voz temblorosa alegó:

—*Olá, Marcelo, este é meu colega espanhol e eu queria ver você agradecer por salvar sua vida.*

Marcelo con semblante serio hizo un ademán inequívoco para que todos abandonaran el salón. La adefesio, los dos hombres de la entrada y los cinco que se encontraban despachando con Marcelo abandonaron la sala de inmediato. Después, señalando uno de los sofás, el anfitrión les invitó a sentarse.

—No hace falta que hables en portugués, hablo español perfectamente, mi madre era asturiana, tuvo la desgracia de enamorarse de uno de los hombres más despreciables de este país.

Dirigió ahora su mirada hacia Julio.

—¿Tú qué miras de esa manera? ¿Te gusto? Dile a tu amigo que está tentando su propia desgracia.

Marcelo ni tan siquiera permitía a ninguno de los vasallos a su cargo fijar su vista directamente en él sin una muestra inequívoca de beneplácito, y el acompañante de Joao estaba empezando a incomodar a esa figura que instantes antes de conocer había sido idealizada por parte de los dos foráneos.

No daba crédito, no era posible, pero sí, era él. No cabía duda, ¿o sí?

CAPÍTULO 10
Los disfraces y la noticia

Esa noche de sábado Alberto contactó con cada uno de los miembros de la tribu de los Volaos —en la cual Pacote estaba ya totalmente integrado gracias a la relación amorosa que mantenía con Alicia— solicitándoles que a las nueve de la noche fuesen a la fábrica de textiles. Había pedido a su padre que, dado que era su cumpleaños, le otorgase el deseo de poder celebrar en dicha instalación de manufactura un pequeño convite junto a sus amigos para conmemorar su natalicio, lo que se resolvió de forma positiva para Alberto.

No habían llegado las nueve menos cinco de la noche cuando todos se encontraban a la puerta de la fábrica, alumbrada mediante dos farolas, una a cada lado de las respectivas esquinas frontales. Alberto, ataviado con un pijama de seda ocre y el cabello teñido de color verde, abrió las puertas correderas y facilitó el tránsito a los que impacientemente esperaban en la calle.

—Buenas noches, bienvenidos a mi mundo, esta noche será inolvidable para todos, espero me hayan agraciado con muchos y variados regalos.

—¡Mira que eres tonto! —le espetó Alicia ante tan absurdo recibimiento sin ya reparar siquiera en su nuevo y colorido pelaje.

—¡No ni *ná*! —concluyó Josico.

Entraron de forma ansiosa. A pesar de conocer a Alberto desde que eran unos niños, jamás habían accedido a la fábrica de ropa más famosa de la comarca, y eso que daba empleo a buena parte de la población de Montepardo de la Duquesa.

Montones de cajas empaquetadas, etiquetas, muchas, de todos los colores y formas, pantalones vaqueros, chinos, camisas de manga larga y corta, unas apiladas encima de las otras, superpuestas y colgadas en enormes perchas formadas por sendas bases triangulares y unidas por un largo resorte metálico, hilos, infinidad de estos, carretes y enormes bobinas de hilo y algún que otro patrón de costura en papel *kraft*, que igual valdrían para forrar paquetes, arrojados en el suelo de forma dispersa.

Los techos se encumbraban varias decenas de metros de forma monumental, y al final de la edificación se alzaba una oficina con cristales tintados, donde el padre de Alberto se dedicaba al abasto, logística y administración de la empresa.

—Jooooder, no me imaginaba que fuese tan grande, bueno, desde fuera lo parece, pero desde dentro es todavía más imponente si cabe.

—Ya ves, Julio, obra de mi padre, un grande.

Todos rieron el calificativo que Alberto concedía a su progenitor, un grande...

El padre de Alberto se encaprichó de la fábrica cuando era un joven emprendedor y apostó por invertir todo su dinero, ahorrado con muchísimo esfuerzo y conseguido como camarero en los por entonces exitosos locales nocturnos de Benidorm. La fábrica, que por entonces no era otra cosa que un depósito de cereales construido durante el inicio de la dictadura franquista, estaba cayéndose a trozos. La reformó, cediéndole más metros de una obra colindante que existía muchos años atrás, y elevó las paredes. No había transcurrido un año cuando inauguró el negocio con cuatro telas y retales procedentes de sus fugaces viajes a Portugal y Marruecos, mediando la inestimable colaboración de algunas mujeres del pueblo para confeccionar alguna que otra prenda y los consejos de unos pocos conocidos que se había granjeado en Benidorm dedicados al incipiente sector textil, sumados a los de un primo suyo que había sido un innovador. Se puede decir que Pepe fue un visionario, y a la vista estaba que, con el paso del tiempo, lo que al principio eran recelos y desconfianza se tornó admiración y agradecimiento por emplear a gran parte de los vecinos de la localidad devolviendo así el favor que en su día a él de forma condescendiente le fue dispensado.

Entraron a la oficina, donde uno a uno fueron depositando en una mesa rectangular los regalos con los que obsequiarían a su amigo cumpleañero.

—¡Tengo una sorpresa! —dijo Alberto señalando al mismo tiempo una caja de cartón de grandes dimensiones e invitando a los perplejos amigos a que mirasen en ella.

—¿Qué mierda es esto?

Pacote sacó de la gran caja un disfraz de burro junto a otro de gallina.

Cada disfraz tenía rotulado un nombre.

—Es mi cumpleaños y me tenéis que conceder el deseo, vamos a disfrazarnos, cenaremos, bailaremos y beberemos hasta que nos dé un espasmo.

Todos aceptaron de buena fe el reto lanzado por Alberto, y cada uno fue cogiendo su respectivo disfraz: Pacote de burro, Alicia de gallina, Julio de perro, Laura de gato, Josico de oso y Alberto lo que bien parecía un lagarto —el pelo ya le servía como complemento—.

Fue al verse los unos a los otros cuando esa escena cómica arrojó el sumun de la felicidad, no podían aguantar tanta risa, tanta diversión, si bien cada indumentaria de bicho enfundada por la peña de los Volaos había sido detenidamente estudiada por Alberto según su mente retorcida y juguetona iba reflexionando sobre los rasgos de personalidad de sus conocidos.

A Pacote no le quedaba mal el traje de burro, toda vez que sus formas y modales no se adecuaban al resto de la pandilla. Eso sí, Alberto siempre pensó que era una buena persona, agradable, y lo más importante es que su amiga Alicia era feliz, muy dichosa a su lado, y eso para él era sagrado.

Para Alicia se había decantado por la gallina, dado que no se atrevía a hacer públicas las novelas que escribía y que tan buena crítica habían recibido tras su lectura.

A Julio el de perro, por su fidelidad, honestidad y valentía a la hora de defender el rebaño.

A Laura el de gata por su inteligencia, sagacidad, e inquietud.

Josico el de oso por su prominente obesidad y su actitud bonachona, o al menos así lo había idealizado según las películas de dibujos animados.

Y para él, como no podía ser de otra forma, el de camaleón —aunque sus amigos lo confundieran con un simple lagarto—, por sus coloridos cambios de cabellera y de estado emocional.

En una mesita agregada a la de mayor tamaño se encontraba gran variedad de comida, que por supuesto ni Alberto ni su padre se habían molestado en preparar, nada más lejos de la realidad, ya se había encargado de ello una empresa de *catering* contratada para tal festejo.

Piruletas de gamba blanca, pulpo crujiente caramelizado, minirrollitos de tortilla, pato asado cantonés... Y como colofón final una majestuosa tarta de diversos tipos de chocolates adornada con una especie de muñeco deforme en la parte superior que podría aludir a la figura de Alberto, dado que tenía el pelo de punta multicolor.

—Está todo buenísimo, pero falta lo mejor en cualquier mesa que se precie.

—¿Qué puñetas dices, Josico?

Alberto no salía de su asombro tras dicha afirmación.

—Pan, machote, pan, el mejor de la provincia, el mío.

Pacote afirmó con el cuello y el resto le siguieron imitándole al unísono.

Y transcurrieron varias horas mientras degustaban, mientras conversaban de cómo les iba a todos, de las piedras que iban sorteando en el camino, de unión, de amistad.

—Bueno, ¿quién quiere ron del bueno?

Alberto le había detraído a su padre unas botellas añejas que conservaba secretamente junto a otras tantas más en la despensa familiar del enorme chalet en el que residía, presentadas en un cofre con una publicidad en la que se leía: «Ron Barbarroja, la bebida de los piratas».

Josico cogió un vaso de copa alta que se encontraba esperando destinatario, lo llenó con tres cubitos de hielo dispuestos en una cubitera metálica blanca, alargó el brazo para que le fuese llenado esa especie de cáliz e ingirió de forma afanosa cada gota del elixir.

Todos llenaron su vaso y Julio alzó la mano verbalizando un particular brindis, primero en atención y agradecimiento al anfitrión, segundo para todos sus allegados.

—Gracias a nuestro querido camaleón por esta increíble velada.

Cambia de color cuantas veces desees, pero nunca cambies tu forma tan particular de ser y, por encima de todo, nunca cambies de amigos. Brindo por todos nosotros, os quiero muchísimo, sois imprescindibles en mi vida... Y sobre todo brindo por Laura.

—¡Por Laura! —gritaron a la vez, enaltecidos por el mágico instante.

Julio, dio dos pasos hacia ella, clavó su rodilla izquierda de perro sin dejar de mirarla, claudicando ante su gata, su chica, su deidad personal, y sacó un pequeño anillo de plata que días atrás le había regalado su madre para que dispusiese con él lo que quisiera, adivinando Erin que lo que verdaderamente deseaba su primogénito era colocarlo en el dedo anular de Laura.

Laura se tapó la boca, excitada y nerviosa ante dicha situación tan inesperada para ella.

—¿Querrás en un futuro no muy lejano ser mi mujer, aceptarme con mis pocas virtudes y con tantos y tantos defectos y ser mi compañera de vida?

Alargó el anillo y Laura, rauda, temblando, lo recogió ante el asombro reinante y lo introdujo en su dedo.

—¡Ahora y siempre!

Ambos sellaron dicho pacto con un beso apasionado, comenzando una tormenta de aplausos y abrazos incontenidos.

Habiéndose hecho la calma y ante el regocijo de los enamorados que no se soltaban de la mano, tomó la palabra Pacote.

—Ha sido fantástico, y bueno, como esta noche parece mágica, yo también tengo algo de lo que informaros...

—Como bien sabéis, Alicia ha escrito siempre desde que era una niña, y ha redactado varias obras que todos hemos leído.

—No, Paco, no es el momento, no quiero que se pierda esta magia, déjalo para otro día.

—De eso nada, deben saberlo.

La cuadrilla de animales humanizados se miraba desconcertada ante la enérgica respuesta de Paco a Alicia.

—Bueno, un editor de Madrid ha leído sus relatos y ha decidido darle una oportunidad, parece que son de su agrado, sobre todo una novela de misterio, ya sabéis, *El caminante*.

El caminante trataba de la particularidad que le ocurría a una persona que viajando por el mundo constató como el destino le deparaba una colosal sorpresa cuando de forma fortuita tuvo ante sí a varios individuos físicamente idénticos sin que guardara en primera instancia relación familiar alguna con ellos y de cómo solventó dicha contingencia.

La novela estaba inspirada en una publicación de una revista que daba curso a lo fantástico, a lo paranormal, llamada *Distinta Dimensión* y que años atrás había leído y comentado con sus amigos mientras se encontraban disfrutando de un día de campo arrojados en el césped fresco y frondoso que rodeaba las ruinas de la fortaleza de Montepardo de la Duquesa.

Quedaron boquiabiertos ante tal fabulosa noticia, tan inesperada como inaudita.

—¡Toma, toma y toma! Ya decía yo que ibas a llegar lejos cuando te decidieras a dar el paso.

—Alberto lleva razón. Soy tu mejor amiga y siempre te he animado a que dieras un paso al frente y abandonaras tu inseguridad. Nunca me has hecho ni caso, ¿y ahora viene este y te mete en razón persuadiéndote de lo que te llevamos diciendo mucho tiempo los demás?...

Pacote no sabía si esa última pregunta expuesta de forma impersonal por parte de Laura llevaba implícita algún tipo de reproche o de halago que él no llegaba a interpretar.

—¡Te como a besos, te como! —dijo Laura abrazando a Pacote con un achuchón tan fuerte que tuvo que implorar clemencia para que sus pulmones pudieran expandirse de nuevo y recobrar el aliento.

—¿Quién es la mejor escritora de España?

Julio expuso una pregunta tan retórica como zalamera.

—¡Alicia!, ¡Alicia!, ¡Alicia! —clamaron todos a la par.

—¡No ni *ná*! —concluyó Josico.

Alicia se regocijaba de forma prudente, atenuada por su timidez, mientras la nueva noticia daba paso a muchos más brindis a la albina luna llena, que esa noche era testigo inerte de tantas emociones.

La figura perruna, quien, debido al nerviosismo acumulado durante los días anteriores a su declaración —en los que le había dado mil vueltas para exponerla a su novia de la forma más brillante—, había ingerido precipitadamente varios campanazos del líquido bucanero de elevada graduación alcohólica dejando ya entrever un estado incipiente de embriaguez, fue estrujada por el cuello por parte de su incondicional aliado osezno y salieron juntos al aire libre.

Primero vomitó Julio, derramando su regurgitación en los pies de Josico. Tras ello, por no ser menos y por la angustia que le generó el hedor pestilente del fluido tibio, espeso y con tropezones a medio digerir de su amigo, Josico hizo lo propio en la espalda de Julio.

Se observaron en silencio una vez finalizadas las arcadas y los esporádicos espasmos que aún les producían los síntomas de la borrachera. La noche era apacible, plácida, solo rompía ese influjo especial el ruido cansino y repetitivo de algunos grillos cercanos ocultos en el yerbajal.

Ese momento fue aprovechado por Josico para sincerarse con Julio.

—¡Te quiero un huevo, tío! Siempre te he admirado y considerado un hermano, desde que éramos unos nanos me defendiste ante los abusones, cuando se reían de mí por mi físico te revelabas ante todos, callabas sus desprecios, siempre estabas ahí, hemos vivido mil situaciones, unas buenas, otras no tanto, pero siempre juntos...

Julio hizo ademán de interrumpir a Josico.

—¡No, joder, déjame continuar! Eres junto a mis padres lo más grande que tengo en la vida, tenemos una conexión especial y te juro por Dios que tanto tú como Laura, a la que aprecio profundamente, sois y seréis siempre mi clan, mi gente. Estoy a muerte contigo, y lo sabes.

Mientras que formulaba esa última locución golpeaba con el puño cerrado el pecho de Julio aportándole a esa acción una muestra de afectividad.

—¡Ahora me toca a mí, mamonazo! Eres mi socio, mi debilidad junto a Laura y mi mejor amigo, siempre lo has sido y siempre lo serás, mi confidente, mi pañuelo de lágrimas, mi colega de farras y aventuras, y te juro que siempre vas a estar en mi vida y en la de Laura.

—Por cierto, llegado el momento, claro, en unos años tal vez, ¿querrás ser tú mi testigo de boda?

Josico no estaba preparado para asumir esa frase, le cogió desprovisto de argumentos, dejó entrever una mueca condescendiente al mismo tiempo que de satisfacción y unas lágrimas furtivas de emoción cayeron de sus chispeantes ojos.

Se volvieron a abrazar y entraron al interior de la fábrica entrelazados por sus hombros mientras que el resto de los convidados seguían congratulándose de tantas y buenas primicias.

—¡Mirad el par de dos! ¡Madre mía, cómo vieneeen!

Alberto fue el primero en verificar el lamentable estado en el que se encontraban amigo oso y amigo perro, pero, cuando acercaron más sus posiciones, aquel olor era tan evidente y notorio como insoportable.

—¡Madre míaaaa! ¡Qué pestuzooo! ¿Pero que habéis hecho ahí fuera, Zipi y Zape?

Julio hizo ademán de besar a Laura aunando y expandiendo fuertemente sus labios hacia ella, que cogió a su particular chico canino de los morros, que continuaban pegados y alargados, y le llevó hasta el grifo más próximo, donde le lavó la cara de forma expeditiva.

La chanza y la mofa del momento fueron tan memorables y la estampa tan ridícula que todos explotaron a reír.

CAPÍTULO 11
¿Conversamos con el gánster?

—Perdona a mi compañero, es demasiado impetuoso y sus modales a veces dejan mucho que desear.

Joao acababa de corroborar que el sujeto que el día que dispararon a su amigo había intercedido para salvarle la vida, haciendo que pudieran llegar a tiempo de producirse el milagro gracias a que bajaron de la favela a toda prisa en su furgoneta *pickup*, no era una buena persona, sino un delincuente. A la vista estaba, peligroso, amenazante.

Había sido un error descomunal subir, una fatalidad acompañarle, en definitiva, un desatino, y no tenía muy claro que pudiesen salir de ese lugar de forma íntegra, respirando y de una pieza.

Su boca se estaba empezando a secar, le sumió una sudoración inesperada y empezó a marearse.

—Vosotros no sabéis quién soy, ¿verdad? O estáis muy locos o sois muy tontos o tenéis muchos cojones de presentaros en mi casa.

El amigo de Joao mantenía su mirada firme, invariable en la cara de Marcelo. Era él, no era su voz, pero estaba seguro de que era él, o al menos como él...

Callado, sereno, sin gesto alguno de inquietud, miró cada parte del inmueble, escudriñando de forma minuciosa cada fragmento, y tras ello volvió a clavar esa mirada, esa inusitada mirada, en Marcelo.

—No tenéis ni idea, ¿verdad?

—Déjame que adivine. Eres un hombre que infunde respeto, pero ese respeto se nutre únicamente del miedo que inculcas a los que te rodean. Seguramente manifiestes abiertamente que la vida te trató mal por haber nacido en el estrato más bajo de la sociedad, que te has hecho a ti mismo desde que eras un crío, has robado, traficado, seguramente tus ojos hayan sido testigos de algún que otro crimen en esa inmerecida infancia perdiendo la inocencia que antaño poseías. Con el favor de algún pez gordo de toda esa chusma, te alzaste hasta un nivel que no habrías nunca soñado, escalaste posiciones seguramente de forma deshonesta y traicionando a otros de tu calaña. Y ahora, bien posicionado desde tu zona de confort de mierda, te atribuyes el mérito de dar ¿qué? ¿Miedo? Eres triste y patético. Y si estoy ahora aquí no es para darte las gracias por nada, ni tan siquiera por haberme salvado la vida, es otra cosa, otra circunstancia que ni siquiera tú con tu mente limitada y carente de sentimientos comprenderías.

Joao no cogía en sí mismo ante la desmedida arenga ofertada por Julio a Marcelo de la cual acababa de ser testigo y ahora daba por hecho que iban a morir sí o sí.

—*Você é um filho da puta muito ousado!* —intervino Marcelo ofuscado antes de dar curso a su réplica—. Verás, loco, efectivamente has acertado en algunas de tus predicciones, no en todas ellas. Pasé por varias etapas de mi vida no recomendables, menos todavía si cabe siendo un menor de edad, pero no traicioné a nadie, ni tan siquiera mis principios. No he traficado nunca con droga, oportunidades aquí nunca me faltaron. Mi padre fue tasador de antigüedades y un erudito en arte, cuadros, figuras... Cualquier mierda de piedra descubierta en cualquier excavación arqueológica del mundo, ahí estaba él. Un ejemplo, un referente a seguir. Viajó por motivos comerciales a España, a un pequeño pueblo asturiano colindante con Galicia. Al parecer, un vecino había descubierto accidentalmente una talla celta junto a la ribera del río. Allí conoció a mi madre. ¡Sí, mi madre! Prácticamente una niña, tendría unos veinte años recién cumplidos. Se enamoraron locamente, se querían. Ella lo dejó todo por él: su familia, su entorno, sus amistades, e incluso dejó plantado a un novio portugués que la visitaba con asiduidad. Se trasladaron a Río, a una lujosa residencia en una de las zonas exclusivas de la ciudad: Leblon. Al inicio de la relación mi madre ya había quedado en cinta y, ya ves, vine al mundo. Mi padre recibía innumerables visitas de hombres de alta alcurnia y poderío económico, hasta que un día la policía efectuó una redada en casa. Mi madre, casi una niña todavía, desconocía que la buena ventura de su marido procedía del lavado de dinero que realizaba en las distintas tasaciones y pujas que se celebraban con obras de arte previamente sustraídas por mafias dedicadas a tal fin.

»Quedó en libertad tras dos años. Durante ese tiempo mi madre, sin su esposo, desprovista de dinero y con un hijo de corta edad, intentaba sobrevivir en la calle, dado que la lujosa casa adosada en la que éramos felices fue decomisada y aportada como fianza tras su venta para así obtener la libertad del cabronazo que acabó jodiendo nuestras vidas. Después, nos instalamos aquí, en esta favela. Frío, hambre, sed, tristeza..., lo único bueno de este infierno siempre fue, ha sido y será su gente. Él empezó a beber y a esnifar disolvente, barato pero eficaz para eludirse de todo y de nosotros. El puto borracho empezó a golpearme, día tras día, noche tras noche, primero a mí, luego a mi madre tras intervenir y cobijarme mientras me parapetaba en su cuerpo.

»Un día, siendo ya un adolescente, no pude más. Estaba durmiendo en el único camastro de la casucha donde malvivíamos, cogí una botella de cristal del vino agrio e insípido que bebía, la rompí contra el suelo, y con uno de los cristales lo degollé. No sentí nada, ni nervios ni miedo..., únicamente paz. Entonces desperté a mamá, estaba en otra habitación contigua, casi hundida, tirada en una pequeña colchoneta mugrienta en el suelo, y le confesé lo que había hecho. Ella me miró y se abrazó a mí mientras lloraba desconsolada; yo seguía sin sentir nada.

»A la mañana siguiente me entregué de forma voluntaria a la policía mientras ella seguía llorando y suplicando compasión por mí. Cumplí varios años en un correccional, afinado junto a otros trescientos desgraciados más. Cuando prácticamente estaba a días de cumplir la mayoría de edad, la rabia e impotencia por el trato me llevó a amotinarme al igual que muchos otros. La policía de choque entró para sofocar el levantamiento y herí gravemente con un punzón fabricado por mí a uno de sus efectivos. Por eso, cumplí otros añitos más, esta vez de prisión, aquí, en estas cárceles. Te garantizo que no son como las de tu querida España, te lo aseguro, más que centros penitenciarios parecen corrales de pelea, salir vivo de ahí es ya una proeza.

»Al salir, mi madre, a la que tanto idolatraba, se había esfumado, cual bocanada de aire exhalado en un frío día de invierno. No hubo despedida, no hubo consuelo para mi rabia, mi aversión a la confianza en las personas se hizo cada vez más y más extrema, llegué incluso a abominar mi mera existencia, y me juré a mí mismo que no volverían a causarme ningún daño, al menos emocional. Así que de nuevo, y esta vez solo, empecé a buscarme la vida. Y no lo hice mal, ya ves, me la busqué bien, supe con quién tratar. Al inicio con delincuentes de poca monta, luego con mandos intermedios de organizaciones un poco más vastas y tras ello soy yo quien impone las reglas. No me mancho las manos con droga, no me lucro con secuestros ni trata de seres humanos, simplemente sigo el negocio familiar, pero esta vez se roba al rico y se distribuye entre los desfavorecidos, en la favela, entre mi gente. Por supuesto, yo me llevo mi parte. Una gran parte, eso sí. ¿Te ha gustado mi biografía?

—No sé qué decirte —contestó Julio.

Su cara cobró una apariencia distinta, un aire de estupor, e igualmente recapacitó para sí mismo sobre todas y cada una de aquellas casualidades tan extrañas, las singularidades tan sorprendentes que tiene de vez en cuando esta existencia efímera para los seres humanos. Ese relato ya lo había escuchado antes, no hacía tanto, y ahora sabía quién era en realidad Marcelo, incluso mejor que él mismo. Lo sabía, conocía cada detalle de ese personaje, pero todavía no era el momento de desvelarlo a nadie, ni tan siquiera a Joao, caso de salir ilesos de ese lugar.

—Un poco larga la verdad, pero al menos no ha estado aburrida —sentenció Julio ante los ojos enrojecidos del malhechor.

—No le haga caso, Marcelo, lo dice por su estado de nervios, no piensa lo que sale por su boca —intervino ahora Joao angustiado por el miedo.

—Dejadme ahora que os cuente otra cosa.

—¿Otro cuento? Vamos, adelante —interrumpió Julio acomodándose y expandiendo sus brazos hacia el respaldo del sofá, como resignándose a otra ponencia del interlocutor dueño de la morada.

Marcelo se giró hacia Joao y le señaló con su dedo índice de arriba abajo.

—¿Joao, verdad? —preguntó.

El virólogo asintió.

—Verás, tontorrón, llevas dos meses y medio en Brasil, te fue concedida una estancia única de noventa días, aceptaste el estudio inicial sobre un patógeno. ¿Se dice así, patógeno? Bueno, ya me entiendes, una mierda de virus que está mermando la población de una tribu perdida del Amazonas. Esos reductos de aldeas indígenas todavía esperan tu llegada y ayuda, pero lejos de eso te has dedicado acompañar a este imbécil a realizar reportajes y entrevistas por todo Río, para acabar siendo su escudero, auxiliándole a fotografiar cada ínfimo detalle de esta favela y sirviéndole de traductor. Tu tiempo ha sido bien empleado, ¿no?

No era una pregunta, sino un reproche por lo que debía haber hecho Joao y ni tan siquiera había iniciado.

—¿Cómo sabes todo eso?

—Ya ves, tengo mis fuentes. Y ahora viene lo mejor...

Se giró esta vez hacia el otro visitante.

—De ti sé qué has estado haciendo, dónde has estado en cada momento en esta ciudad, pero todavía no sé tu verdadero nombre, me informaron de que te llamas Jorge.

—Julio, me llamo Julio, menos mal que estabas al tanto de todo.

Examinó unas notas manuscritas de puño y letra por alguno de sus hombres y murmuró de forma malhumorada en voz baja.

—Julio, bien. Llegasteis juntos a Río, te mostraste muy interesado en fotografiar a niños de un orfanato en la zona baja de la favela, al principio hasta creí que eras un maldito pederasta. Te fuiste encariñando con un crío llamado Danilo, quien ha sido cuidado junto al resto de pequeños de forma no tan altruista como crees, soy yo quien hace llegar mensualmente una remesa de alimentos y de dinero a la parroquia, que se encarga de gestionarlo con mi beneplácito. El padre Bosco, el cura, es gratificado también sistemáticamente. Quiero el bien de todos esos niños, pero sobre todo el bienestar del que tú precisamente has ido a visitar de forma asidua desde el primer día que llegaste, de Danilo.

Julio se mostró ahora más sorprendido si cabe, no llegaba a comprender la relación que Marcelo podría mantener con ese pequeñajo al que tanto cariño había cogido y al que de una forma casi enfermiza se sentía ya apegado.

—¡Esa criatura es mi hijo! —sentenció así Marcelo su enigmático relato—. Sí Julio, Danilo es mi hijo, y lo sé todo: cada día que has entablado conversación con él, cada tarde que le has llevado golosinas, cada tarde riendo juntos, cada detalle... Tengo informadores por todos sitios, todavía más si cabe en las inmediaciones del orfanato. No sé a qué mierda te dedicas, solo que visitas a mi hijo casi todos los días y que te acompaña tu amigo Joao en la práctica totalidad de las veces. Pero, de la noche a la mañana y lejos de estar ambos como deberías estar en la zona más selvática y recóndita, os vi junto a un paisano preguntando gilipolleces a los que viven aquí, a mi gente, realizando fotos a edificios y calles de la favela, y pienso: ¿no trabajarán para la policía?, ¿estarán usando a Danilo para acercarse hasta mí?, ¿estarán tratando de sacar información, de realizar un cotejo, un plano de las callejuelas, de cada choza y edificio, de sus entradas y salidas? Entonces lo medité y, por si acaso, tomé la determinación...

Marcelo hizo una pausa como esperando que sus invitados tomaran la palabra para interesarse por el final. Tras cinco escasos segundos que se hicieron eternos Julio reanudó la conversación.

—Y entonces mandaste matarme, ¿verdad? —preguntó retóricamente.

—¡Premio para el guapito arrogante de los ojos verdes! Solo que cuando te vi la cara, no entiendo qué pasó, todavía no lo asumo, me estremecí de forma inaudita, sentí escalofríos, noté una inmensa tristeza al verte sangrando arrojado en el suelo, muriendo, y lo que más desasosiego me causa es que creo que nos conocemos de toda la vida sin tan siquiera haber coincidido contigo jamás.

»Para más inri abriste los ojos cuando te trasladábamos a bordo del vehículo de uno de mis hombres, me señalaste y me llamaste Ron, varias veces. ¡Explícate o te juro por lo más sagrado que no sales entero de esta habitación!

Lo que Marcelo guardó para sus adentros a fin de no ser considerado un lunático aludía a que, durante cada noche y desde hacía varios años, venía adoleciendo de unas enigmáticas y recurrentes ensoñaciones, en las cuales una especie de presencia difusa con rasgos físicos similares a los suyos le hablaba y le instaba a encontrarse con una vieja amistad.

Igualmente, en aquella amalgama de insólitas y fantasiosas secuencias de imágenes superpuestas aparecía un pequeño pueblo en el cual se alzaba un robusto y enigmático árbol.

Una de aquellas utópicas visiones se transformó recientemente en una inquietante pesadilla en la que aquel ser análogo en fisionomía le llamaba con el sobrenombre de Ron una y otra vez, de forma tan reiterativa como desquiciante.

Nuevamente se hizo el silencio, Joao miraba a Julio implorándole una respuesta coherente que les permitiese salir airosos de aquel angustioso momento.

CAPÍTULO 12
Evolución

Otra velada en Montepardo de la Duquesa, otro concilio de la peña, otra noche que desembocaría en memorable.

Habían transcurrido unos años desde la pedida de mano de Laura y la noticia de la publicación de un libro de Alicia. Alberto ya había comenzado a destacar en la moda gracias al apoyo incondicional de su mentor Amador del Sol, quien había mediado para que vistiese en un vídeo musical a una cantante adolescente que había triunfado en un concurso de la televisión italiana de nombre *Ora canti* (Ahora canta tú). Varios vestidos diseñados por Alberto que se exponían en el corto tuvieron un éxito sin parangón, todas las fans quinceañeras del momento decidieron emular aquella vestimenta, generándose una demanda inusitada que le lanzó al estrellato. Alberto abandonó su estatus de modisto novel para alcanzar otro nivel.

Laura acababa de terminar magisterio y esperaba impaciente la publicación en el Boletín Oficial de la Junta de Comunidades de la convocatoria de plazas. Tal y como había supuesto su madre, ofertaron dos vacantes para Montepardo de la Duquesa. Se encontraba preparada y ansiaba el momento.

El padre de Josico padecía desde hacía años la extenuante dolencia de varias hernias discales y tras ser operado de alguna de estas, a pesar de no encontrarse todavía en edad de jubilación, no quedó el hombre en un estado físico óptimo para seguir al mando de la ocupación que había llenado su vida, por lo que Josico dio un paso al frente y, poniendo a punto las habilidades adquiridas por tantos años de experiencia al lado de su progenitor, sacó a flote el negocio.

Alicia no solo había triunfado con la publicación de su novela *El caminante*, sino que, tras la edición de otras dos novelas más, *El guarda* y *Las lecturas de Josefa*, se había hecho hueco en las mejores librerías del país y le habían otorgado un premio literario en un certamen recientemente celebrado.

Pacote seguía con sus tareas agrícolas, cuidando los campos de sus padres, que pronto serían suyos. Mientras estuviera a su alcance, nunca permitiría que les faltase nada a los que tanto le habían dado, que no era otra cosa que cariño y respeto, a la vez que un oficio incluso más digno si cabe que otros que requerían de más estudio, no así de conocimientos.

Alicia había sido tentada para dejar la población e instalarse en Madrid, pero declinó la oferta: ella era feliz en su pueblo natal, junto a su madre y Paco. Una mañana, se sintió indispuesta e inicialmente achacó aquellos vómitos al atracón de palomitas de la noche pasada, cuando junto a Paco se encontraban viendo una película. Aun así, corrió a la farmacia y solicitó un test de embarazo, contuvo en el baño la respiración y constató como las dos rayitas de la ventana del palito se tornaban visibles. No cabía duda, iba a ser madre. Se sintió feliz, exultantemente viva, el disfrute efímero de una noche de pasión había dado como resultado el futuro nacimiento de un ser que, lejos de haber sido premeditado, sería bien recibido, al menos por ella. Tras comunicarlo a Pacote, asustada y dudosa ante su reacción, ambos lloraron juntos abrazados, unidos por el mismo júbilo.

Ni que decir tiene que aquella noticia corrió rápidamente por todos y cada uno de los integrantes de los Volaos, así como del resto de habitantes de Montepardo.

Por su parte, Julio había aprobado con solvencia la carrera de periodismo y le atraía el mundo de las ondas, por lo que entró a trabajar como becario en una cadena de radio provincial. Sin embargo, lo que realmente le apasionaba era el periodismo de calle y la fotografía. Rara era la ocasión en la que no se encontraba con su cámara réflex colgada al cuello realizando todo tipo de instantáneas en blanco y negro, pues, según él, le daba un realce dimensional distinto a las fotos, siendo los paisajes de Montepardo y Laura la mayor parte de las veces sus principales objetivos y destinatarios de sus *flashes*.

Esa noche, habían quedado todos en el lateral de las ruinas del castillo. Josico fue quien llegó primero, amontonó leña caída de los árboles cercanos e improvisó una pequeña hoguera. Todo alrededor se impregnó de una luminosidad mágica, parecía que el fuego había cobrado vida propia y jugaba con las sombras retorciendo el contorno de cada figura.

El siguiente en llegar fue Alberto, vistiendo uno de los trajes usados por aquella chica italiana que tan inestimable ventura le había ocasionado, salpicado de colores blancos, negros y marrones, eso sí, con el pelo de punta color granate. A Josico le pasó por la cabeza que bien podría ser la réplica de una abubilla.

Al cabo de unos minutos llegaron Laura y Julio cogidos de la mano, ñoños, enfermizamente empalagosos.

Y transcurrido un escaso margen de tiempo hicieron acto de presencia Alicia y Pacote, quien no paraba de emplazar su mano en la barriga de su chica, como arropando al futuro retoño, al que le quedaban seis meses más para ver la luz.

—Qué bueno, chicos, os va a todos de escándalo.

Josico inauguró la jornada ofreciendo un suculento trozo de bizcocho elaborado por él con maestría a cada uno de los asistentes a la reunión clandestina. Sí, clandestina, dado que quedaba prohibido en las inmediaciones del castillo prender fuego alguno, tal y como quedaba refrendado en un cartel dimanante del Ayuntamiento a fin de la conservación del patrimonio local, con advertencia incluida de una cuantiosa sanción si se incumplía el reglamento.

Todos ya sentados en el suelo, cogieron un trozo y, exaltados por el trance que proporcionaba el calor de la hoguera, lo elevaron en alto como aquella vez en la fábrica propiedad del padre de Alberto y brindaron. Lo hicieron por ellos, por permanecer siempre unidos, por su amistad.

Laura ya estaba abrazada a la cintura de Alicia, acariciando su tripa, cuando Julio y Josico iniciaron al unísono una melodía, una canción más que conocida por cada uno de los presentes llamada *Son tus perjúmenes, mujer* de Carlos Mejía Godoy, un éxito que siempre había sonado en locales y discotecas desde que eran pequeños y tantas noches de alegría les había proporcionado, la mayoría cuando ya se encontraban en estado sumamente ebrio, mientras ellas dos, Alicia y Laura, se contoneaban suavemente.

La noche transcurrió plácida, cada cual exponía sus experiencias, las últimas anécdotas, sus aspiraciones futuras.

Siendo aproximadamente las dos de la madrugada se despidieron hasta el día siguiente, ya que Josico unas horas más tarde debía estar ya abasteciendo de pequeños troncos de roble y haya y calentando el único horno de leña que quedaba en la provincia, donde se producía uno de los mejores panes de hogaza de todo el país.

Convinieron en quedar al día siguiente tras la comida a fin de tomar café en el *pub* del pueblo, y con apremio apagaron los restos de ascuas de la hoguera con el agua de una garrafa abandonada que previamente habían llenado de la laguna cercana.

Mientras que todos habían salido ya en dirección a sus respectivos domicilios, quedaron atrás, bastante retrasados, Julio y Laura, debido a las incesantes muestras de afecto y amor que se procuraban: arrumacos, caricias cómplices, no daban ni diez pasos cuando de nuevo volvían a parar y besarse.

Habiendo traspasado la única curva que había a la entrada de la localidad, así como en los pocos kilómetros que separaban Montepardo de la Duquesa de otro pueblo cercano, y a escasos cien metros de la posición de Julio y Laura, un vehículo mantenía sus luces de larga distancia, cegando a ambos en su travesía, realizando una maniobra que casi cuesta una desgracia. Se trataba de un turismo, Honda, color blanco.

Cuando el vehículo estaba a su misma altura, Julio recriminó la acción al conductor, quien de un brusco frenazo paró en mitad de la calzada. Del interior se apearon dos hombres con muy mal semblante. Uno de ellos, el acompañante, parecía más rudo si cabe que el conductor suicida. Cuarenta y tantos, pelo sucio, parecía que le habían escupido y relamido un rebaño de llamas. Todas las venas de sus brazos parecían enormes, atrofiadas. Llevaba tatuado en el brazo izquierdo la figura de la parca ataviada con una túnica y una guadaña, y vestía un vaquero roído y una camiseta de tirantes blanca. El otro, el piloto, era bastante más menudito, más o menos de la misma edad, calvo y con una marca en su cara desagradable a la vista.

—¿Qué pasa, tío? ¿Tienes algún problema? ¿Tienes algo que decirnos?...

Laura cogió fuertemente a Julio del brazo derecho para que lo dejase ir y no se hiciera el héroe, la pinta de esos sujetos no otorgaba confianza alguna, más bien daba pavor ver como se aproximaban hasta ellos de forma tan amenazadora.

—Mira el tontito, tiene que sujetarle su chica, que, por cierto, ¡qué buena estás!

Ese último comentario sacó de sus casillas a Julio, quien solicitó una disculpa.

—Y si no me sale de los huevos, ¿qué va a pasar, chaval? ¿Me vas a pegar, chulito?

A Julio le estaban empezando a temblar las piernas, pero la adrenalina le hizo sentirse fuerte por instantes, o eso creyó él. El primer golpe se lo dispensó el calvo, de un fuerte cabezazo impactó con su cocorota en la nariz de Julio tras haber permitido a este aproximarse en demasía. Cuando hubo caído al suelo prácticamente grogui las patadas de ambos matones eran tan desconsideradamente violentas que Laura, a riesgo de ser igualmente golpeada, se interpuso entre los asaltantes y su novio llorando y pidiendo auxilio, gritando que, por favor, les dejaran en paz y que se fueran.

Julio hizo ademán de incorporarse, corrigiendo por un momento su posición de vencido y llegando a atizar con su puño al hombre del tatuaje un somero y superficial guantazo en su rostro.

Este tras ello sacó una navaja tipo mariposa, la esgrimió y se la mostró mientras, irritado, se lamía la sangre de las sucias encías que sustentaban los pocos y podridos dientes que le quedaban.

—¡No, por favor! ¡No era nuestra intención molestaros, os lo pido por Dios, déjanos ir! —rogó aterrorizada Laura.

Al mismo tiempo que el grandullón se acercaba intimidante portando el arma blanca hacia Julio, el bajito calvo empezaba a bajarse la cremallera del pantalón anticipando la idea más que probable de que, tras el trágico final que iban a dispensar a Julio, pudiera consumarse igualmente algún tipo de agresión sexual a Laura.

—¡Si la tocáis os mato, hijos de puta!

Julio miró un segundo al cielo de esa noche estrellada y esperó que su contrincante se acercara. Cuando ya daba todo por perdido, un leñazo terrible impactó esta vez en la cabeza del agresor armado, que cayó a la carretera maltrecho. Se trataba de Josico, se había olvidado de comunicarle a su mejor amigo que al día siguiente no podría tomar café con la cuadrilla debido a que su padre se encontraba adolecido de una de sus hernias y tantas protrusiones, por lo que volvió para decírselo a Julio.

Fue el calvo quien recogió la navaja del suelo que había esgrimido su colega y, sin darle tiempo a reaccionar, la clavó hasta en tres ocasiones en el vientre de Josico, que cayó prácticamente sin vida.

Los dos hijos de mala madre montaron en el coche blanco a toda prisa y abandonaron el lugar.

La escasa luz amarillenta procedente de una farola cercana irradiaba melancolía y tristeza a lo que acababa de acontecer.

Julio se arrojó al suelo y recogió la cabeza de su amigo entre sus piernas mientras indicaba a Laura que pidiese ayuda. Ella corrió gritando a la entrada del pueblo, donde finalmente fue atendida por dos vecinos, quienes telefónicamente dieron traslado a la Guardia Civil, que por falta de efectivos se encontraba vigilando las instalaciones de un polígono ubicado en otro pueblo bastante distante en el cual las noches anteriores habían robado en varias naves industriales.

—¡No te vayas! ¡No te vas a ir, joder! ¡No me puedes dejar porque te necesito! Te necesito, ¿me oyes?, ¡te necesito!

Presionaba con fuerza cada herida abierta en las carnes de su amigo, pero la mirada de Josico ya estaba prácticamente ausente, vacía, si bien logró enunciar tenuemente una sola palabra...

—Cuídala.

Ya no estaba, quedaba su cuerpo, pero Josico había dejado de respirar, había perdido la batalla y, ensangrentado, con la cabeza apoyada en el regazo de Julio, se fue a buscar otra dimensión distinta, otro lugar.

Cuando hubo llegado la ayuda de varios vecinos, Laura y la doctora a la cual despertaron con urgencia, ya era tarde. Laura se postró ante Josico y lloró desconsolada mientras miraba a Julio, quien permanecía acariciando su pelo, lleno de ira, confuso al mismo tiempo.

Los homicidas no tardaron ni unas horas en ser detenidos por los detalles aportados por Laura y Julio a los efectivos policiales. Fueron acusados de homicidio doloso y lesiones, así como de robo con fuerza. Estarían a buen recaudo durante un largo tiempo.

El sepelio de José Roncero Fernández se celebraría a las cinco de la tarde, tal y como reflejaba el rótulo expuesto a la entrada de la fría habitación del tanatorio.

Se aproximaba la hora del último acto de despedida para dar cristiana sepultura a Josico, por lo que las instalaciones se encontraban repletas. No solamente habían hecho acto de presencia prácticamente todos los habitantes de Montepardo de la Duquesa, también hicieron lo propio muchos vecinos de los pueblos cercanos, quienes compraban pan asiduamente tanto a José como con anterioridad a su padre y abuelo.

Alberto, sin poder contener las lágrimas, vestía un traje totalmente negro y se había lavado la cabeza, apareciendo ante el resto del mundo con el rubio primigenio de su cabello, que desde que era un niño nunca había vuelto a mostrar.

Pacote arropaba a Alicia intentando consolarla, sufriendo por el amigo ausente a la vez que temiendo que dicho dolor pudiera causar estragos en el embarazo.

Laura había ido a buscar varias veces a Julio al domicilio de sus padres, quienes ya se encontraban en el tanatorio junto al resto de vecinos, conocidos, familia y allegados. Nerviosa interrogó prácticamente a todos, se acercaba la hora y Julio no daba señales de vida, ni tan siquiera estuvo la noche anterior junto al resto de la pandilla llorando la terrible pérdida.

Los padres de Julio, aunque al principio reticentes e inquietos, se acercaron a los de Josico. El panadero se encontraba ausente mirando el rostro de su hijo, impasible ante el féretro donde yacía su propia carne, sangre de su sangre.

La madre del finado, a pesar de tener los ojos ensangrentados por el dolor, de forma condescendiente y cortés se aproximó hasta ellos y besó sus mejillas.

El padre de Josico se giró esta vez, se levantó torpemente debido a la condición de su desecha columna, dio tres pasos quedando frente a frente con el padre de Julio y estrecharon sus cuerpos sollozando, tragando sus propios fluidos, salados, consistentes.

Julio era para el panadero y su mujer un hijo más, desde que tenía ocho años no había día que no estuviese merodeando por el horno, manchado de harina mientras jugaba con Josico. Más de una noche se había quedado a pernoctar con ellos, y su vástago había hecho lo propio en casa de Julio, incluso habían veraneado en común ambas familias en un pequeño pueblo de Granada de donde era la madre de Josico.

Nadie había podido ingerir nada, simplemente no entraba por la laringe, cerrada, obstruida por los sentimientos a flor de piel.

Las cuatro y media y Julio seguía sin aparecer. A pesar de ser ya prácticamente un hombre, se encontraba subido a la parte más alta de Máximo. No podía pensar con claridad, no podía ni tan siquiera llorar, le costaba coger aire, un aire que le resultaba denso, cargado, nocivo.

La ceremonia estaba a punto de comenzar, iban a cerrar la tapa del ataúd y trasladarlo a la iglesia para iniciarse el tradicional rito de exequias.

—¡Parad! ¡Por favor, unos minutos! ¡Os los suplico!

Julio acababa de llegar, accediendo por la zona trasera a la entrada del mortuorio, donde ya quedaban únicamente los padres y un empleado del tanatorio.

El panadero hizo un gesto inequívoco al trabajador del centro para que detuviera el cierre de la caja, esa maldita caja de madera contrachapada prensada que contenía lo más querido para él y que le había sido arrebatado por dos hijos de Satanás.

Se acercó hasta Josico eludiendo la mirada de sus progenitores, se inclinó ante el finado y le besó la frente, brillante, fría. Pegó su rostro al de su amigo intentando ofrecerle calor...

—Te juro que siempre vas a estar a mi lado, todo lo que me quede de vida, compañero. Nos vemos pronto.

Volvió a besar su frente y salió corriendo de la habitación.

Los padres de Josico sintieron, a la vez que una profunda tristeza, un miedo indescriptible por las palabras enunciadas por el mejor amigo de su hijo y esperaban que no fuese a hacer alguna locura, ya que Julio era para ellos como el segundo hijo que nunca llegaron a tener, pese a haberlo intentado en infinidad de ocasiones.

Más tarde, estaba procediéndose ya al cierre del nicho cuando Alberto dio un leve codazo a Laura, señalándole una esquina del camposanto. Allí estaba, impertérrito, distante, como si ese circo de lamento ya no fuera con él. Laura se acercó lentamente y enfrentó sus ojos a los ojos de la persona que más quería en este mundo.

—¿Dónde estabas? ¿Crees que eres el único que está hundido? ¿Piensas que nadie se aproxima al pesar de tu duelo?

Él apartó su mirada de ella para dirigirla a la muchedumbre que se agolpaba para darle el último adiós a su mejor compañero.

—Lo siento, no puedo...

—¿Qué no puedes?, ¡¿qué no puedes, por Dios...?!

—Te voy a amar siempre, perdóname.

Julio salió a paso ligero de ese lúgubre lugar dejando a lo más apreciado, valorado y querido por él en aquel cementerio: la mejor de las amistades y el más puro e irremplazable amor.

Mientras Laura, pálida y sorprendida por la reacción de Julio, quedó sollozando en el suelo.

CAPÍTULO 13
Dialogando (segunda parte)

—Me llamaste Ron, varias veces, ¡explícate!
Julio dejó entrar todo el aire que pudo en sus pulmones, como preparando una respuesta que por ende sería extensa.
—Ron es el apodo que yo y únicamente yo le decía en privado a un amigo al cual dos hijos de puta asesinaron. Murió por mí y salvó a mi novia de ser violada y quién sabe qué más. Era mi hermano, mi confidente y parte importante de la alegría de vivir. El sobrenombre se debe a que su primer apellido era Roncero. Además desde críos ya empezamos a disparar en las casetas de tiro que montaban en la plaza por las fiestas patronales del pueblo, apuntando con esos viejos y usados rifles a las botellitas de alcohol que por entonces se ofertaban como premio al derribarlas con un corcho, empezando nuestras primeras relaciones en el mundo de la bebida con pequeños frasquitos de ron.
»El que te llamase a ti, pedazo de escoria, con ese calificativo cariñoso mientras agonizaba tirado en la calle únicamente se debe al gran parecido físico que mantienes con el ser tan maravilloso que era mi amigo José, pero no posees ni la milésima parte de su humanidad.
Joao, boquiabierto, no podía creer lo que estaba escuchando, había abandonado el miedo que ese delincuente le había infundido durante todo el tiempo y ahora estaba solo pendiente de las palabras de Julio.

—¿Quieres saber más?

Marcelo asintió para que continuase.

—Antes de la trágica muerte de José, una amiga en común había escrito por entonces una novela con la que obtuvo muy buena crítica y ventas, se llamaba *El caminante*. Ideó el relato a raíz de la lectura de unos párrafos de una revista. Trataba de un sujeto que tras una fuerte depresión comenzó a viajar por el mundo, caminando por lugares nunca imaginados por él, conviviendo con todo tipo de gentes, intentando descubrir alguna razón que le aportara felicidad de nuevo, y por casualidad del destino encontró en su búsqueda varias personas con idénticos rasgos a los de él, pero que hablaban otros idiomas y no tenían relación de parentesco alguna.

—¿Y por eso viniste aquí entonces, a buscar a tu amigo muerto?

—Aquí y a cientos de lugares más, países en guerra la mayoría de ellos. No solo añoraba de forma física a mi amigo ausente, sino que por momentos deseaba su mismo destino, para mí la muerte no era otra cosa que el remedio a mi tristeza, a mi aflicción, a mi desidia continua.

»Tras el entierro de mi mejor amigo y dado que estaba en posesión de mi título de periodista, solicité una de las plazas que menos demanda tenían por su penuria y peligrosidad, la de corresponsal de guerra. Al inicio ni me tuvieron en cuenta debido a mi edad y corto bagaje profesional, que se limitaba a haber sido becario en una radio provinciana de poca repercusión. Tras moverme por el ambiente adecuado, me aceptaron en la agencia EFE, especializada en noticias internacionales, y ahí empezó mi periplo por muchos y variados infiernos. Vi de todo, lo mejor y lo peor del ser humano, siempre expuesto ante cualquier trágico desenlace. Al principio tomaba precauciones, luego dejé de hacerlo, ni casco ni chaleco, daba igual. Oí las balas silbar junto a mí cientos de veces. Una de las pocas ocasiones en las que portaba el casco casi me revientan el cerebro y, ¿sabes?, maldigo el momento en que decidí llevarlo ese día. Pero de forma enfermiza empecé a tomar fotografías, de todo, de todos, eran buenas, realmente buenas, y llegaron los premios, el reconocimiento y el dinero, pero a mí no me importaba en absoluto, porque no encontraba lo que andaba buscando. Tras varios años de mi particular peregrinaje por el mundo, hastiado de observar tanta maldad, tanta desgracia, me fue ofertada la tarea de realizar un reportaje en una favela de Río de Janeiro, de explorar sus calles, conocer y entrevistar a sus habitantes a la vez que debía hacer fotografías de algún orfanato y entablar conversación con alguno de los niños amparados en él. Y desde el primer día Danilo...

—¿Te refieres a mi hijo?

—Sí, a tu hijo, esa pequeña criatura inocente hablando un perfecto español se acercó el primer día y me dio la mano, me llevó hasta el altar de la iglesia y me pidió que rezara junto a él. Yo le pregunté por qué quería que pidiésemos a Dios, me miró con unos ojos indescriptiblemente bellos, cándidos, y me contestó: «¿No lo ves? Es por ti, ¡por ti!, recemos por ti, tu alma está muy apenada». Esa frase, esa contundencia al expresarlo, saliendo de la boca de un crío de seis años me revolvió el interior. Me senté junto a él y recé las pocas oraciones que recordaba. Pedí a Dios que José hubiese encontrado un buen sitio a su lado, confortable, e hice las paces conmigo mismo, sentí sosiego, paz, por primera vez en mucho tiempo. Desde ese día no podía dejar de visitar a ese niño, tu hijo, su mera presencia me era placentera, me calmaba.

Joao absorto en la narración de Julio acababa ahora de entender el sufrimiento que su compañero de viaje llevaba tanto tiempo callándose. Muchos habían sido los días y noches que habían conversado sobre cualquier tema y ámbito, y nunca, jamás le había sido revelado dicho secreto.

—¿Por qué no me lo dijiste?

—No era necesario, créeme. Además, solo te hubiese infligido pena, no quería tu compasión, y tu amistad me ayudó a salir adelante, a tener una perspectiva distinta. Acepté este proyecto y dejé de lado de una vez por todas las crónicas de cualquier conflicto bélico animado por un conocido en Madrid.

—Y si ha sido así, ¿por qué no te pusiste el chaleco debajo de la camiseta al subir a la favela como hicimos Tiago y yo? ¿Todavía anhelas la muerte?

—No, Joao, ya era por mera costumbre, fue un olvido y una mala decisión el no haberlo cogido ese día, pero...

Marcelo intervino contrariado ante la conversación de tú a tú que mantenían Julio y Joao ignorando su presencia a pesar de encontrarse en su casa y pendiendo sus vidas de una decisión suya.

—Pero ¿qué? No te arrepientes, ¿verdad? Sí, deseabas tu fin, idilo!

—No, no lo deseaba, pero eso no significa que ahora tenga miedo. Y no, no voy a otorgarte a ti el placer de mostrar ese sentimiento.

De nuevo intervino Joao, dando contrarréplica a Marcelo.

—No, capullo, te ha dicho que no te teme, ni yo tampoco. Si has de acabar con nosotros, hazlo ya, pero antes yo también querría sincerarme...

Qué dudoso honor tiene el trance de encontrarte ante la tesitura de vislumbrar la cercanía de tu fin, que todo el mundo, cualquiera que sea su posición, estatus, riqueza o pobreza, qué más da, acaba confesando sus miserias, sus pecados y los secretos más profundos ocultos en lo más hondo de cada ser. Probablemente sea ante la inseguridad o esperanza de la salvación del alma o la creencia reconfortante del perdón del ofendido.

—Mira, el portugués gallito. Estás a una palabra más de hacer compañía a los gusanos del cementerio.

Joao, ante el tono exaltado y la brusquedad del gesto realizado por Marcelo pasándose el dedo índice de lado a lado del cuello, depuso momentáneamente su inusitado ataque de valentía.

De todas formas Marcelo se encontraba en su casa, en su parcela, flanqueado por un séquito de matones, y tenía ganas de jugar, de seguir escuchando a ese par de locos que de forma insensata e imprudente, sin haber tomado ningún tipo de medida para preservar su mera existencia, se habían presentado ante él.

—*Vamos lá, Joao, foi uma piada, ¿o que você quer dizer?*

Marcelo, cambiando la entonación solicitaba ahora que Joao se explicase y que dijera lo que un instante antes iba a soltar por su boca, si bien Joao declinó esta vez dicha invitación.

CAPÍTULO 14
Resignación, una bienvenida y una despedida

Tras el entierro de Josico todo cambió en Montepardo de la Duquesa. Ante la pérdida de Josico y la huida de Julio, el resto de los integrantes de la cuadrilla se encontraban alicaídos, descolocados; hasta el pueblo parecía languidecer, funesto. Habiendo prevalecido el mutismo durante varios días, tal vez por la pena que les comía las vísceras, tal vez porque se encontraban en *shock*, Alicia requirió la presencia del grupo durante la tarde en su casa.

Cuando llegaron Alberto y Laura, en el salón ya se encontraba Pacote sentado en una silla junto a la anfitriona. Unas pastas caseras decoraban el centro de la mesa. Adelina, la madre de Alicia, las había colocado ahí para que, caso de tener apetito mientras mantenían la reunión, pudieran tener algo que echarse a la boca.

—Hola, chicos, ¿cómo estáis?

La respuesta era absurda, quedaba fuera de lugar ante la obviedad de las caras de todos.

Alicia abrazó fuertemente por la cintura a Laura, a quien se le resaltaban unas grandes y marcadas ojeras moradas de tanto llanto acumulado, y la acercó hasta una silla que quedaba junto a ella. Se sentaron, se hizo un silencio incómodo, y Alicia inició el turno de palabra de nuevo.

—No tuvisteis la culpa de nada, Laura. Los culpables fueron la mala suerte y dos demonios que se cruzaron en vuestro camino. No te inflijas más castigo, piensa que nos volveremos a ver, de una forma u otra volveremos a estar con Josico y él está ahora con nosotros, lo está y lo estará toda la vida, en cada recuerdo, en cada paisaje, cada momento que compartimos, él está y él estará...

Laura, cabizbaja y con la voz quebrada pudo emitir un flojo «lo sé».

Alberto golpeó su cabeza contra el tablero de la mesa dejándose llevar de forma empática con el sentimiento de Laura.

Pacote no sabía ni qué hacer, solo frotaba sus rodillas compulsivamente, de forma nerviosa y cansina.

—¿Qué sabes de Julio? ¿Dónde ha ido?

—No lo sé, aún no me ha llamado.

Alberto por fin se dispuso a emitir un juicio de valor que no agradó a los demás, mucho menos a Laura.

—Puto egoísta, se va y nos deja, no, peor, te deja tirada aquí mientras que...

Calló ante la mirada irascible que le estaba siendo dispensada.

—Está hundido, no lo comprendéis, ninguno podemos ponernos en su lugar. Josico entregó su vida para salvarnos, las puñaladas que recibió estaban destinadas para Julio, y se murió en sus brazos mientras que yo pedía socorro, no fuisteis testigos de aquella barbaridad, de aquellos instantes horribles. Me parece mentira que le juzgues de forma tan a la ligera.

Alberto había caído en la cuenta de que sin filtro alguno, de forma impulsiva e irreflexiva, había dedicado un calificativo a su amigo que no merecía, tal vez llevado por el dolor de la gran pérdida sufrida.

—Tranquila, Julio te adora, no tardará en volver y hablaremos todos, nos apoyaremos todos.

Tras esas palabras Alicia, Laura y Alberto, levantándose de sus sillas, se abrazaron, haciendo lo propio Paco al ser requerido por Alicia para que se uniera al gesto.

Pasaron un par de meses más. Por más visitas que Laura realizaba al domicilio de los padres de Julio, sus padres no aportaban nada nuevo sobre el paradero de su hijo. Las escasas y cortas llamadas telefónicas únicamente aludían a que todo estaba bien y que estaba solicitando una entrevista para un puesto de trabajo que probablemente fuese concedida en Madrid, así como que le manifestaran a Laura que la amaba, que la amaba con todo su ser y que necesitaba algo de tiempo para procesar todo lo que ocurrió esa aciaga noche.

Laura, con el paso de los días, fue abandonando la ilusión por el regreso de Julio, intuyendo que algo no estaba bien en su cabeza, sintiendo que lo perdía, que se alejaba de su vida, que tal vez no podría recuperarlo.

Cuatro meses más. La mañana era soleada, agradable, el pueblo aparentaba haber reverdecido, ya no parecía apocado.

Alicia y Paco llevaban conviviendo juntos desde hacía pocas semanas. Entendiendo que ya se acercaba el alumbramiento y que no era necesario que ambos residieran en domicilios distintos, la futura abuela materna insistió en que Paco se instalase en su casa, para lo que preparó concienzudamente una habitación donde ambos, hija y yerno, pernoctasen e hicieran su propia vida, aunque eso no quitaba que Paco siguiese comiendo en casa de sus padres y continuase con las tareas agrícolas y de labranza en las tierras de la familia.

Pero esa mañana iba a ser distinta a las demás. Alicia sintió que algo se estremecía en su interior. No eran las molestias gástricas a las que hacía ya tiempo que se había acostumbrado. Notaba la tripa dura, durísima, y ese malestar tan profundo en la espalda, rozando la periferia de los riñones. Un pinchazo seco, doloroso, lacerante, la había despertado sobrecogida. Sudorosa, se incorporó de la cama verificando que Paco ya había partido horas antes a su cita con los olivos y cereales. Aunque faltaban todavía dos semanas para llegar a término, la mojadura en las sábanas no dejaba lugar a dudas: estaba de parto.

A pesar de los gritos y quejas incesantes de su hija, Adelina la fue guiando en cada paso a seguir, de forma meticulosa y con un cariño indescriptible, tranquilizándola.

Antes de llegar hasta el vehículo que se encontraba estacionado en la puerta, cogieron unas cremas, un paquete de pañales y un trajecito que con mimo estuvo su madre cosiendo, acompañado de unos patucos de punto color azul con dos lacitos sobrehilados, y, mientras que todo era metido en ese cesto que haría función de aposento y descanso para la futura criatura, Alicia se colocaba un camisón de seda apartado para tal fin y una elegante bata color azul celeste.

Ya en el coche, Adelina condujo hasta la salida del pueblo, paró junto a un repecho elevado junto a la calzada y accionó el claxon del turismo de forma ininterrumpida hasta que Paco observó desde la lejanía del bancal que quien reclamaba su atención no era otra que su suegra, quien cabeza fuera de la ventanilla gritaba esta vez en actitud más nerviosa que instantes antes de salir de casa.

—¡Pacoooo, correeee, que ya está de partooooo!

Bajó del tractor de forma tan negligente que acabó lastimándose un tobillo de tan tremendo salto, pero no sentía nada, solo una mezcla de miedo e ilusión que hacía que se le erizara cada pelo de su piel.

Abrió el coche, se tiró en plancha en la parte posterior.

—¡Arrancaaaaaa, vamooos! —berreaba Paco.

—¡No me griteeees, que estoy pegada a tiiiii! —gruñía Adelina.

—¡Callaos los doooos! ¡Y correeeeeee! ¡Joder, joder, jodeeer! —intervino Alicia entre ambos dando por zanjado aquel intercambio trivial de sandeces.

El viaje tuvo su momentito de humor ácido, durante el trayecto hubo risas, llantos, palabrotas, y descalificativos varios, para ya a la entrada del hospital transformarse todas esas emociones en una sola, amor, mucho mucho amor.

Antes de dejar a la madre de Alicia en la sala de espera, Paco besó la frente de su suegra y ella le correspondió cogiéndole de la mano.

—Tranquilo, va a salir todo bien, gracias por ser como eres y estar al lado de mi hija.

Ahí, con lágrimas en los ojos se despidieron ambos, regresando de nuevo el miedo y la inseguridad a todos, a cada uno de los tres, pero sobre todo a la parturienta...

—¡Hijo de putaaaaa!, ¿dónde estáaaaas? ¡Ven ya, pero ya he dichoooo, yaaaaa! A mí no me la metes más, ¡cabronazoooooo! ¡Mamáááááá!

Tras la estampa ridícula de Paco besando a Alicia sin aportar nada más que su saliva, lágrimas y mocos encima de la frente de esta, ella miró hacia atrás, hacia su chico.

—¡No me chupes más, jodeeeer!

La ginecóloga y la matrona intentaron tranquilizar a Alicia, pero estaba poseída por el mal, intentó morder a la pobre enfermera que ayudaba en la tarea de la logística medicamentosa.

No habían transcurrido dos horas cuando vino al mundo tres kilos seiscientos de una personita maravillosa, con la nariz respingona, ojos enormes y un pelo en esa cabecita que no era acorde con la de un recién nacido. Las carnes le apretaban cada articulación. Paco contó cada dedo en varias ocasiones y constató que entre sus piernas había una protuberancia que bien podría definirse como pene. Descansó aliviado al oír a la doctora que todo había salido a la perfección. Mientras, Alicia era cosida delicadamente tras haber expulsado la placenta y haber sido verificado su estado, y al fin caía dormida, gracias a Dios, debido al cansancio y con ayuda del relajante y analgésico recibido.

Cuando llegó a la habitación 202 el feliz matrimonio ahora convertido en familia, ya se encontraban en el interior —además de Adelina, madre de Alicia y suegra a su vez de Paco— Alberto y Laura.

No había contención alguna en la alegría y entusiasmo al ver a esa cosita rechoncha adormilada junto al antebrazo de la nueva y orgullosa mamá.

Laura no pudo contenerse y lo cogió en sus brazos mientras que Alicia la miraba con dulzura.

—Es..., es..., es una maravilla de niño. Enhorabuena, mis chicos.

Alberto y su pelo blanco habían llevado un regalo, un pijamita con capucha color beis con decenas de unicornios coloridos diseñado por él mismo.

Cuando estaba mostrando tan prodigiosa prenda a los presentes, la puerta se abrió de nuevo y Laura quedó pasmada unos segundos, catatónica, siéndole arrebatado el pequeño de forma delicada por parte de Paco, que volvió a depositarlo al lado de la madre. Julio, con un inmenso ramo de rosas blancas, se acercó hasta Alicia y la besó fervientemente. Ella le devolvió el gesto, al igual que hizo Paco y la madre de Alicia. No así Alberto, quien decidió salir de la habitación mientras Julio bajaba la mirada suspirando, para tras ello lograr ordenar una amalgama de frases inconexas que había estado practicando antes de llegar.

—¡Cómo me alegro! ¡Es precioso! Como su madre. Sois muy afortunados, los dos, los tres —dijo girando su cabeza hacia la madre de Alicia.

—Gracias, Julio, eres un sol. ¿Cómo estás tú? Nos tenías muy preocupados, tus padres nos dijeron que habías encontrado trabajo y que estabas bien, pero ¿de verdad estás bien?

—Sí, gracias por interesarte, Alicia. He estado pensando y madurando algunos proyectos, pero no me he olvidado de vosotros. Cada día pensaba en todos, en el pueblo, y sobre todo...

Laura le dio la espalda, hizo ver que miraba con interés por la ventana que daba a la calle, desde la cual se observaba un pequeño parque donde varios padres jugaban con sus críos, y que no parecían interesarle las palabras de Julio. Nada más lejos de la realidad, pero Julio, al sentirse rechazado, volvió nuevamente su cabeza hacia Paco y Alicia y se acercó hasta el niño.

—¿Puedo?

—Claro, morenazo, es como si fuera tu sobrino, lo sabes.

Cogió a ese niño y lo estrechó contra él, le olió el cabello, esa pelusita con olor a una embriagadora fragancia, lo besó y lo entregó de vuelta a sus padres.

—Felicidades, os quiero muchísimo.

Abrió la puerta de la habitación y salió al pasillo, mientras Laura quedaba rota, desconsolada, intentando hacer creer a sus amigos que no le afectaba la presencia de su gran amor, quien se disponía a alejarse de nuevo, quién sabe si esta vez para no volverlo a ver jamás.

—Chiqui..., ven, cariño.

Adelina la arropó y Laura totalmente compungida lloró amargamente.

Cuando se encontraba saliendo del hospital una voz conocida le solicitó que parase.

—Hombre, el amigo pródigo, ¿vuelves para causar más daño a Laura o simple y llanamente porque eres así de imbécil?

—Alberto, me alegro mucho de verte, amigo mío.

—¿Amigo tuyo? Tú dispones y los demás tragamos, ¿no? ¿Decides por mí ahora si somos o no amigos? ¿Por qué piensas que tu dolor es distinto al nuestro?

—Mira, no espero que me comprendas, no en este momento. Mi dolor no tiene por qué ser mejor ni peor, es simplemente mío. Añade tu aflicción, tu pena y tormento por haber despedido un amigo común a ver cómo muere en tus propios brazos mientras eres consciente de que deja este mundo, su futuro, sus ilusiones y esperanzas, sus sueños y quién sabe si algún día la fortuna de haber sido padre como Paco y Alicia, y entonces caes en la cuenta de que no lo va a cumplir, que se acabó, que está fuera de juego, joder, por haber intervenido para salvarte a ti la vida. Sé que ahora me odias, yo a ti no, siempre estarás en mi corazón.

Se alejó dejando a Alberto sin argumentos, meditando ahora que probablemente se había vuelto a equivocar a la hora de juzgar tan a la ligera a quien siempre había encarnado una amistad amable y sincera.

Julio, tras la visita protocolaria a varios vecinos del pueblo, entre los que por supuesto se encontraban los padres de José —Manolo y María—, a quienes hizo saber que echaba muchísimo de menos a su hijo y que él se encontraba medianamente bien, se dispuso a comer y pasar la tarde con sus padres. Hablaron largo y tendido de muchas cosas, sobre todo del duelo, pero también de su aspiración personal y futuro, y, como no, de su relación con Laura.

Ya entrada la tarde noche, Laura fue requerida por parte de su madre para que bajase de su cuarto.

—Mamá, te he dicho ya tres veces que no quiero cenar.

—Baja, hija, es importante, hay algo que tengo que decirte.

Laura bajó por las viejas escaleras que daban tránsito desde su dormitorio hasta el salón principal. Ahí estaba plantado Julio, bien peinado, perfumado y nervioso, muy nervioso.

—¿Podemos hablar? Por favor.

Laura, tras el estupor de verse acorralada, optó por aseverar con un gesto, y salieron ambos a la calle con el beneplácito de su progenitora, quien le dedicó a Julio un tajante «¡suerte!».

Julio observaba tan apasionadamente a Laura que ella no podía ni contenerle el cruce de miradas.

—Mi amor, mira, yo...

—¿Tu amor, Julio? ¿Tu amor? Casi nueve meses, nueve meses sabiendo de ti únicamente a través de tus padres, ni una carta, ni una sola llamada, y hoy, tras nueve meses te presentas aquí ¿y me llamas así? Si de verdad tanto me amas, ¿por qué me haces esto?

—De verdad, yo...

—¿Tú? Josico murió, sí. Cada día que pasa creo que yo morí ese día con él, y que vuelvo a morir cada maldito día al ver tu desprecio y abandono.

—¡Basta!

Julio elevó el tono, no con intención de dañarla ni ofenderla, sino para que depusiera ese ataque que para él, si bien era justificado, era a su vez desproporcionado.

—Te comprendo, de verdad que lo hago, cada vez que llamaba a mis padres les solicitaba que te hicieran saber lo mucho que te quiero, que me cuesta respirar sin ti. Solo necesito un poco de tiempo para poder volver a ser el mismo de siempre. No quiero que vuelvas a sufrir viéndome a mí prisionero de la tristeza, que tengas que estar al lado de un pobre desecho, no te mereces eso, y quería estar seguro de poder volver a hacerte feliz. Te parecerá una locura, el libro de Alicia, *El caminante*...

—Julio, de verdad, no estoy para hablar de tonterías.

—No, en serio, podría darse, puede ocurrir.

—No te entiendo, y está empezando a hacer frío, mejor lo dejamos para otro día.

—No hay otro día, cariño, es aquí y ahora cuando debo decirte esto. Hay varias personas que han manifestado haber visto en primera persona a otros sujetos con idéntico físico al de ellos, estos meses lo he estado estudiando, lo he verificado, son varias entrevistas y hay un reportaje que habla de ello, imagínate, yo tengo acceso por mi profesión a todos esos documentos, puede darse, puede...

—Josico no está, ¿no puedes entenderlo? Déjale ir, aunque por una improbable casualidad existiera otra persona parecida, no es él, nunca sería él.

Laura acercó sus labios, esta vez a sus mejillas, y de una forma amigable le besó, para tras ello entrar de nuevo a casa, cerrando lentamente la puerta, dejando a quien era todo para ella en la calle, mudo, inmóvil.

Tardó varios minutos en asimilar lo que acababa de pasar, no podía creer que ya estaba, que todo acababa ahí, que Laura no volviese a abrir la puerta y se mostrara arrepentida, que no le fuera perdonado lo que tuviese que serlo si es que había algo que perdonar, no lo creía, y no lo aceptó de buen grado, se sintió ridículo, aun así rehusó presionarla y abandonó mustio y cabizbajo su puerta, deambulando por las calles en un estado emocional rozando lo lamentable.

Julio, ya en Madrid, pensó durante los días posteriores que Laura podría haber expuesto sus palabras de aquella forma debido al despecho y seguramente no había interiorizado todo lo que le espetó en su cara. Razón no le faltaba, Laura continuaba lamentando la forma de dirigirse a su chico, pero desde esa noche intentaría levantar cabeza y pasar página.

CAPÍTULO 15
Experiencias, enseñanzas, decepción

La primera vez que Julio fue aceptado por la agencia para que se embarcara camino de un país en conflicto fue con la condición *sine qua non* de que debía ponerse a disposición de las Fuerzas Armadas españolas, concretamente de una unidad adscrita al Ejército de Tierra, donde le sería impartido durante un seminario un curso básico de seguridad y autodefensa —en aras a conocer las opciones caso de ser víctima de su propio secuestro—, algunos conocimientos primordiales sobre primeros auxilios, así como diversas herramientas para la toma de decisiones y gestión de nervios muy útiles en el momento de una confrontación directa y fragor de una batalla.

Julio superó dicho curso con suma facilidad.

Su primer destino: Líbano. Junto a un batallón formado por unas decenas de militares, cascos azules, viajaron a la capital, Beirut, poblada por unos habitantes que a partes iguales promulgaban la religión cristiana y musulmana. La misión consistía en patrullar asiduamente la zona sur del país para evitar enfrentamientos directos y favorecer el cese de hostilidades con Israel, manteniendo en la zona una paz tan frágil como quebradiza.

Fue en un paraje de esa frontera, donde se elevaba un muro de hormigón de unos cinco metros de altura con concertinas en la parte más alta y vigilado desde un torreón, cuando una mañana calurosa, abrasadora, se oyó el silbido de una bala que impactó en la pierna de un soldado. Mientras los compañeros procedían a arrastrar al herido hasta la salvaguarda de un vehículo taponándole el agujero con premura, el lesionado militar gritaba efusivamente. Julio se quedó paralizado, nunca antes desde la muerte de su amigo, había sido testigo de hechos similares, se quedó quieto, invariable, sin procesar lo que estaba ocurriendo, todo se había vuelto confuso, como si de una ensoñación se tratara. De repente un bofetón en su cara le hizo regresar, el sargento Pérez al ver expuesto y sin parapetarse a Julio obró con contundencia y le gritó:

—¡Chaval, que te van a matar! ¡Ponte a cubierto!

Corrió hasta la parte trasera del BMR blindado. Hiperventilando, cogió una pequeña bolsa de plástico de su bolsillo izquierdo y volvió a tomar aire. Esta vez su respiración era lenta, profunda, con pausa, mientras ese plástico blanco se inflaba y desinflaba acompasadamente. Finalmente se sobrepuso, cogió su cámara de fotos y comenzó a realizar instantáneas de todo, del herido, de las inmediaciones, de los compañeros exponiendo su propia seguridad acordonando la zona, del resto de efectivos que patrullaban a toda prisa. No se pudo determinar quién efectuó el disparo, y por supuesto cada país culpó al otro de dicho extremo.

Las fotografías de Julio eran buenas, excepcionales, fueron publicadas en varios rotativos y su labor fue alabada por parte de redactores y directivos de distintos medios.

A partir de ahí, desde ese momento, la popularidad de Julio se fue acrecentando con cada nuevo trabajo, con cada nuevo desafío en cualquier tipo de guerra, contienda o conflicto armado, siempre acompañando a militares, muy profesionales, con los cuales incluso mantenía cierta relación de camaradería por tantas y tantas horas a su lado, llegando a apreciar a muchos de ellos con quienes incluso intimó de forma que no hubiese imaginado en momentos de soledad y añoranza de la familia y de la gente querida.

Telefoneaba asiduamente a sus padres y a Laura, si bien las llamadas a esta última siempre eran atendidas por parte de Pilar, su progenitora, quien aducía respuestas unas veces incoherentes, otras carentes de sentido, excusando a su hija por no responder a sus requerimientos.

Laura, de forma consciente y premeditada, había corrido la voz de que estaba empezando una relación amorosa con un chico de un pueblo cercano, siendo esa circunstancia falsa a todas luces, únicamente con el objeto de que la información llegara a Julio y este interpretara que la unión que ambos habían mantenido tantos años había llegado a su fin.

Ella lo quería con todas sus fuerzas, pero la distancia la estaba matando, a la vez que no deseaba ser un impedimento para que él siguiera catapultando su carrera, a pesar de que se estaba jugando literalmente la vida con cada nuevo reportaje, con los cuales de forma asidua cada vez ganaba más adeptos y admiradores entre los profesionales del gremio.

Sentía rabia, no soportaba que él no estuviera a su lado, no soportaba el hecho de que tuviese muchas papeletas de ocupar un puesto al lado del sepulcro de José si seguía tentando ese fatídico destino, esa ruleta rusa suicida. Pero sobre todo le añoraba.

No pasó mucho tiempo desde el rumor publicitado de forma engañosa hasta que llegó a oídos de Julio a través de sus padres. Se sintió vacío, traicionado, y con una desolación indescriptible. Dejó de comer, bebió en demasía, cambió su humor... En definitiva, dejó de ser la persona que un día fue e interiorizó nuevamente aquel deseo irrefrenable, esa obsesión que le había llevado a enrolarse en la idea enfermiza de buscar a la réplica del que fue su mejor amigo en vida.

Se desvinculó de la agencia para la cual prestaba sus servicios, no sin serle ofertadas mejoras de contrato y mejoras económicas para que depusiera su espantada y continuase su labor junto a ellos, pero no aceptó finalmente ni las condiciones ni el mencionado incremento.

Se dio de alta como reportero *freelance*, trabajando esta vez de forma autónoma e independiente, tirando de sus propios medios y recursos para subsistir, pagando sus propios viajes, emprendiendo nuevos proyectos esta vez sin ayuda, mercadeando los peligrosos encargos que le eran solicitados y cobrando por ello algunas veces de forma anticipada, subastando otras ante el mejor postor las imágenes obtenidas a cambio de su propia vida. Pero ahora no le importaba nada perderla, la mayoría de las veces dejaba de portar el casco y chaleco antibalas, llevando únicamente un brazalete color verde en el cual se leía: PRESS.

No había día en que Laura no rezara efusivamente pidiendo buena ventura para Julio y que encontrara el camino de vuelta.

Un día como otro cualquiera, en la frontera de Ucrania y Rusia, Julio se encontraba inmortalizando cada instante entre combates esporádicos del ejército ucraniano y habitantes prorrusos de la ciudad de Lugansk.

Cuando se disponía a tomar una fotografía a unos paramilitares que se atrincheraban junto a un blindado, habiendo subido para ello a la cornisa de un edificio de dos plantas prácticamente derruido junto a la confluencia del río Oljóvaya, notó el impacto lateral de una bala al rozar el casco que milagrosamente ese día llevaba puesto. No lo hacía desde hacía semanas, pero, ese día y sin saber por qué, una intuición, un sentimiento extraño, le llevó a obrar de esa forma, colocándose chaleco y casco.

Cayó al vacío aturdido, fracturándose la tibia de la extremidad izquierda y ambas muñecas.

Al ser trasladado al hospital y tras un estudio pormenorizado de las dolencias que le afectaban, se detectó que una costilla astillada había atravesado unos milímetros uno de los pulmones. El susto fue grande. Se recuperó en tiempo récord, pero quedó en su memoria el hecho de haberse salvado *in extremis* por el inesperado ataque de sentido común que tuvo en aquel preciso instante a la hora de protegerse, cuando llevaba mucho tiempo sin hacerlo.

El día que Julio acabó herido, horas antes de dicho fatídico momento, Laura se encontraba rezando por él en la iglesia del pueblo excepcionalmente, pues siempre lo había hecho en la soledad de su cuarto, implorando a Dios que tuviese en cuenta sus plegarias para que no fuese herido y que aunque no continuase formando parte de su vida cotidiana lo mantuviese a salvo.

¿Casualidad? ¿Resultado de la oración? Quién sabe. Julio estaba vivo, por los pelos, pero seguía en pie. A pesar de las reservas de los facultativos, solicitó el alta voluntaria firmando un documento que así lo acreditaba, siéndole administrados varios fármacos para mitigar el dolor que todavía padecía a la hora de efectuar cualquier movimiento debido a las fracturas ocasionadas en la caída.

Había mirado directamente a los ojos de la muerte, había sido acariciado por su negro velo, había sentido la cercanía de esa oscuridad que siempre le había producido ansiedad y animadversión. Pero no tenía miedo, hacía tiempo que se había ido para no volver. Podría tenerlo tal vez al dolor físico, pero su dolor espiritual era tan grande que lo consumía, le quemaba, y era insoportable.

La obsesión del libro de Alicia, *El caminante,* llegó a cegar su cordura, estaba seguro de que debía existir en el mundo alguien, si no igual, al menos parecido a un ser que para él era especial, supremo.

No había conflicto en el cual no estuviese interesado, no había guerra que no cubriera, no había contienda que no fuese exprimida por su mirada y por el objetivo de su cámara. Decenas de países, cientos de muertos, miles de desgracias. A veces, incluso en mitad de esos infiernos pudo vislumbrar algo de humanidad, algo de esperanza, algún rayo de luz, y por eso no daba todo por perdido. José no aparecía, disparaba instantáneas a todos lados, en cada batalla, en cada trinchera y campo base, en cada aldea, en cada paisaje. Y caminó, se dedicó a caminar, caminaba entre balas, entre desesperanza, entre sueños rotos, y nunca dejaría de caminar.

El resultado de su trabajo era cada vez mejor remunerado, los periódicos y agencias se lo rifaban. Era bueno porque era inédito: nadie arriesgaba así su pellejo y se exponía tanto, nadie se acercaba hasta la frontera de lo imprevisto, hasta el límite imaginario de la presencia omnipotente de la parca. Por eso esas fotografías mostraban el instante ideal, preciso, la magia del momento exacto, la sorpresa de lo inesperado, de la puta realidad. En definitiva, ver esas fotografías era como estar evocando lo que en ellas se contaba.

Varios premios fueron otorgados a un impasible Julio, a quien la fama y dinero no le cambió en demasía.

Solo había algo que le obsesionaba más que el maldito libro de Alicia, y era el amor inmenso que seguía profesando a Laura, soñaba cada noche con ella, podía incluso llegar a percibir el aroma de su piel.

Ya de vuelta, habiéndose tomado un tiempo de autoimpuesta reflexión y encontrándose en su lujoso ático de Madrid, una noche de primavera sonó el timbre de la puerta. Miró por la mirilla... No podía creerlo, Alberto se encontraba al otro lado del marco. ¿Cómo era posible? Había sido repudiado por este sin tan siquiera ponerse en su lugar, sin mediar empatía alguna por lo que tuvo que pasar, y allí estaba, en Madrid, y en la misma puerta de su domicilio.

Hacía tiempo que Alberto había despuntado en la moda ya de forma autónoma y había dejado de ser un simple pupilo de Amador del Sol, tenía firma de ropa propia y había superado a su mentor tanto en expectativas como ventas. Rara era la actriz que no había vestido alguno de sus modelos en los afamados Premios Goya.

—¿Vas a abrirme o vuelvo otro día?

Julio no daba crédito, su amigo se encontraba ahí, a un escaso metro de distancia, vistiendo un traje blanco con estrellas de color negro estampadas y solapas fucsia. El pelo corto y rosa, y, cómo no, las cejas rubias. Unas grandes gafas de pasta verde sin cristales le otorgaban un cierto aire cómico.

—¡Hola, Joker diabólico! —dijo conteniendo al tiempo una incipiente mueca de risa.

—¡Hola, trotamundos trastornado!

Se fundieron en un abrazo eterno, Julio no dejaba de apretarle y Alberto le correspondía de igual modo y con el mismo entusiasmo.

—Pasa, no te quedes ahí. ¿Cómo estás? Qué bien te veo. Pero, cuéntame, ¿cómo te trata la vida? ¿Y tus padres, están bien? ¿Sigues con ese diseñador, Amador... no sé qué?

—Bien, bien, bien y no.

—Perdona, tío, me hace tanta ilusión verte que no proceso bien el asombro de tenerte aquí, en mi casa.

—Tranquilo, yo también vivo en Madrid ahora, me afinqué aquí por motivos laborales y acabé comprando un chalecito de cuatrocientos metros cuadrados en el barrio de El Viso, ya sabes, exclusividad y lujo garantizado. Los primeros proyectos fueron dando su fruto y tras ello, imagínate, una locura, mis ideas fueron cuajando en el mundillo de la moda y se hicieron adeptos a mi estilo muchos artistas y modelos. Luego el mundo del cine, incluso alguna artista internacional ha comprado alguno de mis vestidos. Estos años han sido una auténtica fantasía, no he parado. Eso sí, cada pocos días he seguido visitando Montepardo de la Duquesa, he seguido viendo a los nuestros, a Alicia, a Pacote, a... Laura.

—¿Cómo..., cómo está Laura?

—Bien, te olvidó rápidamente con Toni, un chico de Villaviejo. Tras un par de años de noviazgo y otro más conviviendo juntos han decidido casarse por fin, y por la amistad que nos ha unido a todos me ha solicitado que sea yo quien te traiga la invitación, dado que para ella resultaba muy violento, pero aun así desea que vayas.

Julio sintió un hormigueo inaguantable por todo su cuerpo, náuseas, un vértigo jamás sentido por él ni tan siquiera en el fragor de tantas y tantas batallas de las que había sido testigo directo.

—No... No, no voy a ir. Dile..., tú dile...

No podía articular una sola frase con sentido lógico.

—Tú, tú dile, dile tú, no, no voy, no tú...

Era ahora Alberto quien imitaba con chanza esa tarea torpe y ridícula de su amigo al tratar de excusarse.

—Julio, tranquilo, respira, era una broma, solo una simple y absurda broma que se me ha ocurrido mientras que subía en el ascensor hasta el decimoctavo puto piso donde vives.

—Entonces, ¿no se casa?, ¿no...?

—No, joder, no se casa, bueno, por ahora, porque pretendientes no le faltan. Desde que no has pisado el pueblo decenas de tiazos han frecuentado su casa, pero nada de nada.

—Me dijeron que...

—Sí, te dijeron lo que ella quería que tú creyeras, pero no es verdad, hermano, no hay otro, nunca lo ha habido ni lo habrá. De hecho, si supiera que estoy aquí contándotelo todo, me mataría. Consiguió una de las dos plazas ofertadas en el colegio de Montepardo. Debe ser extraño tener como compañera a tu propia madre, pero, en fin, ya sabes que Laura la idolatra, parecen amigas más que madre e hija.

»Cada maldito día desde que te fuiste ha estado añorando tu vuelta, era tedioso escucharla de forma repetitiva y cansina nombrarte, pero no era solo ella quien te echaba de menos.

Alberto volvió a abrazar a Julio, luego tomaron asiento.

—Alberto, perdona por no haber estado con todos vosotros en el momento de despedir a Josico, debía haber estado ahí, junto a mis amigos, compartiendo el dolor y el luto.

—No te justifiques, soy yo quien te juzgó de una forma cruel y retorcida, solo miraba por mi propia desolación y no percibía el pozo sin salida al cual tú habías caído. No supe verlo, no supe interpretarlo, y no pude ayudarte.

Se hizo el silencio, ninguno de los dos elevó la mirada. En ese momento y sin hablar, de forma tácita, quedaron respectivamente amnistiados de sus errores mutuos.

—¿Y Alicia y Paco, se encuentran bien? ¿Y el pequeño?

—Les va de fábula. Alicia sigue escribiendo, ha publicado dos novelas más de bastante relevancia y éxito, *La escapada de los ocho* y *La cumbre del Pidaso*, pero no han llegado a destacar tanto como *El guarda*, *Las lecturas de Josefa* y *El caminante*, aunque son muy buenas, de verdad que lo son.

»Pacote con el paso del tiempo ha resultado ser un diamante en bruto en el mundo de Alicia, es un tío maravilloso, lee libros continuamente y le aconseja temas sobre los que puede escribir. Él sigue trabajando las tierras de la familia, y cuida de Alicia y del pequeño Julio con tanto amor...

—¿Del pequeño qué?

—Del pequeño Julio, sí, gilipollas engreído, ya lo sabías, le pusieron tu nombre y no el mío a pesar de ser más bonito y agraciado. Primero, porque a ella siempre le gustó; segundo, porque de una forma indirecta presionaría a Laura para que no pudiera olvidarte, aunque eso ha sido prácticamente un imposible.

—Madre mía, mi querida Alicia, tengo que verlos cuanto antes. Qué gran tío, Paco, pensábamos que era un garrulo y era mucho mejor que nosotros.

—Ya te digo.

—Entonces, ¿vas a volver? ¿Vienes conmigo este fin de semana a Montepardo?

—Voy a volver, Alberto, te juro que lo haré, pero me he comprometido con...

—¿Con quién, contigo mismo? Eres un icono en el periodismo, ¿qué te queda por hacer que no hayas logrado ya?

—No, no es por notoriedad, fama o dinero.

—Ya, sigues buscando a Josico, pero él se fue, al menos de forma física, no deberías seguir martirizándote.

—Lo sé, Alberto, me dejé llevar por la locura, por la impotencia, luego por el despecho y desamor de Laura, pero he de emprender este viaje, me comprometí de forma altruista con una ONG sin ánimo de lucro llamada Inocencia y Fe. Se trata de realizar un reportaje sobre un orfanato, los niños y jóvenes que malviven en alguna de las favelas de Brasil, fotografías para un calendario donde queden reflejados su miedos, su lucha diaria por la supervivencia, superación y esperanza, su guerra diaria para no acabar sumidos en las bandas organizadas, en la delincuencia, y donde se dé a conocer también a las personas involucradas en proporcionarles ayuda.

—Bueno, como quieras, pero no tientes a la suerte, ya llegaron noticias al pueblo de que has estado malherido en alguna ocasión. Además, el amor de Laura no será tuyo de forma perpetua.

—Seis meses Alberto, solo necesito seis meses, tengo que viajar primero a Lisboa, conocer a las personas que me encargaron el trabajo, definir y pulir detalles, comprar material, contratar algún traductor, un guía, medios, buscar aposento, logística, material, ya sabes, un verdadero engorro.

—Ya me imagino, ya. ¿Cuánto...? Poquito, al ser una ONG, ¿verdad?

—Veinte mil.

—¿Solo?

—Veinte mil euros pongo yo de mi cuenta, Alberto, a mí no me pagan nada.

—Jooooder, te has quedado tonto de tantas balas pasando junto a ti.

—Ya ves, el padre Mauricio.

—¿Quién?

—El padre Mauricio, un cura que predica en una pequeña parroquia de la calle del Cedro. Hace un mes, recién llegado de Sierra Leona, mi estado emocional no era lo que se podría definir como aceptable, estaba deprimido, desmoralizado, y mi fe, mi fe estaba en horas muy pero muy bajas. No sé por qué lo hice, me lo pidió el corazón, abrí el portón, entré al interior de la iglesia y allí estaba, sermoneando a las cinco mujeres de avanzada edad que se habían sentado en el primero de los bancos de la fila izquierda. Esa forma de hablar pausada, relajante... Hubiese dado igual que hubiera cientos de feligreses, en vez de cinco mujeres más cerca del abismo y final de su trayecto en este mundo. La forma contenida de sus gestos, la pasión a su vez que otorgaba a cada palabra expuesta, no sé, me hizo bien, un bien que hace tiempo que había olvidado por los horrores que fui captando con mi cámara, por haber sido testigo impasible de tanto sufrimiento, por no haber hecho nada más que apretar un botón y creer que con ello bastaba, que mi única tarea era poner en conocimiento del resto del mundo lo que estaba ocurriendo a miles de kilómetros. Y ¿para qué? Solo para que desalmados sacaran en los noticiarios esas imágenes como carnaza para tiburones, para que pudieran atraer a más y más espectadores, para generar dinero. Había dejado de ser un informador del sufrimiento ajeno para transformarme en un maldito empresario autónomo carente de sentimientos.

»Mauricio fue quien me animó a realizar el reportaje solidario, para así poder devolver una parte ínfima por el don que me fue regalado presuntamente por Dios. Y ya ves, me comprometí, y por una vez en mi vida voy a dar cuenta de las expectativas creadas, poniendo incluso mi propio dinero para ello.

—Estás loco. Te quiero, pero has perdido el norte.

—Lo sé, pelo muñeco.

Se estrecharon esta vez la mano y se juraron verse pasados esos seis meses.

Julio no pudo dormir esa noche, la idea de que Laura siguiera queriéndole le había sobreexcitado, había recobrado vida de un soplo, habían regresado sus fuerzas, su ilusión, contaba las horas para que se hiciese de día y mantener una conversación con Laura que esta vez sería ineludible para ambos.

No eran las ocho de la mañana cuando tras asearse y desayunar un triste café aguachado se atrevió a telefonear a Laura.

Sonaron cinco señales de tono sin que interlocutor alguno contestase, y cuando ya daba por perdido el intento de volver a oír su voz, de forma muy sutil ella contestó por fin...

—¿Julio? ¡Qué agradable sorpresa! ¿Cómo estás? Tus padres nos dijeron que te hirieron hace unos meses, menudo susto.

—Bueno, un pequeño percance por husmear donde no debía, no fue para tanto. Laura, yo... te llamo para decirte que te echo de menos, que... te quiero, mi amor, con toda mi alma y...

—¡Julio, para! ¡No vuelvas a hacerlo! Lo nuestro se acabó hace unos años. Nos amamos de la forma más sincera, pero ahora...

—¿Ahora qué? Alberto me dijo que es mentira, no hay otro, me sigues queriendo como yo a ti y nada ha cambiado.

—¿Alberto? ¿Qué...?

No podía creer que Alberto hubiese desvelado su secreto a Julio y que su traición la dejara expuesta y sin argumentos ante el amor de su vida, quien de forma inquisitiva le exigía una contestación inmediata.

—Laura, no voy a molestarte más si no es así, pero necesito saberlo de una vez por todas, sin juegos, sin engaños: ¿sigues enamorada de mí?

—No, no, Julio, no te quiero. Lo siento, de verdad que lo siento. Sigue con tu vida, nuestro tren ya pasó, pero estoy segura de que vas a conocer a alguien que te hará muy feliz. Adiós, Julio, nos vemos por aquí, quedamos todos juntos cuando pases a ver a tus padres. Un beso.

De nuevo la derrota en la cara de Julio era tan evidente como aplastante, lo que era desolación y pena se fue convirtiendo con el paso de los días en apatía, simple, llana y triste apatía.

Lo que Julio no sabía es que tras esa llamada, Laura estuvo llorando de forma amarga porque seguía amándolo demencialmente.

Laura nunca había tenido normalizada la menstruación, lo que durante su juventud le acarreó numerosos problemas y sustos imprevistos creyendo encontrarse embarazada en alguna ocasión, regresando de nuevo la periodicidad de la regla unas veces en tiempo, otras no tanto. Ello se debía a una enfermedad relacionada con una disfunción en el hipotálamo, que afectaba a la producción de las hormonas responsables de la ovulación. La situación se agravó por el estrés emocional tan violento sufrido por la repentina muerte de Josico y que había degenerado en una rara infertilidad, no podía concebir, siendo dicha circunstancia ratificada tras un estudio clínico pormenorizado que recientemente le había sido realizado.

Laura conocía a la perfección a Julio. Desde que con catorce años empezaron a salir siempre había imaginado su vida juntos, pero con hijos. Él siempre le hablaba de cómo serían los hijos en común que tendrían, los ojos de su padre, la sonrisa de su madre... Y ahora que ella acababa de certificar que nunca podría conceder ese sueño a lo más preciado para ella, no quería ser un impedimento a que Julio obtuviese su propia descendencia al lado de otra mujer, y por eso siguió mintiendo, siguió apagándose, siguió muriendo de melancolía. Los únicos momentos agradables siempre los pasaba ejerciendo en el colegio, junto a un reducto de niños a los cuales adoraba y que consideraba como propios.

CAPÍTULO 16
De nuevo Lisboa

Julio acababa de llegar a Lisboa, era la cuarta vez que visitaba la ciudad siendo una de las capitales europeas que más impacto le seguía causando. El olor a sal del mar; la disposición de sus barrios; sus jardines floreados; el elevador de Santa Justa, de estilo neogótico y fabricado en hierro con la misma metodología que la conocida Torre Eiffel; el imponente castillo morisco de San Jorge, con espectaculares vistas a toda la ciudad y desde donde se realza la belleza de la desembocadura del Tajo en el océano Atlántico; elevándose a su vez sobre Alfama, antiguo barrio de pescadores, cuna del fado, con sus callejuelas laberínticas; la majestuosidad del monasterio de los Jerónimos; la torre de Belem a orillas del río, declarada Patrimonio de la Humanidad; Cristo Rey de Lisboa, imitación al Cristo redentor de Río de Janeiro, que recibe al visitante a la ciudad desde el puente del Veinticinco de Abril; el toque romántico y agradable de los tranvías que cruzan cada esquina, y todo ello sumado a la cercanía y amabilidad de sus gentes hacía que en general para Julio el ambiente lisboeta era un placer para sus sentidos. Se instaló en un céntrico hotel en el denominado como barrio Alto, algo destartalado pero económico en comparación al resto. No era en sí por el dinero, hacía tiempo que Julio era bastante solvente en ese aspecto, sino por su ubicación junto al parque Eduardo VII, el mayor parque de la ciudad, cubierto por enormes jardines de fresca hierba y césped, adornado de rosas blancas, rojas y amarillas, en cuesta, dejando entrever a su término el monumento al marqués de Pombal y detrás los barrios antiguos y el Tajo, un privilegio para los sentidos.

Saboreó en un restaurante cercano unos de los platos con más solera no solo de la capital portuguesa, sino del país. De primero *bacalhau à brás*; de segundo *Francesinha*, un descomunal sándwich al estilo Lisboeta relleno de carne, con tocino, jamón y huevo, aderezada con una salsa picante de color naranja.

Cuando hubo que desabrochar un par de agujeros de su ceñida correa dispuso que lo mejor para acabar de vomitar era la degustación del dulce más afamado, el pastel de Belem. Tuvo que bajar desde su ubicación a la zona baja del curso del río en un tranvía tan viejo como ruidoso, atestado de viajeros de todas las nacionalidades conocidas. El aire acondicionado estaba estropeado y las ventanas, a pesar de ir abiertas, no cumplían con su labor de abastecer de oxígeno a los sudorosos pasajeros. El trayecto de todas formas era complaciente. Al apearse embelesaba observar el monumento a los descubridores, la torre blanca fortificada y de carácter militar de Belem, el monasterio de los Jerónimos, mezcla arquitectónica entre los estilos gótico y renacentista.

Entró en una de las más afamadas pastelerías y solicitó dos pasteles de Belem, un milagro para el paladar a base de hojaldre, yema de huevo y crema con un toque de canela. Saboreando esos dulces se sintió por unos momentos evadido de sus tormentos, de su pena.

A las seis de la tarde había aceptado la reunión en primera instancia informal con un amigo del padre Mauricio asentado en la ciudad, y debía proceder con celeridad si no quería proyectar una mala impresión en la primera cita a pesar de que era Julio quien aportaba su tiempo, trabajo y dinero.

La primera toma de contacto fue en una cafetería del barrio Chiado, a mitad de camino entre el barrio Alto y la Baixa. En la terraza se encontraba un hombre cuervo con un alzacuellos blanco, maduro y atractivo, pelo castaño peinado hacia atrás con incipientes entradas, y una rudeza en su rostro que nada tenía que ver con su personalidad cordial y cercana.

—Hola. Por la pinta eres Julio, ¿no?

—Sí, padre, soy Julio. ¿A qué se refiere con la pinta?

—Nada, hombre, nada, toma asiento, Mauricio ya me informó de tu físico y particular vestimenta, chaleco sin mangas con decenas de bolsillos y cara de afligido.

—Bueno, padre, afligido no es una característica física, sino un adjetivo calificativo sobre una emoción.

—Ya, ya, también me dijo que, aunque soberbio, también eres un buen hombre que pasa por un mal momento y que te has ofrecido a ayudar con nuestro proyecto en Río.

—Vale, si lo dice don Mauricio... ¿Su nombre...?

—Basilio, perdón, creí habértelo dicho. La edad, que ya no perdona.

—De acuerdo, don Basilio.

—No me digas don, por favor.

—Bien, Basilio, vamos a dejar las cosas claras. Efectivamente, no paso por uno de los mejores momentos de mi vida. Cuando creía que había recuperado la razón para ilusionarme de nuevo he perdido toda esperanza, rauda y velozmente. No soy excesivamente creyente, he visto tantas atrocidades, tanta mierda que emana de la supuesta alma humana que la sola idea de que la tuviésemos de verdad me enferma, porque no tenemos derecho a tenerla.

—¿El qué? ¿El alma? Sí, la tienes, todos la tenemos.

—¡Pues la fiesta en el infierno va a ser descomunal!

—Ya veo. Cierto es que lo estás pasando mal, pero bueno, ya profundizaremos y nos iremos conociendo estos meses.

—Si usted lo dice...

—Verás como sí. Llevo muchos años aquí en Lisboa, casi toda la vida. Mi padre era español, de un pueblo de Valladolid, Medina del Campo, ¿te suena?

—Sí, don Basilio, me suena.

—¡Que no me llames don, leñe! Bueno, como he dicho, mi padre era español, y emigró por trabajo a esta maravillosa ciudad, donde conoció a mi madre. Se enamoraron, se casaron y tuvieron dos hijos. Por supuesto, yo soy uno; el otro, mi hermano Agostinho, unos años menor. Ya ves, a mí me pusieron nombre español y a mi hermano portugués. Yo desde jovencito había decidido ejercer el sacerdocio acorde a mi propia conciencia. De forma libre determiné hacerme presbítero, curando las almas ajenas, como la tuya...

—Basilio, ¿la explicación de sus memorias va para largo? Porque me estoy empezando a aburrir...

Julio realizaba ademanes de bostezo mientras reprendía la excesiva crónica del cura.

—Tranquilo, hijo, no me interrumpas... Verás, mi hermano Agostinho estudió empresariales erigiendo un exitoso negocio dedicado a la conservas. Viajaba asiduamente a España. Fue precisamente en un bucólico pueblo del norte donde conoció a una chica con la cual mantuvo una relación amorosa. Si bien se veían de manera esporádica, mi hermano estaba loco por ella y le pidió matrimonio. Un buen día lluvioso y desapacible, recuerdo todavía ese día como si fuera ayer, yo me encontraba ofreciendo la homilía cuando vi la cara de mi hermano entre los feligreses. Me extrañó, porque nunca solía aparecer por la iglesia. En cierto sentido me recuerdas a él. Ya me había cambiado cuando entró en la sacristía y lloró, lloró como un niño cuando se hace una herida y observa por primera vez la sangre emanando de su cuerpo, lloró de una forma inconsolable. Al parecer aquella novia a la que idolatraba se había enamorado de un tasador de antigüedades brasileño y se disponía a abandonar España junto a él.

—Bueno, padre, digo Basilio, no todos somos afortunados en el amor. Sigo sin entender qué tiene que ver todo eso con el proyecto que me ha traído aquí y la finalidad del tostón que me estoy tragando, lo digo sin acritud.

—Verás, Julio, esa chica que dejó España en compañía del brasileño estaba en cinta de un par de semanas. Estaba en cinta, lo estaba..., pero de mi hermano. Ella se lo dijo antes de emprender el viaje junto a aquel hombre. Se despidió con una carta donde le revelaba el secreto a Agostinho y lo dejó sumido en la desolación. De ahí que mi hermano fuese a verme, me lo explicó todo con detalles, entiendo que para poder desahogarse. Al despedirse se giró y preguntó: «¿Tú crees que iré a tu cielo?». Esa misma noche se colgó en el despacho de la fábrica de conservas.

—Lo siento, Basilio, no pretendía ofenderle.

—Tranquilo, no lo haces, pero la historia no ha terminado. Parece ser que el hombre con el cual se acabó marchando la novia de mi hermano no era precisamente de fiar, tenía manchadas sus manos por los tentáculos del narcotráfico y la delincuencia, blanqueando con regularidad dinero mediante subastas de obras de arte. Finalmente fue detenido por la Policía brasileña en colaboración con Interpol. Cumplió unos años de condena. Arruinado y sin pertenencia alguna, se vio abocado a la calle junto a la que fue el amor de mi hermano y su propio hijo, mi sobrino. Tal fue el infortunio que tuvieron que acabar malviviendo en una de las favelas ubicadas a la falda de Río. Ese hombre que había perdido el juicio por haber pasado de las altas finanzas a la más completa indigencia empezó a golpear con frecuencia a la pobre mujer y el niño, quien ya habiendo alcanzado una edad preadolescente lo mató para no seguir siendo víctima de las palizas y abusos de ese pobre desgraciado.

»Fue ella quien escribió varias cartas a mi parroquia, quien me contaba en esas hojas todas las atrocidades que soportaron. Tras un intervalo de tiempo intercambiando correspondencia, de repente dejó de escribirme. Desconozco la razón y si obtuvieron un futuro más halagüeño.

—Sigo sin ver por qué requieren de mis servicios el padre Mauricio y usted.

—Mira, mi hermano antes de cometer la barbaridad de darle la espalda a la vida y a Dios dejó escrito en su testamento que me legaba todo su dinero y sus propiedades, y ahí sigue todo. Quizá he cogido un pellizquito para alguna reforma estructural de mi pequeña iglesia, en la que tantos años llevo y en la que, si el Patriarcado de Lisboa me considera apto, espero seguir muchos años más, pero la finalidad que espero dar a ese dinero no es otra que dotar de mejores infraestructuras y medios a los orfanatos de Río de Janeiro y ayudar con las necesidades básicas de esos niños, de los religiosos y educadores responsables de ellos y edificar un centro cultural próximo a una de esas favelas.

—Ya entiendo, y todo lo hace por su hermano y por el sobrino que nunca llegó a conocer. ¿Es así, Basilio?

—En parte sí, que Dios me perdone, al igual que espero haya perdonado a mi hermano, pero de todas formas ese dinero no me pertenece a mí, y no deseo prebenda ni renta alguna, solo pretendo realizar el bien, un acto de misericordia.

—Ya, ya, ya... ¿Sabe, padre? Perdón, Basilio... Aquí, en Portugal, al igual que en España, existe también miseria y gente necesitada, desamparados y personas que no son tenidas en cuenta por nadie, familias desestructuradas, no cuela esa falsa misericordia, su finalidad es digna de admiración, no así el acto de realizarla y llevarla a cabo en el lugar exacto donde su sobrino ha malvivido.

—Puede ser, lo único que requerimos de ti son unas fotografías para un calendario solidario, aprovechando tu notoriedad como reportero y fotógrafo esas imágenes en la favela removerán conciencias y ayudaran a mejorar la vida de muchos. Caso de aceptar, también sería muy grato que concertaras una cita con una monja de nombre Caridad de uno de dichos orfanatos, ya te diré cual. Sor Caridad se encuentra a cargo, junto a otros, de la orientación religiosa de los pequeños, y nos ha hablado de un niño que destaca sobre el resto en cualidades como el amor y bondad, creo que se llama Danilo. Hazle alguna entrevista y unas cuantas fotografías para ser incluidas en el calendario.

—Sí, y a mí este acto de caridad me va a costar veinte mil euros en material y logística, dinero que va a salir de mi propio bolsillo. Comprenda mi reticencia y mis dudas.

—Lo entiendo, hijo, creía que no titubearías así, todo esto te reportará notoriedad y estatus en tu profesión. Pero bueno, si es tu deseo, comunicaré al padre Mauricio que no aceptaste el trato.

—No se preocupe, me comprometí con el padre Mauricio y realizaré el trabajo, pero le diré una cosa... ¿Inocencia y Fe? ¿No había otro nombre para este proyecto? Hoy en día nadie es inocente y se ha perdido completamente la fe.

Se estrecharon las manos y quedaron en verse pasados unos días en el mismo lugar y hora para tratar cada uno de los detalles.

Julio, tras el envite lanzado por parte de ese cura parlanchín necesitaba de un trago y de una noche que le alejase de su propia mente, de sus propios pensamientos.

Había oído hablar de B.Leza, un lugar exótico y divertido con excelente música de estilo africana en directo, ambiente acogedor ubicado entre el puente del Veinticinco de Abril y la plaza del Comercio.

Su portugués gangoseado no daba para mucho más que para solicitar una consumición, hasta que un hombre mestizo muy apuesto más o menos de su edad, tal vez algún año mayor, se presentó e invitó a Julio a tomar un *whisky on the rocks.*

Desde esa noche Julio no volvería a encontrarse solo, acababa de encontrar a la que a la postre sería una amistad verdadera e inquebrantable. Aquel conocido atendía al nombre de Joao.

CAPÍTULO 17
Amigos contrariados, amigos aliados

Marcelo solicitó de nuevo a Joao que se sincerara, sería un despropósito no hacerlo porque en breves momentos podría dejar este mundo para reunirse con el creador.

—*Vamos lá, Joao, o que você quer dizer?*

Joao empezó a temblar, ya no creía que fuese un órdago lanzado al viento y que probablemente fuese la última oportunidad de sincerarse con Julio, y comenzó a abrirse, revelando lo que nunca hubiese realizado de forma voluntaria.

—Va, es igual, Julio, tengo que reconocerte que sabía de ti antes de vernos por primera vez, antes de la noche que nos conocimos en B.Leza.

»Llevaba solo unos días en Lisboa. Como ya sabes, acababan de notificarme que ya no requerían de mis servicios en el laboratorio donde trabajaba por no dedicar el tiempo suficiente al estudio de una mierda de hongos y plagas que estaban acabando con algunos árboles frutales. ¡No me preparé para eso, joder! ¡Puta vida!, mi sueño siempre fue ayudar a las personas, tratar sus males, encontrar respuestas a la enfermedad, al dolor, a la muerte.

»El caso es que ya había visto algunas publicaciones de tus trabajos, de los premios que recibiste y de la incipiente fama que acababas de obtener, y cuál fue mi sorpresa cuando, en un artículo de

España Hoy, leí que dejabas el trabajo de reportero de campo en conflictos bélicos y por un tiempo indefinido realizarías periodismo de investigación, siendo además tu primera tarea la confección de un calendario solidario colaborando con una ONG que ha sido fundada recientemente, aquí, en Lisboa, Inocência e Fé.

»Por ende supondría que tras la entrevista con los mecenas de esa fundación tarde o temprano acabarías en uno de los mejores locales de la ciudad, y vaya si apareciste, ya sabes, B.Leza. Precipitaste mi plan de acercarme hasta ti, ya que tú mismo fuiste quien lo hizo.

—De acuerdo, Joao, no entiendo a qué te refieres, y no sé si quiero averiguarlo.

Estaba empezando a sentirse incómodo y molesto a la vez.

—Deja que prosiga... Unos días antes de tu llegada a Lisboa me llegó cierta información mediante un colega de carrera que se encontraba en Brasil, concretamente en el Amazonas, analizando, junto a un reducido grupo de facultativos afectos a Médicos sin Fronteras, la secuencia del genoma de un extraño virus que estaba menoscabando la supervivencia de varias poblaciones indígenas. Solicitaba mi colaboración al verse sobrepasado ante la virulencia de esa nueva y rara enfermedad, que, sin embargo, por motivos que desconocían, no parecía afectar a los integrantes de otra población cercana, quienes no habían desarrollado ningún tipo de síntoma.

»Acepté la invitación para unirme a la investigación, no sé por qué extraña razón tenía la esperanza de poder convencerte para que me acompañaras, que fueras tú quien pusiera la imagen a esa tragedia que no importaba al resto del mundo, que se divulgara y se diera notoriedad al posible hallazgo, ya que la solución podría ayudar a otras poblaciones y a la elaboración de futuros fármacos para otras enfermedades existentes y venideras.

—Vanidad, hermano, triste y simple vanidad. ¿Ese era tu propósito? Vaya mierda de argumento el tuyo.

—No, en primera instancia he de reconocer que fue así, pero luego, tras intimar...

—¿Intimar? ¿Qué, pensaste que podrías acostarte conmigo? Así matabas dos pájaros de un tiro: yo publicitaba tu trabajo para enaltecerte ante todos y de paso un polvo con el reportero inocentón al que engañabas.

—¡No es así, estúpido necio! ¿No entiendes que no pude? ¿Por qué me hablas así? Mientras tú estabas realizando fotografías y hablando con cada uno de los habitantes de la favela, yo te acompañaba, exponiendo mi vida, haciéndote de traductor sumiso, sin solicitar nada a cambio. Te convertiste poco a poco en algo más que un amigo, en mi familia. Tú ya sabías que tras tu reportaje yo me dispondría a viajar a la zona donde se encontraba mi colega, pero al conocerte, viendo cómo eras y por lo que habías pasado, no quise pedirte nada, mucho menos cuando te encariñaste con ese pequeñajo y le visitabas asiduamente. Se ratificó mi concepto de ti, que eres un hombre bueno, y tanto es así que, cerca de agotarse el tiempo máximo de estancia en este país, todavía no te he abandonado, habiendo dejado de lado la que era probablemente la investigación de mi vida.

—¿La investigación de tu vida? ¡Puto egoísta de mierda! Sigues siendo tú, tú y tú. ¿No lo ves? No hay lucha desinteresada en ti, no existe el deseo de ayuda, solo reconocimiento, solo aplausos y autocomplacencia. Te diré una cosa, yo ya he tenido todo eso. ¿Y sabes qué? Sigo vacío y desencantado, porque no ha valido la pena, nada, no lo vale, no sirve exponer tu vida ni tu dignidad por un trocito de popularidad. Existen valores más sustanciales y loables: el amor, el respeto, la verdadera lucha y sacrificio y la amistad. Todo eso de lo cual tú pareces carecer.

—*Sim senhor, bem dito!* —intervino Marcelo de nuevo gozando ese instante, observando la cara encolerizada de Julio y la decepción en la de Joao, disfrutando al ver como una amistad que parecía indestructible se hacía pedazos en segundos—. Bueno, ya me he divertido bastante por hoy, salid de mi casa.

Chasqueó los dedos y de inmediato los hombres con los que estaba despachando en el momento de la inesperada visita entraron de nuevo en el salón acristalado.

—Acompañad a estos dos colegas a la salida, que uno de vosotros baje con ellos hasta que lleguen a la carretera principal.

Cuando ya se disponían a abandonar el recinto Marcelo ordenó que se detuviesen nuevamente.

—Pasado mañana a esta misma hora os quiero aquí para seguir conversando, me habéis caído bien.

No era una invitación, más bien se trataba de una amenaza velada caso de que no hiciesen acto de presencia de forma voluntaria.

La bajada se hizo eterna ante el silencio aplicado de forma severa por parte de Julio.

Llegado el trayecto a término, el matón ordenó que se apeasen. Cada uno de ellos salió por una puerta del vehículo. Joao realizó un intento de acercamiento, si bien fue rechazado por su... ¿excolega? Julio, acelerando el paso y sin volver la cara, no tardó en desaparecer de la vista de su perseguidor.

Ya en el hotel, comenzó a recapitular todo lo sucedido. Si bien su enfermiza necesidad de encontrar a su amigo o lo más parecido a este había dado su fruto tal y como Alicia había expuesto en su obra de ficción *El caminante*, nada tenía que ver esa persona con las virtudes que procesaba José Roncero. Esta persona, amén de disfrutar de una posición holgadamente acomodada, carecía de esos valores que tanto apreciaba en un semejante como la fraternidad, la amistad, la compasión... Más bien, Marcelo era un subproducto del resultado de una vida tormentosa, depravado, insensible y orgulloso. Sin embargo, había varios extremos en el argumento de su vida que no llegaban a adecuarse a esa supuesta personalidad. Uno radicaba en el hecho de que en la favela todos sus habitantes parecían agradecerle algo, estar en deuda de una manera gratificante. ¿Pudiera ser que verdaderamente se hubiese erigido en el protector del necesitado? Otro aspecto contradictorio era que, a pesar de haber ordenado su muerte, al verle en persona hubiese sido él mismo quien no dejara que finalmente muriese, aparentemente al experimentar una conexión especial. Y lo más importante, era el padre de Danilo. ¿Cómo era posible que un sujeto que vive en la opulencia dejase a una criatura angelical carne de su carne abandonado en un orfanato? Además, toda la historia que contó coincidía plena y sorprendentemente con lo narrado por parte del padre Basilio. ¿Sabría Marcelo que a quien mató en su adolescencia no era su padre y que este se suicidó al perder a su amor y a su propio hijo? ¿Sabría que su vida pudo haber cambiado de forma ostensible caso de que su madre hubiese aceptado contraer matrimonio con Agustinho?

Todas esas preguntas quedarían para la próxima reunión, a la que, de manera innegociable, estaba obligado a asistir.

Serían aproximadamente las once de la noche cuando sonó el teléfono. No podía creerlo, el notificador de llamada entrante anunciaba que Alicia era la interlocutora que esperaba respuesta al otro lado de la línea.

—Hola, mi chica, qué alegría oír una voz conocida.

—Hola, morenazo, ¿cómo te va por la otra parte del mundo? Estamos preocupadísimos por ti, no tenemos noticias tuyas desde hace bastante tiempo y quería saber de ti.

—Bastante bien ahora, hace unas semanas no podría haber contestado de igual forma.

—¿Cómo dices? ¿Qué pasó?

Julio no deseaba que Alicia sufriese e inventó una respuesta alternativa a la de que una réplica de Josico quiso acabar con su vida.

—Nada, mujer, me caí por un pequeño balconcito de unos metros de altura y estuve curando unas pequeñas dolencias.

—Madre mía, lo tuyo no son las alturas por muy pequeña que sea la distancia hasta el suelo.

—¿Y Paco y el niño cómo están?

—Paco sin parar de trabajar durante el día, por la tarde noche cuando regresa cuida del peque para que yo pueda seguir escribiendo, es un padrazo. Y mi gamberrillo me tiene los pechos secos, tengo los pezones agrietados de tanto mamar, está hambriento a todas horas, pero es lo mejor que he hecho en la vida, adoro a ese trocito de cielo, sobre todo cuando duerme. Ja, ja, ja...

—Qué afortunada eres, me das mucha envidia, te juro que me la das. Pero ¿el niño no es ya demasiado mayor para seguir dándole el pecho? Sabes que venden preparados muy buenos en la actualidad, ¿no?

—Ya, pero no se pueden comparar con las defensas que adquieren los peques a través de las mamás. Pero bueno, a lo importante, ¿cuándo vuelves? Estamos deseando abrazarte y hablar contigo, tomar unas cervezas y hablar y hablar hasta que se haga de día, además necesito que me aporten nuevas ideas para mis futuras publicaciones y tú seguro que tienes miles de historias de las cuales poderme nutrir.

—Ya te digo, eso está hecho, la primera persona que iré a ver serás tú en cuanto pise Montepardo.

—O la segunda, da igual.

—¿A qué te refieres?

—¡Julio, no te hagas el tonto conmigo! Tú echas de menos a Laura y ella se está apagando sin ti, tenéis que perdonaros de una vez.

Ahora era él quien no comprendía que estaba ocurriendo, había sido Laura quien de forma meridianamente clara le expuso que no quería volver a tener nada con él y le invitó a que tuviese relaciones con otras mujeres. ¿Cómo podía Alicia, su mejor amiga, no saber eso?

—Mira, cariño, fue ella quien no...

No le dejó terminar la frase que iba a exponer.

—¡Pero qué tonto eres! Mira que te quiero y qué inocente que eres. ¿Crees de verdad, conociendo a Laura, que ella se olvidaría de ti, de la persona que más ha amado? Ella entregaría su alma al demonio si fuese necesario para salvar la tuya. Desde hace años, desde que te embarcaste en la búsqueda de tu quimera, a la cual te empujé yo sin saberlo con un relato estúpido e irreal, Laura reza cada día para que encuentres el camino de vuelta. Te ama de una forma delirante y el hecho de haberte dicho que no quería volver a verte es a causa de un problema en su cuerpo que no le permite ser madre. No podría darte un hijo biológico y sabe que es tu gran deseo.

Julio quedó estupefacto, no le importaba no tener un hijo junto a Laura, no le importaba que hubiese podido estar con alguien tras su desencuentro, solo oyó que aún le amaba. Ahora solo quería recuperarla y pasar el resto de sus días junto a ella.

—No tenía ni idea, Alicia, te lo juro. Si me conoces algo, y creo que sí, sabes que eso no me hubiese separado de ella jamás. Me acabas de hacer el favor de mi vida al comunicármelo, me has dado luz en este momento de mierda por el que estoy pasando.

—¿Pero no decías que estabas bien, ladrón?

—Bueno, relativamente bien, ahora mucho mejor.

—Julio, te pido que no le digas a Laura que he sido yo quien te lo ha dicho o me matará. No veas la que le cayó al pobre Alberto cuando tuvo conocimiento de que estuvo hablando contigo en Madrid.

—No te preocupes, mi niña, soy una tumba, y dale un abrazo a Alberto, que le he oído susurrar a tu lado.

—¡Eyyy, mamonazooo! Sí, estoy pasando unos días libres en el pueblo y hemos decidido llamarte ahora los dos mientras Paco está bañando al niño. Cuídate mucho, guaperas, sabes que tus amigos te estamos esperando.

—Un abrazo, pelo rata.

Ahora le invadía una inmensa sensación de felicidad, no podría describirlo de ninguna forma, solo deseaba regresar a España cuanto antes, pero no podía eludir la responsabilidad de haber aceptado el ofrecimiento para colaborar con el padre Mauricio y el padre Basilio y terminar el encargo del puñetero calendario. No faltaba mucho para completarlo, ya que tenía algunas fotos bastante buenas. A su vez, quedaba pendiente una conversación con un asesino contrabandista de obras de arte y un niño del cual no estaba capacitado todavía para despedirse.

Y qué decir de Joao, probablemente el interés primigenio de este habría sido aprovechar el momento álgido de popularidad de Julio, pero había demostrado notoriamente y en más de una ocasión que era un franco compañero. Había intimado con él y le había utilizado de paño de lágrimas, era un amigo de los que pocos quedan.

Se dirigió caminando hasta el otro hotel donde Joao pernoctaba, no quedaba lejos del suyo. En el momento en que se empezaba a gestar el viaje de forma conjunta se planificó minuciosamente cada detalle de la zona a explorar, del guía a quien solicitar sus servicios, de la documentación a aportarse y de cada persona con la que entrevistarse, si bien no fueron tan diligentes a la hora de la intendencia con el alquiler en la reserva del hospedaje, extremo este que desencadenó que a la hora de solicitar dicho servicio cada uno de ellos tuviese que pernoctar en recinto hotelero distinto.

—Habitación 115, por favor. ¿Podría decirle que Julio espera en el *hall*?

No habían transcurrido ni cinco minutos cuando Joao ya se encontraba en el vestíbulo.

—¿Qué quieres? Ya has dejado clara tu posición, gran hombre.

—Joao, comprende que...

—¿Que comprenda qué? Me achacas a mí el calificativo de mentiroso, de falso, poco fiable, que soy un egoísta y que me mueve la vanidad, pero ahora viene lo mejor... Tú, gran valedor de la verdad y de la sinceridad, quien ha expuesto su vida y la de los que se le acercan, ¿cuántas?, decenas de ocasiones, de forma inconsciente y descuidada, persiguiendo a un colega muerto que dio al parecer la vida por ti cuando nadie te ha culpado de nada, obsesionado con un puto libro de ficción escrito por su extravagante amiga a la que le dio la espalda, al igual que hizo con la mujer que siempre quiso. Eres un verdadero paradigma de la normalidad y de la franqueza.

Joao comenzó a aplaudir de forma burlesca y con escarnio hacia su amigo.

—Llevas razón, he sido un egoísta, he creído que mi dolor estaba muy por encima del dolor de otros, hasta del dolor de sus mismos padres, he acariciado la locura, he fantaseado con volver a ver a José dejándome atrapar por la aflicción, por mi propia hiel, y suelo juzgar con demasiado afán y premura a los que me rodean. Pero no, Joao, yo no he sido así siempre, y quiero cambiar, lo necesito, necesito volver a ser el mismo que era antaño, que la alegría inunde todo, soñar esta vez con algo bueno al lado de alguien agradable, ser premiado con la felicidad que nunca debió desaparecer de mí, y ruego a Dios que personas como tú no se alejen, que sigan aguantándome, que sigan perdonándome, te lo pido encarecidamente, Joao, ¡no te alejes de mí, compañero!

Joao llamó al camarero con prestancia.

—Por favor, garçom, dois uísque nas rochas.

La conversación se mantuvo placentera y amena durante horas, se acabaron los reproches, habían vuelto a conectar y ya no volverían a interponerse entre los dos más secretos, ni tan siquiera medias verdades.

Las diez de la mañana. Julio y Joao se disponían a subir de nuevo a la favela, sabían que a mediodía Marcelo requeriría su presencia y que caso de obviar su deseo seguramente fuesen localizados por sus pendencieros asalariados en cualquier punto de la ciudad o incluso del aeropuerto si tan solo por un segundo hubiesen pensado abandonar Río.

No iban a eludir la reunión, y esta vez Julio pondría todas sus cartas sobre la mesa.

Pero antes de ese extraño cónclave, y por si finalmente no saliesen bien parados, solicitó a Joao que le acompañase hasta el orfanato a fin de hablar por última vez con Danilo.

Golpeó enérgicamente la puerta herrumbrosa, nunca había sido abierta con rapidez por las monjas, pero esta vez la demora se le hacía eterna.

—Hola, sor Caridad, necesito ver a Danilo.

—Hola, guapetón. ¿Para qué quieres verlo, Julio? Ayer ya quedó bastante entristecido, no quiso comer nada en todo el día, me tiene muy preocupada.

La monja parecía reprocharle a Julio el estado en el cual quedó el niño tras la última toma de contacto que tuvo con él.

—Hermana, quiero que entienda también usted que no es mi intención causar daño alguno a Danilo y que, si hoy todo sale bien, de una forma u otra, conmigo o sin mí, el niño tendrá un mejor futuro.

Sor Caridad, achacosa por los años, frunció las cejas y amonestando a Julio le advirtió...

—Mira, te tengo un aprecio infinito, pero una advertencia te hago, tengo línea directa con el Creador y, caso de que esta inocente criatura vuelva a padecer de esta forma, oraré para que tengas diarrea crónica el resto de tus días.

Había sonado cómico a la vez que amenazante. Julio y Joao por más que quisieron no pudieron contener una risotada cómplice a la vez que simpática.

—¡Que no os riais, par de pajarracos!

La religiosa se perdió por el dilatado pasillo y regresó junto a Danilo pasados quince interminables minutos, debido a que el niño se encontraba cursando horas lectivas junto al resto de pequeños y un profesor de matemáticas.

—Os dejo solos, tenéis muy poquito tiempo, si no, Danilo se perderá la lección.

—Hola, peque.

—Hola, Julio.

—Verás, sé que no entiendes por qué me fui corriendo ayer a toda prisa y que quedó pendiente algo que yo debía preguntarte.

Danilo no contestó, ni tan siquiera realizó gesto alguno de desaprobación. Estaba inmóvil, con esos grandes ojazos, abiertos a la vez que la boca, como esperando la terminación del argumento que Julio se disponía a efectuar.

—Mira, mi campeón, hoy voy a subir a la favela para ver a un amigo que también te conoce y que estoy seguro de que quiere lo mejor para ti. Tenemos que hablar de muchas cosas, pero creo que pronto vas a poder salir de aquí. Tú no lo conoces, pero seguramente con su ayuda puedas vivir en una casa con alguien que te va a querer mucho y tener una buena vida. ¿Te gustaría?

—Aquí estoy bien, con la hermana, con los amigos.

Danilo lo único que quería que dijese Julio es que se iría de aquel lugar cogido de su mano y de nadie más.

—Ya lo sé, pequeño, aquí son muy buenos, y la hermana Caridad es maravillosa, tienes que estudiar mucho para hacerte un gran hombre y poder ayudar a los demás de mayor. ¿A ti qué te gustaría ser de mayor?

—Periodista como tú, pero más alegre.

—Ya, serás lo que quieras ser, y serás alegre y bondadoso. Vas a tener mucha, mucha suerte y te van a querer de una forma increíble. Ya verás, hoy esta persona va a pedir que te saquen de aquí, va a ser fantástico.

El niño, aprovechando que Julio se agachó para ponerse a su altura, lo abrazó fuertemente, como intuyendo que aquella podría ser la última oportunidad de hacerlo.

Julio lo apretó contra sí mismo como si no quisiera que una parte de su propio cuerpo le fuese despojada.

—Vamos, Danilo, llegas tarde ya para la próxima materia.

La monja intervino para separar delicadamente a ambos y, cogido de la mano, se alejó hasta la entrada principal de la iglesia, desde donde se despidieron moviendo la mano de un lado a otro.

Danilo interpeló a sor Caridad...

—Hermana, ¿va a volver?

—Claro, mi niño, volverá, ya lo creo.

Danilo quedó más calmado ante las palabras afables de esa buena mujer.

Joao puso su mano en el hombro de Julio, apretando suavemente.

—Vamos, hermano, es la hora.

No habían caminado cincuenta metros cuando ya iban a acompañados por una cantidad ingente de habitantes de favela Fazenda Coqueiro. Se había corrido la voz de que el mismo Marcelo Farías requería la audiencia de esos dos foráneos. Al momento ya se había puesto al frente del séquito el chico que al igual que ayer indicó a los dos el camino a seguir hasta la morada blindada del supuesto protector de esa turba.

Llegados a la puerta, todos y cada uno de los que seguían sus pasos abandonaron las inmediaciones, debían estar alerta ante la llegada de posibles fuerzas de seguridad que pudieran interferir en los negocios del padrino, del bienhechor del lugar. De ahí que cada persona que habitaba aquel entramado de callejuelas tenía una labor, un rol que todos seguían a la perfección y que repetían una y otra vez de forma autómata para que no pudiera llegar a producirse nunca la detención de Marcelo. Los más pequeños vigilaban y daban aviso, los mayores interponían todo tipo de barreras y obstáculos para que los vehículos policiales no pudiesen acceder hasta la zona más alta, los jóvenes se enfrentaban abiertamente a modo de guerrilla parapetándose y lanzando todo tipo de objetos y cócteles molotov, algunos incluso hacían frente con armas de munición ligera, y por último una red de galerías y túneles conectaba el búnker de Marcelo con las afueras de la barriada otorgándole huida rápida y segura. Esos mismos túneles eran utilizados igualmente para la introducción de obras de arte expoliadas y para su traslado y posterior venta a terceros en el mercado negro.

De nuevo, la espantosa mujer abrió el acceso al inframundo, su mera presencia era simplemente pavorosa, pero esta vez Joao bien por los nervios o por su predisposición a la broma ante la cercanía de su prematura muerte le dio por silbarle a modo de mofa.

De forma sarcástica abrió la boca.

—*Estou morrendo de vontade de você, beleza!*

Julio solo entendió lo de belleza y explotaron a reír. Tan espontánea fue la reacción que, lejos de esperar a la clave y señal de entrada para acceder hasta la parte más interna y protegida del recinto, salieron a recibirles tres hombres armados directamente a la calle ante las injurias indescriptibles a todo grito del feto femenino. Mientras les conducían por el cuello y avanzaban hasta el salón, los dos amigos iban llorando de las carcajadas que todavía llevaban a cuestas, y cada vez que giraban levemente sus caras viendo a su paso al engendro junto a ellos no hacía otra cosa que agudizar más si cabe el alborozo.

A punto de desvanecer de tanta risa, los dos fueron golpeados en la nuca con las culatas de sendas pistolas.

Habían vuelto a la realidad. Joao hizo ademán de enfrentarse a uno de los malhechores, pero Julio le retuvo de forma rauda.

—*Meus amigos já estão aquí.* Sentaos, os veo muy felices a los dos.
—Ya ves, pasábamos por aquí y le he dicho a Joao: «Coño, ¿por qué no vamos a ver a nuestro amigo el gánster?».
De nuevo no pudieron contener la risa. Uno de los guardaespaldas de Marcelo la interpretó como irrespetuosa, mostrándose irascible y enfadado, golpeando a Julio con un fuerte puñetazo en la cara.
Al segundo, unos disparos y ese matón yacía inerte con dos agujeros en el pecho.
Marcelo no permitía que nadie tomara decisiones en su nombre por ínfimas que fuesen. Él mismo fue quien había realizado la descarga con una pistola desproporcionadamente grande y plateada. Se acercó hasta el finado y escupió en su cuerpo. Dos de sus hombres cogieron al pobre desgraciado por los pies y lo arrastraron hasta sacarlo del salón.
—*Vamos começar de novo.* Hola, par de imbéciles.
—Hola, Marcelo.
—Hola, Marcelo —repitió Joao.
—Bueno, nos habíamos quedado en las mentiras que con tanto esfuerzo os habías ocultado entre vosotros, ¿no es así?
—Sí, pero no te preocupes, ya lo hemos solventado.
—No me digas, ¿ya volvéis a ser amiguitos de nuevo?
—Sí, y ya de paso y hablando de mentiras, tu madre te contó a ti unas cuantas.
Joao esta vez sabía de qué estaba hablando Julio dado que la noche de antes este le puso al día de la procedencia de Marcelo, de la identidad del verdadero padre de este y su tormentoso final.
Marcelo con los ojos ensangrentados y resoplando de rabia se levantó de nuevo y puso la pistola en la frente de Julio. Gritando, le precisó explicaciones de tan grave ofensa.
Julio ahora no deseaba morir, pero el sentido del miedo hacía tiempo que le había abandonado.
—¿Quieres saber quién era tu padre de verdad?
—¡No sé de qué mierda hablas, *filho da puta nascido ruim!* Habla antes de que te mate, pero no te garantizo que no lo haga después.
—Me parece bien, pero primero déjame que te cuente todo sin interrupciones. Como ya te dije, comencé a perder la cabeza, inicié una búsqueda frenética por todo el mundo de la réplica de mi amigo

enterrado. Harto de no encontrar a nadie tan siquiera similar, rogué a Dios que no me dejase enloquecer y fue precisamente en una iglesia de Madrid donde un buen amigo, sacerdote, me solicitó ayuda para prestar mi nombre y trabajo en un calendario solidario para Inocencia y Fe, una ONG sin ánimo de lucro que ayuda a personas que viven en las distintas favelas y niños abandonados en orfanatos. ¿Te suena?

—Sí, Inocência e Fé, tienen una pequeña sede a unos cuatrocientos metros del orfanato de mi hijo.

—Bien, el fundador y principal valedor de esa ONG resulta ser el padre Basilio, un cura que ejerce su ministerio en una pequeña iglesia de Lisboa. Fue él quien me convenció finalmente para prestar mis servicios en beneficio de los desfavorecidos y quien me contó una historia que, bien es calcada a tu vida, o tienes otra, pero con distintos antepasados.

—¡Explícate!

Ahora tenía toda la atención de Marcelo, la cólera había dado paso a un ansia irrefutable de curiosidad.

—Tu madre estaba efectivamente saliendo con un hombre dos años mayor que ella antes de conocer a la persona que tú habías considerado tu padre tantos años. Viajó como bien sabes a un pueblo del norte de España por motivos de negocios, si bien no ilegales, al menos opacos, lugar donde conquistó a tu mami.

La entonación de «mami» no cayó especialmente bien a Marcelo, quien se removió nervioso en el sofá, pero su ansia por seguir oyendo esa nueva versión de su estirpe le atraía con una fuerza inusitada.

—Tuvieron su idilio y ella decidió venirse a vivir a Río con ese hombre. Pero tu madre acababa de saber que estaba en cinta de ti, y no precisamente por la premura en la acción de mantener relaciones sexuales con el tasador de obras de arte. Estaba embarazada, habiendo sido quien depositó su esperma un hombre portugués de nombre Agostinho, dueño de una fábrica de conservas de Lisboa, hermano a su vez de don Basilio, el sacerdote con el cual estoy colaborando.

—Me estoy conteniendo mucho para no acribillarte de diez balazos la cabeza, piénsate dos veces lo que vayas a decir.

—Claro, porque si no te gusta lo que oyes es mejor cerrarle la boca al interlocutor, ¿verdad?

—Julio, no te hagas el héroe, no aquí, no conmigo... —respondió amenazante Marcelo.

—Déjame proseguir, tu madre comunicó su embarazo a Agostinho, a quien le informó a su vez de su inminente viaje para vivir al lado de otro hombre. El conservero no pudo soportar la pérdida de la mujer que amaba, cayó en depresión y se suicidó. Dejó una cantidad ingente de dinero a favor de su hermano el cura, y este, de forma presuntamente desinteresada, tras el paso de tantos años, ha decidido donar prácticamente la totalidad a la formalización de esa ONG para ayudar a combatir la pobreza en las favelas, mejorar la infraestructura de algunos orfanatos y la construcción creo que de algún centro sociocultural. Pero ahora viene lo mejor... Qué casualidad que ese cura sacrificado y abnegado realiza esa acción tan admirable y sobresaliente al saber que su único familiar vivo se encuentra residiendo en una de dichas favelas.

—*¿Qué porra você diz?* ¿Tengo un tío cura?

—Así es, Marcelo, no te hagas el tonto conmigo, no te va ese papel. Tú ya lo sabías. Tu madre escribió a tu tío informándole de la penuria que estabais pasando, pero eso ya lo sabías, ¿verdad? Y es ahí, cuando tu madre te cuenta tu genealogía, cuando tú decides matar a tu padrastro. Verás, además de fotógrafo, y muy bueno, por cierto, soy periodista. Tengo cientos de amigos y conocidos en la comunicación. Además, soy algo desconfiado por naturaleza. Verificaron por mí cierta documentación en las bases de datos y registros de varias instituciones de Lisboa, e incluso del Ayuntamiento, solicitando información de un empresario portugués de nombre Agostinho que pudiera haber ostentado esa supuesta fábrica de conservas en Lisboa, hermano de un sacerdote llamado Basilio y con descendencia española, y efectivamente ese hombre existió, y pudiera ser que incluso fuese tu legítimo padre. Pero, lejos de tener una posición acomodada y acorde a la de un gran empresario, era simplemente un pescador mercante que visitaba con periodicidad la zona costera del norte de España enrolado en una embarcación de pesca de arrastre gracias a la existencia de un convenio de colaboración entre España y Portugal para poder faenar en las distintas aguas territoriales durante un periodo de tiempo previamente pactado.

»Agostinho no tenía dinero, era un pobre hombre que tuvo la desgracia de enamorarse de una chica que lo despreció por su escasez de recursos y que vio la oportunidad de mejora en los brazos de otro hombre.

»Efectivamente hay registro de un suicidio hace cuarenta y dos años en Lisboa, exactamente como expuso don Basilio, de un hombre cuyas iniciales eran A. F. A., correspondiéndose con Agostinho Farías Acevedo, quien no dejó nada a su hermano, dado que nada es lo que tenía. Seguramente, y esto ya son suposiciones mías, al tener conocimiento de ello culpaste a tu madre, eso solo lo sabes tú, por supuesto, pero te venía mejor acabar con el que se había presentado ante los demás como tu padre durante tanto tiempo. Y dado que el motivo principal de las palizas que recibías de este fue que tu madre le comunicó que no era tu verdadero progenitor, decidiste que no debía seguir respirando.

»Efectivamente entraste en un reformatorio y tras ello en la cárcel, pero esto último seguramente lo hiciste de forma premeditada a fin de granjearte la amistad y la confianza de varios hombres de una organización criminal de la cual absorberías como esponja todas y cada una de las enseñanzas que te serían aportadas: robos, expolios, ventas en el mercado negro, blanqueo de dinero... Esa gente había trabajado con tu padrastro y las lecciones eran gratuitas, instructivas y a la vez muy productivas a medio plazo.

»Saliste de la cárcel con cátedra en delincuencia aplicada. Tu madre había muerto para ti, dejada de la mano de Dios y de la tuya, dudo siquiera que volvieras a interesarse por si seguía con vida y tuvieras algún gesto de benevolencia o acercamiento hacia ella, eso solo lo sabes tú.

»¿Cómo voy, campeón? ¿Te gusta esta vez la historia, buen benefactor?

Ahora Marcelo dispuso ante él una cara de autocomplacencia, henchido de orgullo y vanidad, sin remordimiento alguno.

—Eres muy listo, hay algunas lagunas en tu versión, pero sigue...

—Bien, sabías de la existencia de un tío sacerdote en Lisboa, ya habías adquirido la destreza y los conocimientos para empezar un nuevo negocio en el crimen, en la favela algunos hombres comenzaron a seguirte y, ya que sabías quién era tu verdadero padre, decidiste que tu apellido paterno sería Farías y no Barbosa, como hasta entonces había sido.

»Claro está, no sé cuál es el apellido de tu madre, pero estoy al tanto de que en Brasil el apellido materno se antepone, es el primero en figurar, y no entiendo entonces por qué constaba tu identidad como Marcelo Barbosa y ahora Marcelo Farías, ninguno de los dos son apellidos españoles, como los de tu madre, pero bueno, qué más da, así te hiciste llamar. Supongo que con los medios a tu alcance cambiarte los apellidos o intercambiarlos es lo de menos, ¿verdad? Podría ser por desprecio a tu madre o por cualquier otra circunstancia, vete tú a saber, qué me importa a mí. Y volviendo a tu tío, ¿cómo era posible que don Basilio me hubiese contado esa historia de su hermano? ¿Un cura faltando a la verdad, mintiéndome? Durante mi estancia en Lisboa verifiqué cada noticia, escudriñé cada documento, cada registro, no había propiedades a nombre de Agostinho. ¿De dónde procedía entonces esa cantidad tan elevada de dinero que el sacerdote decía ostentar gracias a la caridad de su familiar muerto? Por casualidades del destino, acabo de llegar a la conclusión. Cómo no, de Marcelo Farías, de ti.

—*Filho da puta*, eres más que bueno, sí señor.

Marcelo aplaudió, se levantó de su asiento y, asombrado por la labia y elocuencia de las palabras de Julio, decidió proseguir ahora él con la historia.

—Así es, el resto lo podrías llegar a intuir, pero no lo sabrías a ciencia cierta, así que te contaré sin prebendas todo de mi propia boca.

»Antes de poner en conocimiento de mi tío mi nuevo estatus, mediando los contactos que mi presunto padre ostentaba en su día, soborné a dos altos funcionarios de la Hacienda portuguesa, les unté generosamente. Esos dos agraciados disfrutaron un breve tiempo de diversas gratificaciones y algún que otro viaje junto a prostitutas de alto *standing* incluyendo todo tipo de vicios, de los más oscuros, por cierto. Ni que decir tiene que las fotografías realizadas me sirvieron para amenazarles con hacerlas públicas y abocarles al escarnio social con la consecuente pérdida de sus trabajos, de su posición, un más que probable divorcio de sus queridas esposas y algún accidente o desgracia familiar caso de no acceder a mis pretensiones. Acabé socavando la dignidad de ese par de parásitos y, como no podía ser de otra forma, cayeron en mi red; un cohecho tras otro intercalados en el tiempo y *voilà*.

»Y ahí entró en juego mi tito el cura. He ido amasando cantidades ingentes de dinero debido a los robos de antigüedades y obras de arte por todo el globo, vendiendo el material a coleccionistas y tratantes de toda estirpe y condición. Por cierto, ¿sabíais que en periodos de crisis el valor refugio son el oro y las obras de arte? Es cojonudo, cada vez que a los demás les iba peor yo ganaba más y más dinero. Pero ese dinero debe ser blanqueado. Tengo varios métodos y personas de confianza en la mayoría de países para tal fin, pero esta vez no se trataba de un blanqueo al uso, sino que el dinero sería destinado a la compra de unas nuevas instalaciones para un hogar de niños, instalaciones deportivas y un enorme centro cultural, solo para residentes en la favela. Ese centro cultural sería mi nueva base de operaciones, mi almacén de obras expoliadas, planificado de forma exhaustiva para mi propio beneficio, claro está.

»Si la policía deducía que yo tenía algo que ver, todo sería paralizado y decomisado. Llevan muchos años investigando quiénes son mis testaferros, cada movimiento que hago, y últimamente me está costando un poco mover mis caudales de la forma más adecuada para el negocio. Así que, ya que el tito era cura, ¿qué forma mejor de blanqueo que a través de una organización no gubernamental sin ánimo de lucro? ¿Quién duda de la Iglesia, de un acto de socorro y servicio desinteresado al desvalido? Y así fue como nació Inocência e Fé.

»El dinero era traspasado en pequeñas cantidades desde la cuenta matriz mediante innumerables transferencias hasta el número de cuenta que previamente había sido dado de alta por mi tío Basilio a fin de que parecieran simples donaciones benéficas de particulares de distintos países, donaciones de parte de cientos, miles de personas a las cuales previamente les fue usurpada la identidad. No me costó mucho debido a los tentáculos de mi organización por todo el mundo. Ahora entraban en el plan los dos funcionarios corruptos de Hacienda contratados a mi cargo, quienes daban el visto bueno a cada apartado, a cada movimiento en la cuenta bancaria de esa organización para que ningún otro burócrata o empleado público fisgoneara donde no debía.

»Lo que yo desconocía es que mi tío te había elegido para publicitar dichas instalaciones y las mejoras de las ya existentes, el muy imbécil, ¡ha puesto todo en riesgo por solicitar tus servicios!

A Julio le carcomía una duda desde hacía meses. A sabiendas de que algo no cuadraba en la versión del religioso, decidió seguir con el trabajo y descubrir de qué se trataba, ya fuera por simple curiosidad o por llegar a identificar un posible delito, del cual daría buena cuenta a los Cuerpos de Seguridad. Pero, siguiendo las instrucciones del religioso, se entrevistó con un niño de aquel orfanato llamado Danilo, y todo cambió.

Mientras Marcelo hablaba, a Julio le daba vueltas y vueltas en la cabeza una intuición que cobraba fuerza con cada frase enunciada por el mafioso: ¿pudiera ser que la finalidad de don Basilio fuese la de, sin llegar a delatarse para no arriesgar su propia vida, poner al descubierto el entramado de su sobrino ante un reputado periodista y, de paso, poner a salvo a Danilo, lejos de sus garras? Pero Julio debía seguir haciendo creer a Marcelo que había sido engañado astutamente por el sacerdote.

—¿Cómo es posible que un sacerdote se haya podido dejar corromper de esa forma?

—No lo juzgues tan a la ligera, Julio, puede que mi tío el cura hasta sea un buen hombre. Solo tuve que disfrazar todo de mentiras piadosas, de obras de caridad. Luego, ante el espíritu inquebrantable de don Basilio, tuve que apostar más fuerte, la figura de un niño hizo el resto. Alejé a Danilo de mi vida hace tiempo, su madre me era infiel con uno de mis hombres de confianza. Del final de ambos mejor no te daré detalles, pero seguro que en el mar todavía hay peces con restos de los dos en sus tripas.

»Con dos años cumplidos entregué a mi propio hijo a la beneficencia ante la duda de que ni siquiera fuese verdaderamente mío, y gracias a ello el pobre Basilio fue otra víctima más de mis ambiciones. Le hice saber de su existencia y del lugar donde se encontraba el niño, le dije que, si ayudaba en la tarea con la falsa ONG, ese crío podría acceder también, al igual que muchos otros, a una vida mejor, o en su defecto podría llegar a acabar con él yo mismo. Le faltó tiempo, a mí ya me repudiaba, pero mi hijo era lo único que le quedaba de una familia que nunca llegó a conocer en la otra parte del mundo, el nieto de su hermano fallecido. Luego, la casualidad me llevó hasta vosotros dos, husmeando por mi favela sin saber que habías sido enviado por mi tío. Creí que trabajabas para la Policía, infiltrado, y ordené que te disparase uno de mis chicos con apariencia de ser integrante de una banda, así lo ratificaría tu colega Joao y el pobre hombre que contrataste de guía. Pero, joder, te vi y de repente una descarga de emociones recorrió mi cabeza, una tristeza desoladora que al mismo tiempo me aterraba, y no me explicaba por qué. Entonces, tras reponerte vuelves a subir hasta aquí de forma tan imprudente como alocada y me cuentas que soy idéntico a un amigo que murió por salvarte la vida. ¡Es una pasada!, ¿verdad?

»Por cierto, a modo de información, el hombre que te disparó ese día hace un rato que se lo han llevado a rastras por el suelo. ¡Pobre cabrón! Era buen empleado y uno de mis mejores hombres.

»Respecto a mis apellidos, si te intriga tanto te lo explicaré.

—¡No, la verdad es que no me intriga una puta mierda!

—¡Cállate y atiende! El primer apellido de mi madre era Fernández. Como te puedes imaginar, Marcelo Fernández Barbosa, con mi padre en la cárcel y malviviendo en las chabolas con un apellido español, era cuando menos peligroso. Lo aborrecía, los demás niños se reían de mí; «puto español», me decían. Nadie jugaba a mi lado, todos me rehuían, parecía un apestado, así que intercambié el orden de mis apellidos, primero sería el de mi padre. Tras ello debía modificar el apellido hispano de mi madre, esa zeta tan denostada aquí la transformé en ese. Ahora me hacía llamar Marcelo Barbosa Fernandes, y así se quedó hasta que me cargué a ese malnacido. Al saber de mi verdadero padre biológico simplemente mudé el apellido Barbosa por el de Farías en honor al pobre desgraciado que se suicidó por culpa de mi querida mamá, tan buena ella, tan fiel.

»Aquí la burocracia es distinta, una cosa son los registros, otra muy diferente como te hagas llamar, pero bueno, después de tanto hablar me he quedado seco. En fin, y ahora ¿qué hago con vosotros?

Joao no pudo controlarse y por fin intervino.

—¿Una paga y un viaje? A mí me gustaría visitar Noruega, particularmente las mujeres me dan igual.

—Hombre, acaba de abrir la boca el genetista tontorrón, no sé si matarte a ti me producirá placer o la misma sensación que me causó cuando ordené disparar a tu compañero, pero en breve lo vamos a comprobar.

Joao dejó de hacerse el osado, la ironía no era el fuerte que mejor utilizaba y sus nervios empezaban a ser notorios.

—¿Me permites una pregunta, Marcelo? —interrogó curioso Julio, quien no creía que fuera a ser agraciado con una respuesta afirmativa, pero así fue—. ¿Te encuentras bien? ¿Por qué tienes ese aspecto amarillento? ¿Estás enfermo?

La batería de interrogantes por parte de Julio hacia Marcelo empezaba a incomodarle, aun así respondió sin reservas.

—Cáncer, probablemente de hígado; la ictericia se debe al aumento de bilirrubina en sangre. —De nuevo Joao se había anticipado, tenía conocimientos más que suficientes de las dolencias y sintomatología de cada enfermedad, era parte de su área profesional.

—Premio para ADNman. Sí, terminal, me muero, me quedan unos meses, mi doctor de confianza llegó a plantearme que el único remedio podría ser el de un trasplante de esa mierda de órgano que me fallaba. Bueno, al fin y al cabo, tenía una salida, yo me encargaría de buscar un donante, quien por supuesto de forma altruista me donaría su hígado a mí aunque él lo necesitase. Pero, mala suerte, ya estaba demasiado enfermo, las células cancerosas se habían ido de excursión. Tenía metástasis en el cerebro, ya no había salida. En fin, todos tenemos que morir.

—Diría que lo siento, pero no es así.

—Ya ves, a mí con suerte me quedan unos meses, a vosotros unos minutos tal vez. Pero, como me aburro y vosotros dos me lo habéis hecho pasar bien, ahora viene la jugada final: os formularé una pregunta y, dependiendo de la respuesta, moriréis aquí y ahora o puede que salgáis de mi casa y de esta favela andando por vuestros propios medios.

Julio y Joao se miraron de reojo y aceptaron el mal trago de ese último trámite. ¿Acaso tenían opción?

—Y la pregunta es... ¿qué harías con tu vida caso de que se te otorgara una segunda oportunidad?

El primero en hablar fue Joao.

—Mira, psicópata, viajaría más si cabe de lo que lo he hecho, me acercaría a la gente de cada lugar, me involucraría en sus problemas, trataría de mejorar la calidad de vida de los que sufren...

—*Merda boba!*

No dejó proseguir con ese discurso que parecía como encorsetado y preparado de antemano, un disparo en el pecho de Joao le hizo caer al suelo boca arriba desde el sofá, igualmente el golpe en la nuca al caer fue brutal, comenzando a convulsionar *ipso facto*.

Julio, impresionado por el suceso, nervioso y lleno de ira, se abalanzó hasta el cuello de Marcelo apretando fuertemente con las dos manos, creyendo que su impetuosidad a la hora de ejercer esa presión sería suficiente para acabar con la vida de ese maldito verdugo.

—¡Hijo de puta, cabronazo, muérete ya, demonio, pedazo de mierda humana!

Antes de infligir algún daño significativo, Julio fue golpeado bruscamente por dos matones que quedaban a unos cinco metros de distancia.

Cayó junto a su amigo. Ya en el suelo, le cogió la mano intentando alentarle, proporcionarle al menos el calor de alguien cercano ante su inminente defunción, pero, lejos de ello, no podía contener el miedo, ese pavor que le atenazaba por perder otra vez a alguien tan querido y a tan corta distancia, siendo testigo en primera línea de cómo se apagaba por segundos, cómo moría otro amigo, y no, no supo contener las emociones y la templanza.

—Aguanta, no me jodas, tú no, te voy a sacar de aquí, aguanta, hermano.

A Joao le costaba respirar, y su cara aterrorizada no hacía otra cosa que desolar todavía más a Julio.

Separaron las manos de ambos y entre los dos criminales asalariados se llevaron al agonizante por los hombros.

Marcelo, apuntando con su arma a Julio, sonrió y volvió a preguntar, esta vez al español...

—Vamos, guapito, te toca a ti. ¿Qué harías con tu vida caso de que se te otorgara una segunda oportunidad?

Julio cogió aire, no como para iniciar la respuesta, sino por las náuseas tan profusas que la mera presencia de ese sujeto le causaba. Miró al suelo, al punto exacto donde había caído Joao, volvió a subir la mirada y fijó sus ojos verdes en el cuerpo decrépito y enfermizo de Marcelo.

—¿Sabes lo que haría? Seguir con mi vida, con mis aciertos y mis errores, porque de ellos he aprendido a ser quien soy, a conocerme, a conocer mis limitaciones y mis metas, a perseverar, a no rendirme, a ser amigo de buenos amigos, al contrario de ti, que nadie estará nunca a tu lado por su propia voluntad. Seguiría mi camino y diría a las personas que siempre he querido todo lo que representan en mi vida, porque la única lección que he aprendido desde la muerte de mi amigo José, hiena malnacida, es que la vida te puede ser arrebatada en cualquier momento y debes llevarte puesto de equipaje únicamente el bien que hayas causado a los demás.

—Premio para el guapo. ¡Levántate!

Apuntó con el arma al cuerpo de Julio mientras este cerraba los ojos y apretaba fuertemente la dentadura imaginando por última vez la mirada sonriente de Laura.

Marcelo disparó dos veces.

Tras las detonaciones Julio abrió los ojos de nuevo, los proyectiles habían impactado en la pared rozando levemente su pelo. Notó el calor húmedo de un hilo de su propia sangre surcarle la sien izquierda, se tocó y comprobó cómo había sido el rasguño, al parecer voluntario, infligido por Marcelo.

—¡Vaya por Dios, esta pistola tiene la mira defectuosa, tengo que pedir que la revisen!

Se encontraban a escasos tres metros de distancia, era imposible fallar desde ahí.

—Mira, Julio, te vas de aquí, vivito y coleando, tu presencia en esta ciudad creo que ha llegado a término, ya tengo lo que quería de ti, pero antes de hacerlo te dirigirás al orfanato que hay bajo esta colina y mostrarás a los educadores y al inspector de servicios este documento redactado por mis abogados en el que se te faculta como tutor legal de Danilo.

—No pueden hacer eso, tú lo entregaste a los Servicios Sociales, ya no representas nada y tú no puedes disponer nada sobre el futuro del crío.

—Otra vez te equivocas, no me conoces de nada, deja que te ilustre de nuevo. Danilo quedó hace cuatro años bajo la supervisión y protectorado del orfanato, pero te he mentido acerca de mis dudas sobre si Danilo era mi hijo: sí lo es. ¿Crees que un hombre como yo no habría dispuesto una prueba de paternidad ante ese dilema, lumbreras?

»Lo aparté de mí para que él no fuese como yo, para que pudiera tener una vida mejor, un futuro distinto en el cual no tuvieran cabida el odio, el resentimiento y la muerte, para que fuese querido por alguien que lo mereciera y que su infancia inocente no fuese quebrantada como lo fue la mía. Con todo el dolor de mi corazón aparté a un lado lo único que tenía sentido en este pozo inmundo del cual ya no podía salir. Dinero por aquí, dinero por allá, al fin y al cabo dinero es lo único que me sobra, no tengo tiempo, y nadie me espera.

»Antes de tener conocimiento de mi enfermedad emprendí la idea de la construcción de esa especie de almacén para reunir parte de los botines de mis saqueos por todo el mundo, pero no te lleves a engaño, también promocioné todo tipo de mejoras, tanto en los servicios y manutención como en su estructura, del viejo orfanato que existía desde hace muchos años bajo la colina. No podía hacerlo de forma muy notoria por dos sencillas razones. La primera, para no desvelar y poner sobre la pista al Estado de que alguien que disponía de plata estaba dando prioridad a ese orfanato en concreto, lo que podría llevarles hasta mi hijo. La segunda, para mantener a Danilo al margen y que ningún enemigo mío supiera jamás de su emplazamiento para que no pudieran atacarme a través del niño.

»Efectivamente, no tengo legitimidad alguna sobre Danilo desde el mismo momento en que supuestamente lo abandoné. Pero eso sería caso de que el Gobierno supiera que el hijo de Marcelo Farías reside en el orfanato. No tienen ni idea y seguirán sin saberlo. Por lo tanto, sí que mi decisión, mi criterio y mi beneplácito serán tenidos en cuenta, dado que en la documentación que obra en poder de la dirección del orfanato Danilo consta como hijo de una mujer presuntamente pobre que reside en esta favela, la cual te ha abierto la puerta de mi casa y de la cual te has reído por su físico.

»Quedó establecido previamente que se cedía la custodia de forma temporal por la penuria económica en la que se encontraba, pudiendo procederse de nuevo a su recuperación si su situación mejoraba o, por el contrario, dar definitivamente su visto bueno para una futura adopción por el bien del menor. Y bien, ese documento es el que acaba de redactarse y del cual te hago entrega, está rubricado con la firma de esa mujer, donde se especifica que eres un amigo íntimo y que has mantenido vínculos directos con la familia desde hace años, que por eso se solicita y aconseja que la adopción sea llevada a cabo por ti, un hombre de buena posición, con trabajo y recursos verificables.

»Desde que llegaste, no sé por qué, pero mi hijo te adora, eres su referente y pareces ser una buena persona. Vas a hacerlo porque sé que tú quieres a ese crío, y sabes que aquí nunca podría ser feliz.

»Otra cosa, desconozco si mi tío requirió tus servicios para sacar a la luz todo este entramado o si lo fue para sacar a Danilo de mi vida. Si vuelves a verlo, felicítale de mi parte, casi ha conseguido ambas cosas. Pero, ¿sabes?, qué más da, yo ya estoy muerto.

Julio alargó su brazo, cogió el documento y se giró.

—No me das lástima alguna, Marcelo. ¿Conoces el final del poema *Invicto*, de William Ernest Henley? Reza así: «Soy el amo de mi destino, soy el capitán de mi alma». ¿Ha valido la pena tu vida? ¿Has capitaneado bien tu alma para cuando comparezcas ante Dios?

—No, Julio, no lo he hecho, pero tú aún estás a tiempo.

Salió escoltado hasta la calle por dos de sus hombres. Bajó esta vez solo, llorando por las callejuelas serpenteantes, lleno de rabia, desconsolado por la muerte de otro gran amigo. Cuando hubo llegado al hotel se tumbó en la cama y siguió llorando, toda la tarde.

Esa noche no bajó a cenar, solo le rondaba en la cabeza las miradas de Joao y José. No podía aguantar tanto desconsuelo, era insoportable, cada segundo se hizo minuto, cada minuto hora.

CAPÍTULO 18
La salida

Amaneció de la misma forma que anocheció, con los ojos abiertos mirando el techo de la habitación. Se dijo a sí mismo que al menos podría sacar a Danilo de ese mísero porvenir que le aguardaría caso de no interceder por él, y la esperanza de que Laura le estuviese esperando le alivió en cierta medida tanto dolor.

Esa misma mañana se dirigió al orfanato y solicitó la presencia de sor Caridad, junto al supervisor y Danilo.

—Hola, guapetón, ¿has venido a despedirte por fin? ¿Abandonas la ciudad?

—Sí, madre, ha llegado el momento de despedirme de usted.

Danilo lo miraba expectante, comenzó a sollozar en voz baja, se cogió a la cintura de Julio enérgicamente y al fin solicitó una explicación.

—¿Por qué te vas? ¿No me quieres?

La pobre criatura desconocía que el motivo de la presencia de Julio era para hacerle entrega al administrador del centro del documento que le fue aportado por parte de Marcelo, que en breve se haría cargo de él si era ese su deseo y lo aceptaba como su nueva familia, su nuevo padre.

Julio se agachó y flexionando las rodillas se puso a la altura del niño.

—Me voy de vuelta a España, Danilo, pero esta vez no viajo solo, tú vienes conmigo. ¿Te parece bien la idea?

El niño aumentó la intensidad del llanto, esta vez de emoción, de alegría.

—¡Sí, sí, me quiero ir contigo! ¡Me quiero ir contigo!

—Pero ¿cómo es posible, Julio? ¿Cómo...?

Julio guiñó sutilmente un ojo a Caridad y ella interpretó que requería de su complicidad ante el empleado público que ejercía de testigo.

—Ya ve, madre, no creí vinculante que mi posición como amigo íntimo de la familia fuese determinante para poder adoptar a Danilo, pero parece que sí lo es, ¿no?

—Será así, hijo mío, será así...

El servidor público en actitud taciturna y reservada recogió el documento en el que se daba fe de todo lo expuesto la noche anterior por Marcelo y lo introdujo en su maletín de cuero marrón.

—Espere usted mis noticias, en unos días será oportunamente informado.

—No se demore, por favor, mi estancia en el país llega pronto a su término de la forma legalmente establecida y me gustaría llevarme al niño a vivir conmigo.

Al abandonar el funcionario la entrada del recinto, sor caridad no pudo contener la emoción del momento mientras se presignaba una y otra vez.

—Virgen del amor bendito, Padre de los cielos, Señor mío de la esperanza y la misericordia, Dios Santo de mi corazón...

—Ya vale, madre, pero efectivamente deles gracias de mi parte por haberme dejado un tiempo más en este mundo, no contaba con ello.

—¿A qué te refieres, Julio?

—Nada, son cosas mías, sor Caridad. Una tontería, olvídelo.

Se agachó de nuevo y sonriendo peinó a Danilo suavemente con sus manos como haría un padre embelesado con la melena de su hijo. El niño se sintió arropado y sereno, y con una sonrisa en la cara se despidieron.

—Hasta pronto, mi campeón.

—Hasta muy pronto, Julio, te quiero mucho.

A la semana la hermana Caridad telefoneó a Julio significando que un sobre certificado que contenía la documentación había llegado al orfanato desde la Administración del Estado y que se requería su presencia. No tardó ni una hora en personarse. El administrador le entregó ante la mirada de la religiosa un sobre con sello oficial del Tribunal de Justicia. Asustado, lo abrió, le costaba hacerlo debido al temblor de sus manos por el nerviosismo contenido.

—Perdone, no entiendo del todo bien el portugués, perdón, brasileño, ¿podría resumirme lo que dice, por favor?

—El ceñudo funcionario refunfuñó en voz baja, recogió la documentación y la leyó para sí mismo.

Pudo ver subrayado y en negrita que tras la preasignación del menor, la idoneidad para la adopción de este se otorgaba como positiva mediante sentencia firme.

¿Cómo había sido posible en tan poco tiempo, en solo unos días? No tenía lógica alguna, ¿o tal vez sí?...

El tiempo de espera mínimo para proceder a una adopción era de al menos un año, teniendo mayoritariamente preferencia parejas antes que personas solteras, pero Marcelo, además de varios diplomáticos y políticos de distintos puntos de la geografía mundial —donde quedaba incluida, cómo no, España—, mantenía sobornados también a su vez a un psicólogo y un trabajador social, los cuales habían frecuentado antaño la favela por labores relacionadas con proyectos de ayuda a niños abandonados y planes locales de colaboración con gente marginada auspiciados por el Ayuntamiento de la ciudad. Desde entonces fueron gratificados para trabajar a las órdenes del patrón e informar de cualquier conjetura a su organización. Fueron estos quienes formalizaron el pertinente informe, a todas luces falso y fechado mes y medio atrás, en el que daban cuenta a la mujer del trabajador social, quien era a su vez secretaria del juez encargado de resolver la tesitura, que se había formado un vínculo muy estrecho entre la parte solicitante y el niño por adoptar, y que Julio estaba facultado para llevar a cabo la paternidad.

Dicha secretaria fue quien consiguió la firma del magistrado colando estratégicamente la instancia para la adopción de Danilo entre una cantidad ingente de papeles y documentos de toda índole que, como solía hacer cada día de la semana, su señoría rubricaba sin desconfianza y sin dilación dando por ratificadas las resoluciones adoptadas y las penas adjudicadas, sin tan siquiera revisar los detalles expuestos debido a la carga de trabajo existente.

Ahora, una vez obtenido el beneplácito de la autoridad judicial, solo restaba obtener una nueva partida de nacimiento y pasaporte donde quedasen modificados los apellidos del menor, coincidiendo ahora con los de Julio.

—¡Gracias, gracias, mil gracias!

Cogió la mano de ese hombre sobrio, recto, seco y le besó la mano. Este la retiró apresuradamente haciendo aspavientos de aversión disgustado por esa toma de confianza.

—*Que espanhol mais idiota* —murmuró de forma ilegible.

Caridad y Julio se abrazaron de nuevo, la monja no cabía en sí de gozo, y él era en sí el mismo gozo.

Esa misma mañana cogió un taxi y solicitó su traslado al consulado español.

—*Por favor, me leve para Rua Lauro Müller 116.*

Apretaba tanto la carpeta donde portaba todos esos documentos que la sangre no le circulaba por los dedos.

Ya en el interior de ese majestuoso edificio se acabó de dar cauce al resto de la burocracia y la adopción. Estaba hecho, al fin Danilo era su hijo.

Al salir a la calle exhaló fuertemente. Una sensación extraña le invadía. Al mismo tiempo que sentía un odio enfermizo hacia Marcelo por haber asesinado al que se había convertido en su mejor amigo desde la fatídica muerte de José Roncero, le estaría al igual eternamente agradecido por renunciar a Danilo y serle depositada su confianza para criarlo como si fuese su propio padre.

Solicitó de nuevo un taxi y se dirigió a la zona de copas de Botafogo próxima a su hotel. Estuvo toda la tarde bebiendo.

—*Dois uísque nas rochas.*

El camarero se encontraba sorprendido, desconociendo la razón por la que un hombre solo y bien parecido físicamente solicitaba cada vez dos *whiskies* con hielo y de forma ceremoniosa y replicando una y otra vez disponía uno de los vasos frente a él para acabar brindando con un ser imaginario y luego acabar bebiendo de un solo trago ambas consumiciones. Podría ser un loco, pero estaba consumiendo y pagando al contado, mientras no diese problemas...

Esa noche, agotado y borracho por fin pudo descansar. Demasiadas emociones habían maleado su sesera los días anteriores, ahora un poco de pausa y calma harían bien a su atormentada cabeza.

Se levantó tarde, se afeitó y se duchó sin prisa, tomó un café solo doble y desde su ordenador realizó la compra telemática de dos billetes en una aerolínea más que conocida con origen Río de Janeiro y destino Lisboa.

Paseó por la playa de Botafogo, donde el panorama era un privilegio, los rayos del sol parecían latigazos de plata y los yates en el agua flotaban de forma acompasada. La vista de Pan de Azúcar, el afamado morro de la ciudad homónimo al de Cristo de Corcovado era espectacular ese día, ni una sola nube, como desterradas por la acción de un ente supremo para la realización de una postal de ensueño. La única nota discordante era la presencia de un individuo de complexión atlética con el pelo rapado que vestía vaqueros, una camisa de lino blanca y una chaqueta americana, a quien casualmente se había ido encontrando en diferentes puntos de la ciudad durante el transcurso de estos últimos días. Pensó que seguramente sería un hombre encargado de notificar a Marcelo cada movimiento que realizaba, pero qué más daba, no le importaba lo más mínimo sentirse vigilado.

Esa tarde recogería a Danilo, el pequeño saldría por fin del lugar donde había pasado los últimos cuatro años de su vida. A su corta edad no había sido consciente del tipo de padre que tenía, de la razón por la cual fue abandonado, pero a partir de ahora, a pesar de haber obtenido cuidados y cariño por parte de otros niños, de los educadores y sobre todo de la hermana Caridad, por fin encontraría una persona que daría por él hasta su propia alma y que jamás volvería a darle la espalda.

De nuevo frente a ese edificio adosado a una iglesia en la falda de la favela, pero esta vez no tuvo ni que acercarse a la puerta: en la misma calle ya se encontraban el director del orfanato junto a Danilo y Caridad, aguardando su llegada para oficializar la entrega del niño a su nuevo padre.

—*Estou feliz pela criança e por vocês, são muito felizes juntos.*
—Gracias, se lo agradezco.

El hombre dio un ligero empujoncito en la espalda a Danilo para que iniciara el paso y se acercara hasta Julio, acto este que fue llevado a cabo de forma diligente por el niño, quien portaba una pequeña maleta con un poco de ropa y unos cuantos enseres personales, además de decenas de obsequios y de manualidades que le habían ofrendado sus compañeros y amigos a modo de despido.

Salió en ese momento a la vía pública otra de las monjas, así como parte de los educadores y el sacerdote del hospicio, comenzando a aplaudir al unísono.

—*Nós te amamos Danilo!*
—*Ñao nos esqueça!*
—*Que corra tudo bem!*

La algarabía se convirtió en miles de vítores. A Caridad le afloraba un goteo incontinente y acuoso de mucosidad en su nariz y las lágrimas se desbordaban, no era posible retener tanto sentimiento de turbación, de júbilo.

Se acercó y dio un fuerte beso a Julio en la frente.

—¡Dios te bendiga! Que tu vida sea recompensada con paz y alegría.

—Gracias, madre, pero no crea que se va a librar de mí, vendremos a visitarla más de una vez.

—Me alegra oír eso, guapetón mío, pero no creo que el Señor tenga a bien tenerme por este mundo muchos años más.

—Calle, calle, no sea usted quejicosa, está estupenda.

Danilo y la monja se estrecharon como lo harían un nieto y su abuela, como dos personas que verdaderamente se aprecian.

De nuevo aquel hombre estaba en una esquina, esta vez ni tan siquiera había tenido la prudencia de camuflarse o disimular, estaba grabando con su teléfono móvil toda la escena.

Tras la despedida, solicitaron un servicio de taxi y se trasladaron hasta el aeropuerto en la zona norte de la ciudad.

Danilo no soltaba la mano de Julio, para el pequeño esa mole de edificio repleta de miles de personas le sobrecogía. Llegaron tras un buen paseo a pie a la zona internacional ubicada en la terminal 1.

En ese momento paró su marcha y se giró, probablemente para verificar si alguien seguía sus pasos: nada sospechoso, nadie vigilaba su recorrido. Le invadieron tantos y tantos recuerdos durante el transcurso de ese último trimestre...

La llegada a Río, los nervios de los primeros días, los atardeceres sin parangón, risas cómplices con Joao, con un gran amigo, con un buen hombre asesinado por un ser despreciable que había decidido cederle el testigo del cuidado de su propio hijo.

Danilo pidió a Julio que comprase una botella de agua, tenía mucha sed —aunque el niño había aguantado por pudor la sequedad de su garganta, había llegado a su límite—. Se dirigió al puesto más cercano.

—*Uma garrafa de agua, por favor.*

De repente recibió un sutil toque en el cuello y, extrañado, volvió la cara, debía haberse tratado de un error, alguien le habría confundido.

—¡Qué mierda de pronunciación! ¿Ya no saludas a los amigos? Yo también me alegro de verte de nuevo.

No podía creerlo, quedó estupefacto, desconcertado.

Joao estaba frente a él, vivo, más vivo que nunca, irradiando felicidad. No podía ser, debía de estar soñando o viendo un fantasma. Bajó la mirada comprobando que Danilo seguía a su lado, estaba ahí, era todo real, ¿cómo podía ser?...

Joao llevaba el brazo derecho vendado en cabestrillo, pero su apariencia física era buena.

Se lanzó hacia él y lo abrazó con tanto ímpetu que tuvo que pedir veladamente clemencia para que atenuara el achuchón.

—Pero si tú, tú...

—Muerto, eso es lo que Marcelo quería que tú pensaras.

Joao le entregó a Danilo una chocolatina extraída de una máquina expendedora e indicó al pequeño que tomara asiento en una silla de ese local del aeropuerto para que, mientras saciaba su sed y disfrutaba de ese suculento bocado, ellos pudiesen mantener una conversación de la cual era mejor que la criatura no fuese testigo.

—Mira, Julio, Marcelo no es lo que parece, bueno, en parte sí, no deja de ser un delincuente y efectivamente ha matado a alguna que otra persona.

—¿A qué te refieres? Ordenó que un hombre a su cargo acabara conmigo, mató al que había sido su padre hasta que descubrió que no era tal, asesinó a su mujer y su amante y te disparó a ti, y eso que sepamos tú y yo...

—Verás, al mismo disparar su arma contra mí me llevaron a una habitación donde ya se encontraban dos enfermeras y un cirujano, quien realizó la extracción de la bala y me operó con diligencia, de ahí la premura en sacarme del salón. No te lo vas a creer, una de aquellas tantas habitaciones era un puto quirófano totalmente aséptico, con mejores instrumentos, maquinaria e iluminación que muchos de los que hay en cualquier hospital. Me realizaron la primera de las curas y me derivaron a otra habitación, donde he estado recuperándome todo este tiempo, testando mi estado y mejoría diariamente, constantemente vigilado y con más atenciones que en mi propio hotel.

—Esto es de locos. ¿Qué me estás diciendo? ¿Te estás escuchando?

—Marcelo ha estado conmigo en cada momento supervisando mi restablecimiento, hasta que, prácticamente recuperado, una tarde entablamos una conversación bastante amena.

—¿Amena? Joao, pero ¿de verdad te estás oyendo? Creo que tienes el síndrome de Estocolmo y que sientes acercamiento hacia la persona que te ha querido matar y que te ha tenido prácticamente secuestrado.

—Deja que prosiga. Ordenó tu ejecución creyendo que trabajabas para la Policía y que el hecho de acercarte a Danilo era para llegar hasta él. Y efectivamente, mató al marido de su madre no porque supiese de la existencia de su verdadero padre, sino por todo el sufrimiento que este les había infringido a su madre y a él mismo, no había día que no recibieran una paliza, los dos.

»Aquel día que le informaron de que no tenía visita alguna, que su madre había desaparecido y que no había rastro de ella, un funcionario de prisiones se mofó de su tragedia, por lo que enloqueció y le hirió con un punzón. No lo pensó, reaccionó airadamente, todavía era un chico y estaba más solo que nunca.

»Al salir de prisión, habiéndose granjeado la admiración de un hombre con influencia en el hampa del expolio de antigüedades y obras de arte, comenzó a trabajar para él con la tarea de internacionalizar su organización traspasando fronteras, siendo tal su destreza en la toma de decisiones y mejora de la logística que el negocio pasó a sus manos tras la muerte alevosa de su mentor en una emboscada tendida por miembros disidentes de su propia estructura mafiosa.

»Se enamoró de una mulata bellísima, hija de emigrantes africanos que regentaban una pequeña tienda de comestibles en la zona baja de la favela y que por su personalidad indómita y arisca no había conocido hombre todavía de forma incomprensible. Además, bien por su origen, o por su belleza, acobardaba a los pretendientes de su edad, no había chico que osara inmolarse públicamente a fin de galantearla. Marcelo se lanzó a su cortejo a pesar de haber sido rechazado en dos ocasiones, pero al ver ella que sus intenciones eran honestas y ante tanta insistencia cayó finalmente en sus brazos.

»No acabó con ningún hombre de confianza por mantener relaciones con su mujer. Ella lo amaba, y ninguno de sus hombres se atrevería tan siquiera a toser en su dirección, mucho menos a faltar el respeto a la persona que estaba ayudando a sus familias, a la comunidad entera. La madre de Danilo no fue asesinada por Marcelo. Cuando Danilo tenía escasamente un año la pobre mujer sufrió un derrame cerebral, el desenlace fue fatal. Marcelo no ha superado a día de hoy su pérdida y anhela volver a reencontrarse con ella. Para más desgracia, él mismo fue diagnosticado de cáncer tras un año de la muerte de Luana, así se llamaba, y el niño quedaría huérfano y en un entorno hostil, de criminalidad y nada aconsejable. No deseaba los mismos pasos para Danilo en esta vida, quería que se convirtiese en un hombre de bien y por ello lo llevó hasta el orfanato.

»El orfanato era un amasijo de hierros y cemento viejo ruinoso que a duras penas se mantenía en pie junto a la iglesia, pero lo dotó de nuevas infraestructuras, se remodeló por completo y recibió numerosas donaciones, cantidades aportadas, claro está, de forma desinteresada por miles de personas, como no podía ser de otra forma.

»El día que te dispararon y constató que no eras un policía encubierto y que su hombre había errado en dichas predicciones entró en cólera y perdonó la vida de ese matón a cambio de que tú finalmente no murieses o él correría la misma suerte. Aun así, un azote de angustia le recorrió al verte la cara, cree que en algún momento los dos habéis tenido una conexión especial, no sabría decir si en esta vida o en otra y que cuando le contaste que se parecía a tu amigo José algo se removió en lo más profundo de su ser.

—Joao, es demasiado, no sé si puedo asimilar todo esto.

—Lo mejor de todo es que te eligió a ti para ser el padre de Danilo por varias cosas. La primera, el ver la cara de felicidad del pequeño cada vez que le visitabas. Sus hombres siempre han tenido vigilado el orfanato desde el mismo momento en que Danilo entró como residente. Dada la cercanía, podía ver al pequeño aunque fuese a distancia y a la vez podía protegerle de la policía o de otras organizaciones adversarias caso de que supiesen de su existencia.

»Marcelo comprobó por sí mismo que eres un hombre bueno y sincero, comprometido, fiel a las personas que quieres, pero como última prueba de tu sacrificio quería comprobar si eras capaz de enfrentarte a la persona que acababa de disparar de forma gratuita a un amigo tuyo o si quedarías atenazado por el miedo, suplicando por tu propia vida, cosa que nunca hiciste.

—Y todo eso ¿para qué?

—¿Todavía no lo entiendes? Porque te estaba obsequiando con lo único que verdaderamente tiene valor en su vida, su propio hijo, y quería estar seguro de que eras tú la persona correcta. Aunque he de reconocer que hay que ser un poco enfermo para dispararme. ¡Será cabronazo! No obstante, si hubiese querido acabar conmigo, lo hubiese hecho, Julio, más si cabe con la escasa distancia que nos separaba. Me comentó que quería lastimarme de forma más superficial, pero que moví el cuerpo en el último momento de modo intuitivo por acto reflejo y eso provocó que la bala se alojara junto al omoplato.

Ahora Julio no podía enunciar palabra alguna, emocionado tragó saliva y dio gracias a Dios porque Joao estuviese a su lado de nuevo, ya habría tiempo de asimilar ese supuesto gesto de humanidad de Marcelo.

Los billetes habían sido contratados por Julio sin conocimiento de que su amigo se encontraba en este mundo, por lo que solo había adquirido dos, pero Marcelo ya se había anticipado y había procurado otro para Joao. El avión salió en hora, el vuelo además de dilatado resultó apacible. Un par de películas y unas horas de aletargamiento sobrevenido por el sueño hicieron el resto. Doce horas más tarde la aeronave estaba tomando tierra en el aeropuerto de Madrid.

El pequeño, quien se había colocado voluntariamente junto a una de las ventanillas para, según él, tener cerca las nubes donde sus otros papás vivían, abrió los ojos.

—¿Esto es España?

—Sí, campeón, esto es ya España, te va a gustar mucho, pero antes hemos de bajar en este aeropuerto y esperar dos horas para subir a otro avión, quiero que conozcas a un buen amigo mío a quien le he hablado mucho de ti.

El niño desconocía que se dirigían a Lisboa, a conocer a don Basilio, a su único familiar vivo junto con su verdadero padre, Marcelo.

El aeropuerto Humberto Delgado ya se divisaba a lo lejos tras otra hora y media de vuelo. Danilo empezaba a encontrarse inquieto y su actitud ya mostraba algún que otro signo de rebeldía, habían sido muchas horas sin poder desgastar las acumuladas energías de un niño de seis años.

Joao lo cogió torpemente entre sus brazos por las molestias que todavía le incomodaban en la extremidad dañada y comenzó a contarle una historia. A los pocos instantes el avión comenzaría el aterrizaje.

Una vez en pista, Joao encendió de nuevo su teléfono y solicitó al chófer de su padre que fuese a por ellos a la terminal de salida.

Cuando hubieron recogido el equipaje salieron al *hall* de entrada. Allí se encontraba Abílio, hombre de mediana edad, fortachón, pero de apariencia afable, aspecto inmaculado y ataviado con traje y corbata. El padre de Joao, el afamado arquitecto Adalberto Botelho, no requería ese día de los servicios del conductor, si bien, habiendo oído de boca de Abílio que su hijo llegaba desde Río, ordenó que fuese llevado hasta la residencia familiar ubicada en Cascais, a escasos treinta y cinco kilómetros.

Esa propiedad era la favorita de la madre de Joao, por lo que, pese a poseer otras propiedades en Lisboa, Estoril y Oporto, además de una gran mansión en Madeira, había sido finalmente elegida por Cesária como el lugar donde residir con habitualidad, cerca de la capital, cerca del estudio de arquitectura y los negocios de su marido, a la vez que alejado para mantener cierto grado de reserva y anonimato.

—Abílio, tenemos visita, mi amigo Julio y su hijo Danilo vienen con nosotros a pasar unos días a casa.

—Como guste el señor.

La palabra hijo oída desde la entonación de un tercero había causado una sensación vertiginosa en Julio, pero en cierta medida al mismo tiempo era muy placentera.

El chófer introdujo las maletas en aquel elegante vehículo y dispusieron el viaje.

A pesar de haber mantenido una relación de amistad tan cercana, Julio nunca había visto las instalaciones palaciegas propiedad de los progenitores de su colega.

Llegaron a una urbanización escoltada continuamente por vigilancia privada armada, pasaron un par de filtros antes de adentrarse más en los edificios que la conformaban. Tras una parada de cinco segundos frente a una gran verja metálica custodiada por dos cámaras de vídeo, esta se abrió y dio paso al vehículo.

Una gran muralla marcaba el perímetro de un terreno lleno de vegetación frondosa y grandes árboles. Uno de ellos destacaba en altura sobre el resto, circunstancia que a Julio le hizo recordar a Máximo, el gran cedro de su querido Montepardo de la Duquesa, y tras ello miles de imágenes se sucedieron: José, Laura, siempre Laura...

Se apearon del coche, Danilo lo hizo primero, enervado, electrificado por momentos, con una energía renovada a pesar de haber estado viajando casi veinticuatro horas desde la otra parte del mundo.

Adalberto y Cesária aguardaban a la entrada, verdaderamente esa mujer debía haber sido espectacular durante su juventud, si no fue modelo.

—*Ola, meu filho!*

—*Oi, pai, olá, mãe, este é meu amigo Julio e seu filho Danilo.*

Julio se acercó hasta ellos, estrechó la mano de Adalberto y obsequió con un beso en cada mejilla a Cesária.

—*Muito prazer em conhecê-lo.*

—*Melhor em espanhol* —intervino Joao.

Sabía bien que Julio, a pesar de hablar un inglés perfecto, no casaba muy bien con su idioma. Y como quiera que debido a su trabajo su padre practicaba con asiduidad el castellano, no fue impedimento utilizarlo para mantener una conversación más fluida entre todos.

—Bueno, Julio, me consta que eres un buen amigo de mi hijo, es un placer que pases unos días junto a nosotros.

—Muchas gracias, señor, se lo agradezco.

—¿Y esta preciosidad tiene nombre? —preguntó Cesária mientras que peinaba suavemente el pelo de la criatura.

—Me llamo Danilo.

—Que nombre tan bonito tienes. ¿Sabías que significa «Dios es mi juez»?

El niño negó con la cabeza, pero Julio no pudo sorprenderse ante dicho descubrimiento, ¿sería una casualidad que Marcelo le hubiese puesto ese nombre a su hijo o podría tener un doble significado con el cual se sentía plenamente identificado?
—Vamos, pasad por aquí.
Adalberto indicó la entrada a los recién llegados. Cuando Joao alcanzó la altura de su padre, este último le abrazó cariñosamente sin tan siquiera preguntar la razón por la cual portaba un brazo maltrecho. Hacía tiempo que no se veían y no era la primera vez que por una mala decisión a la hora de gestionar la forma de dirigirse a su vástago este se había alejado de él.

No obstante, Cesária recogió a su hijo sutilmente por la cintura y le susurró al oído lo que tantas veces le dijo al llegar a casa a la vuelta de cada salida, con cada regreso:
—Meu amor está aqui.
El palacete tenía salida directa mediante una escalinata metálica a una cala natural. Su interior estaba formado por dos enormes salones, uno de ellos con techo abovedado, piscina climatizada en la planta baja, diez habitaciones y cinco baños en la parte superior, además de un gimnasio. Los materiales eran de una calidad inusitada de maderas nobles, mármol y acero. Una gran escalera central de piedra natural hacía de separación entre ambos salones y daba acceso al resto de recintos de la residencia.

Desde una puerta lateral del salón que hacía funciones de comedor se llegaba a una grandiosa cocina industrial de acero inoxidable con los electrodomésticos más avanzados del mercado.

La decoración al mismo tiempo que minimalista era de tipo étnico-africana, decorada con gusto por parte de la madre de Joao.

Danilo cogió la mano de Julio y le instó a que le acompañara a ver todo el edificio, no había transcurrido ni media hora cuando cayó rendido.

Cesária con la ayuda de su ama de llaves trasladó al pequeño al que sería su cuarto para que descansara un par de horas, ya sería despertado una vez estuviese preparada la cena.

Los cuatro —Julio, Joao y sus padres— se instalaron en un cenador del jardín mientras que les eran servidas unas copas de vino verde, un vino típico de Portugal. Aunque su sabor difería del resto de vinos, este presentaba un color asemejado al vino blanco.

Joao caminó por el jardín junto a su madre intercambiando opiniones sobre el viaje y todo lo que había acontecido, mientras Julio quedaba junto a Adalberto sentado sin tan siquiera saber qué decir.

—Mira, Julio, sé que eres un hombre bueno, mi hijo nos habló de ti en alguna ocasión, también nos dijo a qué te dedicabas y que más de una vez habías expuesto tu vida.

—Bueno, señor, mi trabajo es el que es, y efectivamente he tenido algún que otro susto o contratiempo, pero ahora, con Danilo a mi cargo, he de replantearme seriamente mi profesión y buscar alternativas.

—Eso es, alternativas, si las buscas, definitivamente no dejes de contar conmigo para cualquier proyecto, tengo varios negocios en estudio y necesito de alguna persona de confianza para su publicitación. Un fotógrafo como tú, experimentado y con renombre, siempre será bien recibido.

—Muchas gracias, será mi primera opción si decido dedicarme al sector del *marketing*.

—No me des las gracias, muchacho, un buen amigo de nuestro hijo es parte de la familia. Hablando de mi hijo, ¿sabes si...? En fin, ¿te ha mencionado...?

—Señor, su hijo es una persona íntegra, encantadora, es compasivo, sensible y humanitario, sin su intervención hubiese muerto, y no me refiero a una muerte física, sino también emocional; ha sido y es un apoyo de un valor incalculable y no sé ni cómo gestionar ni cómo pagarle todo lo que hizo y sigue haciendo por mí, y, si la pregunta es si sé su orientación sexual, sí, lo sé, al igual que él sabe la mía y no me importa nada. Ni siquiera entiendo el fin de su pregunta porque la veo absurda, se lo digo sin acritud alguna, pero es algo que debe quedar en el ámbito personal y privado de cada uno.

Adalberto no esperaba una respuesta tan contundente a la vez que tan sobrecogedoramente sincera, gesto este que recogió sorprendido, si bien el orgullo de padre le resultó enormemente estimulante, muy pero que muy gratificante.

—Llevas razón, Julio, es un buen hijo y una mejor persona.

Llegó la hora de la cena: *bacalhau à brás, quijo da serra, cataplana...* Todos platos típicos de una gastronomía suprema.

Danilo comía como si se encontrara famélico. De postre, *doce de serradura*, dulce típico elaborado con nata, leche condensada y galletas. El niño repitió dos veces.

—Campeón, te va a dar un empacho.

Julio no podía creer la cantidad de comida que se había introducido en ese pequeño cuerpecito.

El crío eructó tan estruendosamente que no le dio tiempo a interponer su mano en la boca.

Todos rieron al unísono mientras que Danilo ruborizado se escondía bajo la servilleta.

Esa noche, habiendo acostado ya al pequeño en una cama enorme en comparación a su tamaño y cuando los padres de Joao ya se disponían a descansar, Julio se quedó sentado en el jardín mirando las estrellas tapizadas en el apacible cielo nocturno.

—*Um uísque nas rochas?*

Joao había salido a hacerle compañía.

—*Sim, muito obrigado.*

Sirvió la bebida en dos grandes vasos cuadrados y ofreció uno a su amigo.

—¿Qué vas a decirle mañana a don Basilio?

—No tengo ni idea, es un sacerdote, se sobreentiende que son ministros de Dios, que deben ser comprensivos y compasivos, pero me da vértigo que vea al niño y que no acepte que ahora es mi hijo. Ha sido él quien ha luchado por sacarle de ese lugar, quien contactó conmigo a través de un amigo en común para que fuese yo quien viajara e inspeccionara el estado del orfanato, seguramente para verificar lo que su sobrino le había manifestado. La verdad, no sé qué pensar...

—Claro que lo sabes. Tú lo has arriesgado todo por sacarle de esa vida, tu propia integridad física, has superado tus miedos e inseguridades para hacer frente a una paternidad incierta, que da miedo, y eso solo lo hacen grandes seres humanos. Ese cura lo debería tener en cuenta.

—Tal vez. Gracias por tus palabras, hermano. Mañana será un buen día, o eso es al menos lo que quiero creer.

—Así será, hermano, así será.

Chocaron los vasos y saborearon ese *whisky* añejo de diecisiete años al alcance de muy pocos elegidos.

—Vaya chocita os gastáis, y tu madre es encantadora, un verdadero pibonazo.

—¡Cuida tus comentarios, mis músculos y fuerza te superan!

Los dos comenzaron a reír poseídos por el buen momento y la armonía entre dos buenos amigos.

—Tu padre te adora, lo sabes, ¿no?

—Lo sé Julio, lo sé, lo único que deseo es que salgan por su boca esas palabras algún día en mi presencia. Porque, ¿sabes qué?, él siempre habla a todos de lo buena persona que soy, de su orgullo paternal, pero jamás lo hace frente a su propio hijo, nunca me ha dicho te quiero cara a cara desde que...

—Desde que decidiste hacer público lo que todo el mundo ya sabía.

—Sí, desde ese momento, quedé liberado, pero mi padre nunca volvió a decirme que me quería. Me abraza y me da palmadas de afecto, pero un hijo necesita oír de la propia voz de su padre que se le quiere.

—Sabes, llevas razón, pero te vuelvo a decir que te quiere muchísimo.

—Gracias, españolito.

Quedaron conversando de todo y de todos durante la práctica totalidad de la noche, y casi amaneciendo se dispusieron a reposar sus cuerpos unas pocas horas.

—Arriba, mi campeón, hoy quiero visitar a un amigo que quiero que conozcas.

Danilo abrió su maleta y de forma independiente cogió un pantalón vaquero largo y una camiseta color azul celeste que Julio le compró en una tienda de *souvenirs* de Río antes de emprender el viaje en la que se representaba el Cristo Redentor formado por las letras de la frase «Río de Janeiro».

Desayunaron junto a los padres de Joao, ya que este no se había levantado todavía, e iniciaron la marcha.

Adalberto no permitió que cogieran un transporte público, su fiel conductor les llevaría de modo diligente usando su vehículo.

Llegaron a la puerta de aquella pequeña iglesia donde don Basilio impartía sus homilías a las once de la mañana.

Julio se introdujo en la parroquia a través del portón central cogiendo de la mano a Danilo.

En el altar se encontraba ya de espaldas el religioso vestido de calle preparando la liturgia que en una hora se celebraría.

Tosió intencionadamente para que el cura reparara en su presencia.

Basilio se giró y dejó caer el mechero con el cual estaba comenzando a encender varios cirios. Se echó la mano a la boca y, emocionado, dio unos pasos hacia la entrada falta de luz debido al ahorro austero que el religioso imponía para sí mismo y su parroquia.

—Dios mío, Julio, eres tú, y él es, es...

No podía terminar la frase, la sensación de saliva obstruía su garganta y le hacía imposible terminar de articularla.

—Sí, don Basilio, es Danilo, mi hijo.

—¿Tu, tu hijo...?

El niño se adelantó y alargó su brazo a fin de estrechar la mano en un acto de educación ante el religioso.

El cura le correspondió para seguidamente agacharse hasta disponerse a su misma altura.

—Julio es mi nuevo papá, yo vivía en un orfanato y él se ha hecho cargo de mí, es muy bueno.

—Ya lo creo que lo es, pequeño, sí que lo es.

—¿Te gustaría ver unas estatuas muy antiguas de algunos santos?

—Sí, sí. ¿Puede enseñármelas, Julio?

—Claro, campeón.

El cura, henchido de orgullo al ser testigo en primera persona de la cortesía y el desparpajo de Danilo, y sosegado ante la aparente buena salud que mostraba a simple vista, miró con cara condescendiente a Julio y susurrando le dio las gracias mientras iba bromeando con el niño camino de las reducidas capillas que contenían imágenes talladas en madera ya muy mermadas por el paso del tiempo datadas entre los siglos XIII y XVII.

Dejó al pequeño embelesado junto a esas reliquias y se dirigió hasta el banco donde Julio se encontraba pidiendo a la imagen del Cristo Crucificado que pendía sobre el altar una nueva oportunidad de acercarse a Laura.

—Gracias, hijo, no sé cómo lo has logrado, no sé cómo agradecértelo.

—Verá, no ha sido fácil, digamos que el esfuerzo de sacar de ahí al niño casi me cuesta la vida, y también la de un buen amigo.
—Yo... no pretendía que ocurriera algo así. Ha tenido que ser terrible, hijo mío.
—Verá, padre...
Esta última entonación del sustantivo padre, realizada con cierto despego y sarcasmo, hizo pensar a Basilio que en ese momento sería recriminada su falta de honestidad a la hora de aportar toda la información obrante en su poder, así como la intencionalidad que le llevó a solicitar sus servicios, y no se equivocaba...
—Usted me utilizó, no se trataba de ayuda al desfavorecido, de una acción solidaria, sino de recabar información sobre el hijo y nieto de su hermano, de ayudar al menos a Danilo, porque usted se sentía como la única persona capaz de aportar una salida de ese mundo de marginalidad al que seguramente se viese abocado. Y por eso y solo eso fundó una ONG que, si bien el objetivo de esta era admirable, su finalidad no se ajustaba a la realidad, ¿verdad? Inocencia y Fe, qué gran verdad y a la vez qué gran contrariedad.
—Así es, hijo, pido a Dios que me perdone, pero al mismo tiempo también se ha ayudado a otros inocentes a mejorar su calidad de vida y sus expectativas de futuro. Después de tener conocimiento de la existencia de Danilo por los mensajes de mi sobrino y que lo había entregado en adopción, él mismo me exhortó a la creación de una ONG para no causar daño físico al niño, a su propio hijo.
»Esa asociación aparentemente sin ánimo de lucro obtendría dinero de donaciones de particulares amén de las realizadas por el mismo Marcelo para la edificación de una especie de casa de cultura, supongo que para continuar con sus fechorías, pero me prometió que también mejoraría las instalaciones del orfanato donde había dejado al niño, a la vez que nunca le faltaría educación y alimento sin que se viese abocado a la calle. También ayudaría a otras personas que viven en las favelas. Compréndelo, es mi familia, solo quería el bien para Danilo e igualmente rogaba para que Dios perdonase a mi sobrino y a mí mismo por mi egoísmo. Ese nombre fue mi elección por dos razones, la inocencia de esta criatura y la fe en que todo se resolviese de forma satisfactoria.
»Fue en Madrid, en una convención de una semana de duración de sacerdotes europeos cuando coincidí de nuevo con mi gran amigo

Mauricio y le expuse la idea, que tan gratamente aceptó. Transcurridos unos meses y esta vez sin el beneplácito de Marcelo, dado que no lo puse en su conocimiento, pregunté a Mauricio si conocía de alguien que pudiera otorgar publicidad y difusión a la organización, y me habló de ti.

»Como te puedes imaginar, le incité a que fueras tú, un periodista de reconocido prestigio quien realizara las fotografías para el calendario solidario, aunque la finalidad última ya la has descubierto. Espero que puedas comprender la razón por la cual lo he hecho y siento infinitamente el peligro al que te has visto expuesto por mi culpa. Mi sobrino es un demonio, una mala persona.

—No, padre, se equivoca, aunque, no hace muchas horas, yo pensaba lo mismo.

Para entretener al chiquillo, don Basilio le entregó unas hojas con dibujos para colorear que usaba en la catequesis semanal y le dispuso una silla frente a la mesa del despacho de la sacristía.

Mientras que Danilo se entretenía garabateando, Julio relataba con detalle cada vivencia en Río, cada anécdota, los sin sabores y miedos, las heridas infringidas y cómo salvó su vida tras ordenarse su asesinato en primera instancia. También los días pasados junto a Marcelo y cómo este ofreció a su hijo para que obtuviera una vida digna y alejada de la criminalidad, obviando, eso sí, cuál fue la circunstancia que le había llevado a la búsqueda obsesiva de su sobrino para que no le calificara de loco o hereje.

El sacerdote no podía llegar a creer que la personalidad de su sobrino no fuese ese ser oscuro y abominable que había llegado a interiorizar en su mente.

Aun así, Julio concluyó devolviéndole a la realidad.

—Verá, Basilio, que no sea tan mala persona no quiere decir que no haya matado, aunque la verdad los pobres desgraciados a los que les arrebató la vida se merecían perderla con creces.

—No digas eso, por favor. El Señor perdone su alma y las de esa gente.

—Créame, padre, no soy quién para poner en tela de juicio el veredicto que Dios ha de dar a cada uno de nosotros, pero le repito que ni esas personas eran buenas ni Marcelo ha resultado ser tan malo como para merecer igual castigo.

Durante unos segundos don Basilio quedó impávido, pensativo.

—Julio, ¿estás seguro de lo que acabas de hacer? No me malinterpretes, pero criar un niño es una tarea ardua, con fases excelentes y placenteras, de orgullo y felicidad, pero también llena de obstáculos, preocupación y miedos. Recibirás el mejor de los dones y a la vez el peor de los suplicios.

—Quiero a ese crío, padre y sé que estoy preparado.

No sabía cómo recibiría Laura la noticia cuando se presentara con Danilo, pero si algo tenía claro es que no pensaba renunciar a ser el padre que nunca debió faltarle, aunque eso significase perder definitivamente al amor de su vida.

—Mire, fallé a mis amigos ante la muerte de alguien maravilloso, antepuse mi dolor al de los demás, dejé de lado a la mujer con la que pensaba pasar el resto de mis días, expuse mi vida de forma suicida y me alejé de todo lo que antaño era ilusión, pero él me ha cambiado, ha hecho resurgir mi antiguo yo, la esencia de mí que vale la pena, y voy a luchar por volver a ser el mismo que siempre debí ser. ¿Tiene alguna objeción a que al menos intente ser un buen padre para Danilo? Sabe usted que podría delatarme y echar por tierra la adopción y solicitar la tutela y patria potestad. Comprendería que se le haya pasado por la cabeza, ya que usted es su tío abuelo.

—No, hijo, no se me ha pasado por la cabeza. Danilo irradia alegría a tu lado. No me antepondré porque creo que el destino del niño ya estaba escrito por Dios y debía ir contigo, pero impongo una única condición.

—La que sea, padre.

—Me gustaría verlo como mínimo un par de veces al año y hablar con él de vez en cuando.

—Un par de veces me parecen pocas, don Basilio. Vendremos a pasar con usted algunos días y usted será bien recibido en nuestro hogar.

—¿En Madrid? Me conozco bien la capital, ¿dónde será, pues?

—No, padre, en Montepardo de la Duquesa, un pueblecito que le resultará entrañable, con una fortaleza medio derruida, un gran árbol al que llamamos Máximo por su robustez y altura, unas gentes maravillosas, y donde reside la profesora más bonita y...

Esta última coletilla en la exposición le hizo ruborizarse y calló repentinamente.

—La quieres, ¿verdad?
—Sí, don Basilio, la quiero.
—Ve con Dios, su bendición la tienes y la mía también. Que tengas mucha suerte, esa chica será afortunada.

Danilo ya empezaba a impacientarse y sumido por el aburrimiento se acercó hasta la ubicación de ellos dos.

—¿Nos vamos, papá?

Era la primera vez que esa palabra salía de su boca para dirigirse a Julio. Aun así, tras el sobresalto y todavía sorprendido, sonrió.

—Claro, hijo, vámonos, despídete de mi amigo.

Danilo abrazó a don Basilio, y este le correspondió con una mezcla agridulce de júbilo y melancolía debido a la circunstancia de acabar de conocer a un trocito de carne y sangre de su escasa familia y al que debía dejar seguir su camino junto a un hombre a todas luces bueno.

Se despidieron en la puerta de la iglesia y montaron en el coche para regresar a la residencia de los padres de Joao, quien ya esperaba su llegada inquieto por conocer del resultado de la entrevista con el religioso.

No habían hecho más que estacionar en el jardín cuando salió a recibirles corriendo a toda prisa.

—Danilo, campeón, ve a ver a mis padres, están esperándote en la cocina, han encargado a la cocinera que preparase una gran tarta de chocolate para celebrar que estarás unos días aquí.

—Voy corriendo, Joao.

Tardó treinta segundos en recorrer toda la distancia que les separaba hasta la puerta principal del edificio.

—Cuéntame, ¿qué te ha dicho?

—No te lo vas a creer, ha reconocido que se comportó de forma egoísta, que mintió para salvaguardar la integridad física de Danilo, y que yo seré un buen padre. Me ha dado su bendición para ejercer como tal, imponiendo como condición *sine qua non* que lo único que debía hacer era dejarle visitar al niño alguna vez al año.

—Has aceptado la oferta, ¿verdad?

—Sí, Joao, la he aceptado, pero en cierta medida me daba mucha lástima, ese hombre desconocía al igual que yo que su sobrino no era la inmundicia humana que creía, pero no puede entender que haya matado a personas, que haya lastimado a otras y que haya quebrantado prácticamente cada uno de los mandamientos en los que él fundamenta su fe. Y ahora que sabe de la existencia real de Danilo, lo abraza y besa sin poder decirle lo que representa en su vida, que no es otra cosa que familia.

—Ya ves, la vida es rara, muyyyy rara, pero bueno, tú has pasado tu parte fastidiada, ahora supongo que el karma empezará a soplar a tu favor, te lo mereces.

En ese momento sonó el móvil de Julio, mostrando en la pantalla que el interlocutor era Alberto.

—Perdona, Joao, es Alberto, tengo que cogerlo.

—Adelante, no te preocupes, voy a la cocina con mis padres y Danilo a ver cómo llevan la repostería.

Julio quedó ahora solo, mirando desde lo alto la magnífica cala que se divisaba en esa tranquila tarde de primavera.

—Hola, Alberto. ¡Dime, figura!

—¿Cómo está el periodista y fotógrafo más laureado de España?

—Si te digo la verdad, estoy muy bien, pletórico, tengo la sensación de que todo está empezando a cambiar y que por fin encarrilo mi vida.

—Y más que se va a encarrilar... Escúchame, esta noche he preparado una de mis fiestas de disfraces sorpresa y...

—Verás, estoy en Lisboa, no creo que pueda llegar para la cena pero te lo agradezco igualmente.

—Deja que termine, vanidoso, tú no estás invitado.

—Vaya, muchas gracias.

—¡Escúchame y calla, puñetero! He organizado una cena con Alicia, Paco y Laura. Está últimamente todo el tiempo hablando de ti, de lo que te añora y de lo tonta que fue por dejarte ir.

—Ya, Alberto, te agradezco que me cuentes todo eso, me alegra muchísimo, en serio, pero creo que estás poniendo palabras en boca de Laura que verdaderamente no siente y...

—¡Calla de una puta vez, gilipollas!

Era la voz de Alicia, con un tono seco, cortante, severo.

—Madre mía, si está mi escritora favorita al otro lado. Cómo no, Zipi y Zape, sois unos liantes de narices.

—Oye bien lo que te voy a decir, tonto a las tres, Laura está jodida, mucho, desde que le comunicaron lo de su improbable posibilidad de ser madre, añadido a que tú no le haces caso...

—¿Que yo qué? Pero si no hago más que rogar a Dios que me deje acercarme a ella.
—Entonces, ¿por qué no la llamas?
—Pero si lo he hecho en cientos de ocasiones, o era su madre la que descolgaba y como respuesta me daba que no se encontraba, o nadie se ponía al otro lado de la línea.
—¡Porque somos mujeres, idiota! Siempre queremos más de vosotros: más muestras de cariño, más sacrificios, más muestras de arrepentimiento... Y que nos repitáis hasta la saciedad que no hay otra como nosotras, guapa cuando estás horrenda, flaca cuando estás gorda... Así somos, por mucho que os solicitemos que digáis la verdad, siempre esperamos una buena y comedida mentira piadosa, ¡pedazo de burro!
—¡Madre mía, qué sermón, la Virgen! ¡Cómo os echo de menos a los dos!
—Y nosotros a ti. Y ahora escucha, mi Paco tampoco sabe que tendremos esta reunión por la noche, iremos disfrazados para darle un motivo a Laura para que salga de su casa porque el bajón que tiene es de campeonato. A mi cariñete no le diremos nada, porque es buenísimo y muy inocente, pero a veces es más torpe que un topo.
—A las once de la noche exactas tú llamarás al teléfono del trastornado este que tengo al lado, y hablaras con ella.
—¿Con quién, con Laura?
—No, con mi Pacote vestido de rana, ¡no te jode! Claro, espabilado. ¿Y tú terminaste la carrera? Sí, ella creerá que es una llamada del trabajo de Alberto, pero entonces él pondrá el manos libres.
—¿El manos libres para qué? Para humillarme, cómo no.
—Sí, así es, te lo mereces, te humillaremos como castigo por habernos dejado sin tu compañía, así saldarás tu deuda con nosotros. Y en ese momento, tras decirle a Laura lo que se te pase por ese corazón roto que tienes, ¡qué coño!, que tenéis los dos, os dejaremos conversar de forma íntima. ¿Tienes algo que objetar?
—No, su señoría.
—Y recuerda esto, el primer beso cuando regreses es para mí.
—Por supuesto, mi chica.

Tras colgar Julio se encontraba eufórico, le temblaban las manos, pero era una sensación única que nunca había sufrido, ni tan siquiera en el fragor de las batallas que malvivió tantas veces.

Esperaría pacientemente a las once de las noche, tras haber cenado con Joao y sus padres y Danilo hubiese quedado dormido, de todas formas en esa casa se tenía la costumbre de retirarse a descansar relativamente pronto.

Como cada viernes a la tarde, Alberto se encontraba en Montepardo de la Duquesa. Habían acordado entre él y Alicia quedar para cenar en una especie de cabaña medieval circular color dorado que Alberto había ordenado levantar junto a la fortaleza, una empresa de *catering* había dispuesto todo para cuatro comensales, resultando el capricho bastante costoso, pero al fin y al cabo el dinero no era problema para un célebre diseñador.

Esta vez la nueva bobería que había cavilado radicaba en disfrazarse en relación a la época.

Lo de la obsesión con los disfraces de Alberto era una actitud enfermiza ya desde pequeño, tal vez fuese por la facilidad de tener a mano cientos, miles de diferentes prendas de ropa que ya se probaba en la fábrica de papá.

Alicia vestía una saya marrón con grandes mangas abiertas y sobre ella un pellote tosco color verde a modo de chaleco. Completaban el atuendo unas calzas blancas y dos moños laterales en el pelo. Paco vestía otra saya granate hasta las rodillas que compró en el bazar, cuyo tejido era una imitación de la seda, aunque similar solo en apariencia, porque el tacto áspero era otro cantar. Entre la especie de correa de pellejo de oveja que le ceñía la cintura y el gran sombrero de paja de ala ancha, la picacera que le producía el ropaje era inhumana, pero soportaba cualquier envite al ver ilusionada a su chica.

Laura portaba un vestido largo de terciopelo azul que moldeaba las caderas de su cuerpo escultural y voluptuoso. Tenía las mangas totalmente abiertas, la melena recogida en trenzas y en la cabeza una corona muy sencilla y a la vez refinada que su madre experta en manualidades le había fabricado a toda prisa.

Por último quedaba el instigador del concilio, quien, para seguir dando el cante, como no podía ser de otra forma, iba disfrazado con una brillante armadura metálica de la cual formaba parte un yelmo con visera, llevando la misma abierta para dejar visible su cara. Era el sumun de lo grotesco ver al anfitrión andar cual pato en tierra firme alargando las piernas y los brazos para moverse de forma torpe y ridícula, pero así era él, así era Alberto.

La pareja había llegado primero, dado que el pequeño quedó al cuidado de la madre de Alicia a primera hora de la tarde, quien prácticamente agradecía cada momento junto al pequeñín. No obstante, tras ellos Laura no tardó en aparecer en el inusitado campamento.

—Hola, su majestad, ¿cómo se encuentra este plácido viernes de primavera?

—Madre mía, eres único, ja, ja, ja...

Laura no pudo contenerse al ver a su amigo de pie de ese porte mientras que Paco se rascaba cada parte de su cuerpo, pero la parte que más le picaba eran esas dos gónadas colgaderas por no vestir ropa interior e ir rozando estas con el áspero material.

Alberto, al mismo tiempo que saludaba, de forma galante hizo una reverencia de saludo a Laura, tropezando y cayendo de narices al suelo debido a la poca elasticidad que le provocaba el encorsetamiento de la armadura.

—¡Qué tonto eres, pero cómo me gusta, guasón!

Entre las dos chicas —reina y campesina medieval— levantaron al caballero. Paco no podía más que rascarse los testículos debido al ensañamiento de la áspera prenda con sus partes más desprotegidas y desnudas.

Laura no pudo contener la risa por la acción involuntaria de la pareja de su amiga al mismo tiempo que empujaban hacía el eje vertical a Alberto.

—Paco, ¿qué te ocurre, cariño?

—Aquí mi escritora, que no se le ocurre otra cosa que comprar en el bazar este traje que pica como las esponjas antiguas, esas que se metían en las obras para amortiguar el frío, y luego me mete tanta prisa para no llegar tarde que salgo corriendo a la calle y no llevaba puestos los calzoncillos.

—¿Y no vuelves por ellos?

—Mi suegra acababa de dormir al peque y no quería llamar para no despertarle y aquí la campesina había salido corriendo enfadada delante de mí por la tardanza y era ella quien portaba la llave.

Todos reían sin poder parar ante la estampa tan rocambolesca que estaba ocurriendo y la narración de Paco.

Alicia se le acercó e introduciendo las manos por debajo del sayo le dio un soberbio pellizco en las nalgas y tras ello un beso cariñoso en los labios.

—Calla, truhan, que me estás poniendo loca.

—Bueno, sentaos de una vez, que la cena medieval está dispuesta.

Alberto, tras subirse la visera del casco y sentarse rígido como un palo, solicitó la atención de dos camareros que habían sido testigos presenciales de tan ridícula escena. Estos comenzaron a traer platos del interior de una especie de apartado decorado con motivos caballerescos.

Mientras degustaban aquella sinrazón de atracón de cena y de cuyo pago se había hecho cargo por supuesto Alberto, hablaron de mil y una cosas, mundanas, banales, divertidas, si bien llegado el momento de comenzar con las bebidas espirituosas el coloquio se transformó en algo más serio y reflexivo.

Laura no sabía cómo exponer la pregunta, así que tragó de un solo sorbo un chupito de aguardiente y se armó de valor dejando ir todo el nerviosismo acumulado en su interior.

—¿Habéis hablado con Julio últimamente?...

Alicia y Alberto se miraron de forma cómplice y encubridora y quedaron en silencio.

—Me habéis escuchado perfectamente ambos, no os hagáis los tontos, ¿habéis hablado con él o no?

—Yo no, ¿y tú, Alicia?

—Yo tampoco.

—No os creo, ¿por qué me engañáis?

—No sé a qué te refieres, Laura, eres tú la que últimamente está reticente a que se hable de Julio, ¿y ahora te extrañas de que no lo hagamos? ¿Qué pasa?, ¿qué es lo que quieres? Además, Julio está comenzando una nueva vida.

Que esto último saliera de la boca de su mejor amiga le estaba haciendo mucho daño, ya que estaba echando por tierra las pocas esperanzas que mantenía de que Julio hubiese reconsiderado volver al pueblo y conquistarla de nuevo —a lo que ella no iba a oponer mucha resistencia, claro estaba, como mucho cierto reproche al principio solo por disimular—.

—Llevas razón, fui finalmente yo quien lo separó de mí de forma tozuda e irreflexiva, solo que...

—¿Solo qué? —interpelaron al tiempo Alicia, Alberto y Paco como si de una forma orquestada se tratase.

—¡Que le echo de menos, joder! ¡Vaya mierda, nunca debí hablarle así! ¡Le quiero, le quiero y no voy a poder olvidarlo nunca!

Un llanto doliente y amargo salió de la pobre chica sin causar pena y congoja alguna en sus amigos como sería de prever, toda vez que estos sabían de antemano que en cinco minutos Julio iba a efectuar una llamada telefónica previamente acordada y amañada con el diseñador de plateada armadura y la campesina escritora.

Querían poner a Laura en posición de vencida, que su orgullo se sintiera herido y aflorara su verdadero yo. Ahora solo quedaba que Julio hiciera el resto.

El teléfono sonó justo a tiempo.

—Mierda, el trabajo, este inútil no me deja disfrutar de mis días libres a pesar de que dejé dicho que no me molestase salvo que fuese muy urgente. Pongo el manos libres y los mando a tomar por culo, un momento...

—¿Sí? Espero que sea muy urgente, porque ahora estoy con una buena amiga que está desolada porque el chico al que quiere no está con ella.

Laura no podía creer que Alberto le estuviera comentando a un empleado al cual no conocía de nada su estado en ese momento y menos ser tan poco prudente con la privacidad ajena.

—Muy urgente. Ya lo era hace tiempo, ahora si cabe es mucho más.

No podía creerlo, era su voz, era... él.

Se quedó pálida, comenzó a temblar y un millón de hormigas le bailaban en el estómago.

—No sé si me estás escuchando, pero, si es así como si no, voy a decir lo que debí decir en su momento. Debí ser más valiente, debí ser más decidido, no haber permitido que nos separase cualquier contratiempo ni desgracia por más punzante y desgarradora que fuese. Lamentablemente, me convertí en un perdedor, me rendí con facilidad y me transformé en un pobre hombre, en la sombra de lo que un día fui, porque estaba cegado por el resentimiento y enfermé, enfermé de rabia. Al igual que ahora sigo enfermo, pero de nostalgia por ti. Solo quiero que sepas que, si no es posible estar juntos en esta vida, te buscaré en la próxima y mil más hasta volver a coincidir contigo.

En ese momento Alberto puso el teléfono en modo privado y se lo cedió a Laura. Ahora acababa de caer en la cuenta que todo había sido esmeradamente preparado por parte de sus amigos.
—¿Julio...?
—Hola, mi vida.
—Te necesito, aquí y ahora, conmigo, y no vas a volver a irte, prométemelo.
—Te lo prometo, no me iré nunca más de tu lado.
—Julio, tengo miedo.
—¿A qué te refieres? ¿Miedo a qué? No voy a volver a dejarte.
Laura no se atrevía a confesarle su imposibilidad de ser madre, de ofrecerle descendencia tal y como en sus ensoñaciones juveniles habían imaginado juntos unos años atrás.
—No te quedes callada, dime algo, por favor.
—Julio, no puedo ser madre, no puedo tener hijos. ¿Te acuerdas de aquellas indisposiciones que de vez en cuando me ocurrían? Una enfermedad rara me produjo unos quistes en los ovarios, la fuerte impresión tras la muerte de José no hizo otra cosa que empeorar la situación y desembocó en que ya nunca pueda ser...
—Lo serás.
—No me estás oyendo cariño, no puedo, ni ahora ni en un futuro.
—Todo se solventará, confía en mí.
Laura no entendía a qué se refería con esa frase tras haberle reiterado que no podía ser madre, pero no siguió insistiendo.
—Vuelve pronto, estoy...
Miró a los tres amigos mientras que enunciaba la frase.
—Estamos, estamos deseando abrazarte.
—Un beso.
—Un beso.
Colgó, y un sinfín de aplausos inundó de sonido las inmediaciones tras el eco que percutía en las paredes de la vieja atalaya.
Se abrazaron los tres sollozando de emoción, mientras Paco alargaba su mano derecha con disimulo y se rascaba, cómo no, sus sufridas partes íntimas.
Al otro lado de la línea, Julio miraba a Joao con los ojos chispeantes. Quizá hubiesen influido los tres *whiskies* que tomó junto a su amigo antes de la llamada para envalentonarse y no tartamudear.

El regusto a victoria le resultaba enormemente triunfal. Se miraron, sonrieron y por último se abrazaron.

Era lunes, había pasado el fin de semana de una forma soporífera y extremadamente flemática para la inquietud y paciencia que a Julio le quedaba por volver a ver a Laura.

Habían comprado tres billetes para volar hasta Madrid, Joao no sería quien dejase de ser su acompañante y fiel valedor en ese plan de reencuentro amoroso que debía ejecutarse sin condición alguna.

Se despidió con cierta aflicción de los padres de Joao, habían sido unos anfitriones sumamente atentos y considerados, todavía más si cabe con el pequeño.

Cesária besó a Julio como si de una madre se tratase, le deseó mucha suerte y significó que siempre sería bienvenido en su casa. Esta vez fue Danilo quien se agarró a su cuello y la estrujó sin reparos. La bella mujer hizo lo propio.

—*Meu homenzinho bonito.*

—*Obrigado, vovó.*

Julio había oído a Danilo durante esos pocos días como llamaba *vovó* a Cesária sin caer en la cuenta que su significado no era otro que el de «abuelita», y es que así se lo había solicitado ella misma. El niño le producía tanta ternura, tanto bien. Al mismo tiempo parecía resignada a que Joao no le diera ya la alegría de ser llamada *vovó* por un hijo suyo, y ese niño había despertado esa sensación que le resultó tan agradable a la vez que sobrecogedora.

Cuando ya se daban la vuelta para dirigirse hasta el vehículo, Cesária golpeó con el codo en el estómago de Adalberto.

Este bufó consternado, si bien ante la cara malhumorada de su mujer finalmente capituló.

—*¡Joao, pare! Eu tenho que te dizer uma coisa.*

—*Me diga, pai.*

Adalberto dio tres pasos hacia su hijo, los mismos que tuvo que retroceder este hasta ponerse a su altura.

—Esta vez en español, hijo, deseo que Julio entienda perfectamente lo que voy a decir. Te has convertido en un hombre maravilloso, no solo eres buena persona, eres un profesional increíble. Todo lo que has conseguido lo has hecho por mérito propio, a pesar de que he intentado influenciar en más de uno de tus supervisores, y no poseo ni la mitad de humanidad que radica en ti. Solo quería que supieras que te quiero con el alma, *filho meu*.

Joao, aunque sabía de antemano del amor de su padre hacia él, no estaba preparado para ese alarde de valentía de alguien que siempre fue reservado a la hora de exponer sus sentimientos, pero esas palabras procedentes de un gran hombre, como consideraba a su padre, le habían causado mucha felicidad y aportado ánimo. Era una energía renovada.

—Ya lo sabía, papá, aunque escucharlo de tus labios es para mí como un premio, no ha tenido que resultarte fácil. Y gracias por tu reconocimiento, he aprendido del mejor.

No llegaron a acercarse más, no era necesario, los dos se abrazaron con el alma.

Mientras se introducían en el vehículo y salían de la propiedad, el matrimonio se despedía lanzando besos y moviendo las manos, verdaderamente habían sido unos días inolvidables.

Tras hora y media de vuelo tomaron tierra en la capital española. Solicitaron un taxi en cuanto salieron de la terminal para ser trasladados hasta la estación de Atocha.

El niño alucinaba de ver ahora los trenes estacionados en las vías y como de forma ininterrumpida se iban radiando todos y cada uno de los destinos al mismo tiempo que en las pantallas digitales se iban intercambiando las posiciones de los trayectos mencionados.

Era la primera vez que montaba en un tren y la turbación que mostraba Danilo era más que evidente, al igual que ocurrió con su primer viaje en avión desde Río, pero se sentía protegido en medio de tanta gente por su nuevo padre y por el que consideraba ya como su tío Joao.

No tardarían en llegar más de una hora, pero a Julio se le haría eterna.

CAPÍTULO 19
Reencuentros, relato y el miedo

Laura esperaba cariacontecida y nerviosa en su casa la llegada de Julio al pueblo. Su melena castaña había sido sutilmente ondulada con la ayuda de su madre, llevaba un vestido de tirantes con estampado de rosas blancas y rojas y ceñido a la cintura con un gran cinturón, delimitando así una minifalda por encima de las rodillas que dejaba al aire sus largas y proporcionadas piernas. Los zapatos igualmente rojos, con un alto y fino tacón. Esa bella mujer era un privilegio para el sentido de la vista.

—Mamá, ¿me ves bien?, ¿no crees que voy muy vulgar?

—Hija mía, estás preciosa, no seas tonta, y a Julio no creo que le importe mucho la ropa que vistas hoy.

—Eso es que estoy mal, ¿a que sí? ¡Voy a cambiarme!

—Ni se te ocurra. Mira, cariño, estás histérica y lo entiendo, pero eres muy bella. Hay un hombre que te quiere, siempre fue así, que está deseando estrecharte, y el que lleves una prenda u otra no es hoy lo más trascendental. Es el momento, vuestro momento, el que importa, y lo habéis estado esperando todo este tiempo, así que no seas boba, viste una sonrisa, vístete de sinceridad, y vístete con mucho mucho amor.

Habían quedado todos en hacer acto de presencia bajo la sombra de Máximo, ese majestuoso árbol que era un emblema en la población y un símbolo para ellos dos. Debajo de sus ramas habían pasado entre risas muchas tormentas, aunque se mojaban incluso más tras la caída de las lluvias; bajo su cobijo y sombra habían aguantado los días calurosos durante tantas charlas, al principio amistosas, más tarde profundas e íntimas. Habían confesado su amor y deseo el uno por el otro, se habían besado a la vez que consumado torpemente su primer encuentro sexual. Su viejo tronco tenía tatuado el símbolo ñoño de un deforme corazón, conteniendo en su interior las letras alfa y omega, principio y final en alfabeto griego, y, bajo estas, las siglas JL como referencia a las iniciales de sus nombres.

Como si se tratara de una boda y él fuese el novio esperando ansioso la llegada de su futura mujer, Alberto esperaba en las inmediaciones la llegada del resto de amigos. De nuevo su incoherencia a la hora de vestir era evidente. Era tendencia en estado puro y siempre había sido un adelantado a su tiempo, pero... ¿tanto?

Camisa de seda azul con grandes mangas abiertas, corbata beis y pantalones bombachos de color blanco roto. De complemento un sombrero panameño que cubría su pelo moreno con mechas azules y, cómo no, sus cejas rubias.

Alicia había estado escribiendo esa misma mañana alguna que otra página de un nuevo libro mientras que Paco vestía al niño con la ropita que previamente había dejado depositada en la cama Adelina, su suegra, ya que esa mujer tenía licencia para todo respecto al cuidado y atención del nieto.

—Cariño, date prisa o no vamos a llegar a tiempo.
—¿Qué dices, Paco? ¿Qué hora es?
—Las doce.
—¿Las doce? ¿Estás tonto del culo o qué? ¿Me lo dices ahora? Madre mía, te mato, te matoooo.

El amor de Paco por Alicia era inquebrantable, ilimitado, eterno, si bien más de una vez afloraban a su mente alguna que otra secuencia de imágenes en las que se veía así mismo ahogándola con sus propias manos hasta que dejase de gritar y gritar y gritar. Era estresante la vida al lado de esa mujer, pero la quería, y ella era así y no iba a cambiar...

A toda prisa se acicaló, de todas formas nunca había sido muy femenina, lo arregló con un cepillado rápido, unos vaqueros y una camiseta negra de *merchandising* de un concierto de Los Secretos.

—¡Pacoooo, quítate el chándal por Dioooos!

Como si ella fuese de etiqueta. La cara de ese pobre hombre lo decía todo. Aun así, de forma sumisa se quitó esa ropa de confortable tejido y se dispuso a ataviarse con el traje que sirvió para el bautizo del pequeño Julio.

Tenía narices, ella de calle y él de ceremonia, vamos, un cuadro.

—Mamáááá, ¿el niño está yaaaa...?

—Sí, no me grites que estoy al lado.

Salieron a la calle y corrieron hasta la fortaleza, donde esperaba Alberto dando vueltas alrededor de Máximo en actitud exaltada por la tardanza del resto. A los pocos instantes de haber llegado el extraño matrimonio, hacía acto de presencia Laura. Quedaron atónitos al verla, estaba esplendorosa, exultante, sublime.

En la entrada de Montepardo y a escasos dos kilómetros ya se encontraban Julio, Joao y Danilo. No había querido avisar a sus padres de su llegada y así lo requirió al resto de sus amistades para que la sorpresa de los familiares fuese notable.

—¿Te encuentras bien? —interpeló Joao al comprobar cómo su respiración se había vuelto desacompasada, arrítmica.

—Tranquilo, compañero, se me ha acelerado un poco el pulso, es que hace tiempo que no pisaba las calles de mi pueblo y...

—Ya, si tú lo dices, será eso.

Joao sabía perfectamente que la repentina taquicardia no la producían las vías de la localidad, sino la cercanía del encuentro con una mujer.

—Papá, ¿aquí vamos a vivir?

—¿Te gustaría vivir aquí, Danilo?

—No lo sé, ¿te lo puedo decir más tarde?

—Claro, campeón, pero primero quiero que conozcas a unas personas.

Mientras que parte de los integrantes de lo que un día fue denominada por ellos mismos como la peña de los Volaos esperaba impacientemente la llegada del periodista, dos extrañas siluetas vigilaban a distancia dicha reunión junto a la atalaya cercana.

Ahí se encontraban nuevamente ese par de hienas, esos dos despojos de la sociedad, esa carnaza del infierno, calificativos estos con los que habían sido agraciados por parte de los moradores de Montepardo de la Duquesa tiempo atrás.

Esos dos hombres habían vuelto al lugar en que hacía unos años acabaron con la vida de José Roncero.

La apariencia de estos había cambiado, ahora era todavía más repulsiva a la vista si cabe debido a un par de enfermedades de las cuales se infectaron en presidio por el abuso de sustancias estupefacientes. El más alto, quien llevaba tatuado la figura de la muerte en su brazo izquierdo, señalaba en posición agachada con su dedo índice a Laura mientras el bajito calvo y con mayúscula cicatriz en la cara afirmaba gesticulando efusivamente.

En su día fueron condenados por homicidio doloso, habiéndoles sido impuesta pena de quince años de reclusión en centro penitenciario.

Aún les quedaba por completar buena parte de la condena cuando unas semanas atrás habían planeado su fuga. A esos dos leviatanes, tal y como eran llamados por sus compañeros de reclusión, el destino les congratuló con la noticia procedente desde el exterior acerca de la incontrolable ludopatía de la que adolecía uno de los funcionarios de prisiones del talego, quien encontrándose separado y a cargo de la manutención de dos menores se vio abocado a solicitar un préstamo en inusitadas condiciones a un conocido usurero, resultando este último a su vez primo del recluso pelón.

No quedó clara la forma en la cual se produjo aquella extraña fuga, aunque todos los ojos y sospechas acabaron cerniéndose en aquel abatido empleado.

De que el resto de los funcionarios fueron conscientes del engaño y fue activado el aviso ya se encontraban junto a una localidad cercana a unos pocos kilómetros de distancia, donde golpearon a una mujer embarazada que se disponía a introducirse con la compra en su utilitario para dirigirse hasta su domicilio, dejándola malherida en el suelo y haciéndose con su coche.

Los dos prófugos taparon el vehículo con ramas para no ser descubiertos por el helicóptero de la Guardia Civil y se ocultaron durante dos días y noches en una venta abandonada que servía como refugio y descanso de los pocos pastores que seguían con la trashumancia.

Los alimentos y bebida sustraídos a la dueña del turismo sirvieron para sobrellevar la espera.

Al tercer día concertaron la visita a Montepardo de la Duquesa.

Sus mentes retorcidas y criminales rezumaban odio.

Por la intromisión de unos jóvenes el día que acababan de atracar en un pueblo cercano mediando un coche robado, tuvieron que acabar con un chico de forma, según ellos, accidental. Siempre se declararon inocentes, alegando en su defensa que fue José quien les agredió en primera instancia con un palo, reprochando a Julio y Laura que el día del juicio oral fuesen señalados como los autores de la muerte de su amigo a la vez que de un intento de agresión sexual.

Por ello, no iban a dejarlo estar, habían vuelto al pueblo a terminar lo que habían empezado esa noche unos años atrás, y la figura de Laura con ese vestido no hacía otra cosa que exaltarles de forma libidinosa todavía más si cabe.

Los tres enfilaban ya la calle que daba acceso hasta la ubicación de la fortaleza y el árbol centenario cuando algo hizo detenerse a Julio, era una sensación rara, como si alguien siguiese sus pasos. Se paró súbitamente y se giró con premura a fin de intentar descubrir qué era. Nadie estaba en su radio de visión, nadie parecía seguirles, aun así, cierta percepción de desasosiego no le abandonaba.

Al ver Laura a distancia al amor de su vida comenzó una frenética y torpe marcha debido a los zapatos que vestía, pero, lejos de caer en lo ridícula que era la situación, siguió corriendo hacia él una vez se quitó el calzado.

A darse este cuenta de que la misma había emprendido la carrera en su busca hizo lo propio, encontrándose ambos a mitad de camino. No dio tiempo a palabras, reproches o miradas cómplices, se fundieron con tanto ímpetu, con tanta vehemencia que parecían uno solo.

—¿Esa será mi nueva mamá? —preguntó Danilo a Joao cogido de su mano al ser testigo presencial de dicha escena.

—Creo que sí, campeón, creo que sí.

Dieron un tiempo prudencial a la pareja para que rebajasen un poco la fuerza del deseo de apretujarse el uno contra el otro y los amigos fueron llegando uno a uno hasta su ubicación.

El primero en adelantar a Julio un saludo fue un Alberto pletórico.

—Hola, chalado, ¿cómo está mi periodista dicharachero?

—Hola, pelo arcoíris, ¡que ganas tenía de verte de nuevo!

Los dos se sobaron sobremanera mientras reían.

Tras esperar pacientemente que ambos separaran sus cuerpos era ahora Alicia quien emocionada se acercó hasta el reencontrado amigo.

—Bienvenido a tu pueblo y con tu gente, morenazo.
—Hola, mi chica, ven a mis brazos.

Ambos se fundieron en un largo abrazo mientras que ella le olía el cuello.

—Uuummmm, ¡qué bien hueles, tiazo!

Mientras, Pacote hizo un gesto de exabrupto llevado por los celos de ver a su chica olisquear a ese pavoroso hombre, pero en el fondo sabía de la unión tan íntima y cercana que siempre habían mantenido ambos amigos.

Tras separarse de tan pegajosa bienvenida, Paco le alargó la mano para estrechársela, pero fue declinada por Julio para seguidamente ofrecerle un fuerte achuchón recibido finalmente de muy buen agrado por parte de Paco.

—¿Y ese mozalbete tan agraciado quién eees?... —preguntó jovial Julio a pesar de saber de antemano la identidad del párvulo.

Recogió al niño del carro y le besó cada parte de la cara mientras que el pequeño le apartaba sollozando y buscando la seguridad de los brazos paternos.

—Ya lo conociste en el hospital, es nuestro Julito particular, el tesoro que me deparaba la providencia, bueno, la providencia y este hombre al que adoro y por quien muero cada día.

Ese último alegato de Alicia pareció esta vez congratular mucho a Paco.

—Es increíble veros tan felices, sois unos privilegiados.

Entregó el retoño a su madre y quedaron expectantes ante la llegada del que era su hijo y de una de sus mejores amistades, al igual que las presentes. Se acercaban pausadamente Joao y Danilo, este último agarrado a su pierna derecha, apocado, tímido, asustadizo.

—¿Y esta belleza quién eees?...

Alberto era un gran modisto, pero poco prudente en las formas, así había sido toda su vida y no iba ahora a tratar de ser distinto a pesar de la fama y posición adquirida.

—No lo asustes, que es muy pequeño, ¿no ves que el pobre está aún aturdido por la escenita que hemos representado? —le reprochó Alicia por el modo de dirigirse al niño.

—¡Pero qué coño el niño! ¡Digo esta escultura griega! —contrarreplicó exabrupto Alberto.

—Hola, me llamo Joao, y este es Danilo.
—Hola, Joao, yo soy Alberto.

El diseñador de moda estaba desbocado y fue ahora Laura quien intervino acercándose y presentándose a la vez que le daba dos besos y otros dos al pequeño mientras le rozaba los mofletes delicadamente.

—Hola, yo soy Laura. Eres amigo de Julio, ¿verdad? ¿Y él es tu hijo?

—Sí, soy un buen amigo de Julio, digamos que en poco tiempo hemos compartido muchas vivencias, buenas y malas, juntos uno al lado del otro. Me ha hablado mucho de vosotros, pero en especial de ti. Desde luego, lo que me contó no te hace mérito, eres bellísima.

Laura se ruborizó ante dicha afirmación espontánea, ¿cómo osaba aquel hombre, aunque muy guapo, sin tan siquiera tener relación de cercanía con ella, hablarle en esos términos? Y es que lo que desconocía era que la belleza que Joao veía en ella era aséptica y sincera, vista desde el punto de vista opuesto al que ella en ese momento dedujo.

—Gracias, te lo agradezco mucho, pero no me has contestado, ¿es tu hijo?

—¿Danilo? No, ojalá, es hijo de Julio.

La cara de estupefacción de todos era evidente, la de Laura mutó completamente, estaba en *shock*. Sobresaltada, se giró buscando la afirmación de Julio, quien intervino diligentemente ante el pasmo de Laura y el resto de amigos allí presentes.

—Así es, cariño, es hijo mío, pero no como piensas ni tú ni el resto de vosotros. Adopté a Danilo, él residía en un orfanato de Río de Janeiro.

—Pero Julio, tiene algo que ver con que yo...

—¡No, qué tontería! Te prometo que nada tiene que ver, todo fue de una forma algo accidental, te juro que no fue premeditado. Lo primero es que nada me apartaría de ti y lo segundo que ya tenía pensado anteriormente iniciar los trámites para su adopción. Danilo me salvó de mí mismo en un duro momento, ha sido esencial en mi vida, y espero que también pueda serlo en la tuya.

Laura, entusiasmada por la buena nueva se imaginó a sí misma ejerciendo de madre de ese precioso niño, aceptando de muy buen agrado la revelación aportada. Con júbilo cogió a Julio de su mano y estrechó al niño contra su vientre. El niño la abrazó como si acabara de encontrar a su madre perdida.

Mientras todos caminaban hacia la casa de los padres de Julio, los malhechores decidieron aguardar en las ruinas de la vieja y derruida fortaleza a que hubiese un momento adecuado para aproximarse a la pareja.

La bienvenida dispensada por parte de los padres de Julio resultó efusiva y gratificante para él, ya que, presentado Danilo como su nieto, estos recibieron la primicia con dicha y no con consternación como creía el periodista que seguramente ocurriría. Al fin y al cabo sabían que la mujer que siempre amaría su hijo era Laura y, si el destino había dispuesto que no pudiesen obtener descendencia, este niño sería un fuerte vínculo de unión para ambos.

Joao fue presentado como lo que era, un amigo con mayúsculas, y él, como no podía ser de otra forma, hizo gala de cercanía y buena educación.

Todos comieron en casa de Julián y Erin, pues el regidor no dejó que abandonase ninguno el domicilio y prendió fuego a unos troncos en una barbacoa que recientemente había fabricado él mismo en el patio ubicado en la parte trasera del adosado. Mientras aquella madera transmutaba en abundante brasa, el buen hombre corrió a la única carnicería de la población haciendo acopio de gran parte de la carne expuesta en la vitrina para así celebrar la vuelta del hijo pródigo y la noticia de su nueva condición de abuelo.

La ceremonia del festín duró aproximadamente tres horas. Tras ello entablaron una amena conversación hablando del periplo acaecido durante su larga ausencia mientras todos tomaban café, menos Julio y Joao, que saltaron el turno de la ingesta de cafeína para directamente servirse sendos *whiskies* con hielo, esta vez de no tan buena calidad como los degustados en la mansión de los padres del genetista, pero *whiskies* al fin y al cabo.

Erin enseñó la casa a Danilo haciendo el papel sobrevenido de abuela que tanta ilusión siempre le había hecho, y el pequeño con cada carantoña se dejaba querer sintiéndose el centro de atención de la amable mujer.

—Toma, guapísimo, este muñeco era de Julio, de tu papá, ahora es tuyo, ¿te gusta?

Acababa de ofrecerle como regalo uno de los primeros peluches que Julio había adquirido cuando era un retoño y al que más cariño tenía, un pequeño perro narizón de orejas caídas y mirada bucólica al que el apuesto periodista a la temprana edad de cinco años impuso el nombre de Chuchón.

Erin intentó en cientos de ocasiones hacer cambiar de idea a su hijo para que dedicara a su peluche otro calificativo menos propenso a la mofa.

Había que ver la cara sonrojada de la por entonces alcaldesa consorte cuando el niño era preguntado por parte de las vecinas de la localidad por el peluche y este pronunciaba su apelativo.

—Sí, me gusta mucho, y es chico como yo.

Erin no pudo contener la risa, parecía que la historia se repetiría nuevamente.

A las seis de la tarde en Montepardo de la Duquesa, Julio sintió la necesidad impetuosa de personarse en el domicilio de los padres de su gran amigo José Roncero. Siempre sería bien recibido en esa casa, siempre lo fue, nunca obtuvo reproche o culpa por parte de esa buena gente debido a aquella desgracia sobrevenida. Necesitaba ir y pensó que era tan buen o mal momento como cualquier otro, así que se armó de arrojo y coraje y se dispuso a ello solicitando esta vez ir solo, mientras Laura, sus amigos y Danilo permanecerían disfrutando de esa agradable celebración de bienvenida con sus padres.

Mientras que caminaba por las calles del pueblo fue saludado por algún que otro residente de la localidad, siempre fue un joven educado y generoso, además había resultado ser uno de los más eminentes, prestigiosos y reconocidos vecinos salidos de la población y eran más que conocidas sus publicaciones y fotografías. Se podría llegar a decir que la peña de los Volaos había conformado una pequeña generación dorada: un gran periodista, un afamado diseñador, una escritora consolidada, y cómo no, el magisterio de Laura.

Cuando torció la esquina que daba acceso a la calle de los padres de José, notó nuevamente un escalofrío, una sensación singular, pareciera que alguien seguía sus pasos, pero por más que se empeñaba en girar su mirada a cada uno de los puntos cardinales no apreciaba nada ni a nadie fuera de lo común.

Había llegado a la puerta, tocó el timbre mientras que tragaba saliva.

Manolo achacoso abrió mientras que refunfuñaba a su cónyuge por el hecho de ser él quien tuviese que levantarse pese a su maltrecha columna, sin caer en que ella estaba despachando en la parte del comercio familiar, que aún seguía a duras penas dando servicio y el mejor pan de la comarca, según se rumoreaba por todos los habitantes de Montepardo.

Quedaron enfrentados a escasos dos metros, en silencio, a Manolo empezaron a llenársele de lágrimas sus ojos, era como ver al otro hijo que nunca tuvo regresar de nuevo. Abrió sus brazos, Julio dio dos pasos como atraído por su órbita y se dejó estrechar mientras que el buen hombre lloraba desconsolado. Para los dos fue balsámico, una situación cuasipaliativa antes de acabar de matar ese dolor que ambos soportaban y llevaban tatuado a fuego en lo más profundo de su ser.

—¡Maríaaaa! ¡Sal a la calle, por favor, tenemos visitaaaa!

No tardó la mujer en salir ni quince segundos. Al constatar la presencia de Julio se abalanzó sobre él.

—¡Mi niño! ¡Mi Julio! Estás aquí de nuevo, mi amor, mi Julio. ¡Manolo, está aquí mi Julio!

Los tres se hicieron uno solo mientras que lloraban, sin vergüenza, sin temor a la mirada de terceros, en plena calle.

—María, perdonadme por tanto tiempo, perdonadme por todo.

—Estabas perdonado desde el mismo momento en que José se fue a hacer feliz a Dios con su presencia, tú no tuviste nada que ver con esa desgracia.

—Pero, María, yo...

La madre de José tapó sus labios con su dedo índice y le besó la frente mientras negaba con la cabeza.

—No te permito que te causes a ti mismo más tormento, tienes que vivir y ser feliz, lo vas a hacer por José, sabes que él siempre lo hubiese querido así. Lo harás, ¿verdad? Promételo.

—Lo prometo, Tamari.

Aquel apodo dispensado a la madura mujer debía su calificativo a que siempre de pequeño se había dirigido al matrimonio como parte de su familia y llamaba a estos como si de sus propios tíos se tratase, al igual que hacía José con los padres de Julio, de ahí que, de la denominación de tía, se pasara a la de tata y, de tata María, a

Tamari. y los dos matrimonios lo agradecían como muestra de acercamiento y confianza entre ellos y sus respectivos hijos.

—¿Te vas a quedar unos días? ¿Has visto ya a Laura? Tienes que ir por ella de una vez, esa niña es fantástica y siempre te ha querido, lo sabes, ¿no?

—Sí, Tamari, lo sé, yo también la quiero, ella lo sabe y parece que sigo siendo correspondido. Ahora mismo está en casa de mis padres con Alberto, Alicia, Paco y un amigo de Portugal que ha venido a pasar unos días.

—Qué alegría nos das, tenemos que quedar a cenar una noche y que nos hables de todo, y traes a Laura.

—¡A la orden, Tamari!

Rieron unos segundos. Julio cambió el semblante y suspiró.

—He de ir..., tengo..., mmm...

—Sí, hijo, ve a ver a José. Nos vemos estos días, dale recuerdos a mi hijo.

Julio siempre pensó que las mujeres tienen un sexto sentido y que efectivamente así había sido percibido por todos desde tiempo ancestrales. María había intuido que la intención de Julio era dirigirse al cementerio, al sepulcro de su hijo.

—Os quiero mucho, nos veremos estos días, os tengo que dar una sorpresa agradable.

—Cuando quieras, hijo, esta es tu casa, lo sabes.

Volvió de nuevo a casa de sus padres. Danilo estaba durmiendo abrazado a su peluche recién adquirido como herencia por parte de su nueva abuela. Había caído rendido del viaje, ese carrusel de emociones, tantas personas nuevas en su vida. El pequeño tenía que procesar todo, y todo iba demasiado deprisa, aun así era inmensamente feliz. Se dirigió esta vez a Laura.

—Cariño, me gustaría ir a ver a José.

No era adicto a visitas en el camposanto, de nadie, normalmente sin excepción, aunque esta vez fuese diferente. No era seguidor de dogma alguno, no era practicante de nada, su proverbio era «si no haces el bien, al menos no hagas daño a nadie voluntariamente», así como «vive y deja vivir». Creía a su manera en Dios, pero no que tras la muerte corpórea hubiese nada más que despojos metidos en una caja carcomida por el tiempo tras ese cemento frío. Sabía que

José estaba en un sitio mejor, pero si era escuchado por este lo sería en cualquier parte, sin excepción, y no tenía por qué ser irrefutablemente en aquel lugar desolador. Aun así, esta vez sentía que debía hacer acto de presencia junto al túmulo de su amigo.

—Muy bien, pero voy contigo.

—¿Puedo ir con vosotros si no es inoportuno? Julio me ha hablado muchísimo de José y quisiera presentarle mis respetos, y darle las gracias.

Los demás quedaron sorprendidos ante dicha afirmación. ¿Gracias a José? ¿Por qué?

Los presentes no eran conscientes, no podían saber que gracias a José ambos se pudieron conocer; que gracias a José había sido premiado con una amistad sincera, buena, sin prebendas; que gracias a José recuperó la ilusión por ayudar nuevamente a los demás, volviendo a creer en la compasión humana, en lo verdaderamente importante; que gracias a José había conocido a Danilo, y que gracias a José, mediando la intervención y presencia de Julio en casa de sus padres, el gran Adalberto Botelho se había despojado de su grandiosidad de afamado arquitecto para convertirse de nuevo en el padre que desde hacía años añoraba.

A Julio le pareció bien, y solicitó nuevamente que perdonasen su ausencia.

Alicia intervino mientras que depositaba a su hijo en el carro y Paco y Alberto ayudaban a recoger la mesa a Erin y Julio.

—No te preocupes, esta noche seguiremos en mi casa, con mi madre. Le anuncié tu regreso y está como loca, ha preparado una tarta y nos espera a las diez, aunque no le revientes la sorpresa.

—De acuerdo, mi chica, esta noche en tu casa.

Se despidieron hasta la próxima reunión horas más tarde y los tres se dirigieron hasta las afueras de la localidad donde se ubicaba el cementerio. Danilo quedaba bajo guardia y custodia de los abuelos primerizos, embobados con su presencia angelical mientras dormía en la cama de la habitación que siempre había sido exclusiva de Julio ubicada en la primera planta.

Julio y Laura andaban con las manos estrechadas fuertemente y la maestra preguntaba a Joao por su tierra, su trabajo, sus aspiraciones y expectativas. El portugués contestaba gentilmente a todas y cada una de las preguntas, la chica le estaba empezando a caer muy simpática y cercana, al igual que él a ella.

—Ves, por eso lo quiero, es un personaje, pero muy buen tío, sin él hoy no estaría aquí, no tendría lo que más quiero, a ti y a Danilo, no podría haber recuperado mi vida.

Julio y Laura se separaron, colocándose cada uno a un lado del foráneo, y de forma cómplice cogieron por el cuello a Joao quedando este en el medio y lo besaron a la vez.

—*Minha mãe, quanto amor!*

Habían llegado, la dicha dio paso a la tribulación. La puerta metálica de ese funesto corral no daba pie a otro estado anímico. Al fin y al cabo, esa maldita puerta daba acceso a un lugar desterrado del resto donde se perdía la hilaridad, donde un dolor mordaz y punzante abofeteaba el aliento, el alma.

Entró ella primero, como indicando el lugar exacto al cual debían dirigirse, no había fotografía, no había epitafio, solo su nombre en un frío mármol, sin fecha alguna, sus padres no quisieron poner fecha de defunción porque para ellos siempre estaría a su lado, nunca se habría ido y así fue respetado.

Los tres bajaron la cabeza y cerraron los ojos, cada uno bajo sus convicciones rezó a su manera. Tras esto todo se volvió extraño, un ambiente enrarecido se adueñó de ellos, ninguno se atrevía a dar por finalizado el respetuoso instante, pero Julio se anticipó y solicitó que le dejasen solo unos minutos, tal vez por reparo a que fuesen testigos de como hablaba solo y en voz alta ante el nicho de su amigo José.

Laura y Joao salieron y esperaron fuera.

—Hola, colega, ¿cómo estás? Seguro que estás estupendo. Dicen que en ese lugar tratan bien a la buena gente y tú eras, perdona, eres un buen tío, el mejor...

»Perdona por haber seguido tu consejo un poco tarde, pero al fin y al cabo Laura sigue aquí, conmigo, con todos nosotros. Tranquilo, la voy a cuidar todo el tiempo que me quede en este mundo, hasta que vuelva a encontrarme contigo.

»Estuve a punto de dejarlo todo, de irme también, llegué hasta desearlo. Luego enfermé, caí en la locura por tu ausencia, no podía soportarlo. Pero gracias a esa locura por encontrarte de nuevo conocí a Danilo, sí, mi hijo, es un niño maravilloso, y tiene narices que su padre biológico, aparte de ser un delincuente, sea físicamente calcado a ti, aunque tú eres mejor persona, colega. Ese tipo lo ha pasado mal en la vida, está enfermo, muy enfermo, y voluntariamente me hizo entrega de lo único que tenía sentido para él.

»No sé si el libro de Alicia fue lo que me ha conducido a este destino, no sé si la providencia divina o si eres tú quien tiene algo que ver en todo esto. Si es así, gracias. Gracias, amigo, nos vemos pronto. Para ti será un suspiro y para nosotros algo más, pero creo que nos volveremos a ver. Hasta entonces cuida de tus padres y desde donde te encuentres te confío la guarda de mi hijo como familia que siempre serás, eres mi ángel y ahora el suyo también. Te quiero, hermano.

Tras ello lanzó un beso al cielo, sin nubes, azulado, en representación del lugar idílico donde se presuponía a José y salió hasta la calle.

De nuevo otra vez ese escalofrío al cual poco a poco se estaba acostumbrando.

—¿Qué ocurre? Desde que hemos llegado al pueblo estás alerta, nervioso.

—Tranquilo, Joao, estoy bien, no pasa nada, de verdad.

Sí que pasaba, Julio era plenamente consciente de que estaban siendo vigilados. pero, por más que se empeñaba en tratar de desdeñar el misterio y no reconocer el hipotético peligro, estaba atenazado, no era capaz de dar resolución a lo que estaba acaeciendo. En cualquier caso, no le gustaba.

Los dos personajes a los que tanto odió y seguía repudiando se encontraban parapetados tras una de las tapias laterales del camposanto, susurrando en voz baja la forma más vil e hiriente de volver a causar daño a la pareja que testificó contra ellos en el juicio sobre el fatídico homicidio de José.

Los planes habían cambiado, tras oír a Julio referirse a su amigo como guarda y custodio de su hijo desde el cielo, sería ahora la criatura su víctima elegida para infligir todavía si cabe más sufrimiento.

Ya habían observado desde lo alto de una loma cercana la casa de los padres de Julio y constatado la facilidad de acercarse hasta la ventana de la habitación donde pasaría la noche el pequeño, teniendo el dormitorio relativamente fácil acceso desde la calle mediante el escalo de un árbol cercano. No obstante, la altura oscilaría entre cuatro y cinco metros. Uno de ellos vigilaría de madrugada, cuando no hubiese ningún tipo de testigo en la vía pública, el otro se introduciría en el domicilio y daría fin a la vida de ese inocente, bastaría con ahogarle con la propia almohada de la cama evitando a su vez que pudiese pedir auxilio.

El trío, ajenos al maquiavélico plan de los prófugos, retornaron a las calles de la localidad y acompañaron a Laura hasta su casa. En la misma puerta del edificio se despidió de Julio con un pasional beso, haciéndole sentir algo incómodo a su amigo portugués, para tras ello abalanzarse al cuello de este y mostrarle que había sido de muy buen agrado su presencia en Montepardo de la Duquesa, instándole a verse de nuevo en unas horas para seguir conversando durante la cena en casa de la madre de Alicia. Tras ello entró y cerró la puerta poco a poco, muy poco a poco, sin dejar de mirar a su gran amor, quien había vuelto para esta vez quedarse junto a ella. Le costaba creerlo, pero era así.

—En serio, ¿qué te ocurre?, te conozco, sé de tus gestos, de tus muecas, y algo pasa.

—Verás, desde la llegada al pueblo tengo la intuición de que alguien nos está siguiendo. No puedo aseverarlo porque no he visto nada que ratifique lo que te estoy diciendo, pero no me siento cómodo, es una sensación de aviso, de desasosiego... No sé explicarlo mejor.

—De acuerdo, pudiera ser que los recuerdos de lo que te ocurrió aquí te hagan sentirte así de nuevo y solo sea eso, angustia por esos recuerdos dolorosos, pero, si te parece, yo estaré alerta también.

—Gracias, Joao, sigues siendo un gran soporte. No voy a poder agradecerte todo lo que has hecho por mí, lo que significas, y...

—¡Y cállate ya, pedazo de ñoño!

Se miraron, se estrecharon fuertes, cogiéndose respectivamente sus cuellos con los brazos y caminaron pegados hasta prácticamente la casa de los padres de Julio, si bien la reminiscencia de lo que ocurrió unos años atrás atenazaba la mente del fotógrafo.

—Por cierto, tu amigo Alberto...

—¡No me jodas! Ja, ja, ja. ¿Te ha gustado? Ja, ja, ja.

—Bueno, no está mal. ¡Qué coño, está muy bien! Tiene algo, un rollo *vintage*, no sabría decirte, pero me gusta.

—Verás, Alberto, además de eso, tiene un corazón de oro, es una de las personas más íntegras que conozco, nunca escatima en detalles hacia los demás, y todo eso sin hacer mención a que es un diseñador de moda muy valorado en este país y conocido ya en muchos otros.

—Bueno, se nota que lo aprecias, todo se andará...

—Y espera a ser partícipe de alguna de sus fiestas de disfraces, son únicas.

Llegadas las diez de la noche y tras una reconfortante ducha, Julio y Joao se dispusieron a acicalarse para dirigirse a casa de Alicia, mejor dicho, a casa de la madre de esta, pues madre, hija, marido y nieto convivían todos en el domicilio propiedad de aquella maravillosa mujer. Alicia y Paco ya habían dejado caer en más de alguna conversación informal su intención de procurarse otro alejamiento en el pueblo para así disfrutar de más intimidad y no cargar a la sobreexplotada abuela con más trabajo del que ya venía ejerciendo en el ayuntamiento. Además, Alicia había obtenido recientemente buenas ventas de sus obras ya escritas, a la vez que favorables expectativas con las que en un futuro no muy lejano le serían publicadas, y Paco, para no ser menos, ya tenía ahorrado lo suficiente para aportar buena parte de la compra debido a los años trabajados en las tareas agrícolas familiares, todo ello sin tener en cuenta que un día heredaría las tierras de sus padres.

El lugar elegido para su futuro traslado era una enorme casa de tres habitaciones, con un salón cuadrado y acogedor que daba directamente a la calle a través de un gran ventanal enrejado. Poseía también una cámara abovedada donde antiguamente se dejaba secar el embutido de las matanzas y se colgaban la uvas para que se deshidratasen y se volvieran pasas, a la vez que servía como depósito de cereales. El tejado necesitaba una mejora, pero nada que no pudiesen llevar a cabo las habilidosas manos de Paco. El patio era de un tamaño considerable. Presentaba un pozo que en su día tuvo que facilitar fresca y abundante agua, ahora tapado para evitar accidentes, y una gran parra indestructible, cuya muerte sus dueños habían intentado en alguna que otra ocasión procurar cortándola por el tronco, pero que rebrotaba como si nada ni nadie pudiese hacer frente a sus ansias de vida. El corral era rectangular y alargado, si bien suficientemente ancho igualmente dejando entrever la prominente sierra de las afueras de Montepardo de la Duquesa.

Esa casa debía ser reformada en parte, y Alicia ya vislumbraba en su mente todas y cada una de las reformas que llevaría a cabo para convertirla en la casa de sus sueños. Además, Paco era un manitas de las reformas, todo estaba previsto.

Mientras se llevaba a cabo la compraventa, la cual se encontraba en un momento avanzado, seguirían haciendo vida junto a su madre, que, lejos de reproche alguno al respecto, siempre se había mostrado partidaria de que no llevasen prisa a la hora de emprender su independencia, intentando prolongar así la convivencia con su nieto, al que adoraba.

—Mamá, Joao y yo vamos a cenar a casa de Alicia. ¿Podrías hacerte cargo de Danilo? No sé a qué hora volveremos y no quiero que lo pase mal por falta de sueño.

—Tranquilo, hijo, Danilo estará aquí de mil amores, no te preocupes. Además, ahora mismo está con papá, le está enseñando los tirachinas que utilizabais juntos cuando eras pequeñito y le está encantando, están tirando piedras a un bote de cerveza vacío.

—Gracias, eres un sol, que no se acueste muy tarde, mañana me gustaría enseñarle el pueblo con detalle, llevarle a la fortaleza, a ver a Máximo, que todos lo conozcan en el pueblo como lo que es, mi hijo.

—Está hecho, en breve cenará y yo misma me acostaré a su lado hasta que caiga rendido, aunque Danilo ya tiene compañía en la cama.

—¿Qué dices? ¿Quién?

—Tu querido Chuchón, le ha encantado, como a ti a su edad.

Julio no pudo contener un gesto de satisfacción al comprobar de boca de su madre que ahora su hijo sentía la misma atracción que él por aquel viejo peluche ya descolorido por el transcurso del tiempo y que tantas noches hizo de parapeto para miedos y pesadillas.

Erin se dirigió esta vez a Joao y amablemente le expuso que su equipaje había sido emplazado en una habitación contigua a la de Danilo, y que su cama ya disponía de todo lo indispensable para pernoctar cómodamente.

—*Muito obrigado*, gracias, es usted una anfitriona muy atenta.

—Qué majo eres, en portugués queda muy bonito.

—Su forma de hablar también es peculiar y agradable a la vez, sé por Julio que es usted inglesa.

—Bueno, ya se puede decir después de toda una vida aquí que soy más española que inglesa, pero sí, así es, amor.

Todavía en la pronunciación de Erin, y a pesar de llevar tantos años en España aún se marcaba aquel acento inglés del cual no había podido deshacerse, ni quiso hacerlo nunca.

Salieron a la calle con intención de dirigirse hasta casa de Laura para recogerla, pues Julio deseaba que no deambulara sola hasta que esa desagradable sensación se borrase de sus intestinos, de su cabeza.

—¡Papá, Joao! ¿Dónde vais?

Danilo había salido a la vía pública cogido de la mano del abuelo primerizo y sus ojos rezumaban inquietud al ver como se disponían a abandonar la morada sin él, no quería despedidas por ínfimas que estas fuesen.

—Verás, mi campeón, hemos quedado a cenar en casa de mi amiga Alicia, y su madre nos está esperando, hace mucho tiempo que no nos vemos y quería darme una sorpresa. Tú acuéstate con los abuelos, que mañana tenemos que levantarnos temprano y visitar todas y cada una de las partes del pueblo, te va a encantar. Además, ya me han dicho que te han regalado un perrito muy bueno y valiente que está alerta toda la noche para alejar los malos sueños de ti.

—Vale, pero ¿vas a volver seguro, papi?

El niño había sufrido tanto la soledad y el abandono que la inseguridad había sido adquirida a golpes de yerma esperanza en aquel orfanato a pesar de las carantoñas y mimos de sor Caridad.

—¡Claro, hijo! ¡Jamás me voy a separar de ti! ¿Has oído? Jamás.

El niño corrió hasta él, Julio se agachó esperando la sacudida y Danilo se lanzó a su cuerpo, fundiéndose los dos en un abrazo infinito. Todos tuvieron que volver la cara para poder secarse las lágrimas por aquel suceso tan imprevisto y emotivo.

De esta manera, Danilo quedó tranquilo de la mano de los abuelos, él en medio, Erin y Julián a cada lado, salvaguardándole.

Se alejaron pausadamente, saludando educadamente a todos y cada uno de los habitantes de la localidad hasta llegar a la puerta de Laura. Tocaron el timbre y expectantes esperaron.

Abrió la puerta Pilar, con un delantal de cocina en el que se leía: *I am your teacher.*

La mujer, al ver a su futuro yerno, sonrió y avanzó sus manos hacia él. Julio las recogió y tras mirarse unos segundos se estrecharon fuertemente.

—¡Qué ganas tenía de verte!

—Yo también a ti, Pilar.

—Sabía que ibas a volver, por Laura, por tus amigos, por tu pueblo.

—No ha sido fácil, te juro que no lo ha sido, y he de pedirte perdón por el daño que le he causado involuntariamente a tu hija y por ende a ti también, pero voy a recompensaros tanto sufrimiento.

—Calla, estás aquí, eso es lo importante, mi hija es inmensamente feliz, y yo pletórica de verla así, de veros a los dos de nuevo juntos.

—Pilar, he de contarte algo...

—Sí, lo sé, me lo ha comentado mi hija, que seré..., bueno, soy... abuela de una inocente criatura. No te quepa duda alguna que a todos los efectos es mi nieto y como tal lo voy a querer. No te voy a engañar, me hubiese gustado que tuvieseis descendencia propia, pero la divinidad o el infortunio no ha querido que así sea. Aun así, la felicidad que nos va a otorgar ese niño será inmensa.

—Pero, dime, este apuesto galán ¿quién es?

—Te presento a Joao, un amigo sin el cual me hubiese sido imposible recuperar mi vida.

—Pues, si es así, encantada de conocerte, Joao.

—Encantando de conocerla, señora.

Pasaron un par de minutos cuando Laura salió a la puerta vistiendo vaqueros ajustados y un top rosa con hombros al descubierto, maquillada sutilmente.

—No me canso de decirlo, *que mulher bonita!*

—¿Cómo dice tu amigo?

—Perdona, Pilar, no te he dicho que Joao es portugués —dijo mientras sonreía sutilmente.

—Venga, par de tunantes, que llegamos tarde. Te quiero, mamá, no esperes despierta.

—Descuida, hija, que ponen en la televisión un programa de viajes, mira por dónde creo que hoy va de Lisboa, y cuando termine me iré pronto a la cama. Pasadlo bien.

Tras un beso preliminar, los tres comenzaron a caminar calle arriba hacia la casa de Adelina, la pareja de enamorados cogidos por la mano, Joao al lado de Laura.

No habían pasado más de tres esquinas cuando Laura recogió igualmente la mano izquierda de Joao de forma afectiva y así, unido, el trío llegó hasta el mismo quicio de la puerta de la madre de Alicia corriendo a toda prisa los últimos cien metros del trayecto.

—¡Mamáaaaaaa!, ¡que están llamando a la puertaaaaa!

—¡Tranquila, hijaaaaaa!, ¡que ya si eso abro yooooo!

Adelina abrió el acceso a la vivienda, pudiendo constatar la presencia única de la mejor amiga de su hija, la cual no podía dejar de jadear debido al último esfuerzo ejecutado en recorrer a toda prisa esos últimos pasos hasta la meta.

—¿Qué pasa, hija? ¿Y por qué estás tan cansada? ¿Y Julio? No me digas que no ha venido... ¡Lo mato, tengo tarta para tres días!

Laura no podía contener por más tiempo una mueca cómplice nerviosa de sonrisa, circunstancia que hizo pensar a Adelina que al otro lado de la puerta debía de haber alguna presencia más aparte de la risueña granuja. Salió a la calle y al observar a Julio lo agarró fuertemente contra ella y lo besó decenas de veces.

—¡Te como, te como a besos! ¡Qué alegría volverte a ver!

—Gracias, Adelina, estoy encantado de estar aquí de nuevo.

—Ya lo creo que lo estás, y esta sinvergüenza que tengo al lado más todavía.

Cogió por la cintura a Laura mientras miraba a ambos efusivamente.

—¡Qué buena pareja hacéis, gorriones! Bueno, mi Alicia y Paco también.

Adelina era para la cuadrilla de amigos como una parte indivisible de sus recuerdos y vivencias. Cuántas veces les había preparado la merienda en esa morada; cuántas noches habían pasado en sus habitaciones —separados, eso sí, Laura y Alicia en una de ellas, y José, Alberto y Julio en otro de los recintos— con colchones arrojados por el suelo tras largas veladas de diversión, de cartas, de juegos de mesa, de conversaciones, de expectativas y confidencias; cuántas veces Adelina había ejercido el papel de hermana mayor de todos resolviendo dudas y tesituras de aquellos adolescentes.

La mujer, al escuchar toser de una forma intencionada a alguien, se giró y vislumbró la figura de un tercero, cuya cara no le sonaba de anteriores ocasiones, por lo que extrañada quedó mirando a la pareja.

—¿Es que no te ha dicho nada Alicia?

—No, cariño, la verdad es que Alicia está tan ensimismada y tan en Babia con sus novelas que se le olvida hasta mantener una conversación coherente y sencilla con su madre.

Laura se anticipó e hizo de conductora de la presentación.

—Él es Joao, un buen amigo de Julio y ahora nuestro, es portugués.

—Y bien guapo, sí señor. Encantada, Joao.

Girando un poco la faz susurró a Laura si entendía bien el español.

—Sí, señora, perfectamente, hablo varios idiomas. Encantado de conocerla también, es usted muy agradable y considerada.

—¡Toma ya! Educado y todo. Venga un abrazo, hijo.

El apretón fue un calco al de los ofrecidos a los dos anteriores, teniendo que exhalar Joao el poco aire que le quedaba en los pulmones. En su mente evocó la estampa de una boa constrictor atrapando a su presa con su gelatinoso cuerpo con la intención de infligirle la muerte antes de devorarla, tal y como lo había presenciado de niño en una visita organizada al zoológico.

—Pasad, Alicia está terminando de vestirse y Paco está con el niño arriba terminando de cantarle para que duerma, si es que su madre deja de gritar, claro. A veces en vez de hija mía bien pareciese la del repartidor de melones de la furgoneta o del que recoge colchones.

Se acomodaron en el salón mientras que Adelina disponía sobre la mesa la cubertería de fiesta, que casi nunca utilizaba, salvo en contadas ocasiones.

Laura ayudó en la tarea y, cuando iban a hacer lo propio los varones allí presentes, Adelina les indicó que depusieran su actitud y que quedaran ahí sosegadamente, sin serles requerida ayuda alguna al respecto.

Al momento se incorporó a la tarea Alicia, vestida para la ocasión con una falda pantalón corta a cuadros grises y negros, y en la parte superior un jersey de lana blanca y mangas largas ceñidas, dejando entrever su figura.

El pelo lo había recogido en una coleta alta y se había maquillado perfectamente con la inestimable colaboración de Adelina.

—Jooooodeeeer, si te llego a ver antes así no le doy la oportunidad a Paco de conquistarte.

El codazo de Laura al estómago de Julio fue tan sonado que todos quedaron sorprendidos ante la rabiosa e improvisada agresión. Hasta Laura se ruborizó por los celos que le habían causado el comentario.

Alicia quedó mirando a Laura y ambas explotaron a reír mientras que el dolorido donjuán se masajeaba el tronco.

No tardó mucho más en bajar por las escaleras Paco. Esta vez el buen hombre iba vestido con un pijama de ratones subidos en tartas de colores que por supuesto le fue regalado por parte de Alberto, siendo uno de sus últimos diseños en ropa de hogar.

Al verlo, nadie pudo contenerse, la mofa era tal que el pobre dejó escapar unas palabras rabiosas hacia su mujer.

—¡Qué hija de puta! ¡Pues no me dice que de chándal o pijama...! ¡Y ella se viste como una estrella de cine! Por cierto, estás radiante.

—¡*Mae* mía, *mae* mía, que me lo como, me como a mi Paco!

Se abalanzó sobre su marido y le besó apasionadamente mientras que le pellizcaba las nalgas.

Para Paco vivir junto a Alicia no era fácil, era un carrusel diario de sorpresas, cambios repentinos de humor, de encuentros y desencuentros... Así era, y aun así le encantaba, a pesar de los sentimientos contrapuestos.

—Bueno, falta alguien, ¿verdad?

Adelina fue la primera en constatar la ausencia.

Así era, Alberto no había llegado todavía a pesar de ser uno de los instigadores junto a Adelina de la quedada.

—No es de extrañar, al fin y al cabo, es parte de su idiosincrasia —alegó Julio sonriente.

Sonó el timbre, acababa de llegar hasta el domicilio Alberto con una pose de lo más esperpéntico.

Abrió la puerta Paco, quien tras mirar de los pies a la cabeza al energúmeno no puedo más que enunciar una contundente frase mientras se echaba las manos a la cabeza:

—¿*Tás* tonto o qué?

—¡Calla, hostia, esto es arte, qué sabrás tú de tendencias!

Alberto lo había vuelto a hacer, calzado con unas esparteñas, vestido con una túnica romana con imágenes impresas de culos, sí, culos, traseros de diferentes tamaños y versiones, con diferentes tonalidades de piel, haciendo un homenaje sin prebendas ni tapujos superfluos a su orientación sexual. Portaba entre sus manos otras tantas túnicas diseñadas, cómo no, por él mismo: unas con penes, otras con vaginas, otras con pechos masculinos y femeninos. Traspasó la entrada y se hizo visible ante la cara turbada de los comensales presentes, quienes al ver a este de esa tesitura no pudieron eludir la hilaridad irónica producida por aquel caracterizado espantajo.

—Reíd, reíd, pero esta noche todos debéis poneros estas galas.

—Madre mía, Alberto, entre tú y mi hija estáis para formar parte de un séquito de tarados en un hospital psiquiátrico. De verdad que, si no te conociera desde pequeño, pensaría que estás mal de la azotea.

Joao no pudo contenerse e intervino mientras que se mordía con fuerza los labios para no explotar a carcajada limpia.

—Perdona, Alberto, a mí me parecen preciosas esas prendas, pero hace un poquito de fresquito esta noche.

—¡Mira el portugués cachondo! Para ti esta llena de pollas.

Alberto alargó aquella túnica repleta de falos mientras que los demás contemplaban la escena a punto de sucumbir de nuevo a la risotada.

Laura, conociendo de la tozudez de su amigo, se adelantó a los demás mientras Joao quedaba tartamudeando e indeciso ante dicho ofrecimiento.

—Ja, ja, ja, vamos, dame a mí la de las vaginas, que al final me toca cualquier aberración peor.

—Yo no me pongo una mierda, bastante tengo con este puto pijama que mi mujer me obliga a ponerme —refunfuñó Paco

—Calla, aberroncho. ¿Sabes cuánto vale en el mercado ese regalo que te hice por tu cumpleaños? ¡Si lo visten hasta en las más altas esferas de la sociedad!

Y era así, la firma de Alberto había obtenido un enorme renombre y excelsa notoriedad, sus prendas eran compradas entre las personalidades más afamadas y populares de la actualidad del país.

Todos finalmente recogieron una de las túnicas, hasta Adelina lo hizo, aquella mujer madura de temple sereno con el atuendo de una figura grecorromana venida a menos.

Alberto reservó la más recatada para la madre de Alicia, las imágenes de torsos mostrando ombligos con la cual había sido agraciada les resultaban menos subliminales y escandalosas al resto de los presentes.

Al portugués le fue ofertada la decorada con las prominencias masculinas, circunstancia ideada con premeditación y alevosía esa misma tarde por parte del diseñador. Laura había escogido la sexualidad femenina; Julio los pechos, grandes y pequeños, erectos y caídos, pero femeninos; Alicia los masculinos, y Paco, su pijama de ratones subidos en tartas de colores.

La noche era propiamente un deleite, transcurría grata, amena, simpática, debido a los aspectos tan chocantes de los anfitriones e invitados. Tomaron un picoteo para dar paso a una deliciosa tarta cocinada por parte de Adelina ayudándose de una receta extraída de un antiguo libro de repostería, la cual era confeccionada con harina, levadura, almendra, huevo, queso fresco, chocolate y leche. Ya había realizado ese postre en alguna que otra ocasión dando Paco buen partido de ello, llegando una tarde a ser víctima de un empacho tal que tuvo que ser reconocido por un facultativo en el centro de urgencias médicas de la localidad. El pobre diablo estuvo ingiriendo únicamente agua con sales y vomitando dos días seguidos para no deshidratarse.

Todos los comensales dieron buena cuenta del festín, era un placer al paladar, una experiencia ultrasensorial.

—Paco, cariño, ¿quieres un trocito?

—Nooooo, doy fe de que está exquisita, suegra, pero mantengo un ingrato recuerdo y ahora no puedo ni olerla.

Adelina parecía regocijarse en la desventura del yerno por su bulímica tarde de unos meses atrás.

Julio comenzó a relatar de forma resumida cada una de las peripecias y andanzas, cada una de las experiencias que acontecieron durante su ausencia, de la razón que le llevó a partir, a tratar de localizar alguna persona que pudiera tener un ápice de similitud física o de personalidad con su amigo José.

Les habló de sus inicios, de su formación como reportero de guerra junto a militares con los que se instruyó y a los que llegó a apreciar como verdaderos amigos, los países y conflictos por lo que fue pasando. Habló del monstruo de la guerra, de cómo puede llegar a degenerarse la humanidad y la empatía por el que sufre, de la bajeza moral, de la crueldad de algunas personas, de la muerte. Pero al mismo tiempo habló de la esperanza, de fuerza y coraje, de camaradería, de cómo en otros resurgía de nuevo la solidaridad, las ganas de ayudar, la necesidad de perdonar y la tribulación del odio. Les habló del sacerdote, Basilio, de la primera toma de contacto con Joao, de sor Caridad, de Marcelo y por ende de Danilo, de cómo este último al que tanto amaba era hijo genético del delincuente al que tanto llegó a aborrecer y que tanto se parecía físicamente a José. De cómo Marcelo había ordenado su ejecución y llegado a herir voluntariamente a Joao, para tras ello hacer que su vida diera un giro de ciento ochenta grados y entregarle lo único que tenía verdadero valor para él y que no era el dinero, el estatus o poder, sino su propia carne y sangre, y todo para que el niño pudiese sentirse querido, crecer y madurar en un entorno estable y convertirse en un noble y provechoso ser humano.

Todos boquiabiertos, todos menos Joao, quien permanecía impertérrito, toda vez que ya conocía la historia.

Desgraciadamente, toda esa exposición había pasado desapercibida por parte de Adelina, la cual se había ausentado durante todo el relato para recostarse un rato junto al nieto, quien reclamó la presencia materna por una pesadilla que truncó sus sueños mientras dormía. Para que Alicia no tuviese que dejar de ejercer como anfitriona del evento y abandonar la reunión con sus amigos, la abuela se había ofrecido instantes antes a ser quien tranquilizara al pequeño.

Laura tenía los ojos vidriosos por la emoción, su cariño y admiración por Julio se habían acrecentado con esa hora ininterrumpida de exposición, de relato tomando café y algunas copas de sobremesa.

—¿Y todo por mi libro? Madre mía, morenazo, éramos conscientes de que estabas mal, pero no sabía que habías perdido tanto el norte. Voy a coger apuntes para otra novela, ¿te importa?

Laura dio un fuerte pisotón a Alicia por debajo de la mesa recriminando la franqueza tan directa de sus palabras.

—No, tu novela no hizo otra cosa que infundir algo de esperanza en mi atormentada cabeza, pero he de reconocer que también fue el punto de inflexión, la ignición para salir corriendo y dar curso al aglomerado de insólitas ideas que me daban vueltas y vueltas, que no me dejaban tan siquiera dormir, para realizar todas esas locuras irreflexivas que no sé si hubiera hecho caso de no haber pasado por esa desgracia, y sí, como desees, mi chica, toma apuntes si quieres, pero con la condición de que en ese libro tenga un papel importante nuestro José.

—¡Siempre!

Alicia cogió una copa de cava, la elevó e hizo el primer brindis de la noche.

—Por una persona maravillosa, a la que recordamos y añoramos, por ti, por nuestro amigo, por Josico.

Todos chocaron sonoramente las copas, hasta Joao hizo lo propio.

Tras ello el grupo de amigos comenzaron a relatar anécdotas en las cuales era parte intrínsecamente indispensable la figura de su amigo.

Sería aproximadamente la una de la madrugada cuando los dos infames desechos se encontraban a escasos cincuenta metros de la fachada del domicilio de los padres de Julio.

Con una piedra desbarataron la farola que iluminaba el entorno para evitar así miradas indiscretas o de probables testigos que pudieran alertar de sus perversas intenciones. Fue entonces cuando el desgarbado y alto personaje con la muerte tatuada solicitó a su asociado camarada que mientras él vigilaba en la penumbra colocara apoyado en la pared del adosado un tronco largo y seco que habían obtenido de las inmediaciones de la fortaleza con el fin de darle valor de escala y poder acceder hasta la planta donde se encontraba el dormitorio de Danilo. Conocían de su ubicación exacta, toda vez que Erin había dejado entreabierta la ventana antes de encamar al niño para que se ventilara el recinto, siendo dicha acción observada desde el exterior por los dos facinerosos.

El calvo con la traza en la cara de forma sumisa se dispuso a ejecutar la orden dispensada por su acompañante y tras ello se alejó de nuevo volviendo sobre sus pasos. Volvieron a revisar concienzudamente la calle para constatar que nadie les había visto obrar de dicha forma. Aun así, esperaron parapetados un tiempo prudencial, en silencio.

Mientras, en casa de Alicia se oyó nuevamente el grito sonoro del pequeño Julio, que acababa de despertar otra vez sumido en llantos debido a un terror nocturno, como si la criatura ostentara un sexto sentido, como barruntando lo que podría llegar a ocurrir unas cuantas calles más arriba.

—¡Pacooo! ¡Sube tú un poco, por favor, tu hijo te reclamaaa!
—Vooooy.

Paco no tardó ni veinte segundos en relevar a su suegra, subiendo de tres en tres los peldaños de aquella escalera para plantarse *ipso facto* junto al niño. Se recostó junto a él e inició una canción que tardes atrás había memorizado mientras ambos, padre e hijo, visionaban en la televisión un programa para niños en el cual salían unos muñecos entonando composiciones melódicas acordes a la infancia.

Julio intervino de nuevo al quedarse todos mirándose, en completo mutismo.

—Madre mía, Alicia, qué suerte tienes, lo digo con el corazón, Paco es un tío fabuloso, se le ve muy buena persona y un padre muy atento.

—La tengo, ya te digo que la tengo. Mis reiterados cambios de personalidad tan repentinos, que tan bien conocéis, a él parecen encantarle. Es bueno, detallista, noble, no tiene nuestro sentido del humor, pero las mata callando. Y estoy loca pero que locamente enamorada de él, aunque no quiero que lo sepa porque, si no, se pone muy tonto.

—Doy fe, cariño, mi yerno es un hombre de diez y formáis un tándem perfecto —intervenía ahora Adelina, que ya había bajado nuevamente al salón.

—Gracias, mamá, eres un sol.

—Bueno, ya se ha hecho muy tarde, creo que deberíamos dejar aquí la reunión por hoy, ya continuaremos mañana. Además, me gustaría ver que Danilo se encuentra durmiendo sin ningún tipo de problema junto a mi perro.

—¿Tu perro?

Alberto quedó extrañado, dado que no recordaba que los padres de Julio tuviesen animal doméstico alguno en casa.

—¡Chuchón! ¿Os acordáis?

—¿Ese muñecote que tuviste durmiendo junto a ti todas las noches desde los seis años hasta que cumpliste los catorce? —preguntó Alberto sarcástico.

—¡Hasta los doce, capullo!

Explotaron todos a reír sin freno, ahora recordaban Alberto, Laura y Alicia el famoso peluche y la razón de su nombre que tantas y tantas ocasiones de placer e irónicas burlas les había ocasionado a cuenta de Julio en su niñez.

—Bueno, es hora de irnos. Adelina, eres un amor, muchas gracias por esta velada.

—Gracias a ti, mi niño, por volver a casa y ser de nuevo parte de nosotros. Y deja que te diga otra cosa: ¡si te vuelves a ir, te echaremos una maldición!

—No es mi intención, Adelina, la maldición la tuve al apartaros de mi vida, no dejaré que vuelva a ocurrir.

Se cambiaron todos de nuevo, volviendo a vestir sus atuendos iniciales, todos menos Alberto, quien había llegado de esa guisa hasta la casa.

Laura besó efusivamente en las mejillas a esa gran mujer, a Adelina, y esta le susurró al oído:

—Ahora te toca a ti ser feliz, ¿me oyes?

Laura asintió levemente.

—Una noche inolvidable, por todos; por usted, Adelina, me ha acogido de forma muy grata y amable; por ti, Alberto, no se me olvidará mientras viva.

A Alberto esa última enunciación del portugués le había sabido a canto celestial, y empezaba a ostentar algún atisbo de esperanza con tan apuesto y robusto hombre idealizado ya en su mente, dado que en ningún momento durante el transcurso de la reunión había expuesto que tuviese relación alguna con una mujer, y las miradas cruzadas de la noche no habían hecho otra cosa que acrecentar sus sospechas sobre su hipotética orientación sexual.

Ahora intervino Alicia y, aprovechando la ausencia de Paco, plantó un sonoro besazo en los morros del foráneo que lo dejó confuso y con las defensas por los suelos.

—Te has ganado el derecho de pertenecer a esta peña, ¡eres uno más de los Volaos!

Tras ello continuaron dialogando ya en la puerta de la casa aventurando lo que dispondrían a hacer durante los días venideros y a qué partes de la localidad llevarían a visitar primero a Joao y Danilo.

Inició el camino Laura, requiriendo la presencia inmediata junto a ella de su pareja debido a la bajada de temperatura de la madrugada. Este la arropó de forma zalamera y dejó unos metros atrás a Alberto acompañado de Joao, quienes iniciaron una frenética conversación en aras a conocerse más profusamente.

—Entonces, ¿dónde dijiste que trabajabas?, ¿doctor?

—No, genetista, y aunque mi campo trata mayoritariamente sobre el estudio de enfermedades hereditarias, su posible tratamiento y paliación, también tengo dos másteres en virología, su genoma y los posibles efectos epidemiológicos.

—Eres así de pedante con todos o solo estás tratando de impresionarme.

—Lo siento, la verdad es que vestido así me pones algo tenso todavía, y la verdad es que eres bastante directo.

—Ya te digo, y más directo que seré.

El portugués no sabía qué responder, se encontraba incómodo, pero a la vez ese agasajo dimanante de aquel peculiar personaje vestido con una túnica de traseros le estaba empezando a agradar.

Mientras que los cuatro se dirigían en congregación hacia la casa de Laura con la finalidad de custodiarla durante el trayecto debido a la hora y la poca afluencia de lugareños por las calles, los dos macabros prófugos habían iniciado el asalto final al recinto donde yacía el pequeño con la idea de acabar con su vida.

El calvo con la cara rajada sujetaba el alargado tronco seco para que no se desviara de su posición, facilitando así la subida a su compañero de fechorías, que comenzó a trepar por el leño y accedió finalmente a la repisa de la ventana. Se sentó sobre ella y, con un ligero movimiento de su brazo, abrió por completo el acceso de la cristalera.

Desde lo alto realizó un gesto de aprobación con el dedo pulgar en alto dirigido al avizor ayudante, quien debía vigilar mientras que iba a cumplir con el trágico final del inocente, siendo dicha acción repetida una vez confirmada la señal de aprobación por parte del nervioso colaborador. No había puesto tan siquiera un pie en el interior de la habitación cuando una sombra se acercó hasta él, le cercenó el cuello y le empujó al vacío mientras se desangraba. Tan solo pudo infligir al tenebroso guardián del pequeño un fuerte arañazo en el lóbulo de la oreja izquierda cuando luchaba agónico por su vida antes de ser defenestrado.

Esta vez, ahora sí, se encontraba presente la segadora, la descarnada, la ineludible y fría muerte, no solamente tatuada en el brazo de aquel desgraciado y agónico despojo humano, yacente a los pocos segundos, sino en presencia soterrada.

La cara de pánico del segundo maleante, horrorizado ante el cuerpo inerte del grandullón, se agudizó todavía más si cabe al denotar como en esa ventana aparecía amenazante la figura oscura de un ser portando entre sus manos una larga y plateada navaja, pudiéndose constatar ese detalle debido a los rayos de luna que incidían en el arma blanca utilizada para la ejecución.

Espeluznado ante la visión del cadáver de su colega y ante el temor de serle dispensada la misma suerte, corrió frenéticamente hasta la arboleda cercana.

Mientras, en el interior del dormitorio, esa sombra salvadora entornaba pausada y lentamente el ventanal, arropaba a Danilo y le peinaba delicadamente el pelo, para tras ello esfumarse como el mismo viento en una tarde cambiante de primavera.

Esa sombra llegó hasta la ubicación del finado, recogió a este por las piernas y lo arrastró, introduciendo el cuerpo inerte en el maletero de un vehículo estacionado a pocos metros.

Volvió sobre sus pasos tras coger una botella de disolvente con el que roció el charco de sangre que había quedado como prueba y señal de lo acaecido. Tras ello, arrancó el turismo y se alejó.

Entretanto, varias calles más lejos, continuaban los cuatro marchosos viandantes manteniendo conjuntamente una animada conversación sobre las anécdotas más desternillantes de las cuales habían sido voz y parte durante tantos años en el pueblo. Joao quedaba entre tanto estupefacto, ante las aventuras y desventuras que iba oyendo de cada tertuliano, le estaba encantando oír todas esas locuras, todavía más si cabe de boca de Alberto, quien estaba comenzando a parecerle un gran cronista además de buen tío.

Habiendo llegado hasta la misma puerta de casa de Laura, esta dirigió su mirada a Alberto y Joao, y les giñó el ojo maliciosamente.

—Bueno, chicos, mañana por la mañana nos vemos, hay que enseñarle a Joao lo precioso de Montepardo, y además quiero que Danilo vea la fortaleza, la laguna y Máximo. También lo llevaré al colegio, ¿quién sabe...?, puede que el año que viene le de clase yo a mi..., a mi...

Quedó repentinamente en silencio, ensimismada al mismo tiempo que una sensación nueva y placentera le sobrecogía, pero acabó terminando la frase mientras que los tres acompañantes la miraban absortos.

—A mi propio hijo, puede que sea así y yo misma sea su nueva profesora.

Julio ante dicho alegato quedó exultante, pero lo mejor para él, y también para ella estaba al llegar.

Ahora, Laura cogió fuertemente de la mano a Julio y amablemente se disculpó con la parodia de grecorromano y con el lusitano, demandando a ambos que les dejaran a solas.

Cómo no, Alberto y Joao se dieron la vuelta sonrojados mientras que el primero de estos silbaba efusivamente.

—¡Que no te pase nada, semental! ¡Espero que mañana puedas moverte!

Explotaron los cuatro a reír mientras que ellos se separaban parsimoniosamente y se despedían realizando los dos gorriones gestos inequívocos a Julio doblando los dedos índice y pulgar de la mano izquierda formando un círculo mientras que el índice de la mano derecha se introducía y volvía a salir del referido perímetro, ratificando que esa noche debía cumplir con su papel de tándem heterosexual.

—Hasta mañana, sinvergüenzas. Joao, ten cuidado con este malandrín, que no me fío un pelo de sus intenciones —advirtió entre mofa Julio al lusitano.

Alberto replicó a Julio ya a distancia, si bien esta vez lo hizo abducido por una entonación medieval burlesca.

—¡Callad, pues, de una vez, lacayo impertinente, y procure su merced dar deleitosa y placentera copulación habida cuenta de las telarañas que esa gentil fémina ostenta en su entrepierna desde antaño!

Laura envolvió delicadamente con sus brazos a su chico y le besó despacio, muy despacio, las pulsaciones comenzaban a cabalgar, a descontrolarse por momentos. Bajó su mano hasta la cremallera de

su pantalón y rozó lascivamente el miembro ya erecto del taquicárdico gran hombre venido a menos ante la envestida premeditada, alevosa y nocturna de la hembra con la libido desbocada. Lo arrastró hasta el interior de la residencia y comenzó a besarle.
—¡Espera, por Dios! ¡Tu madre!
—¡Pero qué inocente eres! Mi madre no se encuentra aquí, ella misma se ofreció a pasar la noche junto a su amiga Candela. Una película, unas copitas y hablar de sus cosas, como nosotros aquí y ahora vamos a hablar de las nuestras.

Las mejillas sonrojadas por la excitación parecían otorgarle a Laura todavía más belleza, un poder hechizante de cuya aura le era imposible escapar. No obstante, le encantaba que ella ostentara ese rol de manipulación y control, evidenciándose que su sumisión a la misma era tan improvisada como deseada.

El pasillo era el símil de un campo de batalla, se libraba una contienda por desabrochar cada botón, por bajar cada cremallera, por arrancarse cada prenda mientras se mordían delicadamente.

Ya en la cama, desnudos frente a frente, todo se aminoró, las caricias parecían perpetuarse en sus pieles erizadas.

Laura le empujó a la cama. Intentó incorporarse, pero voluntariosamente se dejó derrotar sobrepasado por el ímpetu insaciable de una mujer ávida de amor y sexo. Y así, rítmicamente a la vez que despacio, transcurrieron eternas las horas. Embestidas seguidas de cortas pausas, cariño y mimos, revanchismo y risas, complicidad y silencio, suspiros y orgasmos se dieron la mano en esa inolvidable y pasional noche. Serían aproximadamente las cinco de la madrugada cuando Julio miró la luz del reloj que parecía bañar de luminiscencia cada esquina de la habitación. Se apartó delicadamente para no despertarla y besó su hombro, la arropó y recogió la ropa que había quedado en el interior del dormitorio. Cerró la puerta y fue recogiendo igualmente cada prenda arrojada en el suelo del pasillo antes de vestirse y salir a la calle intentando no hacer ruido alguno que le delatase.

A pesar de su deseo de amanecer junto al cuerpo de su alma gemela necesitaba comprobar que Danilo se encontraba bien y que la noche había sido apacible para el niño, toda vez que por la mañana se había comprometido a desayunar junto a este y empezar el periplo de la visita y guía por el pueblo. Además, había facilitado una llave del domicilio a Joao y quería constatar que había pernoctado con normalidad. O ¿quién sabe? Podría haberlo hecho en otra casa y en otra compañía.

La sonrisa que mostraba su cara en ese momento era un paradigma de absoluta felicidad, por fin parecía que su vida emprendía un rumbo distinto, que iba a ser recompensado por tanto sufrimiento y tanta angustia soportada a pesar de haber estado a punto de arrojar la toalla en varias ocasiones.

Deambulaba en la más absoluta inopia, relajado, abstraído de todo.

Recobró sus sentidos cuando oyó un ruido junto a unos árboles cercanos, era un chasquido pronunciado, alguien estaba pisando el ramaje seco caído del suelo. Pero ¿quién era?, ¿quién podría estar oculto entre la vegetación y con qué fin?

—¿Hola? ¿Quién está ahí? ¿Hola?

Nadie enunció respuesta alguna, pero el crujido se fue intensificando, próximo, inquietante.

—Oye, la bromita a estas horas de la madrugada creo que queda fuera de lugar, ¿quién hostias eres?

El ruido de las pisadas se fue haciendo cada vez más tenue, hasta que en lo alto de una pequeña loma elevada y debido a la prominente luna de lo que quedaba de esa insólita noche se dibujó la figura de un hombre. La cara del sujeto no podía ser revelada debido a la contraluz que incidía en su espalda, pero a Julio le pareció por un momento identificar esa silueta.

—¡Oye, para un momento! ¿Te conozco? ¡Creo que te he visto antes! ¿Quieres algo?

El contorno de apariencia humana desapareció de su vista, no sin antes elevar la mano y saludarle, llevándose unidos los dedos índice y corazón de la mano derecha hasta su cabeza realizando un saludo a medio camino entre lo militar y lo informal.

Ahora Julio estaba sobreexcitado, inquieto. Acababa de caer en la cuenta de que dicha figura se parecía en demasía a la de otro hombre que había visto ya anteriormente, en otro lugar. Pero no podía ser, sería su mente jugando, retozando con los recuerdos. ¿Quién sabe? Probablemente sería algún perturbado jugando a asustar a los viandantes, no hacía tantos años que en el pueblo se divulgó una historia de que un personaje se aparecía a los lugareños a altas horas de la noche y tras ello se disipaba misteriosamente. Luego se resolvió la intriga al descubrirse por parte de la Guardia Civil que se trataba de un adolescente con problemas psiquiátricos de un pueblo cercano con ganas de broma y de asustar a los vecinos.

Llegó a casa de sus padres y con sigilo abrió la puerta de la entrada, en el sofá del salón se encontraba Joao vestido con ropa de calle, roncando plácidamente, no había llegado tan siquiera a quitarse la ropa, deduciendo por ende que su noche habría sido igual de intensa que la vivida por él. Le tapó con una manta de entretiempo que su madre solía utilizar antaño por las noches mientras ella y su marido veían casi adormecidos la televisión. Se dispuso a subir a hurtadillas hasta la primera planta, donde se aseó en el baño. Tras ello se introdujo en la habitación donde Danilo dormía y se recostó junto a este, le estrechó delicadamente y cayó rendido a su lado.

—¡Arriba, holgazanes, que ya son las nueve y media de la mañana!

Las nueve y media, no habría llegado a dormir tan siquiera cuatro horas, pero ese lapso de tiempo había sido lo suficientemente profundo y reparador.

—Vamos, gandules, no os hagáis de rogar.

El pequeño abrió los ojos mientras que Erin observaba cada detalle fijamente. Danilo sonrió y alargó sus bracitos hasta ella, quien complacida lo recogió y lo llevó a cuestas hasta la silla donde se encontraba depositada la ropa de su nuevo retoño, al que lejos de considerar como postizo comenzaba a estimar como lo que era, su nieto.

Mientras el niño se vestía por sí mismo, recogió la almohada que había quedado desocupada y con ella golpeó reiteradamente en la cabeza a Julio.

—¡Vamos, truhan, que vaya horas de llegar! Espero que al menos pasaras una buena velada junto a Laura.

—¡Por Dios, mamá, déjame un ratito más! ¡Te lo suplico!

—No puede ser, hijo mío, te ofreciste a enseñar Montepardo a Joao y a Danilo. Tu amigo ya está desayunando abajo, me parece de mal gusto que el pobre esté ahí solo.

—Joao no tiene vergüenza, deja que coja fuerzas, que le van a hacer falta.

—¡O te levantas o te levantas!

Esa frase que sonaba tan amenazante, tan característicamente española sin ser Erin nativa del país había sido utilizada en infinidad de ocasiones para amedrentar a su vástago, al igual que otros dejes léxicos característicos de la idiosincrasia y vocabulario nacional tales como «¿quieres que vaya yo?», «ni calle ni calla», «ya serás padre y comerás tortas»... Decenas de locuciones eran utilizadas por dicha mujer con una sutileza y ocurrencia digna de alabanza.

—Me levanto, me levanto. Me rindo, mamá.

El pequeño, al ser testigo en primera persona de la reprimenda de su recién estrenada abuela a su nuevo papá, no pudo más que esbozar una sonora carcajada ante lo cómico del momento. Y contagiados por la pegadiza risa del párvulo estallaron los tres al unísono en una armoniosa jarana.

Bajaron por las escaleras, primero Erin de la mano de Danilo, seguidos a un paso por Julio y llegaron hasta la cocina.

Joao ya estaba terminando de dar buena cuenta de su segunda tostada rehogada del mejor aceite de la almazara del pueblo con unas lonchas de buen jamón ibérico y un café bien cargado que había preparado Julián.

—*Finalmente acordei!*

—¿Qué dices?

Julián interpretó que Joao hizo algún tipo de reproche burlesco a su hijo, pero no tenía ni idea de qué significaba.

—Que por fin bajo, papá, la verdad es que no he dormido mucho.

Las caras de los tres adultos dibujaron una mueca sarcástica, dando a entender que conocían la obviedad en la tardanza del regreso del trasnochador.

—Bueno, ¿comenzamos la ruta de Montepardo?

—¡Para, artista! —demandó Julián a su hijo—. Siéntate y tómate un café con tus padres y Joao, voy enseguida a preparártelo.

—Papá, todavía sé cómo funciona una cafetera.

—Calla, calla, que seguro que lo quemas o lo dejas flojito o demasiado cargado, tú no controlas este armatoste como yo.

Si bien hacía ya unos años que las cafeteras eléctricas y prácticamente autónomas se habían generalizado en la mayoría de los domicilios, Julián seguía practicando el ritual ceremonioso de introducir la cantidad exacta de café en una de esas cafeteras metálicas denostadas y cada vez menos utilizadas.

Era un acto casi solemne y no podía serle denegado el ofrecimiento, así que Julio afirmó con la cabeza y se sentó a la mesa. Mientras, Danilo era deleitado con un gran vaso de leche y un surtido de pastas y magdalenas.

—Bueno, la noche bastante bien, ¿no?

—Sí, papá, la noche bastante bien.

—Pero bien bien, ¿eh...?

—Que síííí.

Esa especie de juego pueril y aniñado, la ironía con la que se lanzaban esas flechas en forma de preguntas presuntamente bienintencionadas, empezaba a incomodarle, pero sabía que meramente se debía a la satisfacción que le causaba que hubiese encontrado de nuevo la dicha junto a Laura.

—Bueno, reportero, como dice tu padre, bien, ¿no?

—¡Tú no, no seas mamonazo! Por cierto, ¿a qué hora llegaste tú? Porque no llegaste ni a la habitación, te tuve que tapar al llegar porque estabas arrojado en el sofá sin haberte cambiado y bufabas como un jabalí.

—Sí, es que hablando y hablando se me pasaron las horas, serían las cuatro más o menos, no recuerdo bien.

—¡Leches! Menudo par de bandarras estáis los dos hechos —adujo entre risas Julián.

—Déjales que ya son los dos mayorcitos para hacer lo que quieran, que parece que eres la Inquisición —intervino rauda Erin en defensa de los dos juerguistas.

—No, mujer, si no digo nada, quién pudiera volver a tener sus años.

—Ya los tuviste, y bien que los aprovechaste, donjuán.

—¿Donjuán? —preguntó Joao indiscreto mientras miraba sorprendido a Erin solicitando una réplica a ese calificativo dirigido a su marido.

—Sí, Joao, aquí donde lo ves, este hombre —señalando efusivamente a Julián—era un viva la vida. Estuvo trabajando como camarero en un *pub* de moda en el barrio del Soho en Londres, The Butterfly. No había chica que no se fijara en este bandido español con un acento inglés irrisorio, era sonrojante oírlo destrozar mi lengua, pero a la vez era hipnótico, no sé, tenía duende.

Julio no podía creer que su madre, aquella prudente mujer, estuviese comenzando a relatar su primer encuentro con su padre a un recién conocido, pero, como quiera que incluso a él mismo le congratulaba volver a oír aquella desternillante historia, cayó y otorgó todo el protagonismo a la improvisada cronista.

—¿Y qué pasó? Cuente, venga...

Joao, ensimismado, apoyando su cara en ambas manos, demandaba la continuidad del relato.

—Pues que al picaflores se le acabaron sus aventuras al conocerme a mí entrando por primera vez en el *pub* de la mano de un antiguo novio, Andrew Miller.

—Un pobre hombre —replicó Julián—. No pegaban, no había conexión entre ellos, así que tuve que intervenir para salvarla de su desventura y casi segura decepción.

La cara de Julio era un poema. La de Joao pura diversión.

—Pero, Julián, ¿se metió por medio de otra relación?

—Si no lo hubiese hecho, nuestro Julio no estaría aquí y ahora.

La cara del primogénito era un poema, ruborizado por esta última afirmación de su padre.

Julián agarró fuertemente a Erin y el beso entre los dos fue de película.

Los ojos de Danilo mientras remojaba en la leche una magdalena casera contenían una gran emoción ante la demostración de cariño y afectuosidad de la madura pareja.

—Además, fue verla y apenas podía coger aire, estaba preciosa, y supe que era ella o ninguna otra —continuó Julián la exposición.

Julio y Joao se miraron perplejos unos segundos.

—Siga, siga... —demandó jovial Joao.

Pero ahora fue Erin quien intervino de nuevo.

—Pues nada, invitó a la consumición y cuando Andrew le agradeció el gesto aquí el incauto le indicó con su imperfecto inglés que era a mí a quien había invitado y que él debía abonar el pago de sus cervezas. Andrew entró en cólera y le dio un buen puñetazo en la cara a este osado.

—Y se enfrentaron, ¿no? Como en un duelo por la mujer que ambos amaban...

Joao no pudo contener su intriga interviniendo de nuevo en el relato.

—¡Serás judas! Que son mis padres, macho, que ya me está dando vergüenza ajena.

—No, Joao, el puñetazo se lo llevó el que ahora es mi marido, y calladito se dirigió hasta la otra parte de la barra lamiéndose las heridas mientras que me guiñaba el ojo reiteradamente.

—Bueno, tampoco te pases que no me hizo tanto daño, y no quería ridiculizarlo delante de todos a pesar de que me sacaba dos cabezas de altura.

—Ya, ya, y tras esa noche fue despedido. Andrew era amigo íntimo de Garret, el dueño del local.

—Y ¿cómo se volvieron a reencontrar? —preguntó insistente Joao.

Tomó ahora la palabra Julián.

—Pregunté a unas conocidas suyas por su residencia, la esperé un par de noches y la conquisté.

—Sí —replicó Erin—, me esperó cada noche junto a la ventana de mi cuarto. Primero mis padres llamaron a la policía creyendo que era un loco que se había obsesionado conmigo y quería hacerme daño. Luego Andrew le volvió a golpear. A pesar de los golpes encajados volvía nuevamente hasta mi puerta como hacen los perros callejeros demandando cariño, y me ganó, ya ves. Era guapo e insistente, ¿qué más podría haber hecho?

»A mis padres no les hacía demasiada gracia, pero al conocer a este sinvergüenza les causó mejor impresión, no buena, pero mejor.

—¡Madre mía, qué esperpento! Se me ha derrumbado un mito.

Julio, a pesar de haber oído de boca de su propia madre todo años atrás, nunca le había sido revelado con tanto detalle, así que con la mano derecha en la frente no daba crédito a tanto despropósito mientras su amigo se tronchaba por lo cómico de la situación.

—Bueno, el café. Tómatelo, hijo, está sublime —demandó Julián.

—Sí, sí, Mike Tyson, no vaya y te enfades y me golpees con tu frente —contestó burlesco Julio.

Todos empezaron a reír debido al comentario tan agudo e ingenioso de Julio. Hasta el niño sin conocer bien la razón no podía parar de hacerlo.

—¡Papá, el café está espléndido!

Julio miraba complacido, henchido de orgullo a su padre, y como la tenacidad le había llevado a ganarse el amor que tanto ansió.

—Bueno, ¿nos vamos? —preguntó este a Joao.

—Cuando quieras, ya sabes, soy el invitado, estoy esperando que me plantees el itinerario de hoy.

—Mamá, no vendremos a comer, seguramente vayamos al bar de Bartolo, Alberto ha encargado mesa para todos. Nos vemos a la hora de cenar.

—Perfecto. Joao, diviértete mucho, verás cómo te encanta el pueblo.

—Y la compañía también —contestó Julio, quien dando un codazo a su colega le puso contra las cuerdas mientras que se regocijaba en su venganza por tanto sofoco ante el relato inesperado de la relación primigenia de sus padres.

Joao frunció el ceño y gesticuló con el dedo haciendo ademán que guardase silencio.

Serían las diez y media de la mañana cuando Julio, Joao y Danilo se encontraban llamando a la puerta de Laura.

Abrió la puerta, ataviada con una minifalda roja y una camisa blanca de manga corta.

La cara no era precisamente amistosa.

—¡La próxima vez que te vayas sin avisarme, con nocturnidad y alevosía te cortaré los genitales y me los pondré de pendientes!

Julio señaló avergonzado a la derecha, sacando Laura la cabeza fuera del marco de la puerta de la entrada, siendo consciente de que acababa de formular esa amenaza a oídos de Joao y Danilo.

Joao se descojonaba mientras que la pobre criatura no caía en la cuenta de lo que ocurría.

Danilo dio dos pasos y al verla se abalanzó sobre esa mujer sublime.

—¡Hola, mi chico! ¿Has dormido bien en casa de los abuelos?

Era demasiado pronto e inesperado el hallazgo de la figura de Danilo para que de la noche a la mañana Laura pudiera enunciar el calificativo de hijo a la criatura, pero cada instante de atención y cariño con él le resultaba más y más placentero.

Julio besó a Laura quedando el pequeño entre ambos cual si se tratase de una loncha de queso en mitad de las dos partes simétricas del pan de un bocadillo.

—Bueno, vamos a recoger a Alberto, Alicia y Paco.

Mientras caminaban a casa de estos últimos Julio iba detallando a Laura la razón de su huidiza salida hasta casa de sus padres y que no era otra que constatar que Danilo había pasado buena noche.

A la llegada a la puerta de la escritora, estaba ya Paco junto al niño vestidos para la ocasión, ambos con la misma vestimenta, zapatos náuticos, pantalón tipo chino beis y camisa de manga larga blanca con pequeñas anclas superpuestas sobre el tejido. ¿Diseñadas por quién? Cómo no, por Alberto. Parecían el yo y el miniyó, un calco tan cómico como surrealista.

—¡Madre mía, que me lo como! ¡Me lo como!

A Laura le podía el instinto maternal, y mientras besuqueaba al churumbel, con Danilo agarrado a su pierna, preguntaba por Alicia.

—Dónde va a estar, arreglándose. Antes no se molestaba tan siquiera en quitarse el chándal o los *leggins* y ahora no sale sin ponerse a la última. Eso sí, el niño y yo vestidos siempre con los trajes del tarado de Alberto.

—Calla y no te quejes, estáis los dos para un calendario de moda.

Al oír la palabra calendario a Julio le sobrevinieron innumerables pensamientos, multitud de imágenes a toda velocidad, a ráfagas, don Basilio, sor Caridad, Marcelo...

—¿Qué te pasa? Te has quedado absorto.

—No, nada cariño, me ha dado un aire.

Salía ahora Alicia vestida con un mono amarillo, muy elegante y de caída pronunciada y pata ancha, ajustado completamente a la cintura, con tirantes estilizados finos y escote en pico; la melena suelta.

—¡Guauuuu! ¿Quién eres tú y qué has hecho con mi amiga?

Laura la veía divina, Julio deseable, Paco increíble, y Joao..., a Joao le daba igual, pero había que reconocer que tenía muy buen gusto y nada tenía que ver con lo que le había comentado anteriormente su amigo respecto a los atuendos de su amiga.

—Parecéis un matrimonio de portada de revista, sofisticados, informales y elegantes a la vez, pero te juro que tú estás que quitas el sueño —alegó Julio.

—Madre mía, cariño, cada vez te pareces más a tu padre cuando estaba en Londres.

Laura había hecho un comentario que dejó a Julio descolocado. ¿Qué sabía ella de las andanzas y periplos de su progenitor? ¿Tanto habían intimado en su ausencia Erin y Laura que hasta los más diversos y privados secretos de la familia le habían sido revelados?

—¡Este es mi chico grande! Si no fuera porque mi Pacote me tiene enamorada perdida, te quitaba a este hombre tan guapo.

Julio y Laura lo interpretaron como un simple halago, Paco no tanto, pero ya se había acostumbrado a vivir con esa demente a la que tanto idolatraba.

Pusieron todos juntos camino a la casa de los padres de Alberto, no quedaba lejos de la atalaya, desde ahí comenzarían el recorrido por la localidad.

Alberto esperaba sonriente, esta vez sin túnica y sin prendas extravagantes. Llevaba vaqueros ceñidos con los tobillos descubiertos, zapatos deportivos y una camiseta de algodón marrón, pero, eso sí, gafas de pasta sin lentes color azul y cabellera teñida de blanco. Lo raro no era su cabello mutante, lo impactante es que todavía le quedase después de tanto daño infligido en los folículos pilosos.

—Madre mía, qué par de gemelos más guapos, estáis para una foto de portada en mi colección de primavera.

—¡Que te den!

—¡Que te den a ti! Bueno, si es el portugués, a mí.

La relación entre Paco y Alberto era formidable, se apreciaban como parte de la familia, pero Paco últimamente le había tomado un poco de inquina debido a tanta prebenda, a tanto regalo en forma de prenda de vestir, rompedoras e incluso estrafalarias unas veces, sofisticadas en otras, siendo en más de alguna ocasión tomados padre e hijo a modo de maniquíes y modelos por parte del diseñador y modisto para sus nuevas creaciones y colecciones con el beneplácito de Alicia, y eso, eso le llevaba los demonios al pobre y encelado sumiso.

Mientras dirimían la zona por la cual empezar a escudriñar el pueblo, Alberto se acercó discretamente a Joao y le pellizcó el brazo, este acercó su oído y le fue susurrada una especie de advertencia.

—Espero que la próxima vez que intimemos no te vayas corriendo acojonado, ya si eso hablamos luego.

A Joao le sonó a un simple desdén de alguien con quien únicamente había tenido un efímero encuentro, no era la primera vez, pero estaba comenzando a sentirse muy atraído por la personalidad y figura de Alberto, eso estaba claro.

Deambulaban con algarabía por cada esquina, por cada punto cardinal de la localidad, rememorando tantos y tantos recuerdos, tantas vivencias y anécdotas.

Era un deleite para los oídos de Joao, cada relato, cada crónica descrita al detalle por su nuevo grupo de amigos, y a su vez él se sentía aceptado e integrado en el rebaño.

La primera parada la hicieron en la fortificación, tomando ahí la palabra Alberto, quien de una manera socarrona y burlesca emulando la dialéctica rítmica de un juglar comenzó a describir cual había sido la cronología del castillo, su datación, su historia, cómo un marqués enamorado del paraje a la vez que de su mujer dio finalmente nueva vida al edificio y por ende a la población mermada antaño de moradores.

También explicó las diferentes teorías sobre el hallazgo de una especie de árbol que no debía existir en dicha ubicación y que anteponía su silueta respecto al resto de vegetación vecina.

Alicia tomó la palabra a la hora de exponer las propiedades curativas, balsámicas y reconstituyentes de los lodos pestilentes de la laguna cercana y como la piel se volvía tersa y profusamente oxigenada tras su uso y posterior aclarado.

—Y aquí es donde los forasteros deben realizar el ritual.

Alicia se refería a que Joao se debía cubrir voluntariamente la cara con esa mezcla de barro maloliente con ramas y arena negruzca para así poder continuar con la excursión audioguiada.

—¿Qué quieres, que me llene la cara de esa cosa? ¡Ni loco! Sé de lo que hablo, ¿sabéis la cantidad de bacterias que podría haber en cada palmo de eso?

—Vamos, tienes que hacerlo, es una tradición, el turista y visitante debe cumplir con la costumbre, le da solera y carácter a este hábito.

—Joder, qué mala persona que eres, ¿seguro que esto es tradición u os estáis riendo de mí?

Ante la indecisión de su colega intervino Julio.

—Confía en mí, es verdad lo que te ha contado ella, si no lo haces es como un desagravio, no hacia nosotros, que ya ves tú, ¡qué más nos da!, sino al pueblo en general. Mira aquellos lugareños que hay a doscientos metros, mirándote perplejos están a ver si cumples con la tradición o no.

—Bueno, vale, por no ofender a nadie.

Se agachó, indeciso cogió entre sus manos esa argamasa vomitiva y tras mirar a sus acompañantes demandándole ya el gesto lo expandió expeditivamente por su rostro con los ojos cerrados, prácticamente sin respirar debido a los efluvios de aquella peste insufrible.

Paco y Laura no pudieron aguantar más la mofa y reventaron. La explosión sonora de sus risas fue tan contagiosa como hiriente, todos emularon la guasa y por fin el lusitano cayó en que había sido víctima de un burdo engaño con la connivencia de todos. Hasta Danilo no podía contener la sonrisa.

—¡Qué huevazos tienes, tío! Ja, ja, ja, nadie había caído hasta ahora en esto, ja, ja, ja, ¡eres el primero!

Paco malmetiendo a pesar de ver la cara de Joao, era todo un poema, con la cara cubierta de una mezcla entre barro y mierda, a punto de vomitar.

Gracias a Dios Laura portaba en su pequeño bolso una botella de agua que había pensado sería de utilidad para dar de beber al pequeño caso de que este se sintiera sediento durante el trayecto. La sacó y voluntariosamente se la entregó, siendo recogida con gran entusiasmo por el emporcado, quien con premura lavó su faz.

—Joder, colega, te quiero un huevo, pero eres más inocente que mi hijo.

—¡Ya hablaremos tú y yo, reporterito!

Tras ese buen rato continuaron caminando por cada calle de la localidad, hasta llegar a la placita de la vieja iglesia, pero ahora Joao estaba más pendiente de cerciorarse de haber hecho desaparecer toda señal de fango de su rostro que de prestar atención a cada detalle de la población.

—Bueno, son casi las dos, creo que va siendo hora de dirigirnos al bar. Pediste cita, ¿verdad, Alberto?...

Este último se encontraba ensimismado observando a su idolatrado Joao acicalarse sin prestar atención a su entorno, más pendiente de la mofa que de las voces de su alrededor.

—¡Alberto! Que si pediste reserva para comer.

—¿Eh...? Sí, sí, tranquilos, está reservado. Vamos ya, que se nos hace tarde y ya sabéis como las gasta Bartolo.

A las dos y cuarto estaban entrando al local cuando una mole de ciento cincuenta kilos se aproximó a Alberto.

—Pensaba que me la habías liado y ya no veníais, si me llegas a dejar la mesa colgada...

—Tranquilo, Bartolo, que sabes que conmigo no hay problemas. Si no, te hubiese pagado igualmente yo mismo el menú.

La rudeza de Bartolo nada tenía que ver con agresividad alguna, era su forma implícita de trato íntimo entre sus conocidos y resto de vecinos, era básicamente su manera de expresarse en el tú a tú diario, incluso la mayoría de los clientes gustaban de ir a su bar precisamente debido a las salidas de tono y contestaciones que continuamente enunciaba su boca irreflexiva, sin tener en cuenta si alguien podría o no sentirse afectado por ellas. Era un *show* verle y escucharle, ya eso generaba de por sí su propia clientela asidua, por lo que siempre estaba a rebosar. No obstante, destacaba en la comarca la buena comida del establecimiento hostelero.

Les acompañó a un apartado en el cual se disponían mesas rectangulares interconectadas, con cubiertos para siete comensales.

Se colocaron todos alrededor, cual reunión entre antiguos caballeros medievales. El niño se sentó entre Julio y Laura con el beneplácito de ella, quien no paraba de hacerle carantoñas. Alicia sostenía la manita de su hijo en el carrito mientras dormía plácidamente. Mientras, Paco, quien ya se encontraba famélico, solicitaba dos raciones de cada uno de los distintos platos más demandados de la carta del menú.

—Ahora vas a ver la gastronomía tan variada que se come por estos parajes.

Julio realizó dicha observación a Joao sabiendo de antemano que la comilona que en breve procederían a ofrecer estaría compuesta fundamentalmente por millones de triglicéridos. Jamón ibérico, queso curado, lomo embuchado, codorniz en escabeche; ensalada sí, también, pero de morcilla, chistorra y panceta.

Había que ver la cara del foráneo, todo un poema.

—No sé si estoy preparado para esto, ¿no creéis que es muy indigesto?

—Ja, ja, ja, ¿muy qué?, ¡qué dices hombre!, estos son unos entremeses.

Paco no podía parar de reír habida cuenta de que tras todo esa variedad de obstructores de arterias esperaba un cochinillo asado.

—¡Bartolo! Pon la televisión, haz el favor, que creo que va a salir el resumen de la pasarela de un conocido. A ver qué mierda ha pensado este, seguro que ha copiado alguno de mis proyectos, el muy hijo de su madre.

—¡Voy a poner lo que me salga a mí de los huevos!

Bartolo no atendió las demandas de Alberto, encendiendo eso sí el televisor y dejando el noticiario que en esos momentos se estaba haciendo eco del hallazgo por parte de unos senderistas de dos cadáveres en las inmediaciones de una población no muy alejada de Montepardo de la Duquesa.

Parece que una pareja de jóvenes senderistas había observado entre la vegetación lo que pudiera ser la figura del cuerpo de un hombre apoyado en un árbol con una herida profusa en el cuello, y horrorizados telefonearon a la Guardia Civil.

Tras una concienzuda pesquisa entre la arboleda apareció un segundo finado, presentando este tres orificios de arma blanca en el abdomen.

Bartolo subió ahora el volumen, todos los comensales y clientes del local se quedaron boquiabiertos, atentos, impasibles.

Se encontraba Julio bebiendo de la copa de ese vino cosechero que ostentaba la no despreciable graduación de catorce grados cuando el informador significó que el primer fiambre presentaba tatuado en el brazo izquierdo la figura de la muerte.

Tosió efusivamente ante el ahogo imprevisto de la crónica y desparramó el líquido rojo por todo el mantel.

Joao corrió a obsequiarle con fuertes palmadas en la espalda, sobresaltado por la reacción de su amigo, que buscaba con premura aire que inspirar debido a la obturación de su glotis tras oír la contundente noticia.

Laura languideció por segundos, su cara pasó *ipso facto* de lo rosado a lo albino, se sintió desvanecer, mareada, y tuvo que ser ayudada por Alicia para que contuviese la posición en la silla.

No podía ser, ¿o sí? No, no podía, los dos hijos de mala madre que habían asesinado a José estaban a buen recaudo, en la cárcel y con pena de muchos años de reclusión. Sería la casualidad, seguro, sería solo la eventualidad de dos personas parecidas.

Se disponía a intervenir Joao a fin de interesarse por lo que estaba acaeciendo y preguntar el porqué de tan colosal sobrecogimiento cuando fue violentamente acallado por parte de Alberto.

El periodista televisivo seguía con el relato mientras que ahora todos se encontraban patidifusos y ojipláticos.

A escasos metros del primero había aparecido un segundo varón, de complexión gruesa y de baja estatura, presentando heridas incisivas coincidentes con lo que pudieran ser tres puñaladas.

Y lo más escalofriante, con un rotulador negro se había escrito en la frente de cada uno de los mismos las letras MFXJR.

Mientras que se continuaba relatando el suceso y se iba ampliando la información aparecieron en la parte inferior de la pantalla sendas fotografías de los dos sujetos extraídas de una secuencia de archivo, las cuales en primera instancia podrían coincidir con las pertenecientes a dos presos fugados días antes de un centro penitenciario.

Según el primer parte de la fuerza de seguridad actuante podría tratarse de un ajuste de cuentas por motivo de compraventa y distribución de sustancias estupefacientes en espera de indagaciones más elaboradas y consistentes.

Tras observar directamente el careto de ambos muertos Julio y Laura se miraron fijamente con los ojos vidriosos y se abrazaron.

Bartolo apagó la televisión, acababa de ser consciente de que aquellos personajes encontrados sin vida en el bosque eran los que años atrás habían atormentado a los vecinos del pueblo, habiendo infligido una herida trágica y dolorosa, difícil de borrar en la localidad y toda la comarca, más concretamente al grupo que tenía sentado en la parte derecha del establecimiento en esos momentos. Cariacontecido se dirigió hasta ellos y espetó:

—¡Que se jodan! Menudo par de hienas. ¡Mal infierno les espere!

Al minuto el local ya se había transformado en un corral, en un intercambio de impresiones, señalando con la mirada los presentes al grupo de amigos.

Alberto se anticipó sacando su tarjeta de crédito.

—Cóbrate, por favor, Bartolo.

Declinó dicha demanda el propietario del bar al ser consciente de que tan siquiera habían probado bocado alguno por la inusitada sorpresa.

Al cabo de cinco minutos ya estaban en la calle.

Alicia llevaba cogida a Laura mientras que Paco empujaba el carrito del hijo de ambos, quien, ajeno a todo, seguía durmiendo plácidamente.

Danilo iba agarrado al carro mirando pávido y cariacontecido la reacción de todos sus acompañantes, más efusiva si cabe la de Julio y Laura.

Alberto le hacía gestos a Joao en el trayecto indicándole que más tarde le explicaría todo, aunque Joao ya sabía de ese todo ahora silenciado, cada vicisitud le había sido expuesta por parte de su colega, con todo lujo de detalles, pero ¿cómo había podido ocurrir?, ¿y qué misteriosa razón habría para haber marcado la frente de esos dos hombres?, ¿qué significaban las letras MFXJR?

A la llegada a la puerta de la casa de Adelina, Paco se introdujo con el niño en el interior conminado por Alicia, quien se ofreció voluntariosamente a acompañar a Laura hasta su casa con la intención de sosegarla.

Tras ello llevaron a Danilo a casa de Julián y Erin.

—Mamá ¿puede quedarse un rato aquí este fortachón? Alberto, Joao y yo tenemos que tratar un asunto.

—Claro, hijo, sin problema, es un placer. ¡Ven, hijo mío, con los abuelos!

El niño aceptó la invitación de forma rauda.

Los padres de Julio eran muy conscientes de lo concerniente a ese supuesto asunto que debía ser abordado por parte de los tres amigos, ya que ellos al igual que el resto de la población acababan de caer en la cuenta de la información emitida por el noticiario y no era otra que la muerte de los asesinos de José Roncero.

Caminaron los tres en completo mutismo hasta la orilla más septentrional de la laguna, allí detuvieron la marcha.

Julio mirando al suelo cabizbajo, con una sensación todavía de estupor al mismo tiempo que de complacencia por lo acontecido, fue el primero en aducir una plausible pero extravagante explicación.

—No sé si me vais a tratar como un loco, chicos, pero tengo que contaros algo, un suceso cuando menos curioso, si no extraño, pero creo que podría tener relación con el final de esas dos bazofias humanas.

—Desembucha, me tienes en ascuas.

Alberto mostraba su impaciencia mientras el tercero en discordia hacía ademanes con las manos de solicitar igualmente que comenzase con dicha argumentación.

—Anoche, como ya sabéis, pasé media noche en casa de Laura.

—Sí, sí que lo sabemos, pájaro, seguro que ambos sacasteis buen provecho del encuentro.

—Alberto, deja que prosiga.

—Vale, vale, continúa, estoy algo nerviosillo.

—Bien, salí de casa de Laura aproximadamente a las cinco de la madrugada. Caminaba solo por la calle cuando oí cerca de mí un ruido, de pisadas, había alguien observándome, me giré y pude ver una especie de presencia, no sé cómo describirlo, una figura impasible, perturbadora. Me miró y me saludó. Tras ello se esfumó sin mediar palabra entre la arboleda.

—¿Te saludó? Luego te conocía, ¿no? ¿Y qué tiene que ver eso con lo de esos dos fulanos? No entiendo.

Joao seguía esperando respetuosamente que su amigo prosiguiera con el relato, no así Alberto, que continuaba una y otra vez interfiriendo.

—No lo sé, o tal vez sí, no estoy seguro. Aun así, me resultaba familiar. Anoche no caí en la cuenta, pero...

—Pero ¿qué?, ¿qué...?

Los nervios de Alberto no tenían pausa.

—Hubo un hombre al que vi varias veces en Río, siguiéndome, vigilando mis pasos, creo que era un sicario, un hombre de Marcelo. Pensé que podría habernos seguido hasta aquí, hasta Montepardo de la Duquesa, pero aquella silueta no se correspondía con dicho sujeto.

Ahora intervino por fin Joao.

—Verás, tío, te comprendo, y más que nadie en esto, yo en primera persona he pasado el trauma de estar bajo la sombra amenazadora de Marcelo Farías contigo, a mí también me dispensó un disparo para luego ser recuperado bajo su custodia, soy consciente de nuestra fragilidad, soy muy consciente de que nuestra vida estuvo en sus manos, he experimentado al igual que tú el miedo y la visión cercana del final de mi propia vida, pero creo que hay que dejar ya paso e impedir que Marcelo siga influyendo en nosotros dos de una vez por todas.

—¿Y me lo dices tú? Te recuerdo que hace unas semanas alababas a ese hombre a pesar de que aún tienes fresca la cicatriz, la que él te dispensó de recuerdo.

—Verás, Julio, una cosa es cierta, que le aborrezco por lo que me hizo, bueno, lo que nos hizo a los dos, y otra muy distinta es que no intente pasar página, que sea el dueño de mis pensamientos. Pero, ¿sabes?, puedo llegar a comprender su historia, puedo imaginar todo por lo que él también pasó, se llama empatía, y me he prometido a mí mismo que tanto el odio como la rabia no serían parte de mi mochila. ¿Sabes por qué? Porque así yo soy el ganador, y él, un pobre hombre, solo eso. No tengo por qué dejar que marque el resto de mi vida, pero comprender la desidia que le rodeó no me hace su amigo ni su admirador.

—¿Empatía por un asesino, por un delincuente?

—Te recuerdo que gracias a ese delincuente tienes un hijo —intervino nuevamente Alberto interrumpiendo el toma y daca de Julio y Joao—. ¡Prosigue de una vez, cojones! Estoy confuso, ¿qué relación puede llegar a tener Marcelo y esa especie de presencia, sombra o mierda que dices que te saludó con la muerte de esos dos?

—Veréis, creo que quien me saludó podría ser otro matón a las órdenes de Marcelo, y las marcas aparecidas en la frente de esos dos desgraciados eran MFXJR, correspondiéndose con las iniciales de Marcelo Farías y José Roncero.

—¡No jodas! ¿Y la equis? —preguntó asombrado Alberto.

—Marcelo Farías por José Roncero, dando así a entender que su fin es el resultado de su venganza. Sí, Alberto, creo que Marcelo ordenó que nos siguiera uno de sus hombres de confianza hasta Montepardo.

Ahora Joao permanecía reservado, pudiera ser que todo empezara a cobrar sentido, tomando nuevamente la palabra el diseñador.

—Pero ¿con qué finalidad?

—Pues en principio pienso que para asegurarse de que Danilo se encontrase bien y a salvo, que su nueva vida comenzara conforme a lo proyectado en su mente. No sé, Marcelo es algo atípico, cualquiera sabe lo que puede rondar por su cabeza.

»Y respecto a matar a esos hijos de puta tuvo que ser algo accidental, el azar o el destino que hizo que se cruzaran con la mano ejecutora de Marcelo. Recuerdo que me dijo al verme por primera vez que algo le removió por dentro, que creía conocerme de algo, pero no aportó la razón.

—Entonces lo de dar caza y ajustar cuentas con los asesinos de José no pudo preverse, tuvo que suceder como describes —interrumpió Alberto con los ojos desorbitados.

—En una de las conversaciones mantenidas con Marcelo, le relaté la muerte de José, pero no recuerdo haber descrito a sus asesinos.

—No sé, esto es un poco descabellado, esta historia vuestra es cuando menos desconcertante.

—Alberto, créeme, Marcelo Farías tiene ojos en todas partes, puede ser un tipo afable y simpático y al mismo tiempo el ser más despreciable en la faz de la tierra.

—Vale, obviando la personalidad de ese sujeto, ¿cómo estás tú?

Ahora Julio no entendía la finalidad de la pregunta enunciada por Alberto dado que de todas se presumía por anticipado la respuesta.

—¿Tú qué crees? Aliviado. Al mismo tiempo contrariado, porque esas dos ratas no continuarán cumpliendo su pena íntegra, pero, si estaban relativamente cerca de Montepardo, algo bueno no tenían pensado hacer.

Y efectivamente así era, nada bueno se cernía la noche anterior. De no haber intervenido la mano protectora del asalariado de Marcelo, seguramente Danilo hubiese tenido un trágico final e igualmente la integridad física tanto de Laura como de Julio hubiesen sido alteradas. El destino había equilibrado esta vez la balanza del lado más débil e indefenso mediando la guardia pretoriana del traficante de obras de arte.

—Esto es una locura, pero bueno, puede que tras todo esta vorágine de sucesos sí que haya podido mediar una intervención superior, una especie de yin y yang o algo parecido, yo qué sé —remató Julio algo confuso.

Quedaron en verse durante el transcurso de la noche, tras la cena.

Julio abandonó primero la laguna, quedando Joao y Alberto intercambiando impresiones.

Cuando hubo llegado a casa de Laura, la madre de esta ya le había obsequiado con una pastilla de diazepam debido al estado de nervios que su hija presentaba, habiendo caído plácidamente en los brazos de Morfeo.

—¡Madre mía, Julio, qué sobresalto! No voy a decir que me alegro de la muerte de nadie, pero creo que a esos dos no les van a echar de menos.

—Ya ves, Pilar. ¿Cómo está ella?

—Bien, no te preocupes, está algo aturdida al rememorar todo lo que podía haber pasado y todo lo que finalmente pasó, pero en unas horas verás como se encuentra mejor.

—Cuando despierte dile que la recogeré para cenar si se encuentra con ánimos. Ahora voy a ver a Danilo, el pobre no sabía qué estaba ocurriendo y al ver nuestras caras estaba un poco asustado.

—Sí, hijo, ve a ver a mi nieto y dile que a Laura no le pasa nada.

Alicia todavía permanecía agarrando la mano de una Laura amodorrada a causa del comprimido medicamentoso.

—¿Vienes conmigo, Alicia?

—Sí, espera que recoja mi bolso.

Soltó delicadamente a la amiga yacente y con sigilo llegó hasta el perchero de la entrada, recogió su complemento y ambos salieron a la vez a la calle, desde donde se despidieron de Pilar susurrando un efímero hasta luego.

Ya habiendo emprendido la marcha, su amiga no pudo contener la curiosidad.

—Explícate, comprendo la reacción de Laura, pero a ti te conozco incluso mejor, desde que éramos unos renacuajos. Hay algo más, ¿verdad? ¿Qué ocurre?

Mientras caminaban le fue relatada cada circunstancia, cada pormenor desde que llegó a la localidad, la intuición de que alguien vigilaba sus pasos, el encuentro con la figura difusa de aquel hombre, todas y cada una de las suposiciones que bombardeaban su mente.

Alicia, muy al contrario que Joao y por supuesto que Alberto, sabía escuchar sin interrumpir al interlocutor, escudriñaba cada detalle aportado.

Para cuando Julio terminó de exponer todas y cada una de las ideas que saltaban del cerebro hasta su boca, ella se limitó a aseverar con la cabeza, dando a entender a su camarada que no parecían descabelladas y por ende no tendrían que ir mal encaminadas. Es más, sus exposiciones gozaban de cierta coherencia, aunque nunca podrían saberlo, a no ser que Julio se pusiera en contacto con Marcelo, pero no se encontraba con ánimo de hacerlo a pesar de ostentar el calificativo de padre gracias al brasileño.

Se despidieron hasta la noche. Alicia entró a interesarse por su pareja y su hijo, Julio deambuló ahora solo por las calles de Montepardo de la Duquesa hasta casa de sus padres.

No había llegado a la puerta cuando se encontró de bruces con el padre de José, quien al enterarse de la noticia decidió ir al encuentro de quien siempre había sido el mejor amigo de su hijo.

Enfrentaron la mirada, se aproximaron calmosamente, Manolo alargó sus brazos y Julio acogió esa muestra de afecto como algo que quedaba pendiente entre los dos. Resultó placentero, fue reparador, terapéutico.

El primer abrazo a su llegada había sido dispensado como parte de la bienvenida, este ahora había sido fraterno, puro, como el vínculo entre padres e hijos, y así lo percibió él.

—Pasa dentro, Manolo, tómate algo con mis padres y conmigo.

Aceptó la invitación y media tarde transcurrió conversando todos en común unión mediando una suntuosa taza de café elaborado con mimo por parte de Julián, pero esta vez no hablaron del trágico descubrimiento, sino que hablaron sobre anécdotas, vivencias de las dos familias y buenos momentos, tantos buenos momentos. Hablaron de José.

A las diez de la noche, como habían convenido, se encontraban reunidos nuevamente ante la portentosa estampa de Máximo.

Laura ya se encontraba mejor, la indisposición había sido originada meramente por la imagen directa en la pantalla de los dos agresores.

Palabrería, suposiciones, hipótesis y conjeturas, cada miembro de los presentes tenía sus propias impresiones y plasmaba verbalmente cada una de sus inquietudes, pero ¿para qué? No podrían saberlo nunca, solo una persona podría aportar respuestas, pero Julio no quería enunciar las preguntas, era un precio que en esos momentos no estaba predispuesto a asumir.

—Laura, Danilo quiere verte, se quedó bastante inquieto al verte así.

—Voy contigo esta noche a tu casa, yo también estoy deseando verle.

Abandonaron la farola que daba luminosidad a la figura de ese gran árbol para emprender el regreso cada uno a su morada.

—Si no te importa, Alberto y yo acompañamos a Alicia, ya nos vemos más tarde, chicos.

La sonrisa del reportero se tornó algo parecido a una mueca irónica y mordaz al entender que el portugués estaba pasando bastante tiempo en compañía del diseñador.

—¡Eh!, otra cosa, que ya se me olvidaba: mi madre no quería ser menos y me ha sugerido que os invite mañana a comer. No podéis negaros, está muy ilusionada con tu regreso.

—De acuerdo, Alberto, dile a tu madre que mañana estaremos allí. ¿Hora?

—A las dos.

—No se hable más, hasta mañana, entonces.

Cada grupo emprendió un camino distinto.

Al llegar a casa de Julián y Erin, ya se encontraba en la ventana mirando el exterior Danilo, quien al constatar la presencia de Laura corrió aceleradamente a su encuentro saltando los escalones de dos en dos. Tropezó ya a escasa distancia y se lastimó la rodilla derecha.

Ella, sobrecogida, lo levantó, y el pequeño se dejó aupar. Recogido a su cuello quedó callado, no emitió queja alguna. Nunca había sentido algo parecido y tan intenso, no recordaba la imagen de una figura materna.

La rodilla había empezado a inflamarse por momentos, pero a él nada le dolía, nada le afligía, el calor de una madre lo cura todo.

Ni tan siquiera Julio pudo arrebatarles ese momento a los dos, el niño apretaba, y ella..., ella más.

—Quédate conmigo esta noche.

—Verás, campeón, no sé si puede, su mamá también le está esperando a ella y seguramente se preocupe si no va a casa. Lo comprendes, ¿a que sí?

—¡Quiero que se quede!, ¡quiero que se quede!, ¡quiero que se quede...!

—Está bien, déjale. Erin, ¿tienes inconveniente en que esta noche me quede a dormir en la cama de Danilo?

La pregunta se respondía por sí misma. Para la madre de Julio, Laura era de la familia, no solo era prácticamente su nuera, era como su hija, habían mantenido cientos de conversaciones, compartido cientos de intimidades ante la ausencia del hijo pródigo.

—Claro, mujer, faltaría más, pero primero vamos a ver ese golpazo que se ha dado este chicarrón, que ni esta boca es mía ha dicho.

Julián llevó un paño que previamente había rellenado con cubitos de hielo a fin de reducir la hinchazón de la articulación del pequeño.

El frío no tardó mucho en mitigar las molestias, y esta vez abuela y madre primerizas subían hacia la habitación en compañía de ese trocito de cielo cariñoso, de ese ser cándido.

Llegada al dormitorio, telefoneó a Pilar para que esta no se mostrase inquieta por la demora en regresar.

—Mamá, esta noche la pasaré en casa de Julián y Erin, he decidido quedarme a dormir con el niño, ha sido él mismo quien me lo ha solicitado de forma insistente y no he podido negarme.

Ambos postrados frente a frente en la misma cama, él con un pequeño pijama de barquitos, ella en ropa interior y una camiseta negra recuerdo de un concierto de Los Secretos que le había prestado su chico.

La cercanía no era solo corporal, se trataba de algo más intenso, que llenaba todo de magia, algo espiritual.

Él la veía como su madre y ella estaba comenzando por momentos a sentirlo a su vez como su hijo, y así debía ser.

Mientras los dos exhalaban su aliento tibio a escasos centímetros de distancia Danilo fue cerrando los ojos con su bracito izquierdo superpuesto en la cadera de su nueva y por fin estrenada mamá. Ella no podía sujetar un gesto de regusto al verle resoplar tenuemente y comenzó a acariciar su carita.

De toda la escena fue testigo en primera persona Julio, quien había permanecido sentado en un taburete apoyado en la pared, sintiendo un cosquilleo inmensamente placentero al mirar a los dos, erigiéndose cual guardaespaldas protector del momento. Tras acercarse hasta el lecho besó los labios de tan bella mujer, peinó el pelo de Danilo y apagó la luz deseando buen descanso para dirigirse a pernoctar en otra habitación contigua.

Las tres de la madrugada, Joao portaba copia de las llaves que previamente le habían sido dispensadas para que accediera a la vivienda, pero Julio, ante el golpeteo metálico e inconexo en la cerradura decidió bajar las escaleras para que sus padres no despertasen y se desvelaran.
—¡Macho, cómo vienes, ladrón!
—¿Ladrón? *Eu ñao sou um ladrão!*
—Ya, es una forma de hablar, pasa, anda.

El transcurso de la noche parecía haber sido provechoso para el portugués, quien no pudo resistirse a las impetuosas embestidas de Alberto tras innumerables campanazos de chupitos de ron y *gin-tonics* en el *pub*.

Habían intimado en demasía, ¿y por qué no?, ¿por qué no dejarse llevar? Él ya no estaba atenazado por inseguridades ni miedos de antaño, y Alberto parecía no haber estado sujeto a las mismas ataduras de corte moral que el genetista durante su infancia. No, no estaba haciendo nada inmoral, por primera vez empezaría a no permitir ser criticado por nadie por su condición, y era, ¿cómo decirlo?, liberador, sí, lo era, y enormemente gratificante.

—Espera, grandullón, ahora te llevo un vaso de agua fresca. Tú sube y no hagas ruido, ve quitándote la ropa, que hueles a cuco, y métete en la ducha.
—*Como você diz, eu te amo muito, amigo.*

No había tardado tan siquiera cinco minutos cuando al subir a la habitación compartida ya se encontraba durmiendo boca abajo en la moqueta del suelo, vestido, encima de una somera mancha de vómito regurgitado pegada a su nariz.

Se quedó mirándolo, mentalmente contó hasta diez y se bebió el vaso de agua que le traía mientras miraba la escena aparentemente cómica. Lo arrastró por los pies hasta la base del catre por si el desfallecido por sí mismo decidía posteriormente incorporarse, le descalzó, puso una cabecera bajo su cuello, le arropó como se arropa a un accidentado y se echó a dormir en la cama gemela del dormitorio. Ya si eso por la mañana intentarían limpiar la mancha a todas luces indeleble de los ácidos estomacales del borracho.

De nuevo el inconmensurable astro rey iluminando cada esquina de la habitación contigua. El pequeño abrió los ojos, enormes como platos, no podía dejar de mirarla, era inmensamente feliz, ahora tenía madre, una madre de la cual fue desposeído de forma abrupta y de la cual no guardaba reminiscencia alguna. Ella no tardó mucho más en desadormecerse. Al contemplar que esa criatura estaba inerte, plácido, abstraído en su mente mientras le acariciaba su melena ella acercó su cara, y mejilla con mejilla respiraron al unísono quince minutos más.

—¡Arribaaaa!, ¡que son casi las dieeez! Nos espera Arabela, ya sabes cómo es esa mujer con el tiempo. ¿Recuerdas aquella tarde de verano que nos despistamos jugando en la laguna y llegamos a merendar media hora más tarde, la bulla que nos echó?

Julio acababa de entrar demandando a Laura celeridad e interrumpiendo aquella escena tan afectuosa e íntima entre Laura y Danilo.

—Sí, cariño, me acuerdo, sobre todo a Alberto y a José.

—Pues no se diga más, vístete y yo mientras me ocupo del niño —se ofreció Julio mientras demandaba premura a su chica.

—¡Fuera! —interrumpió aquel abnegado gesto de forma tajante Laura.

—¿Cómo dices?

—¡Fuera!, ¡he dicho fuera! Danilo sabe vestirse solito y si me necesita ya me tiene a mí aquí —sentenció Laura.

Se levantó, se quitó la camiseta que había utilizado a modo de pijama y la lanzó a sus pies y empujándole lenta y maliciosamente hacia la puerta de la habitación le impulsó al exterior.

Él quedó en un estado de atontamiento al verla acercarse en ropa interior cucándole un ojo, sensual, provocadora, mordiéndose lascivamente el labio inferior, así que, mientras madre e hijo se acicalaban, fue a echarse agua fría a la cara y tras ello intentar tener más éxito con Joao.

—¡Arriba, borrachuzo! Vaya juerga te corriste anoche, ¿eh?

—*Oh meu deus, que dor de cabeça!*

—Ya, imagino, a pesar de tus primeras impresiones al verle esmirriado y endeble, ahí donde ves a Alberto es una máquina de ingerir alcohol, parece una puta destilería con piernas. Más de una vez nos acompañó a José y a mí a casa tras batirnos en duelo a ver quién era más tonto para hacerse con el galardón de campeón de los chupitos de ron. Ganaba siempre, una y otra vez, de farra hasta hacerse de día mientras que José y yo no hacíamos otra cosa que sucumbir ebrios, pero mucho. Buenas chispas nos cogíamos por inconscientes a sabiendas de su superioridad tras noches y noches de adiestrarse en el alterne.

—Acabo de vivirlo en primera persona, pero es que me..., me...
—Te tiene loco, ja, ja, ja. Lo sé, es una de sus virtudes, enloquecer a los que le rodean, se le da de puta madre, pero a ti creo que es otro tipo de locura la que te está atrayendo, ¿verdad?
—Acabo de conocerlo y ya tengo más química con Alberto de la que nunca he tenido con nadie, es muy afín a mí, a mis miedos, expectativas, a mis gustos...
—Ya. ¿Quieres que te lo describa resumidamente? Grosero, deslenguado, indiscreto, pero, sobre todo y por encima de cualesquiera otros calificativos, cordial, sincero, leal, afable, bondadoso y buena gente. Por todo eso le quiero. Nunca se esconde ante nada ni nadie, lo primero que le pasa por la cabeza lo suelta, sin filtro, es su esencia, su idiosincrasia y por ello le quiero mucho. Por eso te pido una sola cosa, hermano.
—¿Qué?
—No sé a qué rollo estáis los dos jugando, pero espero que ninguno salga herido, os necesito a ambos en mi vida.

Ahora fue el portugués quien despeinado y vestido todavía con la ropa de la noche anterior se acercó hasta su ubicación para premiarle con una carantoña, pero Julio se apartó raudo para no tener que sufrir la virulenta peste a halitosis mañanera de Joao. Su amigo no había causado el mismo efecto que la escena de instantes antes en la habitación contigua.

La sensación de desasosiego y angustia por la muerte de los dos asesinos de José les había abandonado por el momento y era reconfortante no pensar en ello.

Las magdalenas, la leche y el café ya se encontraban dispuestos encima de la mesa del salón al bajar todos.

Erin se acercó hasta Danilo, le dio un fuerte abrazo y le dedicó un buenos días en su lengua materna. Tras dicho gesto afectuoso, cogió de la mano al pequeño y a su nuera y los sentó junto a ella.

—¿Y yo qué, mamá?
—Tú ya eres mayorcito para tontadas. Anda, id a ayudar los dos a tu padre con la segunda ronda de la cafetera.

De sobra sabía Erin que Julián no necesitaba de la pericia de su hijo y amigo, solo deseaba estar unos momentos a solas junto a sus recién estrenados nuera y nieto.
—Hola, viejo, buenos días.
—Buenos días, Julián.
—¡Hombre, los dos fantásticos! ¿Habéis descansado?
—Bueno, más o menos, este más y yo algo menos.

A Joao no le hizo gracia esta última apreciación, menos aún si cabe cuando la resaca estaba empezando a causar mella en su dolorida sesera.

Tras conversar sobre cosas mundanas y sin mayor trascendencia, ayudaron en la logística desayunando todos juntos copartícipes de una exultante y grata reunión.
—Bueno, vámonos, acaba de mandarme un mensaje Alicia de que está esperándonos.
—¡Que espere! El niño no se va a ir de esa guisa. Laura y yo vamos a darle un baño y a cambiarle de vestimenta, ya sabes lo remilgada que siempre ha sido Arabela. Pepe no es así, pero la señorita es estirada y presumida como ella sola, no hay otra igual en la comarca. Además, no es aconsejable molestar, Pepe no está ya para mucho trajín.

¿Molestar a Pepe? Quedó extrañado por esta última afirmación, ya que Pepe siempre había sido un hombre simpático y cercano, amén de haber dado trabajo a buena parte de los lugareños. Un empresario de éxito, pero sin que la culminación a su esfuerzo y dedicación se le hubiera subido nunca a la cabeza. No así Arabela, quien siempre había sido vista por parte del resto de vecinos de la localidad como una mujer arrogante y algo distante.

Pero no había llegado a discernir qué razón habría para que su madre hubiese utilizado el verbo molestar en la enunciación sobre Pepe. Alberto durante los días anteriores no había hecho referencia a nada en particular sobre su padre y el resto de amigos tampoco, ni tan siquiera Laura, así que para qué le iba a dar mayor importancia.

Transcurrió media hora más entre risas de Erin y Laura debido a las salpicaduras del párvulo en la bañera.

Cuando bajó de nuevo la escalinata vestido cual pequeño ejecutivo con raya del pelo bien acusada al lado izquierdo y oliendo a una agradable fragancia a perfume, tanto Julio como Joao y Julián comenzaron a aplaudir tan fantástica conversión, la metamorfosis había sido apoteósica.

Estaban aproximándose a casa de Adelina cuando ya en la puerta se encontraba Alicia en laxa y distendida actitud. Si bien todavía no había digerido en su plenitud la noticia del día anterior, el hecho de que esos miserables ya no se encontraran gozando de los mismos rayos de sol que ella disfrutaba en ese momento le hacía sentirse bien y no presentaba signo de arrepentimiento alguno por ello.

—Buenos días, doña novelista.

—Buenos días tenga su merced también, don corresponsal.

Laura fue la primera en ser consciente de que tanto Paco como el hijo de ambos no se encontraban en disposición de acompañarles.

—¿Y tus hombres?, ¿dónde están?, ¿no vienen?

—No, Paco está un poquito indispuesto, no le habrá sentado bien la cena. Ya sabes, come con ansia y luego lo paga su intestino. Y Julio se quedará con la abuela mejor, así no dará problemas en casa de Alberto, que ya sabéis como las gasta su madre.

A Joao ya empezaba a figurarle que Arabela debía ser la viva imagen de una bruja, con verrugas en la nariz y una escoba bajo sus arqueadas y peludas piernas, ya que no había quien le dedicase algún tipo de calificativo que no fuese acorde al de un ser que infundiese respeto e incluso desapego, y, aunque era una tontería, eso le incomodaba, porque se trataba de la madre de Alberto.

Como quiera que sobraba algo de tiempo hasta la acordada reunión en casa de los padres de Alberto, decidieron pasear tranquilamente por las calles adoquinadas del pueblo.

Por decisión unilateral de Laura, los congregados marchaban ahora a las inmediaciones de una especie de edificación semiderruida en la calle Potico, donde antaño y de manera clandestina ella, ruborizada, reveló sus más profundos y silenciados secretos de amor a José, cuando ambos eran tan solo unos críos, para que este intercediera entre ella y Julio. Laura recordaba cada detalle, el semblante de José al revelarle tan repentina sorpresa, los gestos de complicidad, aunque tímidos y apocados, de aquel amigo ahora ausente y al que echaba en falta con un dolor punzante e insoportable por momentos.

—Era bueno, ¿verdad?

—Sí, Danilo, era muy bueno, amable y honesto, te hubiese encantado conocerle.

La pobre no pudo reprimirse y comenzó a llorar desconsoladamente.

—Mamá, lo siento mucho, no quería hacerte sufrir.

Ese niño de poco más de seis años ataviado con un traje de pequeño ejecutivo con la mirada fija en ella al mismo tiempo que enunciaba cada palabra pareciese como si hubiera sido poseído por una persona de cien años, de un alma vieja, utilizaba con tal contundencia frases y vocabulario que podría incluso interpretarse estar inmerso en una incipiente maduración temprana para su edad o que pudiera ostentar las virtudes de un superdotado.

No tardó en intervenir Alicia de forma ocurrente.

—No, pequeño, es que José era tan bueno tan bueno que tú nos recuerdas mucho a él.

—Gracias, tía Alicia.

Aunque nadie había formulado, y menos en su presencia, nada parecido a que Alicia ostentara rol familiar alguno sobre él, de forma refleja ante la cercanía del grupo de amigos ya se había adjudicado para sí mismo esa consanguinidad postiza con la escritora, al igual que con el resto.

Como si fuera un equipo de futbol tras la consecución del gol todos se abrazaron en grupo con el pequeño en medio, lanzando ahora Julio un sentido beso a las infinidades del cielo, despejado de toda nube, engalanado esta vez para ellos de un claro y contundente color azul como nunca antes percibido.

Las dos y media, sonó el timbre de la enorme casa color beis con tejado aboardillado en la cual más de una tarde habían pasado todos las horas comiendo o merendando tras alguna que otra incursión en la descomunal piscina del patio circundada por diversos árboles frutales.

Abrió la puerta un desmejorado Pepe, quien renqueante por el paso de los años realizaba sonidos quejicosos cada vez que zarandeaba alguna de sus extremidades, si bien su simpatía y cercanía seguían intactas.

—Hombre, la pandilla de los trastornaos están aquí de nuevo.

—Los Volaos, Pepe, los Volaos —contestó Alicia de forma contundente e irrebatible.

Le tenía tal aprecio, era tan cercana esa sensación de apego y confianza con ese hombre, que para ella cualquier índole de reproche no podía ser interpretado de otra manera que no fuese de forma cariñosa.

—Pasad para adentro —ordenó Pepe vivaracho—. Alberto os está esperando en la piscina, la barbacoa ya está encendida. Hoy vais a degustar el mejor arroz con costillas de España, el mío.

Uno tras otro fueron entrando en el interior de aquella fastuosa vivienda. Primero Alicia, quien fue premiada con una sonora colleja, al igual que cuando era todavía una niña. Luego Laura, gratificada con un par de sonoros besos. Tras ella fue Julio quien estrechó fuertemente las manos del afectuoso empresario.

—Ya era hora que te dejases de tontadas y vinieses a vernos, pedazo de mangurrín.

Mangurrín era un calificativo que siempre había otorgado a Julio, José y a su propio hijo cuando se los encontraba a los tres disfrutando del ocio nocturno con su beneplácito y conocimiento de causa.

—¡Hola, Pepe, qué alegría verte de nuevo! Ya sabes cómo va esto, mis padres, la madre de Laura, qué te voy a contar. Mira, te presento a Joao, un íntimo y buen amigo de Lisboa que me ha estado acompañando últimamente en mi periplo.

—Hola, Joao, encantado de conocerte.

—Hola, Pepe, muy amable, y gracias por la invitación también.

—De nada, hombre, si eres amigo de esta panda, siempre serás bienvenido a esta morada. Vamos, pasad, no os quedéis en la puerta.

—Espera, falta alguien a quien te tengo que presentar, ahora mismo junto con Laura es la persona más importante en mi vida.

De su espalda apareció la figura asustadiza y achantada de Danilo.

—Te presento a mi hijo, se llama Danilo.

—¿A quién has dicho? Me he perdido algo.

—No, no te has perdido nada, es mi hijo, pero adoptado, nació en Río de Janeiro.

—¡Este hijo mío no me cuenta una mierda! Seguro que Arabela estaba al tanto de todo.

Pepe se agachó y se acercó lentamente hasta la cara del renacuajo y con una cómplice mueca le indicó que le siguiera.

El niño obedeció sin contemplaciones. Llegados hasta la cocina, apartó la cubierta de una especie de receptáculo que contenía una infinidad de bombones de chocolate redondos. Cogió uno y se lo ofreció.

—¿Te gusta el chocolate?

—Sí, señor, muchas gracias.

—¡Mira qué educado el chavalillo! Pues venga, toma los que quieras y aprovéchate, no tengas vergüenza.

El primero de aquellos espectaculares dulces fue devorado con ansia, tras ello un puñado fueron a parar a los bolsillos del pantalón.

Pepe no podía contener el deleite de ver como aquel mocoso sustraía a hurtadillas todo el chocolate que podía. Hacía ya muchos años que había caído en la cuenta de que Alberto era reticente a mantener relaciones con chicas y a ser padre de la misma forma que acaba de serlo Julio. El deseo de Pepe había sido siempre el de ser abuelo, al principio de cualquier forma, a cualquier coste, pero posteriormente había asumido con resignada mesura y tristeza que no sería así.

Todos le siguieron a través de la cocina y de varias dependencias más hasta la salida al descomunal patio, el cual era encumbrado por una gran piscina ovalada con el escudo color granate y las siglas PM en su fondo que siempre había sido insignia de la ropa manufacturada en la fábrica propiedad de Pepe Martínez.

Ahí se encontraba Alberto, con bañador blanco de malla elástica ajustado —que él mismo había diseñado, cómo no—, con la imagen a cada lado de un ojo egipcio, el Ojo de Horus, símbolo que hacía mención al orden y a la perfección.

—Hola, chicos, poneos cómodos, que hoy la tarde va a ser apoteósica. Os he preparado unos bañadores a cada uno, son mi regalo de bienvenida. Entrad al baño que está pegado a la ducha exterior de aquella pared y cambiaos.

—¿Pero qué estás diciendo loco? Ja, ja, ja.

Julio no podía creer lo que estaba diciendo su colega, pero así era, ya se había encargado él mismo de que le fueran reportados con celeridad de una de sus *boutiques* los diferentes trajes de baño, dos de chica y dos más de chico, todos con evocaciones de la caducada civilización del Nilo. Para Danilo había dejado uno de su propiedad de cuando su altura no excedía del metro y que su madre había dejado guardado como recuerdo en un olvidado cajón.

Ellas estaban de pasmo, esos trajes de baño confeccionados de una única pieza realzaban sus respectivas figuras y mostraban la cara de una bella mujer de la época junto a las pirámides de Guiza, acorde a las tendencias y en total sincronía con las ideas femeninas más actuales.

Cuando Julio salió parecía un *playboy* de portada de revista, el tejido era similar al que portaba Alberto, esta vez estampado de escarabajos egipcios azules y verdes.

Se hizo la expectación ante la salida a escena de Joao. Tras un acto de vacilación ante aquella disyuntiva, el genetista venció la timidez y, dejando a un lado su orgullo, abrió la puerta y ofreció su torso a los ojos de los allí presentes.

La panzada de reír fue tal que el pobre decidió introducirse de nuevo en el baño ante la frenética mofa que le fue dispensada.

El desgraciado de Alberto le había apartado como gran remate y a modo de broma una especie de bañador tanga color amarillo, el cual portaba sobrehilado en rojo y a la altura del miembro íntimo la frase «todo esto es mío» en portugués —*tudo isso é meu*— y que por supuesto nada tenía que ver con confección alguna suya.

—Vamos, cobarde, sal ya, estás espléndido.

Cuando por fin cesaron las guasas, el pobre salió de nuevo, comenzando otra vez el pitorreo. Resignado claudicó y pensó que era mejor que terminase su suplicio cuanto antes, así que esta vez quedó fuera y poco a poco fueron remitiendo los chirriantes sonidos de risotadas de sus amigos españoles.

—Hola, Julio, cuánto tiempo sin verte, ¿cuándo has venido?

Sonrió creyendo que se trataba de una broma de Pepe, siempre había sido así, jovial y burlón.

—Ya ves, no hace mucho.

—¿Y ese niño que está a tu espalda quién es? Ah, será hijo de algún conocido de Alberto, seguramente de aquel de allí que tiene el tanga amarillo tan ridículo. Ya conoces a mi hijo, invita a quien quiere cuando quiere.

Esta vez la gracia había dejado paso a una desazón que le quemaba, desconocía por qué Pepe estaba obrando ahora de aquella forma, la razón por la cual hablaba de forma tan hiriente cuando nunca había sido así, y con esa cara desencajada. Como cachondeo macabro no estaba mal, pero la cara, ese rostro ausente, estaba incomodando ya de manera preocupante a Julio.

Se acercó hasta ellos Alberto mientras el resto de invitados guardaban un respetuoso silencio. Le ofreció su brazo y Pepe se cogió a su hijo para caminar en su compañía hasta el dormitorio, allí le facilitó dos pastillas de distinto tamaño y tonalidad y lo recostó en la cama. A su regreso, Julio interpeló a su amigo por tal circunstancia.

—¿Qué le ocurre a tu padre? ¿Por qué no me has dicho nada? ¿Y vosotras lo sabíais?

—Tranquilo, mi padre tiene un estado medio de alzhéimer, fui yo quien les hizo que me prometiesen que bajo ningún precepto lo divulgasen, mucho menos a ti, bastante tenías ya con tu propio suplicio: José, lo que viste en esas contiendas, no estar con Laura. No quería añadir más despropósito e intranquilidad a tu vida. Además, él está bien, tiene momentos en los que su lucidez desaparece y se evade, en unos minutos vuelve a ser el de siempre, pero cada vez se encuentra más disperso y fatigado.

—Lo siento muchísimo.

—No te preocupes, está bien, de verdad. Eso sí, cada día hay que encender un rato la barbacoa porque le ha dado la neura de hacer arroz con costillas. Él en la puta vida ha cocinado, pero bueno, le traemos los ingredientes y le dejamos que lo prepare. Siempre bajo supervisión, claro está, mi madre, la chica de la limpieza o yo cuando vengo de Madrid. Luego lo arrojamos a la basura porque es incomestible y así una y otra vez, pero mientras guisa lo veo feliz y verlo así me resta pena.

—Siento no haberte dicho nada, cariño, pero Alberto no deseaba causarte dolor —intervino Laura.

—Ya, bueno, es comprensible, espero que no me guardéis más secretos de ahora en adelante.

Tras ese bajón en el estado anímico, Alberto instigó a todos a darse un refrescante chapuzón en la piscina dado que la comida ya estaba preparada desde hacía tiempo. No habían caído en la cuenta de que unos metros más atrás y junto a las tumbonas se encontraba una enorme y alargada mesa donde se disponían todo tipo de platos, si bien tapados cada uno de estos para no permitir la intromisión de los insectos circundantes en los suculentos alimentos.

Ya en el interior de la alberca hubo todo tipo de retos, malabares, danzatorios, de contención de la respiración.

Danilo no temía el agua pese a no tener ni las más elementales nociones de natación, pero no se soltaba del cuello de Laura.

Como quiera que ahora estaban gozando de unos agradables instantes, no habían tan siquiera reparado en la figura de Arabela.

Esa mujer de mediana edad, habiendo rebasado no hace tanto los sesenta, que todavía mantenía una figura y piel envidiable, había estado retocándose en su dormitorio. Con el pelo recogido en coleta alta y ataviada con un elegante vestido ibicenco de lino blanco con tirantes y sandalias negras, estaba bajando ahora por las escaleras de mármol portoro, unos de los tipos de mármol más sofisticados y caros del mercado.

La primera en salir de la piscina al presenciar su llegada fue Alicia.

—Hola, Arabela, sigues tan estupenda como siempre.

—Gracias, amor, leí hace poco tu última novela, no está nada mal.

—Pues gracias, qué puedo decir.

—Hola, ¡qué porte tienes todavía, hija mía! Ah, y muchas gracias por la invitación —dirigiéndose condescendiente ahora Laura.

—Tú sí que estás guapa, Laura. Espero que ahora que por fin ha venido el gran hombre puedas ser feliz de una vez por todas.

Así era ella, molestamente directa, incisivamente franca, siempre lo había sido.

—Hola, señora, mi nombre es Joao, encantado de conocerla.

—¿Eres brasileño? Lo digo por tu tonalidad de piel y ese acento.

—No, soy portugués, aunque he estado recientemente en Brasil junto a Julio.

—Eso, Julio, ¿dónde está ese truhan? Mi hijo me ha dicho que se ha hecho cargo de un niño de un orfanato. No digo que esté mal, pero podríais haberlo intentado primero un poco antes a ver qué pasaba, ¿no, Laura?

Se mordió la lengua fuertemente para tratar de minimizar el hastío que le producían sus comentarios hirientes de forma premeditada y así no contestar por respeto a Alberto y no dar por finalizada la reunión cuando la misma acababa prácticamente de iniciarse. Además, ya la conocía desde que era una niña, sabía que la empatía no era uno de sus fuertes.

—Hola, Arabela, cuánto tiempo, me alegro muchísimo de volverte a ver, ya veo que los años no pasan por ti.

Nada más lejos de la realidad, solo el gran afecto hacia su amigo sustentaba la educación y compostura hacia aquella áspera y estomagante persona.

—Como siempre, estás hecho un galán. Gracias, salado.

Mojado todavía por el baño en la piscina se acercó hasta ella y le propinó un par de besos a pesar de las reticencias iniciales de ella, dado que acababa de maquillarse instantes antes, aunque finalmente aceptó el envite e igualmente participó del cercano saludo.

—Y dime, ¿qué tal tu viaje por Brasil? Tiene que ser un país fabuloso.

—La verdad es que solo estuve en Río de Janeiro, y sobre todo por motivos de trabajo, no tuve mucho tiempo para el ocio.

—A mí no me ha llegado a los oídos eso, parece ser que tuviste tiempo para otros menesteres, ¿no?

Toda la historia concerniente a sus viajes, a la gente que acabó conociendo y sus pormenores había sido relatada de nuevo exhaustivamente por parte de Alberto a su madre, a quien le unía una gran relación de complicidad.

Puso en conocimiento de su progenitora las identidades de Basilio, sacerdote lisboeta, de un mafioso de nombre Marcelo residente en Río de Janeiro, hijo este de una mujer española que dejó su pueblo natal en el norte de España y que viajó a Brasil junto a un tratante de arte y antigüedades, y cómo Marcelo le había otorgado la salvaguarda y tutela de su propio hijo de nombre Danilo, aceptando Julio su adopción.

Julio se giró clavando profundamente sus ojos en los de Alberto mientras que este se encogía de hombros ante tal perspicaz mirada. No pretendía guardar la noticia de la adopción del niño como enigma o secreto a su madre, únicamente le hubiese gustado ser él mismo quien le notificara dicha circunstancia, y desde luego sin tantos detalles.

—Bueno, resumiendo un poco la estancia, se puede decir con conocimiento de causa que estoy vivo de casualidad, al igual que mi amigo Joao. También que conocí buenas gentes, otras más bien nefastas, que recobré la ilusión, recordé todo lo que había perdido por tozudez, y por encima de todo encontré a un ser maravilloso a quien ahora te presento como mi hijo, bueno, y de Laura.

—Ven, campeón, quiero presentarte a la madre de Alberto, parece ser que ha oído hablar ya de ti.

Danilo, quien se había quedado ensimismado mirando un pequeño pájaro de vivos colores que se había posado en uno de los árboles que rodeaban la zona de la piscina, se giró y corrió al encuentro de Julio.

En breves segundos se plantó frente a Arabela.

—Hola, señora, estoy encantado y feliz de conocer a la mamá de Alberto.

La tez de Arabela se tornó pálida repentinamente, sintió un hormigueo en los dedos de las extremidades y su vista se nubló.

Cuando recobró la conciencia se encontraba en el suelo. A un lado su hijo le sujetaba la cabeza, mientras que Joao le elevaba las piernas y Alicia le estiraba el vestido para no dejar al descubierto algo más que aquellas todavía esbeltas y firmes piernas.

—Mamá, mamá, ¿te encuentras bien? ¿Qué ha pasado? ¿Qué notas? Dime algo....

Mientras que no paraba de preguntar por su estado físico abofeteaba a su progenitora levemente con la intención de que reaccionara.

—¡Estoy bien!, ¡que estoy bien he dicho, no me pegues más golpes, por Dios!

Poco a poco la fueron incorporando mientras que Laura acercaba una silla.

Una vez ya sentada apartó con las manos a todos, los cuales estaban tan cerca que le costaba encontrar resquicios de aire para poder respirar y buscó de nuevo la figura del niño.

—¿Está bien, señora? Vaya golpetón se ha dado.

—Sí, hijo, ha sido solo un pequeño mareo, ven que te vea de cerca, eres guapísimo.

—Muchas gracias, usted es una abuela muy guapa también.

Arabela jamás hubiese digerido con deleite alguno ese calificativo, pero dicho desde el cariño y la inocencia del menor parecía no serle otorgada la capacidad de daño que le hubiese sido infringido de haberse pronunciado por parte de cualquier otra persona.

—Mamá, voy a llamar al centro médico, necesitas que te vean.

—No, no vas a llamar a ningún sitio, Alberto. Desde hace unas semanas parece que tengo la tensión algo baja, y eso junto al calor del día de hoy puede que haya desencadenado en un achuchón, pero ahora estoy perfectamente. No te preocupes y hazme caso, hijo mío, me duele más la vergüenza ajena que la caída. Y además, ya estoy medicándome, me prescribieron unas píldoras que reducen los síntomas.

Pepe, tras un leve pestañeo se había levantado. Todos se giraron al escuchar sus pasos acercándose, incluida Arabela, que todavía permanecía sentada.

—¿Qué ha ocurrido, cariño? ¿Está todo bien?

—Sí, amor, parece ser que me he resbalado y los chicos me han ayudado. Estas malditas sandalias son muy deslizantes, mucha marca, pero poco agarre.

—Vaya, pero no te has lastimado, ¿no?, ¿o sí...?

—Que nooo, que está todo bieeeen. Anda, ven y saluda a los amigos de Alberto.

—Ya los saludé, abrí yo la puerta, mis chicas y Julio, y su amigo Joao.

Julio no entendía cómo apenas veinte minutos atrás no recordaba parte de lo que había acaecido y ahora era consciente de todo nuevamente.

—Anda, vamos dentro, que nuestra comida está en la mesa de la cocina.

Ahora ya no mencionaba nada de arroz alguno y volvía a ser el Pepe de siempre.

Arabela se puso erguida y caminó hacia su marido. Ambos se cogieron de la mano cual dos eternos enamorados. Ella se apoyó en su hombro y sonriendo les instó a pasarlo bien.

—Nosotros dos comeremos aparte, los viejos no queremos ser un estorbo, pero cuando hayáis terminado de comer y os hayáis divertido un poco tomaremos un café con vosotros. Bueno, Pepe y yo unas infusiones.

Lanzó un beso a Danilo y juntos se introdujeron en el interior de la vivienda.

—Mi amor, has visto que pequeñajo más pizpireto, es hijo de Julio, se llama Danilo.

—Sí, es muy guapo, más tarde nos reuniremos con él también, le gustan muchos los bombones de chocolate, antes en la cocina se comió buena parte de ellos.

—¿Sí? Ja, ja, ja. Pobrecillo, luego le damos una de las cajas de la despensa, que tenemos decenas de esas que te regalan todavía tus antiguos clientes.

El matrimonio se introdujo a paso lento en el interior de aquella imponente casa, mientras que los invitados quedaban perplejos ante tal demostración de afectuosidad y cariño.

—Bueno, chicos, después de tanto sobresalto vamos a comer algo, que esto parece un velatorio.

—Opino lo mismo, estoy muerta de hambre.

Alicia reiteró la frase enunciada por Alberto dado que eran las tres y cuarto de la tarde y todavía no habían probado bocado alguno.

Dieron buena cuenta del condumio mientras bromeaban con la cara de susto que se les había quedado tras el golpe de la anfitriona del evento. Después volvieron a introducirse en la refrescante agua. Estarían así hasta las cuatro y media, momento en el que de nuevo los maduros cónyuges hicieron acto de presencia en aquel inmenso patio.

—Isabella, procede con el café cuanto antes.

Isabella, mujer menuda de nacionalidad ecuatoriana, quien continuaba ejerciendo su actividad laboral como empleada de hogar y que tantos y tantos años llevaba al servicio de la familia, en régimen abierto, eso sí, dado que Arabela gustaba de participar igualmente en las tareas domésticas a pesar de que cara a los demás vecinos tuviese otro perfil distinto.

—¿Cómo están mis chicas? Que no me entere yo que el famoso diseñador no os trata bien.

Pepe agasajaba continuamente con piropos y alabanzas a Laura y Alicia, al igual que había hecho años atrás, pero era una actitud inocente, condescendiente, siempre hubo querido a las dos muchachas, mujeres ya, como a sus propias hijas.

—Estamos a cuerpo de reinas, no te preocupes tanto, que nos tienes muy mimadas y nos vas a malacostumbrar.

—¿Y tú, Joao? Te llamabas Joao, ¿verdad?

—Sí, señor, lo estamos pasando francamente bien. He de decir que tiene usted una casa imponente.

Julio lo miró con chanza, de sobra sabían ambos que las propiedades de Adalberto Botelho eran todavía más suntuosas y elegantes, pero ante todo el portugués era una persona educada y sabía guardar las composturas. Nunca un ápice de orgullo o vanidad habían salido de su boca respecto a feudo o posesiones, no era su estilo, simplemente siempre había valorado más otras cosas, como por ejemplo el aspecto y trato humano y cercano de la gente, la empatía, el buen fondo con quienes trataba, y, aunque se había llevado muchos varapalos, no dejaría nunca de ser así.

—Danilo, ven un momento, me gustaría darte algo.

Arabela ya portaba en sus manos otras cuantas chocolatinas extraídas del recipiente que Isabella rellenaba continuamente para que siempre estuviese al máximo de su capacidad y cumpliera así su labor ornamental en el centro de la mesa de aquella gran cocina industrial.

—Gracias, señora, pero ahora no tengo hambre.

—Bueno, te los guardaré en una bolsita y así puedes llevártelos para comerlos después. ¿Quieres?

Arabela se separó del resto mientras que conversaba con el pequeño, apartados, en una zona cubierta por la sombra de una gran pérgola tipo cenador con telas blancas.

Se oía reír y reír a aquella circunspecta mujer, como si hubiese sido abducida de forma habilidosa por el dialéctico de algún cómico burlón.

Mientras, todos se bañaban, incluido Pepe, quien requerido por las féminas fue a cambiarse saliendo ante la vista de todos con un bañador rosa confeccionado, cómo no, por su hijo. La prenda estaba decorada con las estampas de varias efigies simulando haber sido dibujadas a carbón.

—¡Madre mía! ¡Cuerpoooo! ¡Que eres el cuerpo en persona! ¡Tío buenooo! Ja, ja, ja.

No podía contenerse ahora el momento lúdico-festivo que había adquirido la coyuntura. Alicia había sacado por fin su lado más salvaje y locuaz, tal como era ella. En otro momento a la madre de su amigo le hubiese ocasionado desdén y vergüenza ajena, ahora estaba tan abstraída que no atendía a lo que estaba ocurriendo a su alrededor, solo tenía ojos para Danilo. Arabela sabía que su hijo no le proporcionaría el don de ser abuela, que no le otorgaría el premio de adquirir ese calificativo, y la presencia de ese niño había removido en su interior un mundo de ilusiones.

La tarde estaba siendo de lo más placentera y la verdad, era un alivio el haber olvidado por un momento el mal trago de tener que recordar la imagen de aquellos hombres muertos que tanto daño habían causado en la vida de los presentes. También era de agradecer que tanto Pepe como Arabela hubiesen obviado dicha conversación, probablemente sabían que podrían haber infligido todavía más daño y no era el plan inicial de la presencia de los muchachos en la casa.

Las horas pasaron raudas, con una cadencia deleitosa. Llegadas las ocho y media decidieron posponer la placentera quedada para cualquier otro día no muy lejano.

Todo había salido a pedir de boca, todo menos los sustos de ambos anfitriones, pero dichos sobresaltos le habían otorgado un toque anecdótico e inolvidable al convite.

El pequeñajo parecía haberlo pasado bien, no habían aparecido fricciones ni choques dialécticos entre la matriarca de la familia y el resto de integrantes de la reunión e incluso podría llegar a decirse que nunca antes habían sido tan bien acogidos en aquella propiedad, al menos desde que José ya no estaba.

Antes de cruzar todos la puerta de salida les fue requerido a ambas chicas que premiaran con un sonoro beso al achacoso senil, quien tras la circunstancia se giró hacia su hijo con la cara henchida de orgullo y le espetó:

—¿Has visto, muchacho? Este maduro todavía ligaría si quisiera, pero esa bruja no me deja salir a la calle. ¡Maldita loca! ¡Adiós, piboncitos!

Quedaron atónitos, pero sobre todo las miradas de Alicia y Laura se tornaron otra vez alicaídas: de nuevo Pepe, su Pepe, no estaba, había dado paso a una versión moderna del doctor Jekyll y *mister* Hyde.

—Perdonadle, ya sabéis lo que le pasa de vez en cuando, no sabemos por qué desconecta y ve todo de forma distinta, se va acentuando cada día.

Alberto cogió por la cintura a su padre y de forma resignada lo introdujo en la vivienda mientras con la mano despedía a sus amigos.

—Julio, perdona, ¿tienes un momento?

—Sí, claro, Arabela, tú dirás.

Todos esperaban a escasos veinte metros a que este último rezagado volviera, mientras Danilo iba cogido de la mano de Joao y Laura mirando en dirección de los interlocutores.

—Verás, me gustaría tratar contigo un asunto en persona.

—¿Un asunto? Claro, ¿en qué te puedo ayudar? ¿Ocurre algo?, ¿es por tu marido?

—No, no, no es nada de eso, pero me gustaría tratarlo en la intimidad si no te importa.

—Claro, como desees.

—Bien, ¿mañana a las diez de la mañana podrías ir a la entrada de La Florica? Conoces su ubicación, ¿no?

La Florica era una aldea abandonada a escasos cinco kilómetros de Montepardo de la Duquesa, circundada por el meandro de un pequeño río y cubierta de frondosa vegetación compuesta por matorrales de monte bajo, chopos y algún olmo, que había sido lugar de peregrinaje y aventura de la peña de los Volaos cuando eran unos adolescentes. Alberto la había adquirido como regalo de cumpleaños para su madre con los primeros emolumentos logrados en el mundo de la moda.

—Claro que la conozco, allí estaré, pero, la verdad, me dejas algo intranquilo.

—No te preocupes, nos veremos allí entonces, hasta mañana.

Movió compulsivamente ambas manos despidiéndose de todos y lanzó al viento un beso en sentido a Danilo con una mirada sobrecogedoramente boyante. Tras ello dio la espalda y cerró la puerta.

Todos se quedaron mirando a Alberto extrañados, requiriendo de este alguna respuesta que aportase algún atisbo de congruencia a lo que acababa de acaecer.

—¿Qué quería de ti doña perfecta?

—Nada, cariño, solo me estaba expresando que se encontraba feliz por mi regreso y dándome la enhorabuena por la recién estrenada paternidad, bueno, de los dos.

La mueca de duda de su chica no hizo otra cosa que poner más nervioso aún a Julio por la inesperada invitación de aquella enigmática mujer.

Esa noche se fueron pronto a la cama, no hubo lugar a más dialéctica.

Serían aproximadamente las siete de la mañana cuando Julio no podía contener más sus ansias de levantarse del lecho, no podía dejar ni un solo instante de pensar la razón por la cual Arabela requería en privado su presencia, y, si bien le causaba cierta inquietud, estaba al mismo tiempo sobreexcitado por dicho encuentro.

Sin realizar ruido, para no despertar a Joao ni Danilo, en el más absoluto mutismo, se vistió, tomó apresuradamente un café sobrante de la cafetera del día anterior, cogió una vieja y aún oxidada bicicleta sin cambio de marchas que quedaba ubicada en el trastero —la cual Julián había reparado recientemente y que tuvo mejores días a manos o, mejor dicho, a piernas de Julio cuando era solamente un crío— y con el herrumbroso vehículo se dispuso a pedalear hasta la aldea de La Florica.

La mañana era apacible, los primeros rayos de sol eran reconfortantes aunque por tramos cegadores, pero el trayecto más que conocido por parte de Julio le rememoraba tiempos pasados muy amenos en compañía de sus amigos. En esa misma carretera y a la temprana edad de trece años, su amigo José y él se retaron a llegar cuanto antes a la abandonada aldea, siéndole dispensado como premio al ganador un beso en los labios de Laura, la cual claramente había predispuesto por sí misma la naturaleza de la recompensa al ostentar fundadas sospechas sobre quien podría llegar a ser el hipotético y presumible ganador del reto. Laura, Alicia y Alberto esperaban ya previamente en la aldea a los dos participantes tras haber salido estos con suficiente antelación. Iniciada la contienda, comenzó exultante José sacando varias decenas de metros de distancia a Julio, pero, una vez sucumbido ante la adversidad de su penosa condición física, José pudo comprobar de primera mano como su mejor amigo le adelantaba a unos escasos quinientos metros de la meta, lo que le empujó a lanzar una serie de improperios hacia su atlético competidor:

—Cabronazo, no me jodas, ¡déjate ganaaaar! A ti te van a dar mil besos y esta era mi oportunidad. ¡Qué hijo putaaa!

Mientras José le dedicaba todo tipo de calificativos y frases afectuosas con la boca pastosa y casi sin aliento, Julio no podía dejar de pensar, vislumbrando a lo lejos la figura de aquella chica de la cual estaba sumamente enamorado, que el primer beso que se daría con la que a la postre sería su amor de por vida no debía ser mediando una apuesta entre brabucones. Decidió por tanto simular la contingencia de una lesión fortuita, para que al menos, si dejaba su puesto de vencedor a su amigo, quedara ante los ojos de los demás algo de orgullo intacto.

—¡Joder, me hadado una pájara por ir oyendo tus tontadas! ¡Y un pinchazo en el gemelo!

De sobra sabía José que disimulaba su amigo, si bien, lejos de reparar en el incierto estado del supuesto lastimoso, comenzó a reír a carcajada limpia otorgándose para sí mismo ya a escasos veinte metros la figura de ganador del envite.

Laura no podía creerlo, su príncipe azul había perdido la apuesta y se veía abocada a tener que besar a José.

Alberto y Alicia echaban más leña a la hoguera aumentando por momentos el nivel de la chanza, aunque eso a José no le importaba, iba a degustar los labios de un pibón, y siempre podría decir que él y solo él fue el primero en besar a Laura antes que cualquier otro chico de la comarca e incluso antes que su idolatrado colega, todo ello a pesar de que ambos sabían a ciencia cierta que el resultado final había sido premeditada y alevosamente adulterado.

Y a pesar de todo ello, siempre que el grupo rememoraba sus primeras andanzas y vivencias, era José quien recordaba a la pareja de novios que él fue quien robó el primer pico al apuesto galán.

Tantos y tantos recuerdos taladraban su cabeza mientras pedaleaba camino al encuentro esta vez de Arabela. Cómo echaba de menos algunas veces aquel tiempo pasado, la refrescante locuacidad, la inocencia, la incipiente sensación de libertad y de pertenencia a un grupo, a una familia constituida por amigos, fieles y buenos amigos, de los cuales podía seguir disfrutando en la actualidad, aunque desgraciadamente no de todos...

Serían aproximadamente las nueve cuando Julio ya se encontraba a la entrada del caserío de La Florica. Aparcó el destartalado vehículo apoyando su manillar en la pared del edificio, rodeado este por una excelsa vegetación de enredaderas, y mientras hacía tiempo se aproximó por el camino empedrado hasta el riachuelo cercano, el cual ahora no era portador de demasiado caudal. El agua corría pausada, pero en constante flujo, era hipnótico el vuelo de las libélulas, el discurrir acompasado y rítmico de esos insectos conocidos como zapateros, enlazando quiebros y movimientos ante cualquier ondulación o cambio significativo en el tránsito del líquido elemento.

Se quitó las zapatillas y calcetines e introdujo los pies, la sensación era tan agradable, tan grata, que quedó profundamente relajado.

Al igual que había hecho Julio, Arabela anticipó a su vez su llegada a bordo de un vehículo todo terreno de altas prestaciones.

Él se giró con los ojos somnolientos y comprobó cómo se acercaba parsimoniosamente la figura de aquella inescrutable mujer, madre de uno de sus mejores y leales camaradas.

—Está fría, ¿verdad? Fría, pero limpia.

—Qué va, está increíble, y este lugar... No te imaginas los recuerdos que me trae este lugar.

—Lo sé, Alberto siempre me contaba lo felices que erais cuando acampabais aquí y las excursiones que hacíais en bicicleta desde Montepardo.

Sacó los pies del pequeño remanso de agua y los dejó secar al sol mientras interpelaba a Arabela por las circunstancias de aquella inusitada reunión.

—Arabela, verás, no he pegado ojo esta noche con este encuentro y, lo creas o no, me produce algo de desasosiego tu presencia a solas. ¿Para qué hemos venido hasta aquí? ¿Qué quieres decirme y por qué en privado?

—Lo sé, querido, siento tu preocupación, siempre has sido un joven perspicaz y avispado.

—Déjate de adulaciones, Arabela, tu hijo es uno de mis mejores amigos, y tu marido un ser entrañable, siempre estuvo ahí, cercano a cada uno de nosotros, siempre con una sonrisa, predispuesto a todo por hacer feliz a Alberto y a todas las personas cercanas, desinteresado y buena gente. Tú por el contrario...

—Ya, ya, ¡déjalo, por favor! Sé que crees que no he sido precisamente la madre sacrificada y altruista que se espera de cualquier mujer, sé que he sido distante y desconfiada con vosotros, con los verdaderos amigos de mi hijo, posesiva con Alberto, me dejaba llevar por la envidia. Que mi propio hijo se sintiese más cómodo en compañía de unos críos que de su propia madre me irritaba.

»Puede que no me creas, pero lo siento, no como mera justificación, sino porque así me veo, como una pobre desgraciada, sola y triste, y he dejado que mi esposo me viese así, a quien siempre he querido y al cual ya ni tan siquiera puedo mostrarle mi amor y gratitud porque tan siquiera recuerda por momentos como bajarse la cremallera al orinar.

»Ahora reconozco que parte de mi vida ha sido un engaño, un fracaso, escogí por mí misma la dirección errónea, un rumbo calamitoso, y así me va, unos vecinos que esquivan mi presencia, un hijo que me aborrece y un marido que no me recuerda.

—Tu hijo no te aborrece, te quiere muchísimo, hasta justificaba tus salidas de tono y falta de empatía, pero no podía respirar, minabas sus aspiraciones, su creatividad. Y Alberto es especial, sincero, tolerante, fiel, y sobre todo sabe reconocer los buenos sentimientos, tus esfuerzos por darle un futuro brillante, solo que ese futuro es el que tu añorabas para ti misma y él debía encontrar por sí mismo el suyo propio, pero nunca tengas duda alguna de que te quiere, no debes pensar eso.

—Al final puedo ver la razón por la cual te quiere tanto mi hijo, te quieren tanto todos...

—Te agradezco tus palabras, Arabela, pero sigo sin entender por qué me has citado aquí, y dudo mucho que se debiese a esta conversación sobre el cariño que te procesa o no Alberto. Dime, ¿qué quieres de mí?

La expresión de la madura mujer se tornó ahora seria, de forma súbita comenzaron a temblarle los labios, circunstancia rara en ella, que siempre había ostentado el calificativo de fría e impasible.

Cuando ya se disponía a ejercer la contrarréplica, el teléfono móvil de Julio sonó.

—Perdona, Arabela, es una llamada de Joao, un segundo y estoy de nuevo contigo.

Se podría decir que aquella reflexiva mujer casi dio gracias por aquella repentina interrupción, lo que tenía que decir era más que complejo y era posible que Julio ni siquiera llegara a creerla.

—No pasa nada, atiende no vaya a ser que sea urgente.

Julio se giró y, todavía descalzo, caminó lentamente cerca del cauce de aquel pequeño afluente mientras que descolgaba dando la espalda a Arabela, alejándose unos escasos metros para que no fuese testigo auditiva de su conversación con su amigo portugués.

—Joao, cálmate... ¿Cómo dices?... ¿Pero le ha pasado algo grave? ¿Se encuentra bien o no?... Sí, voy volando...

Se giró convulsamente y solicitó a Arabela que le acercara a toda prisa hasta el domicilio de sus padres. Al parecer Danilo había sufrido un accidente fortuito al tropezar y caer rodando por las escaleras

desde el primer piso del adosado. La criatura ya había tropezado en ese mismo punto anteriormente, pero esta vez parecía algo más importante debido a la premura que exigía Joao para que volviese.
—Cómo no, hijo. ¡Sube, rápido!
Bastante es que atinó a calzarse de nuevo. Tal fue la diligencia en lanzarse al interior del vehículo que ni tan siquiera introdujo la bicicleta que con tanto esmero estaba reparando su padre y con la que tantas aventuras pasó, quedó allí, abandonada, cual cachorro de perro prometido por navidades y abandonado a su suerte tras las primeras desavenencias familiares.
—Dime, ¿qué pasa, hijo? Me estás preocupando.
Si bien a Julio aquella preocupación y bienvenida empatía de su acompañante le llamaba ahora la atención, el calificativo de hijo, dicho desde un tono conciliador y cercano le zumbaba en los oídos, ya que Arabela nunca fue muy cordial y sociable con él y el resto de la pandilla. Aun así, tragó saliva y le expuso la sobrecogedora noticia.
—Ya verás como no es nada, un susto solo, los niños son de goma.
Y lo decía ella, ella que había mantenido a Alberto en una urna imaginaria, esquizofrénica, obsesiva compulsiva a más no poder, a reventar, temerosa hasta de los resfriados más comunes que su amigo sufría, pero con eso y todo agradecía los intentos de tranquilizarle. Quién sabe, pudiera ser que efectivamente la mujer estuviese intentando cambiar.
Llegaron a la puerta, no le dio tiempo a Arabela de enunciar ni tan siquiera otra sola palabra cuando Julio ya se había apeado e introducido en el interior de la vivienda.
Corrió hasta el salón, con la cara descompuesta, y ahí se encontraba el pequeño, con un pequeño apósito adhesivo en su ceja derecha mientras sujetaba con fuerza el peluche que tantas y tantas horas de serenidad le proporcionó también a él cuando era un retoño, sintiéndose inmune a cualquier dolor emocional o físico cuando lo apretaba contra su pecho.
Erin mantenía en su regazo a Danilo en actitud relajada, como siempre había hecho con Julio.
—Tranquilo, todo está bien, solo ha sido un pequeño percance.
Tras esas palabras de Erin el niño se incorporó y corrió a los brazos de Julio.

No podía dejar de apretar contra su pecho aquel cuerpecito, aquella criatura que tan feliz le hacía con su mera presencia. Casi le había faltado el aire al pensar por momentos que podría haberle perdido. Y he ahí, en ese preciso momento, cuando se compadeció para sus adentros de Arabela, de aquella pobre mujer que, a pesar de tenerlo todo, estaba vacía por dentro, triste y apesadumbrada, y todo tras haber tratado de mantener a su primogénito a salvo de todo, de todos, de la misma vida, y por fin pudo comprenderla, a su manera, pero constató por sí mismo ese miedo insuperable de poder llegar a perder un hijo.

—Papá, estoy bien, me he pisado un cordón de la zapatilla y me he caído, pero la abuela me ha curado muy bien. Primero me ha puesto hielo para el golpe y luego me ha tapado la herida.

—Sí, ya lo veo, la abuela es una superheroína.

Julián y Joao aparecieron en ese instante observando la escena, ninguno hizo ademán ni tan siquiera de toser, se quedaron inertes, disfrutando del momento, de cómo fluía la ternura, el apego y el cariño entre ambas partes, entre padre e hijo.

Levantó la mirada y la dirigió a su amigo con gesto complacido, no hacían falta palabras, de sobra sabía Joao con aquella simple mueca que le estaba eternamente agradecido, no solo por la llamada, sino por estar siempre ahí, siempre, y sin reservas.

—Bueno, ¿qué te parece si vamos a ver a Laura?

—Sí, papá, me gustaría mucho, vamos ya.

—De acuerdo, campeón, vamos.

Se dispusieron a abandonar la vivienda los tres —Joao, Julio y Danilo—, siendo gratificado este último con sendos achuchones de los recién nombrados abuelos.

Mientras iban deambulando por la vía cogido el pequeño de la mano de su mayor icono, Joao preguntó la razón que le había llevado a abandonar la casa de sus padres tan temprano.

Mientras que el niño iba distraído con la vegetación circundante y los gatos callejeros que se cruzaban a su paso, Julio gratificó a Joao con una explicación meticulosa de lo que había acaecido durante el transcurso de esa extraña y singular mañana.

—Pero ¡esa mujer no está bien de la cabeza!

—Lo sé, bueno, lo sabemos todos, siempre estuvo enferma con Alberto, posesiva en extremo, le incomodaba nuestra presencia, incluso llegamos a pensar que podría padecer algún tipo de síndrome extravagante, menos mal que estaba Pepe para mediar entre ella y nuestro amigo, para poner algo de coherencia y normalidad.

No había acabado todavía de exponer todo lo que el pobre Alberto tuvo que soportar en su etapa más temprana con su madre cuando ya se encontraban en la puerta de Pilar y Laura.

Sin tan siquiera llegar a rozar la madera de la puerta esta se abrió repentinamente vislumbrándose la figura de aquella agraciada mujer.

No tardó Danilo en abrazarse a su cintura saludándole con un efusivo «¡buenos días, mami!».

Ella todavía se ruborizaba al oír tal calificativo, al menos en ese intervalo de tiempo que había transcurrido tan efímeramente, pero ya era notorio el afecto y amor hacia el niño que por momentos estaba fijándose en lo más profundo de su ser.

—¡Hola, mi amor! ¿Y esa tirita?

—Me he caído por las escaleras, pero no me he hecho nada. El tío Joao me recogió, me lavó la herida y la abuelita Erin me curó muy bien.

—Ya veo, ya. Eres muy valiente, seguro que ni has llorado.

—Bueno, un poquito, pero se me pasó pronto, ¿verdad, Joao?

—Por supuesto, eres un tiarrón, yo hubiese llorado mucho más.

Ella, tras una risa fugaz, se acercó a Julio pícaramente hasta enfrentarse a escasos centímetros cara a cara.

—¿Y papá?, ¿cómo ha dormido papá sin mamá?

—Regular, un poquito solo.

El besazo entre los dos fue mayúsculo.

Tras tales demostraciones de afectividad se dispusieron a dirigirse esta vez a casa de Alicia. Alberto no se encontraba en esos momentos en la localidad, dado que había tenido que viajar a la capital a solventar una serie de problemas surgidos con parte del género dimanante de la fábrica de pedidos para una de sus más afamadas tiendas.

Salió Alicia al encuentro de todos cuando ya se encontraban a escasos cien metros, pues les estaba observando por la ventana.

—¡Buenos días, pandilla! ¡Buenos días, chicarrón! ¿Y esa pequeña lesión, has luchado contra algún villano, contra algún peligroso monstruo? ¡Cuéntamelo todo!

El retoño, mientras soltaba las manos de Julio y Laura recogiendo esta vez la suya, henchido de orgullo le relató el accidentado suceso.

Llegaron hasta las inmediaciones de la antigua fortificación y ahí el niño comenzó a correr tras una pequeña ardilla. Ensimismado con aquel pequeño mamífero roedor, dejó esta vez a los adultos poder entablar una conversación sobre el enigmático encuentro con la progenitora de su amigo en común.

Y entre los más diversos comentarios y las más variopintas opiniones prácticamente discurrió la mañana.

Serían aproximadamente las dos del mediodía cuando Isabella, la asistenta de hogar de Pepe y Arabela, estaba requiriendo a Julián y Erin la presencia del hijo de estos.

—Perdona, Isabella, Julio no se encuentra en casa en estos momentos, pero, si quieres, puedes decirnos de qué se trata y nosotros daremos cuenta de lo que quieras comunicarle.

—Ya, perdonen, lo siento, pero es urgente que le dé una cosa.

—De verdad que desconocemos dónde se encuentra y cuándo volverá.

La asistenta capituló, ya que deseaba dar cumplimiento cuanto antes con la orden estipulada por parte de su empleadora y marcharse a casa.

—Está bien, háganle ustedes entrega de este escrito de parte de la señora Arabela, muchas gracias.

Alargó la mano y ofreció un sobre sin remitente, frase o locución externa alguna.

Extrañados ante dicha visita la pareja se miró y realizaron al unísono un gesto de perplejidad elevando los hombros, si bien no dieron mayor importancia a dicho episodio.

Erin subió a la habitación de Julio y depositó aquella insólita correspondencia en la mesita del dormitorio.

Dispuestos para comer, Julio y Joao accedieron a la vivienda, no así Danilo, quien acudió con Laura y Alicia a casa de Pilar, donde previamente habían quedado a fin de dar cuenta de un suculento aperitivo solamente entre mujeres, siendo la anfitriona del evento la madre de la profesora.

—Hola, mamá. Hola, papá. ¿Qué tenemos para comer? Estamos muertos de hambre y Joao está desesperado por comer tu tortilla de patatas con cebolla, calabacín y pimientos. Le he estado hablando de esa maravilla de tortilla y le he puesto los dientes largos.

Joao le miró contrariado, efectivamente tenía curiosidad por probar por fin esa elaboración por parte de la madre de su amigo, descrita meticulosamente en decenas de conversaciones con Julio, ahora bien, de ahí a que le hubieran crecido los dientes...

—¡Menudo par de dos estáis hechos! Pues mirad, vais a tener suerte, he hecho una enorme.

—¡Hostia, qué bieeen!

Un guantazo más cariñoso que doloroso impactó en el hocico del primogénito.

—¡Esa boca, mala educación sí que no!

Joao comenzó a reír ante el manotazo de aquella madre, cuando de repente otro sopapo cayó esta vez en su moflete derecho.

—Y eso para ti por burlarte de tu amigo.

Tras un impase de tres segundos en silencio rompieron todos a carcajada limpia por lo ridículo de la situación. Luego, Erin abrazó a los dos y, dirigiéndose a Joao, exclamó:

—Lo siento, hijo mío, te siento ya como parte de la familia y no he podido frenarme.

—Gracias, Erin, pero no hace falta que me aprecies tanto, ja, ja, ja.

—Bueno, id a la cocina, papá está ahí esperándoos con una botella de un vino sublime, de la tierra.

—Bueno, nuestros vinos de Oporto son mundialmente conocidos.

—¡A que te doy otro golpe!

—No, ja, ja, ja, es broma, de verdad, ya he tenido bastante.

Caminaban ya hacia la cocina cuando Erin recordó que momentos antes Isabella había hecho entrega de una carta para su hijo.

—Cariño, se me olvidaba, ha estado aquí Isabella y nos ha dado una carta para ti de parte de Arabela. La dejé en la mesita del dormitorio.

Mientras que animaba al lusitano a hacer compañía a su padre, él se dirigió apresuradamente a su cuarto ante la inesperada noticia.

CAPÍTULO 20
Esa maldita carta y la prueba

Abrió la misiva con premura, no se encontraba nervioso, pero la inquietud comenzó a abrirse paso tras las primeras líneas.

Tras unos minutos de lectura su cara tornó blanquecina. Cayó en la cuenta de la falsedad, de la máscara invisible que portan algunas personas, cayó en la cuenta de engaños mezquinos, de hasta dónde podía llegar la miseria de algunas personas, de cómo podrían ser tan despreciables. Y aunque él ya estaba acostumbrado y había sufrido en sus propias carnes esas emociones en tantos momentos, en tantas contiendas, guerras o revueltas, de nuevo la sensación de falta de esperanza en la condición humana, de nuevo esas desagradables emociones que le habían marcado con una huella tan tangible que incluso habían mermado parte de su felicidad, reaparecían.

Cayó en la cuenta de..., de todo. Pero ¿podría el destino ser tan caprichoso, tan inusitadamente raro? De una forma o de otra estaba dispuesto a averiguarlo.

Guardó la carta de Arabela en el bolsillo de su pantalón y bajó a comer, o al menos a intentarlo en compañía de sus padres y Joao.

—¿Qué te pasa? Parece como si hubieras visto un fantasma.

Julián notaba en la cara de su hijo que algo había cambiado respecto a los días anteriores, estaba como..., sí, eso era, como ausente.

—Anda, toma una copa de vino, sea lo que sea que te afecta, este caldo realiza milagros.

—Gracias, papá, no es nada, no te preocupes.

Ahora intervino Erin toda vez que la misma intuía que podría tener relación con el escrito que le fue dispensado por parte de la madre de Alberto.

—No sé qué te ha podido escribir esa mujer tan rara e introvertida, pero no vale la pena ni tan siquiera que te molestes por ello, siempre ha sido así.

Para Erin y el resto de los habitantes de Montepardo, Arabela había sido siempre una persona insociable y poco amistosa, todo lo contrario que su marido y, por supuesto, que su hijo Alberto, a los que todo el mundo apreciaba.

—¡Ah, no, mamá! Solo me comunicaba el estado de salud en el que actualmente se encuentra Pepe y que, por favor, intentásemos hablar de ello lo menos posible en compañía de Alberto, ya que está muy afectado.

—Bueno, la verdad es que sí que es una pena, pobre Pepe, gente tan buena y querida no debería pasar por una enfermedad así, no es justo.

—No, no lo es.

Julián cogió su copa de vino y, rellenadas las de los demás comensales, realizó un brindis a la salud de Pepe.

—Por Pepe, por que, si no le depara el futuro mejores tiempos, al menos que disfrute el pobre de los que siga viviendo y recordando.

Todos elevaron las copas sincronizando al unísono el agudo sonido de los vidrios.

Pero Joao intuía que su amigo no decía toda la verdad, y así se lo expuso en privado cuando Erin había abandonado ya la presencia de estos para ver su telenovela preferida en el salón y Julián preparaba con deleite su cafetera.

—Te conozco bien, hermano, y sé que ocultas algo.

—Así es, te lo contaré en cuanto estemos a solas, no quiero preocupar a mis padres.

Tomaron junto a Julián unas someras tazas de café acompañadas con un brandi estelar, el cual era servido en contadas ocasiones.

—Papá, perdona, pero es que hemos quedado con las chicas, Paco y Danilo. Te vemos esta noche.

—Pasadlo bien, nos vemos más tarde.

Los dos amigos tras abandonar la casa se dirigieron hasta el bar de Bartolo, y fue allí donde Julio le contó los detalles del manuscrito recibido por parte de Arabela mientras tomaban un par de, cómo no, *whiskies on the rocks*.

—¡No puede ser! Es demasiado, de verdad. No puede ser. ¿Y tú, qué vas a hacer tú?

—Voy a viajar a Lisboa, tengo que saber la verdad. No puedo fiarme de esa mujer, pero ¿y si fuese así? Tengo que saberlo. Mañana mismo saldré para Madrid y cogeré el primer vuelo que vaya. Diré a Laura y a todos que es por motivos de una entrevista de trabajo.

—Pues sacaremos dos billetes, no te voy a dejar solo en esto.

—Gracias, hermano, siempre estás, siempre.

Se abrazaron contundentemente durante varios segundos, dando pie al homófobo propietario del local a proferir una frase tan pueril como inapropiada.

—Oye, maricomadas en mi bar no, ¿eh?

Bartolo era así, rudo en sus palabras y gestos, trasnochado y encorsetado en viejos y heredados prejuicios, pero en verdad no sentía lo que decía.

Aun así, la palabra maricón empezaba a tocarle los huevos sobremanera a Joao.

Esa misma tarde dio buena cuenta a base de mentiras previa y minuciosamente estudiadas para así no hacer dudar a su chica y amigos de la verdadera razón del viaje.

Laura no quedó plenamente satisfecha con las explicaciones, ya que no habían pasado tantos días desde que su amor había regresado, por lo que la idea de que este viajara de nuevo sin ella le quemaba el estómago.

Aun así, aceptó de buen grado que Danilo se quedara a pasar un par de días junto a ella y su madre. De todas formas el niño ya había interiorizado que ella y Pilar eran madre y abuela respectivamente y además Laura ya estaba enganchada al pequeñajo.

Dio un abrazo a Adelina y un sonoro beso al pequeño Julio, el cual estaba agarrado a su cuello, pero fue Alicia la que mirándole fijamente no pudo reprimir una pregunta.

—Dime que todo está bien, ¿lo está?

—Todo está bien.

Intervino ahora Danilo sin poder evitar la fuerza de la gravedad de dos efímeras lágrimas.

—Papá, si tienes que irte lo comprendo, pero vuelve pronto.

Lo abrazó con contundencia, requiriendo igualmente el cuerpo de Laura, siendo entrelazando entre ambos el pobre compungido.

Saldrían temprano, ya se había encargado Joao esa misma tarde de verificar la existencia de dos asientos libres en un vuelo Madrid-Lisboa.

Paco fue el encargado de acercar hasta la gran urbe a los dos amigos. Tras dejar a ambos en la misma terminal de salida, Julio puso su mano derecha en el hombro del rudo marido de Alicia y agradeció su ayuda en el traslado. Paco asintió con la cabeza, como dando a entender que sabía que su gesto era apreciado.

El vuelo fue algo incómodo, la aeronave era ya un trozo de chatarra casi descartada para futuros trayectos. Aun así estaban tomando tierra a las doce y media de la mañana.

Joao sonreía con júbilo, al fin y al cabo, era él ahora quien se sentía en casa.

De nuevo el chófer de su padre les esperaba para trasladarles hasta el destino indicado, había recibido de antemano por parte de Adalberto Botelho el aviso de su llegada, siendo ordenado por este que en cuanto hicieran acto de presencia en el aeropuerto debía ponerse inmediatamente a las órdenes de su hijo para cualquier coyuntura.

Todo el camino llevaron las ventanillas bajadas, el olor a sal del océano y esa ligera brisa eran un deleite para los sentidos. La mañana era soleada, luminosa, y muy muy agradable, aunque Julio no dejaba un segundo de escudriñar todo en su mente, intentaba encajar las piezas de ese puzle tan rocambolesco.

Hizo parar al chófer a varias esquinas de la pequeña parroquia y solicitó a su amigo que esta vez no le acompañase, deseaba ir caminando algunos metros mientras su cabeza ordenaba todo, no quería dejar nada en el tintero, saldría sabiendo toda la verdad, la realidad más desnuda, sin mentiras, manipulaciones o partes adulteradas.

Esta vez accedió a la iglesia por una puerta lateral al lado del pórtico central. La luz irradiada por innumerables velas de diversos tamaños, tonalidades y formas seguía siendo tan tenue como la primera vez que se introdujo en aquel modesto y exiguo templo.

La figura oscura del sacerdote se disponía arrodillada en aquel pequeño altar, a espaldas de las escasas feligresas que en aquel preciso momento se encontraban orando en su interior.

Julio tosió compulsiva y maliciosamente con la única intención de reclamar su atención, pero, lejos de ello, fueron las beatas las que, con rostros contrariados, hicieron entrever su malestar por los estridentes sonidos del periodista.

Ahora sí, el hombre cuervo intuyó su presencia. Al verle le hizo un gesto para que se acercara hasta su ubicación.

—Hola, hijo mío, qué alegría verte de nuevo tan pronto. ¿Vienes con Danilo?

Él, sin mediar palabra alguna y únicamente mediante una enérgica mueca negó.

—Pero, ven, vamos a hablar tranquilamente en la sacristía.

Le siguió a escasos dos metros entrando en aquel recinto lleno de ornamentos para el culto, de revestimientos y largos trajes de los cuales se valía a fin de realizar las homilías.

Dos rudimentarias sillas que seguro tuvieron mejores tiempos fueron acercadas enfrentadas una a la otra por parte del párroco.

—Pero siéntate, muchacho, me tienes algo preocupado, te noto turbado y afligido y todavía no has dicho ni media palabra. ¿Qué ocurre? ¿Le ha pasado algo al niño? No será eso, ¿verdad? Dime que no es eso...

—Verá, padre, estoy intentando tragar saliva para que su mera presencia nauseabunda no me limite a la hora de exponer de una sola vez todo lo que quiero manifestarle, y espero que al menos hoy sea usted algo más franco y sincero que las otras veces que nos vimos, aunque eso para un pecador profesional comprendo que va a resultar cuando menos algo dificultoso.

—Pero ¿de qué hablas, Julio? ¿Qué demonios te ocurre?

—Ahora sí, ahora sí que nombra a su verdadero Dios, embustero de mierda sin escrúpulos.

—Si sigues así, no tendré otra opción que pedirte que abandones esta iglesia. Además, podría incluso dar cuenta de la adopción de un niño que no tuvo razón de ser al producirse de forma fraudulenta. Nada podrías decir de mí, ¿a quién iban a creer, a un periodista capaz de tergiversar lo que ocurre para dar notoriedad a sus exclusivas o a mí, un siervo de Dios?

Intervino inmediatamente Julio sin dejar un segundo de paréntesis.
—No tomarás el nombre de Dios en vano, honrarás a tu padre y a tu madre.
—¿Qué?, ¿qué dices ahora?, ¿has consumido alguna droga...?
—No robarás.
—Sí, seguramente estás bajo alguna sustancia, no cabe duda alguna de que es así.
—No cometerás actos impuros. No mentirás ni darás falso testimonio, no codiciarás los bienes ajenos. ¿Sigo, padre? ¿Le queda algún mandamiento o precepto que no haya mancillado?
—¡Basta! ¡Basta de una vez! ¿Qué quieres? ¿Para qué has venido aparte de para injuriarme?

Inspiró y expandió su tórax todo lo que pudo con la finalidad de coger cuanto más aire mejor mientras mantenía los ojos cerrados y, al mismo tiempo que apretaba fuertemente sus manos una contra la otra, comenzó a exponer lo que le había sido revelado.
—Bien, ahora calle, simplemente mantenga sus oídos alerta y oiga, oiga muy pero que muy atento.

»Una mujer, a la cual conozco desde que era un crío, madre a su vez de un gran amigo, me escribió de puño y letra una carta, no muy extensa, pero lo suficientemente reveladora, directa y concisa. En ella se describía con detalle una relación amorosa entre una chica y un pescador de Lisboa a quien esta quería y del cual se encontraba inicialmente enamorada cuando tan solo era todavía una finalizada adolescente.

»Ella, a pesar de proceder de una familia cristiana y muy católica, llevada por la efusividad de su juventud conminó al pescador a viajar hasta su localidad para ser presentado a su padres. Cómo no, dado que el marinero era hermano de un sacerdote en la gran capital portuguesa, dicha circunstancia podría ser considerada en cuenta por los padres de la chica y a favor de la continuidad de la relación.

»Tal fue así que ambos hermanos realizaron la travesía juntos, viajando hasta la localidad de la chica.

»Inicialmente usted, cual buen samaritano, intervino mediando entre su familiar y los padres de la novia, haciendo así albergar a su hermano esperanza de que ya tenía parte del asalto ganado y reduciendo la hostilidad original de los progenitores, quienes invitaron a ambos hermanos a que se alojaran una semana en su casa para terminar de conocerse mejor. Pero he ahí, en aquella confianza fraternal y consanguínea, que se produjo el fatal desenlace.

»La chica y el sacerdote, el buen sacerdote y la chica, una atípica noche que el inocente marinero se encontraba extenuado y casi ebrio, aprovecharon mientras dormía plácido y confiado para acabar manteniendo a sus espaldas una intensa y fugaz relación sexual consentida entre ambos a orillas de la playa.

»A él le cogió de improviso y a ella, a ella todavía le excitaba más lo prohibido. La chica estaba de buen ver, y el cura, es decir, usted, bueno, al fin y al cabo, bajo aquella apariencia de cándido era tan solo un hombre, con sus anhelos y deseos más básicos, con sus limitaciones y frustraciones. Qué más daba, solo sería una vez y su hermano no tendría por qué enterarse nunca. Continuaría con su vida al presunto servicio de los demás, pero, eso sí, habría al menos experimentado por una vez en su vida las tentaciones y miserias del resto de pecadores. Quién sabe, igual lo hizo para entender mejor la condición humana.

—Por favor, Julio, para, no sigas, no entiendes todo lo que ocurrió, por todo lo que pasé y la condena que estoy pagando desde entonces por la afrenta ante Dios.

—No, Basilio, espero que la verdadera condena no venga ejercida en otra vida, en otra dimensión, y que sea otorgada por su conciencia, espero que le atormente hasta el último día de su existencia.

Julio sacó del bolsillo de su chaqueta la carta de Arabela e hizo entrega de la misma. El sacerdote extendió su mano y la recogió.

Dejó que la leyese en silencio todo el tiempo que le llevó sin hacer ruido alguno para no interrumpirle. Una vez analizada pormenorizadamente, el religioso se echó las manos a la cara gimoteando sin consuelo.

—¿Ahora llora? ¡Manda huevos! Un hombre tan curtido en la mentira, acomodado en el arte del engaño. ¿Cómo pudo, Basilio, cómo pudo mirarme a los ojos mientras yo ensuciaba el nombre de Marcelo, de su propio hijo? ¿Cómo aguantó impávido que su nieto hiciera acto de presencia junto a usted? ¿Era esa la misión que tenía encomendada para mí, que yo pudiera acceder hasta su hijo y su nieto? ¿Qué fui, una marioneta en sus manos?

—No, Julio, verás, él contactó conmigo unas semanas antes de asesinar a la persona con la cual había convivido traumáticamente aquella infancia al conocer de primera mano que aquel hombre no era su verdadero padre. Me indicaba que estaba ideando la forma de acabar con su vida, culpándome a mí directamente de esa muerte, también de la vida miserable que tanto él como su madre habían pasado. Aquella carta manuscrita de puño y letra por un simple crío rezumaba odio y desconsuelo.

»En mi réplica le supliqué perdón y que no cometiera un acto tan deleznable. El resultado ya sabes cuál fue. Una carta recibida un mes más tarde confirmó mis miedos, en ella su madre me informaba de que Marcelo arrojó mi misiva al fuego de una hoguera sin tan siquiera abrirla.

»Cumplió varios años de condena y tras ello reincidió en varios delitos. Sin tan siquiera darse cuenta de que se había convertido en un hombre y su escala de valores había cambiado por completo, se hizo un hueco entre la gente más peligrosa y temida.

»Todo ha sido un cúmulo de casualidades fortuitas. Inicialmente quería ayudar a mi hijo, pero no sabía cómo hacerlo. Incluso viajé en un par de ocasiones a Río, aunque él nunca quiso recibirme en prisión. Tras varios años sin saber nada de Marcelo, fui amedrentado por mi hijo, informándome de que ahora yo era abuelo y que daría la misma vida al niño que yo le hice pasar a él caso de que no accediera a implicarme en una especie de blanqueo de dinero a través de una ONG, chantajeándome incluso con causar daño físico a Danilo.

—Mire, Basilio, sin acritud, aunque llegara a creer su nueva versión, hay más personas involucradas en todo esto y ahora me afecta especialmente a mí, pero, a pesar de todo eso, hay una pregunta retórica que rebota en mi cabeza: ¿cómo pudo llegar usted a mantener relaciones con la novia de su propio hermano?

De nuevo la cara de don Basilio se tornó pálida y comenzó a sudar, teniendo que desalojar el alzacuello de su garganta. Bajó la mirada hacia el suelo, como dejando entrever que su destino estaba ligado al fuego eterno del infierno, y, desde esa posición, sin volver a subir la vista, contestó de nuevo.

—Aquel momento, lo revivo una y otra vez en mi mente. Mi hermano entró en la iglesia desolado, roto por la noticia de mi traición y me dijo: «¿Tú crees que iré a tu cielo? No creo, pero tú seguramente tampoco». Esa misma noche efectivamente acabó con su vida, sí, se colgó, lo hizo en el árbol más próximo a la entrada de la parroquia, como castigo y recuerdo permanente, imborrable, para que cada vez que yo pasase por esa puerta supiese que su trágico fin fue por mi culpa y solo por mi culpa.

»En la localidad de la novia de mi hermano ya se había divulgado la noticia de que ella había mantenido relaciones con un sacerdote a espaldas de su novio y de como este, llevado por el trágico descubrimiento, se había suicidado. Así que ella, ahora inmersa en la vergüenza, en un mar de críticas y de desencuentros con sus propios padres, puso tierra de por medio aprovechando la llegada a la población de un acaudalado hombre de negocios brasileño, quien resultó tener relaciones con las más altas esferas delincuenciales del país.

—De acuerdo, Basilio, pero ha dejado a medias la explicación, ¿qué hay de esa segunda parte?, ¿qué pasó en sus dos viajes a Río?

—¿Llevas prisa, Julio? Esto nos va a llevar bastante tiempo.

Cogió el teléfono y marcó el número de Joao.

—¿Ya has acabado? Me estaba empezando a preocupar.

—No, Joao, vete a casa, no sigas esperando, tengo que aclarar varias cosas más. Seguramente me quede en algún hotel céntrico, necesito estar solo esta noche, discúlpame con tus padres.

—¿Estás bien, colega?

—Perfectamente, hermano, hablaremos mañana.

Finalizó la llamada y mirando frente a frente a don Basilio le exhortó:

—¡Comience!

Las dos horas siguientes pasaron vertiginosamente raudas, cada frase expuesta por parte del cura era correspondida por parte de Julio con nuevo sobresalto y sorpresa.

Dos horas después de haberse despedido de Basilio, no había podido tan siquiera comer debido a la excitación y nerviosismo de la reunión y se encontraba absorto en sus pensamientos a orillas del Tajo, frente al Monumento a los Descubrimientos, mientras cientos de turistas pasaban junto a él.

La noche le sorprendió llegando a pie a la plaza del Comercio y, sentado a los escalones de la fastuosa estatua ecuestre, ideó una maquinación un tanto locuaz a la vez que peligrosa.

Habiendo encontrado habitación en un hotel ubicado en Rua Augusta, solicitó que la cena fuese llevada a su habitación. Seguía sin poder probar bocado alguno, pero aun así hizo el intento. Finalmente dejó la bandeja casi intacta y realizó una llamada a Joao.

—Buenas noches, ¿estabas durmiendo?

—No, ni de lejos, estoy charlando con mis padres sobre estos días en Montepardo, han quedado maravillados y están deseosos de visitar tu pueblo.

—Ya, mi pueblo y a algún afamado diseñador también, ¿no?

—*Que idiota você é às vezes!* Sí, también, les he contado que estoy empezando a sentir algo por otro hombre, y mi padre, lejos de mostrar rechazo y distanciarse como ha estado haciendo durante toda mi vida, ahora me presta atención y me desea toda la dicha y suerte posible.

—Que fluya la armonía, compañero.

—¡Que fluya!

—Oye, necesito que me hagas un favor enorme. Tu padre poseía un *jet* privado ¿verdad?

—Sí, lo utiliza como medio de traslado por todo el mundo, ya sabes, para llevar a cabo las reuniones y asambleas de todos su negocios. Pero ¿por qué preguntas eso?

—¿Podrías solicitarle que su piloto me trasladase mañana mismo hasta Río? No, es un disparate, seguro que vale muchísimo dinero únicamente llenar de combustible el avión, y establecer el plan de vuelo tan precipitadamente será demasiado arduo. Mira, déjalo, no sé en qué estaba pensando.

—No sé, pero él mismo podrá responderte, acababa de poner el manos libres y ha escuchado tu solicitud personalmente.

No tardó un segundo Julio en escuchar la locución de Adalberto Botelho.

—*Como você está, Julio?* Mi avión es tu avión, la única condición que impongo es que Cesária y yo viajaremos también, le prometí a mi mujer unos días de recreo.

—Gracias, Adalberto, le estoy eternamente agradecido.

Ahora volvió la interlocución de Joao.

—Y bien, ¿dónde vamos entonces, a ver al psicópata de nuevo?

—¿Dónde vamos? Tú no vienes, no quiero exponerte más. Si te pasara algo por mi culpa, no podría perdonármelo.

—Si yo no voy, no hay vuelo.

—De acueeerdo. Te quiero, hermano, mañana te contaré todo.
—Te quiero, hermano, mañana hablamos. Por cierto, dice mi padre que estés preparado a las siete de la mañana.
—A las siete, perfecto.

No había acabado de acicalarse cuando el teléfono fijo de su dormitorio sonó compulsivamente. Un coche le estaba esperando.

Al bajar a la vía ya estaban Joao y sus padres en el interior de aquella lujosa limusina. No tardaron en llegar hasta el aeropuerto.

El viaje en *jet* fue cómodo, estuvieron entablando una conversación tan intensa como amena durante parte del trayecto, la otra parte del itinerario fueron durmiendo.

A la salida de la terminal de Río de Janeiro, Julio y Joao se despidieron de Adalberto y Cesária, quedando para la vuelta dos días después.

Ahí estaban de nuevo, enfrentados a aquella cuesta, a aquella elevación que llegaba hasta la favela, pero esta vez no sería como las anteriores.

Comunicaron su llegada a través de una misiva que le fue entregada a uno de los dos chicos que iban a bordo de una destartalada bicicleta a fin de que fuesen ellos quienes la llevaran hasta Marcelo, y para no esperar volvieron al orfanato en el cual conocieron a Danilo.

Los ojos de sor Caridad explicitaban júbilo en estado pleno y sus lágrimas eran correspondidas con las de Julio.

El abrazo entre ambos fue tan puro como el de una abuela y su nieto.

—¿Cómo está Danilo? ¿Cómo va la paternidad?, ¿no habrás venido para quejarte? Mi niño es un sol, mi niño es un trozo de firmamento en la tierra, mi niño es un tesoro, he rezado todos estos días por él y por ti. Pero ¿qué haces aquí solo? ¿Y el niño? Madre mía, dime algo, hijo, que me matas...

La buena mujer estaba tan nerviosa que no podía dejar de hablar, Julio no encontraba hueco alguno donde intercalar una respuesta a tanta interrogación.

Caridad, tranquila, Danilo está perfectamente, se ha quedado en mi pueblo en compañía de su nueva mamá y de sus igualmente recién estrenados abuelos, está feliz y le hubiese encantado venir a verla, pero estoy aquí para poner al día un asunto.

—¿Un asunto? ¿Con quién?

Ante la callada por respuesta la monja interpretó por sí misma dicho silencio.

—Con Marcelo Farías, ¿verdad? ¡Por todos los santos, hijo mío! Deja todo así, que todo siga su curso, el niño y tú sois ahora felices, qué necesidad tienes ahora de buscarte problemas. Además, se rumorea que el pobre hombre está ya muy enfermo, Marcelo Farías solo puede ocasionarte disgustos.

—Verá, madre, intuyo que, gracias a él, tanto el niño como yo, al igual que otras personas a las que quiero muchísimo, estamos a salvo, así que quisiera agradecérselo de alguna forma.

La conversación se mantuvo amena aproximadamente durante el transcurso de una hora. La monja preguntaba por todo, y él le narraba las peripecias de estos últimos días y como el pequeño se había amoldado a la perfección a su familia, a sus amigos y a la vida en Montepardo de la Duquesa.

Mientras, cuatro hombres fuertemente armados revisaban las inmediaciones del orfanato dando pie a la contravigilancia y salvaguarda de un quinto, de Marcelo.

Tras un gesto inequívoco de uno de aquellos escoltas, un vehículo todoterreno negro aparcó en la puerta de entrada principal, apeándose de este aquel despojo amarillento de hombre, tapado con una enorme chaqueta marrón, muy desmejorado desde la última vez que coincidieron.

Entró uno de los hombres asalariados junto a él cerciorándose de que no se trataba de algún tipo de estratagema o engaño por parte de la policía, y tras comprobar que no había peligro aparente dio paso a su jefe.

—Mira por dónde, otra vez cara a cara de nuevo con mis dos idiotas favoritos. Por favor, madre, dispénsenos.

Caridad no se dejaba amedrentar por nada ni nadie. Además, el escaso periodo de tiempo que le quedaba por disfrutar en este mundo no hacía otra cosa que enaltecer la sensación de que ya todo daba igual, que unos días más que menos ya no importaban y que la llamada del altísimo estaba próxima. No obstante, estaba al tanto de las grandes mejoras que Marcelo había realizado en favor de los niños del orfanato y su nivel de vida, aportando manutención y todo tipo de cobertura, así que por eso y solo por eso accedió a abandonar la compañía de Julio y Joao.

—Hola, perturbado, me alegro de verte.

—Permíteme que lo dude, pero ¿dónde está mi..., digo, Danilo? Está bien, ¿verdad?

—Está bien, muy feliz y, sobre todo, a salvo.

Marcelo le miró extrañado.

—¿A qué te refieres con «a salvo»?

—No disimules, que no es propio de ti. Supe que habías sido tú. Las letras MFXJR, no podía ser otro. Además, uno de tus hombres estuvo siguiéndonos hasta mi pueblo, supongo que para asegurarte de que la integridad física de Danilo se mantenía intacta, seguramente fue quien acabó con aquellos desgraciados.

—No sé de qué me hablas, pero no te equivoques, Julio, tú no representas nada para mí, si el niño sufre, tú terminarás igual que esos dos que mencionas, no es una amenaza, es una promesa. Y no te dejes llevar por mi estado físico creyendo que tu mal acabará cuando yo muera, he dejado bien amarrado ese tema para que den buena cuenta de quien dañe a Danilo.

—Lo sé, pero no hará falta llegar hasta ahí, adoro al niño, mi familia y mi chica lo quieren muchísimo también.

—¿Quién, Laura? Espero que así sea, no quisiera que una mujer tan guapa acabara mal.

Aunque el hecho de sentirse vigilado y que supiese del nombre y localización de su chica le incomodaba, no le causaba temor alguno, conocía la verdadera personalidad del mafioso y ante todo era un hombre atormentado, únicamente eso, un hombre apesadumbrado. Si el calificativo de bueno era demasiado excelso para él, al menos se podría llegar a decir que no era meramente una mala persona.

—Óyeme bien, te voy a hacer un ofrecimiento. Tómalo como lo que es, el gran favor que ahora yo te devolveré y que tú no me negarás. Será igualmente una prueba para ti.

La cara del doliente facineroso se tornó puro estupor, no esperaba aquella proposición y lo de aguantar intrigas no era su fuerte.

—Escúpelo ya, reporterito, pero ya te aviso de que si tu invitación o prueba, como quieras llamarlo, no es de mi agrado, igual mi hijo se queda aquí y ahora sin volver a ver a su nuevo papá.

—¿Otra de tus amenazas? Está bien, quiero que aceptes mi invitación para pasar unos días en una finca llamada La Florica, a escasos kilómetros de Montepardo de la Duquesa, mi pueblo. Pertenece a la familia de un gran amigo mío.

La sugerencia fue recibida por parte de Marcelo con tedio e indiferencia.

—Ahora en serio, mírame, ¿crees que a mí me atrae pasar los pocos días que me quedan visitando tu triste pueblo en compañía de desconocidos? He visto lugares que ni tú soñarías, me he establecido en edificios dignos de reyes, ¿y ahora tú me invitas a un pueblucho de mala muerte en mitad de la nada?

Julio sabía perfectamente que la idea de achantarse ante una prueba y dejarlo como un cobarde no era opción para el hijo de don Basilio.

—¡No he terminado! Esa era la invitación, falta la prueba. Y es esta: tendrás que convivir esos días con tu padre y tu madre.

No podía creer lo que acababa de salir de la boca del foráneo, se rascó compulsivamente el tímpano de su oído derecho, haciendo entender que no era posible lo que acababa de oír, o Julio estaba verdaderamente loco, o deseaba encontrarse con el Creador otra vez.

Aun así y por unos instantes confusos para él, no podía articular una frase coherente.

—¿Qué?... ¿Qué?... Padre... Madre... ¿Qué?... No..., déjalo, definitivamente no estás bien de la cabeza.

—Te lo repetiré de nuevo, la prueba es pasar unos días junto a tu padre y tu madre.

—¡Mira, hijo de puta, mi madre murió! Y mi padre, mi padre...

Interrumpió contundente Julio dejando aún más indefenso y vulnerable si cabe a Marcelo.

—¡Tu madre no murió, hipócrita! Únicamente se fue de tu lado, seguramente al ver en lo que te habías convertido, y lo de tu padre... Conocías perfectamente la identidad de tu verdadero padre, ¿no? Sabías que era un sacerdote de una pequeña iglesia en Lisboa y que tu tío, quien inicialmente estaba manteniendo una relación sentimental con tu madre, terminó quitándose la vida al enterarse de la traición de su hermano, de Basilio.

»Lo de tu padrastro fue ya una vicisitud de la vida, tu madre necesitaba huir, dejar de lado las miradas y descalificaciones de los vecinos, la repulsa de su propia familia, y huyó, huyó con aquel monstruo al que tuviste que acabar matando para salvaguardar la vida de tu madre e incluso la tuya propia.

—Ya veo, ese malnacido no ha podido mantener la boca callada, ¿verdad? Sí, viajó un par de veces desde Lisboa con la única intención de verme, de hacerme ver que se había enamorado de mi madre, de ofrecernos su ayuda, y su cariño. ¿Has oído? Sí, su cariño, ja, ja, ja. Aquel pecador, aquel pedazo de mierda venía ahora a ofrecerme su cariño.

Tras esa risa forzada Marcelo rompió a llorar desconsoladamente.

Julio aguardó unos segundos de silencio incómodo antes de proseguir.

—Aparte de la montaña rusa con tantos sobresaltos que te ha tocado soportar, imagina por un momento la carga que han sobrellevado otros. La de tu madre ya la conoces. La de tu padre no se queda atrás: vio morir a su propio hermano culpándole a él de su trágico fin, vio partir a la mujer de la cual se había enamorado y por la que traicionó su votos, sintió el odio de su propio hijo y la amenaza continua de que este causara algún daño a su nieto, al cual ni siquiera conocía.

A cada frase enunciada la cara de Marcelo se tornaba cada vez más severa y pálida.

—No lo comprendes, Julio, sabía perfectamente todo desde un principio, no deseaba su cercanía para no tener que matarlo, no quería oír su voz para no tener tan siquiera que recordarla. La única forma de venganza que no fuese rápida y efímera para poder satisfacerme, para poder mitigar algo mi hastío y repugnancia, sería torturarle con la idea de la muerte de mi propio hijo, a quien por supuesto no tocaría jamás un pelo, pero él nunca lo sabría.

—Pues entonces he ahí la prueba y a la vez tu regalo, tratar de someter tus instintos más primarios como tu ira, tu sed de venganza, y escuchar las explicaciones de los otros. No se trata de justificar sus acciones, pero sí de darles la oportunidad de que puedan expresarse y dar su versión de los hechos.

—No lo tengo nada claro, españolito, me estás llevando a un terreno que no me gusta nada de nada.

—Así que tras la fachada de gran gánster eres simplemente un pusilánime, un acoquinado.

Ante esas descalificaciones maliciosas buscando el punto de inflexión a la reacción del gánster, el hombre de Marcelo expuso su pistola a la vista de los dos amigos y la amartilló, realizando el gesto inequívoco de utilizarla en cuanto recibiera la pertinente orden, si bien su jefe sobrepuso su mano encima de su brazo y le conminó a que volviera a enfundar el arma.

La cara de Joao recuperaba el color rosado tras llegar casi a desvanecerse, la última vez que coincidió con Marcelo no salió muy bien parado aunque después le prestara atención y cuidado.

Julio permanecía impasible, al fin conocía su verdadero fondo, amén de que ahora el calificativo de padre hacia su propio hijo era ostentado por él mismo, así que bajo ningún concepto Marcelo realizaría cualquier acción que pudiera hacer infeliz a Danilo.

Solicitó esta vez su número de teléfono y Julio sacó de su cartera una tarjeta, la que con asiduidad repartía entre diversos clientes y agencias y se la entregó.

—Mantén el teléfono activo, esta noche tendrás noticias mías. Que tengáis buena vuelta los dos, par de locos.

Tras ello salió a la calle acompañado por su asalariado mientras su séquito permanecía impasible vigilando el entorno. Se introdujo en el vehículo y a toda prisa abandonaron la puerta del orfanato.

—*Puffff, esse homem não para de me assustar, muito assustado.*

—Es solo un hombre triste, Joao, solo eso.

Sor Caridad apareció de nuevo en el recinto, miró compasivamente a ambos y no pudo contener un enunciado con traza de advertencia.

—¡Tened cuidado, por lo que más queráis! No sabéis con quién estáis tratando. Yo conozco a ese hombre desde que era un renacuajo, su metamorfosis no fue gradual, cambió de repente tras mirar cara a cara a la muerte, ha cambiado mucho, sí, ha cambiado mucho... Recuerdo cuando bajaba de la favela y se acercaba tímidamente hasta este orfanato a repartir entre los demás niños unas veces comida, otras parte del dinero sustraído a algunos turistas incautos de la zona. Es capaz de lo peor, de realizar actos abominables. ¡Que Dios le perdone! Su vida ha sido calamitosa.

Aun así sentenció su exposición de forma muy distinta.

—Pero también en su interior alberga lo mejor del ser humano. Sé que en él aún quedan resquicios de bondad, estoy completamente segura, pero es mejor guardar distancia.

—Madre, no se preocupe, mi lazo con Marcelo es más intenso del que usted presupone.

—Habla por ti, te recuerdo que a ambos ya nos dispensó un tiro, eso sí, en ambas ocasiones no nos dejó morir, pero a mí me sigue dando miedo, mucho mucho miedo.

—¡Pero si eras tú quien más flores le echabas!

—Llevas razón, pero eso fue antes de volver a verlo frente a mí.

Se despidieron de la religiosa prometiendo que en un periodo no muy largo volverían a reencontrarse, ya que estaba ideando la celebración de la boda junto a Laura y agradecería de buena fe a la buena mujer su presencia en la ceremonia, quedando invitada a pasar unos días en Montepardo y poder así a su vez obsequiar con una gran sorpresa a Danilo.

La noche en el hotel se hizo eterna, mientras que Joao yacía en su lecho durmiendo plácidamente acusando el cansancio del viaje y los nervios de la entrevista con el mafioso, Julio no paraba de mirar y mirar la pantalla del terminal. Pero no hubo llamada alguna, solo silencio, un largo e inquietante silencio solamente interrumpido por los sonoros ronquidos de Joao. Finalmente cayó rendido bien avanzada la madrugada.

—¡Arriba, gandul! Mis padres nos están esperando, no hay tiempo para desayunar, han reservado cuatro entradas para visitar el Cristo Redentor del Corcovado.

A pesar de todo el tiempo que anteriormente habían pasado en la ciudad no tuvieron ni un solo día de asueto y entretenimiento, y sí, era casi pecado estar en Río y no subir hasta un lugar tan privilegiado a otear la formidable bahía de Guanabara, donde brota como ensoñada la capital carioca.

Solicitaron en el restaurante del hotel un café cargado y, quemándose las comisuras de la boca, lo ingirieron apresuradamente.

Y es que no eran las ocho de la mañana cuando Adalberto y Cesária esperaban junto a un fastuoso vehículo descapotable a las puertas del hotel.

—¡Subid, parejita, que llegamos tarde! Vamos a ver si intento recordar cómo se conduce.

Adalberto siempre fue un experimentado conductor, de hecho no había sido la primera vez que manejaba deportivos, incluso llegó a pilotar un fórmula 1 en el circuito de Interlagos, en la ciudad de São Paulo, habiendo patrocinado y quedado rotulado mediante una de sus tantas empresas inmobiliarias el chasis del bólido de una prestigiosa marca automovilista.

Aun así, el tráfico de Río según qué horas resultaba infernal, pero no tardaron mucho gracias a la pericia a la vez que moderado tránsito de vehículos durante el trayecto, cosa bastante rara en la ciudad.

Tras una breve conversación de lo más trivial, ya se encontraban accediendo al Parque Nacional de Tijuca.

No tuvieron que realizar cola para comprar boletos de acceso al afamado monumento dado que allí aguardaba su enlace, un conductor a las órdenes del empresario que les trasladaría a bordo de una furgoneta de grandes prestaciones y con todas las comodidades. Adalberto realizó una llamada mientras subían hasta el asiento de aquella mole de talla con los brazos en cruz: un buen amigo, por entonces político afecto a las altas esferas brasileñas, les conseguiría trato preferente al matrimonio y a los dos amigos en su visita.

Fue mágico, para todos, pero todavía más si cabe lo fue para Julio. Por un momento se deleitó con el paisaje y su mente descansó. Por fin un momento de serenidad, de paz.

Aunque se encontraba en aparente calma, por momentos no podía dejar de intentar ubicar aquel sitio, el lugar aproximado en la favela donde se originó el encuentro primigenio con Marcelo. Tonalidades rojas, verdes y amarillas, azules y blancas, el color anaranjado de los ladrillos descubiertos, el cemento, el enmarañado cableado eléctrico de los asentamientos, ese desorden caótico, redundante, y aun así era bello, cada suburbio, cada una de las favelas amarradas a las faldas de aquellas elevaciones, le sobrecogía.

Al contrario que Julio, Joao ni siquiera disfrutaba del entorno, él solo podía pensar en que, a no tanta distancia de allí, podría haber colaborado en una hipotética solución a la misteriosa enfermedad que afectaba a los habitantes de unas aldeas selváticas. Le inquietaba igualmente que pudiera llegar a trasmitirse entre otros poblados de forma localizada o incluso llegar a convertirse en algún mal de carácter epidemiológico.

Aun con todo, aquel momento fue reparador y la visión de las carantoñas entre el avenido matrimonio resultaba hasta amena.

Tras la bajada, degustaron una comida copiosa en un opulento restaurante y varias rondas de caipiriña. La llamada de Marcelo se hacía de rogar.

La tarde pasó rauda, tanto Adalberto como Cesária eran agradables contertulios, pero la esperanza de la llamada, de aquella maldita llamada se desvaneció.

Estaban tomado tierra de nuevo en el aeropuerto Humberto Delgado durante el transcurso de aquella encapotada y ventosa mañana cuando una turbulencia sacudió repentinamente el aeroplano. El susto fue mayúsculo; las caras de los viajeros, un cuadro de Picasso. El piloto volvió a encarar la pista y esta vez con una notable destreza posó aquel pajarraco metálico en el asfalto.

Al bajar, Julio, aquel reportero casi suicida, aquel personaje frío e imperturbable ante el peligro, al que hasta hacía no mucho poco le importaba la vida, besó esta vez el suelo al igual que su santidad el papa cada vez que procedía a visitar un nuevo país en sus visitas pastorales, porque ahora sí tenía algo que perder, mejor dicho, mucho que perder, y agradeció seguir respirando.

—Que susto, meu amigo! Mas nada aconteceu graças a Deus!

Adalberto mientras enunciaba dicha frase apoyaba su mano en el hombro de Julio con la cara del color de la cal.

El piloto fue felicitado por todos y cada uno de los expedicionarios. A la salida de la terminal, Abílio, el chófer del acaudalado arquitecto y empresario, ya les esperaba atento para no hacerles perder tiempo.

Se dirigieron hasta la residencia familiar de Cascais, para una vez allí disponer a su empleado nuevamente a las órdenes de su hijo y de Julio, ya que el viaje de regreso en avión había resultado un tanto accidentado y seguramente no se encontrarían con muchas ganas de coger otro vuelo hasta Madrid pudiendo realizar el trayecto por carretera.

Julio agradeció aquel acto a los padres de su amigo y se despidió efusivamente de aquellas personas que estaba llegando a apreciar como si fueran ya de su misma familia.

—Joao, no quiero entrometerme más en tu vida, eres un gran amigo, noble, leal, y es hora de que sigas tu camino. Nos encontraremos de nuevo, sin duda, pero creo que te has expuesto demasiadas veces por mi culpa.

—¡Y las que quedan, reportero, y las que quedan! ¡Cállate de una vez! Danilo es como si fuese mi sobrino, tú como mi propio hermano. Además, tengo algo pendiente todavía en Montepardo.

—Ya me imagino, ya, menudo truhan estás tú hecho.

Tras un somero tentempié se dispusieron nuevamente a llevar a cabo juntos la empresa ideada por Julio.

Y así fue como tras otro buen puñado de horas más llegaron de nuevo hasta el punto de salida, a Montepardo de la Duquesa.

Laura había telefoneado en varias ocasiones durante la travesía, turbada por la tardanza en el regreso.

Cuando el fastuoso vehículo hacía entrada en el pueblo, en la misma señal de delimitación de la localidad esperaban tanto ella y Danilo como el resto de amigos a modo de bienvenida.

Abrió apresuradamente la puerta de la limusina, el pequeño corrió a su encuentro y se lanzó a su cuello sumido en un mar de lágrimas de emoción y reproche.

—¡No te vayas más! ¿Me has oído? ¡No te vayas más!

Él mantuvo la compostura como buenamente pudo.

Tras separarse el niño, Julio se arrojó en brazos de su amor. Se besaron como si no hubiese testigos, como si se encontraran en la más completa soledad.

Mientras Alberto, Alicia y Paco tragaban saliva, Laura fue más expeditiva en su crítica, amonestándole por haber tardado más de lo inicialmente estipulado.

—Lo siento, te explicaré todo más tarde, te lo prometo.

Cuando Joao se apeó del alargado vehículo, Alberto por fin esgrimió sin poder evitarlo una sutil sonrisa que denotó el incipiente estado emocional hacia él.

—¡Por fin está aquí el genetista! ¡Ni una triste despedida, ya te vale!

Todos se quedaron mirándole, cayendo Alberto en la cuenta de que acababa de delatarse a sí mismo por lo desmesurado de aquella contundente e irreflexiva recriminación. Además, cuando se produjo la partida de Joao, Alberto se encontraba en Madrid resolviendo una contingencia de su negocio. Aun así, le alegró mucho el desdén que había sido enunciado por parte del diseñador, toda vez que él estaba empezando a sentir lo mismo.

Esa noche, tras cenar en casa de sus padres y dormir a Danilo, describió con todo lujo de detalles a Laura lo que había descubierto de forma accidental, todos y cada uno de los entresijos, de la confabulación que tenía ideada y cómo podría llegar a afectar a algunas de las personas conocidas por ambos.

Laura no daba crédito a lo que estaba escuchando, a pesar de que dichas palabras proviniesen de Julio, no podía ser, era totalmente inaudito. Aun así, acabó creyéndole, no tenía por qué inventarse todo ese cúmulo de ocurrencias. Absorta, se quedó mirándole sin poder tan siquiera mover un dedo. A pesar de ello le animó a ejecutar dicha idea.

—Hazlo, de una forma u otra es lo mejor, hazlo.
—Lo haremos juntos.

En la otra parte del pueblo Alberto y Joao se encontraban charlando en total sincronía, exponiendo haberse extrañado mutuamente. Los dos sabían que aquel calor ardiente, aquel cosquilleo en las entrañas, aquel vértigo cada vez que se veían y estaban juntos, significaba algo más de lo que inicialmente habían supuesto como una simple amistad.

Acababa de amanecer cuando Julio no pudo reprimirse, sin despertar a nadie bajó a la calle, saludó a los pocos campesinos que se encontraban acudiendo a la laboriosidad del cuidado de sus tierras y anduvo pensativo hasta casa de Alberto, pero esta vez no era con él con quien quería entrevistarse, sino con su madre, con Arabela. No sabía cómo iba a resultar aquel encuentro y qué resultado podría llegar a obtener de este, pero daba igual, estaba dispuesto a llegar hasta el final y sin dilación, a pesar de que su propio entorno, su marco estable y alguna de sus amistades se viesen involucradas de forma indirecta. Cuando Alberto abrió todavía somnoliento por la hora no podía creer que tenía al otro lado del quicio de la puerta a su amigo.

—¿Qué quieres, tío, a estas horas? ¿Ha pasado algo?
—No, no te preocupes, es que... ¿Está tu madre en casa?
—¿Mi madre? ¿Estás tonto del culo o qué te pasa? ¿Qué mierda quieres? En serio, dime.
—Necesito hablar con tu madre, no te preocupes, ¡pero es un tema privado, joder!

Alberto frunció el ceño enfadado por la inusitada reacción de su amigo de toda la vida, pero como su cumpleaños estaba próximo en fecha interpretó que igual se habían asociado para dedicarle algún tipo de sorpresa y por ello sucumbió a la embestida de aquel requerimiento tan directo.

—Espera aquí, payaso.

Llamó a su madre, tras ello se introdujo en su habitación y se abalanzó de nuevo sobre su cama estrechando la almohada fuertemente. De todas formas, estaba extenuado, había estado hasta altas horas en compañía de Joao y aquella noche por fin los dos declararon su atracción el uno por el otro, así que no le importaba nada los entresijos y tonterías que tuviese que tratar con su progenitora. Estaba cansado y feliz.

No transcurrieron ni diez minutos cuando Arabela bajaba por aquella faraónica escalinata al encuentro de Julio.

—Deduzco que recibiste la carta, ¿verdad? Estás aquí por eso, ¿no es cierto?
—Así es, tenemos que hablar largo y tendido.
—Espera, cogeré algo de abrigo.
—No te esmeres mucho, la mañana es agradable.

Caminaron hasta las inmediaciones de la fortaleza. Y allí, apoyados junto a dos grandes peñascos le manifestó que se había entrevistado en Lisboa con Basilio, también con Marcelo en Río, que había sido informado por parte del sacerdote de cada detalle, de cada pormenor por muy retorcido y extraño que fuese, que incluso Marcelo se había mostrado receptivo a pesar de su reticencia inicial, pero que, aun así, no había recibido contestación afirmativa a la invitación de viajar hasta Montepardo para reunirse con ellos.

Arabela no podía acabar de entender por qué había procedido de esa forma. Una cosa era mostrarle la realidad a Julio, quitarse esa máscara que durante tantos años le oprimía y que había modulado su propia personalidad, y otra cosa muy distinta era que bajo su propio criterio tomase la iniciativa de actuar sin permiso de nadie. No obstante, él formaba igualmente parte de todo ese laberinto enmarañado de sucesos, era parte intrínseca de aquel presente y eso le legitimaba para obrar de esa manera. Aunque en principio Arabela actuó egoístamente para acallar la voz de su propia conciencia que tantas y tantas noches no le había permitido conciliar el sueño, era hora de reparar todo ese daño causado, a sí misma y a terceros, había llegado por fin ese día.

Aceptó el envite y puso fecha al hipotético evento. Caso de llegar a producirse, sería el viernes siguiente, a las once de la mañana en el salón de invitados de la finca que Alberto compró para ella, en La Florica.

La formalización de las invitaciones quedaba a cargo de Julio; ella procedería al resto de cuestiones algo más irrelevantes aunque necesarias, encargándose principalmente de la logística a pesar de los nervios que afloraban y que por momentos la dejaban paralizada.

Se despidieron prometiendo ambos acometer esa misma tarde todo lo planificado caso de que finalmente Marcelo decidiese dar su brazo a torcer y mostrar su visto bueno al encuentro.

A las dos y media de esa misma tarde sonó por fin el tono de llamada que Julio había dispuesto años atrás en su terminal. Era la canción *Maldito duende*, del cuarteto Héroes del Silencio, al que siempre había admirado desde la infancia.

A pesar de que había estado esperando con impaciencia ese momento, ver escrito en la pantalla «número desconocido» le produjo un fuerte subidón de adrenalina. No descolgó de inmediato, estaba atenazado por la excitación, tal fue así que Erin tuvo que intervenir:

—¿No lo coges, cariño?

—Mmm..., sí, mamá, es..., es la directora de una revista del corazón para preguntarme si puedo realizar algún trabajo de *paparazzi* para ellos. A pesar de que me he negado varias veces, son muy insistentes. Perdonad.

Se levantó de la mesa cuando ni siquiera había probado bocado, dejando a sus padres, Joao y Danilo en la cocina con caras circunspectas, si bien, llevados por el apetito, prosiguieron con la comida.

Descolgó ya cuando la canción estaba a punto de dejar de sonar, encontrándose en la calle a las puertas del unifamiliar.

—*Maldito jornalista, mais um segundo e acabou!*
La voz entrecortada y en tonalidad de enfado de Marcelo no hizo otra cosa que agradarle, y mucho, a fin de cuentas, el retraso en la contestación del mafioso le había exasperado, así que ahora era él quien se regocijaba ante el cabreo del delincuente.
—*Olá, Marcelo, como você está se sentido?*
—No me jodas, Julio, no estoy para gracias, ¡y menos de ti!
—Perdona, pero fuiste tú quien dijiste que me llamarías esa misma tarde. Podrías al menos haberte dignado a contestar, de una forma u otra, pero contestar.
—No entiendes nada, puto español, no sabes nada de mí.
—Te equivocas, sé más de ti que tú mismo.
Estaba empezando a ser demasiado directo a la vez que imprudente con su interlocutor, denotando que esta vez la intensidad en el volumen y energía de la voz de Marcelo no parecía ser la misma que en otras ocasiones.
Volvió al ataque solicitando una explicación al respecto, ya que siempre había promulgado que era un hombre que nunca faltaba a sus promesas.
—Mira, Julio, como veo que eres un tocapelotas, te explicaré la razón por la cual no se produjo mi llamada. Tras nuestra entrevista sufrí un síncope, un desmayo, una indisposición o como hostias quieras llamarlo, digamos a modo de resumen que mi reunión con el sereno de las nubes está más próxima a lo que inicialmente se creía.
¿Sereno de las nubes? Buena forma de referirse a san Pedro. Julio esgrimió una leve mueca de sonrisa ante lo cómico de la metáfora, Marcelo parecía ostentar cierto don para la parodia. Con todo, siguió requiriéndole con apremio y sin ápice de compasión una respuesta a su invitación inicial de pasar unos días en la localidad.
—Iré, no tengo nada que perder, ya ves, no me queda mucho tiempo, así que ¿por qué no presentarme ante el par de hienas que hicieron de mi vida un puto infierno? Sí que iré, será divertido.
—Bien, será el próximo viernes, pasarás unos días en una finca llamada La Florica. Te enviaré la ubicación al teléfono, dirígete allí directamente, nadie del pueblo puede llegar a verte, ¿lo entiendes? ¡Nadie! Yo mismo te estaré esperando a la entrada.
—Dalo por hecho, españolito, dalo por hecho.

—¡Espera! Me has llamado con numero oculto, necesito la línea de tu teléfono para poder enviarte el lugar exacto.

—Apunta, aunque estará inoperativa al lunes siguiente tras mi visita.

Julio sacó un pequeño bolígrafo que portaba en uno de sus bolsillos y en la palma de su mano izquierda apuntó los números que iban saliendo de la boca de Marcelo.

—Perfecto, te repito, que nadie del pueblo te vea, ve directamente hasta el punto estipulado.

Colgó tras esa especie de despedida barruntando que algo raro había en la orden dada por parte del periodista, amén de que jamás nadie le había impartido un mandato tan directo, nunca lo hubo permitido.

Aquella breve conversación no hizo otra cosa que provocar un zumbido de sensaciones en su cabeza, pudiera ser que efectivamente esta vez se hubiese producido una merma considerable en la salud de Marcelo y que la tardanza en la respuesta hubiese sido ocasionada por el desvanecimiento que este pudo haber sufrido, pero ¿cómo creerle?, no sabía qué pensar.

A pesar de todo esperaba que le hubiese quedado meridianamente clara la instrucción de que nadie de la población podía llegar a verle, porque, a pesar de la diferencia de edad, era tal la similitud física con su amigo difunto que los padres de José bien podrían entrar en *shock* ante su presencia al igual que le ocurrió a él mismo. No quería causar más daño emocional a aquella pareja que para él eran como integrantes de su propia familia, de ahí que la reunión se emplazara a unos kilómetros a las afueras de Montepardo de la Duquesa, concretamente en La Florica.

Aunque el resto de comensales esperaban su regreso, decidió seguidamente telefonear a Basilio, y con las manos temblorosas por la inquietud al ver que su propósito finalmente pudiera llevarse a cabo comenzó a teclear esta vez la numeración del móvil del sacerdote.

—¿Sí?, ¿quién es?

—Basilio, soy Julio, está hecho, aceptó por fin el ofrecimiento. La reunión se producirá el viernes a las once de la mañana, le envío la ubicación del lugar. Cuando esté cerca póngase en contacto conmigo, yo le acompañaré.

Nada se oía al otro lado, aquel mutismo resultaba escalofriante.
—¿Basilio, está usted ahí? ¿Basilio?
—Sí, sí, perdona, Julio, la noticia me ha impactado, creía que de ningún modo aceptaría, me ha cogido de improviso.
—Lo entiendo, haga el equipaje y prepárese para redimirse ante las personas que debían haber formado parte de su vida.
De nuevo el silencio como parte integrante de aquel momento.
—Te llamaré a poca distancia de mi llegada.
—De acuerdo, no olvide que nadie puede verle.
Tras la finalización de esta corta y escueta segunda conversación, se introdujo de nuevo en la vivienda chasqueando sus dedos parsimoniosamente como signo de que todo estaba saliendo a pedir de boca.
—¿Todo bien, compadre?
—Bien no, sublime.
Joao intuía que su amigo acababa de dar por iniciado el plan que días atrás había concebido y que a él mismo le fue notificado en secreto.
Los días siguientes parecían transcurrir calmosos, irritantemente interminables. Aunque el quinto día de la semana se encontraba ya a las puertas, la impaciencia no le dejaba disfrutar en total plenitud de los momentos junto a Laura y Danilo. Y así se lo hizo saber ella.
—¿Qué te ocurre? Estás como ausente. Dime, ¿va todo bien? Desde que has vuelto de este último viaje estás muy raro.
Sabía sobradamente que no podía mantener todo en secreto por más tiempo. Además, su chica seguramente tuviese que ejercer un papel destacado en la argucia que pensaba llevar a cabo, así que empezó a narrarle todo pormenorizadamente.
—¡Dios mío! Aunque ya me comentaste algo por encima, es ahora cuando comprendo todo, tantos años, la rareza de esa mujer, se debía todo a eso, ¡qué fuerte! Y el resto es para no dormir. No sé, cariño, todo esto me sobrepasa, pero lo haré, cuenta conmigo.
Aquel relato en boca de Julio era lo más parecido a una película de ciencia ficción, pero estaba dispuesta a llegar hasta el final, ella también participaría en aquel demencial proyecto.

CAPÍTULO 21
La llegada de los invitados

Viernes, siete de la mañana. La noche había transcurrido sin poder llegar a conciliar el sueño tan siquiera un par de horas. Acababa de enviar a Basilio la ubicación exacta de La Florica. Se levantó de la cama verificando que Danilo seguía plácidamente dormido abrazado al peluche con nombre de superpene con el cual él mismo lo bautizó cuando tenía su misma edad.

Tosió con sutileza para despertar a Joao, pero daba lo mismo, sus llamadas de atención a modo de carraspeo intencionado ya no hacían falta porque el portugués se encontraba vestido y acicalado incluso al mismo tiempo que este.

Bajaron juntos hasta la cocina y pusieron a calentar en el microondas parte del café que Julián había dejado sin ingerir la tarde anterior. Enfrentaron sus miradas, Joao fue el primero en hablar, una enérgica y concisa frase salió de sus labios.

—¡Que comience el espectáculo!

—¡Que comience! ¡Al lío! —contestó Julio.

Prácticamente corrieron en volandas hasta casa de Alberto llevados por la efusiva ingesta de cafeína.

Tal y como había sido estipulado, Arabela les esperaba en la parte trasera del domicilio. Les hizo entrega de un juego de llaves que abría tanto las portadas de la verja perimetral, aunque estas siempre se encontraban abiertas, como la puerta principal de entrada a La Florica, indicando a los dos amigos que ella se dirigiría a dicho lugar con posterioridad tal y como habían acordado previamente.

Facilitó igualmente a Julio las llaves de su vehículo todo terreno, ella viajaría más tarde hasta la finca a bordo del vehículo de Alberto y junto a este, una vez que hubiese hablado con su hijo para ponerle al tanto. Deseaba ser ella quien advirtiera a Alberto de todo y no otra persona, qué menos que eso.

Para él aquel paraje era primoroso, no solo porque estaba rodeado de aquella frondosa vegetación de monte bajo y encinas y circundado por un riachuelo de agua todavía cristalina, sino también porque en dicho lugar había sido muy feliz durante su niñez y adolescencia. Era un privilegio al sentido de la vista, pero no podía dejar de tragar saliva debido a la cercana llegada de los futuros invitados.

Instantes antes el párroco había telefoneado ya advirtiendo de su pronta venida.

Una berlina color blanco con una franja roja cruzada en las puertas delanteras y un rótulo superpuesto en el que se leía «TAXI» hizo entrada en el camino. Se detuvo y del mismo se apeó aquel personaje que había sido punto de inflexión en la vida de tantas personas. No portaba alzacuellos, ahora su indumentaria no era de sacerdote, sino de paisano, de un simple hombre normal —aunque normal no fuese el adjetivo calificativo que pudiera llegar a otorgarse a su vida—.

—Hola, Julio, ya estoy aquí. El viaje no ha sido muy agradable, pero, bueno, ya he llegado, espero no arrepentirme.

—Buenos días, Basilio, le presento a mi amigo Joao, es paisano suyo, ya le hablé de él.

—*Prazer em conhecê-lo, pai.*

—*O mesmo, João, mas não sou mais padre.*

—¿Cómo dice? ¿Cómo que ya no es sacerdote? ¿A qué se refiere?

Julio quedó descolocado ante aquella imprevista noticia.

—Veréis, hace tiempo que tenía pensado dar el paso. ¿A quién quería engañar? A Dios no puedo. He estado fingiendo ser quien no soy durante demasiado tiempo, así que he presentado mi renuncia a seguir ejerciendo mi profesión, he pedido una dispensa al papa para que se proceda a mi secularización.

—¿Eh?

Mediante aquella interjección interrogativa los dos amigos dieron a entender al hasta entonces denominado para ellos como cura que no habían entendido nada de lo que acababa de decir, así que Basilio reiteró de nuevo.
—¡Que ya no soy sacerdote!
—Ya, ya... —contrarreplicó el periodista.
Julio recogió su maleta y le acompañó hasta la entrada de la residencia, abrió lentamente, el interior de la vivienda era tan desconocido para él como para sus dos acompañantes. Levantó la persiana de cada ventana del salón principal, dejando entrar los rayos del sol y por ende la luz, vislumbrándose ahora la belleza de cada recinto, el suelo de parqué bien acuchillado y pulido, brillante, aunque la decoración era algo cargante, demasiados detalles y figuras ornamentales por todos lados. No había polvo alguno a pesar de encontrarse sin habitar desde hacía bastante tiempo, ya se había encargado Arabela de emprender la limpieza mediando la remunerada colaboración de su empleada.
Juntos fueron descubriendo cada rincón. Subieron a la planta superior. Al llegar a un dormitorio de buenas dimensiones, dispensó al recién llegado un ligero empujón a modo de indicación de que esa sería su estancia para pernoctar durante los próximos días. Basilio aceptó de buen grado la orden y sobrepuso aquel desmesurado equipaje encima de la cama.
—¿Y ahora?
—Ahora a esperar, Basilio, ahora a esperar.
Solicitó a Joao que hiciera el favor de ir al encuentro de Marcelo, dado que acababa de recibir un mensaje de este donde indicaba su pronta llegada, habiéndole sido ya enviado con anterioridad el emplazamiento en el cual se encontraban.
Así que, mientras Julio y Basilio descubrían juntos cada estancia de aquella vasta residencia, Joao se dirigía a la carretera principal, la cual confluía con el camino de la finca para acudir al encuentro de aquel hombre que le infundía admiración y miedo a partes iguales.
Pudo divisar a lo lejos un vehículo Hummer de color gris y gran tamaño, y como este aminoraba su marcha al acercarse al cruce con la senda terregosa que llegaba hasta la entrada de La Florica.
Movió enérgicamente de un lado a otro sus brazos alzados, haciendo entender a sus ocupantes que ese era el lugar exacto, si bien

desconocía quién podría ir a bordo del vehículo dado que los cristales eran tintados.

Al llegar hasta su posición la ventanilla trasera derecha fue bajada a media altura, dejando entonces entrever la cara achacosa de Marcelo.

—*Como você está, português? Estou feliz em vê-lo novamente.*

Joao no podía ni hablar, no dejaba de volver a revivir en su cabeza el momento en que Marcelo mirándole a los ojos le apuntó con la pistola y sin vacilar disparó, y sí, aunque tras aquel imprevisto atentado contra su integridad física le dispensó toda clase de atenciones médicas y varias tardes de prolongadas y distendidas tertulias, no podía dominar aquel miedo, aquel recelo hacia aquel ser tan inestable. Pudiera ser que tras aquellos días de forzado hospedaje y convalecencia en su residencia hubiera sufrido el denominado como síndrome de Estocolmo, pero ahora, una vez superado aquel trance mediante la distancia entre ambos, volvía a parecerle un hombre poco afable a la vez que peligroso.

—Dime algo, ¿te ha comido la lengua el gato?

—Perdona, Marcelo, me ha dado un aire.

—¿Un aire? Ja, ja, ja. Estás temblando, portugués. Sube, anda, y muéstrame el camino.

Subió por la puerta contraria quedando a espaldas del conductor, un hombre corpulento y rapado que no giró su cara en momento alguno, dejando entrever probablemente a propósito un revolver plateado con cachas nacaradas.

—¡Tú dirás!

—¿Eh? Ah, sí, perdona, solo tienes que seguir este camino, la finca está a escasos doscientos metros.

No tardaron ni treinta segundos en plantarse en la misma puerta al encontrarse la verja abierta.

Bajaron del enorme vehículo al mismo tiempo que el siniestro chófer, quien ocultaba parte de su cara con unas desmedidas gafas de sol con cristales de espejo. Este se dirigió hasta el maletero, de donde extrajo un par de maletas de piel y una caja metálica rectangular con un asa de plástico negro de dimensión similar a la de una caja de zapatos y depositó todo en el suelo.

Aquel hombre se acercó hasta su capo y le dispensó un gran y sentido abrazo a modo de despedida sin que Marcelo moviese ni un ápice sus brazos, ni un solo gesto de afección o apego, de cercanía o afinidad, nada. Tras aquel repentino gesto de afecto, el extravagante subordinado se dirigió hasta el vehículo y montó de nuevo al volante, coincidiendo con la salida de Julio al exterior.

Quedó perplejo, era él, tenía que ser él, la misma figura, juraría que era el hombre que le había estado siguiendo en Río y con quien seguramente se encontró entre la penumbra de las sombras la misma noche que se produjo la fulminante muerte de los asesinos de José.

El hombre llevó su mano a la sien y a modo de saludo militar se despidió de Julio para después arrancar el motor del Hummer y abandonar a toda prisa aquel lugar.

—¡Ese hombre! Ese hombre fue... Fue él, ¿verdad? Tú lo enviaste aquí. ¡Fuiste tú! ¡Lo sabía!

Mirando a Marcelo no podía dejar de balbucear aquel amasijo de palabras inconexas discerniendo, no obstante, que efectivamente estaba en lo cierto y que fue aquel sujeto quien dio fin a la vida de aquellos malnacidos siguiendo sus órdenes.

—Hola, Julio, ¿no me vas a dar la bienvenida?

Ya sabía cómo era la personalidad del mafioso, y estaba seguro de lo que acababa de ver, de a quién acababa de ver, así que para qué seguir ahondando en lo irrefutable, intuía que estaba en lo cierto y aquel saludo de aquel extraño no hizo otra cosa que confirmar sus sospechas.

—Hola, Marcelo, ¿cómo estás?

—Jodido, muy jodido, y tú no me pones fácil el dejar de estarlo, tienes unas ideas muy retorcidas, incluso más que las mías.

—No exageres, tu dominio de lo maquiavélico me supera con creces.

—Lo que tu digas. ¿Me enseñas mi habitación?

—Claro, cómo no, sígueme.

Aunque seguía manteniendo esos aires de grandeza, esta vez jugaba fuera de casa y la inseguridad podría llegar a causar mella en su estado una vez se encontrase en el interior frente a frente con su padre, con su verdadero padre, o al menos eso es lo que pensaba Julio mientras que caminaba junto a Marcelo.

—Recoge las maletas, genetista. Por cierto, esa caja metálica es un regalo para ti, aunque no vas a saber de qué se trata todavía.

Había que ver la cara de Joao al oír de viva voz de aquel delincuente perturbado que le había obsequiado con un presente. ¿Por qué?, ¿tal vez tendría algún tipo de remordimiento por el trato que le dispensó? De todas formas recogió todo el equipaje como si de un botones se tratase y les siguió a escasa distancia.

—No está nada mal esta choza, nada mal. Pero, dime, ¿es que he llegado primero? ¿Mi mamaíta y el pastor malnacido todavía no han llegado?

Basilio abrió la puerta que daba acceso al salón encontrándose padre e hijo a corta distancia. Se hizo el silencio, la expresión de Marcelo se tornó áspera, la aversión que le producía la cercanía de Basilio era patente. Aun así, dio un par de pasos y alargó la mano a fin de que el ya exsacerdote la recogiera a modo de saludo. Basilio la estrechó con fuerza.

—¿No te da asco tocarme, papá? ¿Debo llamarte así? ¿Papá? ¿O mejor te debería llamar Judas?

—Nunca he sentido asco por ti, siempre has estado presente en mi corazón y en mis plegarias, al igual que Danilo.

—Cuidado, no nombres tan a la ligera a mi hijo, bueno, ahora al hijo de Julio, no es nada tuyo, y no te equivoques, tu penitencia será estar aquí conmigo. No te lo tomes como un acercamiento o reconciliación, pedazo de rata, sino como un castigo, un castigo terrenal que se antepondrá al que se te dará en el infierno al igual que a mí. Si no te he matado fue porque mi madre intercedió por ti, y mira que me costó, te juro que me costó soportar que siguieras respirando.

Soltó la mano de su progenitor como si de un latigazo se tratase y le escupió en los zapatos.

En cambio él no devolvió desdén alguno por aquel gesto lleno de odio y antipatía. Se quedó impertérrito, sin dejar de mirarle. Lo hubiese dado todo por que se dejara abrazar, por poder estrecharlo. Las dos veces que coincidió con él era solamente un chico asustado sumido en la desesperanza, habiendo dado ya sólidos pasos en el aprendizaje de todo tipo de fechorías.

—Bueno, el encuentro ha resultado mejor de lo que yo esperaba.

La chanza de Julio era considerable, casi gozaba con la tesitura, ya que de una forma u otra había sufrido por culpa de ambos, pero quería dejar zanjado todo de una vez por todas, que aflorara la verdad que daría pie a que una de sus amistades más sinceras y que más apreciaba supiera por fin todo a pesar de correr el riesgo con ello de que se alejase de su lado, pero al menos por fin tendría acceso a toda la información a través de los interesados que directamente habían formado parte de su existencia sin tan siquiera llegar a sospecharlo.

Al igual que hizo con Basilio mostró su dormitorio a Marcelo y cada uno de los inquilinos se encerró en su habitación. Mientras, Julio y Joao verificaron que en la cocina había suficiente sustento para pasar varios días sin abandonar la finca, tal y como había solicitado previamente a Arabela, encontrándose a rebosar tanto el frigorífico como la despensa anexa a la cocina.

Esperaron sentados en los escalones de la puerta principal sin preocuparse por los dos ocupantes de la vivienda.

En esos momentos, a escasos kilómetros de la finca, en Montepardo, Arabela llamaba a Alberto para que entrara en su habitación y cerrase la puerta conminándole a que lo hiciera con celeridad para que su marido no fuese testigo de la clandestina reunión, aunque el pobre Pepe según qué momentos no era ya consciente de lo que ocurría ni tan siquiera a su alrededor.

—Siéntate en la cama, lo que voy a decirte puede que marque tu relación conmigo y con muchas personas de tu entorno.

—¿Qué dices, mamá? Me está empezando a dar mal rollo, déjate de bromitas, que no son lo tuyo.

—Dedícame un momento en silencio, por favor, solo oye y calla hasta que finalice, te lo pido por favor.

Aunque empezaba a incomodarle la imposición de Arabela, Alberto calló.

El relato de Arabela se alargó aproximadamente media hora sin que fuese interrumpida por parte del ojiplático hijo, si bien de vez en cuando sonreía creyendo que se trataba simplemente de una grotesca burla de su madre. Pero ella nunca había estado en posesión de tal humor, verdaderamente de ninguna clase de humor, así que una vez expuesto todo el relato esperó, creyendo que repentinamente sus amigos saldrían de alguna esquina de la habitación entre risas. Sin embargo, no ocurrió tal cosa, y ante el silencio tan pronunciado decidió levantarse. Sin mirarla directamente le expuso su repulsa y exigió formar parte de aquella comitiva en la finca que él mismo le había regalado.

Como era de prever, Arabela no puso impedimento, así que, tras solicitar a su empleada que estuviese al cuidado y atención de Pepe, ambos se vistieron para la ocasión. Tras ello se dispusieron a sacar del garaje el vehículo de Alberto para emprender el viaje hasta La Florica.

Alberto murmuraba entre dientes, no comprendía cómo su amigo no le había puesto al día de todo, por qué tuvo que esperar a que su madre diese el primer paso. Aun así, llegaba a comprender que fuese ella misma quien le hiciera público todo y tal vez Julio se habría dejado llevar por la prudencia. Al fin y al cabo, era un tema privado y familiar, ¿o no lo era?

Joao y Julio seguían sentados en la escalinata del edificio ajenos a lo que ocurría en el interior. Tal vez Marcelo hubiera decidido vengarse de Basilio de alguna forma, en cualquier caso, allí se encontraban, indiferentes y abstraídos de todo.

—¿Crees que todo esto va a acabar bien?

—No lo sé, hermano, pero creo que estoy obrando correctamente, es lo justo. Si he de perder esta amistad por poner sobre la mesa toda la verdad, que así sea, aunque me dolería en el alma.

—Sabes que estoy contigo, a muerte.

—Sí, lo sé, la muerte ha estado cerca más de una vez gracias a mis decisiones, pero nos hemos divertido, ¿no?

—Ja, ja, ja, ¡pero qué cabronazo que eres! Ja, ja, ja.

Chocaron sus manos en prueba de absoluta compenetración y hermanamiento, la conexión entre los dos era categórica, sin fisuras.

A lo lejos denotaron la polvareda del camino, ya se acercaba el momento, la tercera parte en discordia se aproximaba y había que poner sobre aviso a los dos recientes moradores de la residencia.

Desde la misma puerta de entrada solicitó a gritos la presencia de padre e hijo en el salón a fin de dar el recibimiento a la madre del delincuente.

—¡Marcelo! ¡Basilio! ¡Está llegando, salid al salón, ya está aquí!

Los dos de pie y en lados opuestos de aquella enorme sala, sin cruzar las miradas, permanecieron inertes, esperando la aparición de la madre de Marcelo y del amor perdido de Basilio.

Tal era el silencio que llegaron a hacerse audibles hasta las veces que ambos tragaban saliva.

La puerta se fue abriendo lenta y gradualmente, empezando a vislumbrarse la figura de una mujer ya madura, pero que todavía gozaba de buena figura.

La luminosidad del exterior que jugaba al escondite con aquella contraluz no dejaba verificar más que se trataba de una mujer, pero seguía sin poder apreciarse su rostro.

—Hola, mamaíta, ¿te alegras de volver a verme? —interpeló Marcelo.

—Hola —expuso igualmente Basilio levantando su mano.

Tras sendos saludos del mafioso y del exsacerdote, aquella sombra humana cayó desplomada al firme de forma estrepitosa golpeándose violentamente la cabeza.

—¡Mamá, por Dios! ¿Estás bien?

Ahora era la voz de Alicia, quien se encontraba a su espalda, la que interpelaba por el estado físico de aquella señora, de Adelina.

Julio y Joao corrieron a su socorro.

—¡Por favor, Joao, acerca un vaso de agua! ¡Rápido!

El pobre portugués corrió despavorido hacia la cocina, mientras que Julio, quien tenía recostada la cabeza de Adelina en su rodilla, le daba sutiles golpecitos en la cara a la vez que Alicia levantaba las piernas de la doliente para tratar de mitigar el vahído.

Antes de regresar con el agua abrió de nuevo los ojos.

—Basta, Julio, gracias. Estoy bien, no os preocupéis.

En el mismo momento que acaeció el accidentado suceso, Basilio de forma rauda se aproximó hasta Adelina a fin de prestar ayuda, acongojado por el susto, si bien Marcelo no movió ni un solo dedo, podría llegar a decirse que ni pestañeó.

Alicia le aproximó una silla.

—¿Qué ocurre, mamá? ¿Qué te ha pasado? Vamos al centro médico, necesitas que te vean, vámonos.

Intervino con tono sarcástico Marcelo al ser testigo en primera persona de la calificación que le era dispensada por aquella joven mujer a la que sí que era su madre.

—¿Mamá? Ja, ja, ja. ¡No me jodas! ¿En serio? *Ela tambëm é sua filha?*

—*Sim, meu filho, ela é sua irmã.*

Todos los allí presentes sabían lo que significaban aquellas palabras, y no era otra cosa que efectivamente Alicia era su hermana. Todos sabían de la íntima y directa unión entre aquellos interlocutores, todos menos Alicia, quien quedó completamente bloqueada. ¿Qué decía aquel sujeto? ¿Y en qué idioma hablaba? ¿Portugués? ¿Y por qué su madre contestaba con la misma entonación pareciendo entenderle?

—¿Cómo te encuentras, Adelina?

—¿Tú también, Basilio? Por Dios, ¿por qué me hacéis esto?

Mientras que aquel hombre maduro y atractivo, algunos años mayor que Adelina se interesaba ahora por su estado físico, Alicia se incorporó y se acercó hasta la silueta del otro hombre, que no tenía escrúpulos ni remordimiento alguno por no proporcionar asistencia a su madre. Él hizo lo propio y se enfrentaron, dejando ahora visible completamente su cara.

—¡Dios mío! ¡Dios! ¡Por el amor de Dios! ¡José! ¡José!...

Gritaba y gritaba el nombre de su difunto amigo, pero la voz no era la misma, su altura y complexión no coincidían, su personalidad era despreciable. ¿Quién era?, ¿un demonio disfrazado de José? Tal vez.

Julio, aún reclinado en el suelo junto la silla de Adelina, hizo la presentación.

—Alicia, te presento a Marcelo.

—¿Marcelo? ¿El matón del que tanto me has hablado? ¿El padre de Danilo?

Julio únicamente asintió con la cabeza mientras que Marcelo parecía mostrar una expresión de placer.

—¿El padre de Danilo? Pero ¿qué demonios dices, hija? ¿De qué habla Alicia, Julio? ¡Contestad!

—Mamá, este hombre que es tan parecido a José es el verdadero padre de Danilo, él lo abandonó en un orfanato, Julio lo adoptó.

Quiso intervenir Julio a fin de mediar esta vez a favor del gánster.

—Bueno, no fue realmente así. Por romper una lanza en su favor, al niño nunca le faltó de nada, lo apartó de su vida para que no siguiera sus pasos y no fuera desdichado. La idea de que fuese adoptado por mí partió de él.

—No puede ser, entonces Danilo es, es... —Adelina no acertaba a terminar la frase.

—¡Sí, tu nieto, maldita bruja!

La bofetada propinada por parte de Alicia fue tan sonora como humillante, y de haberse ocasionado tiempo atrás hubiese desembocado en un trágico final.

Ahora era Joao quien sonreía tras observar a Marcelo frotarse la mejilla condolida y rojiza por el impacto de la mano de la escritora.

—¿Nieto? Pero ¿qué dice este psicópata? Mamá, ¿qué tienes que ver con este hombre?

Ayudada por Julio y Basilio se incorporó.

—Hija mía, este hombre, como le llamas, es...

Aquel mutismo alevoso no hacía otra cosa que tensar todavía más la situación.

—¿Quién es? Maldita sea, mamá, ¿quién es?

—Es tu hermano.

—¿Mi qué? ¡No entiendo nada, me estás tomando el pelo, no sigas con estas tonterías, estoy comenzando a asustarme!

—Sí, hija, es tu hermano, fue la razón que me llevó a abandonar este país, a alejarme de mi familia, mis amistades, de mi futuro y estabilidad, a refugiarme en otro país junto a un hombre al que no amaba.

—¿Y todos estos años has estado callada? ¿Todos estos años lo has mantenido en secreto? Habla, ¿cómo has podido?, ¿cómo has podido mirarte cada día al espejo y soportarlo?

La entonación se había vuelto hostil, cada reproche se transformaba en una nueva herida infligida en el corazón de aquella pobre mujer. Aun así, no la interrumpió, dejó que la descalificara una y otra vez.

Intervino bruscamente Basilio al ver la cara de aflicción de su amada.

—¡Basta! No puedes tratarla así, no sabes nada de lo que tuvo que soportar, cómo fue vilipendiada por mantener en secreto una relación prohibida, y que por eso la humillasen, la despreciaran. Tu vida ha sido muy fácil en comparación con la de tu madre, ¿no crees?

—¡Joooder! Mira por dónde, la voz de la conciencia. ¿Y usted es...?

Basilio quedó enmudecido y bajó la mirada.

—Tu padre, él es tu padre, y también el de Marcelo. —Adelina no quiso dejar que él cargara con el peso de aquella tortuosa respuesta.

No dio réplica esta vez. Suspiró contundentemente, miró a su madre de una forma que rezumaba odio, abrió la puerta y salió al jardín. Ahí se encontró con Laura, quien había realizado la función de gancho engañándolas a ella y a su progenitora y llevándolas en su vehículo hasta La Florica, haciéndoles creer que allí se iba a celebrar una fiesta sorpresa para Danilo, todo ello a pesar de la reticencias de Adelina a acudir a una finca propiedad de la madre de Alberto, con quien no le unía afinidad alguna.

—¿Tú lo sabías? ¿Lo sabías?
—Sí, perdóname, pero mereces saber la verdad.
—¿Lo merezco? ¿Así, de esta forma?

Se acercó con el afán de abrazarla, pero Alicia se zafó de aquel gesto de cariño, interponiendo su brazo izquierdo en el pecho de la que había sido su íntima amiga hasta aquel día.

—Dile a Julio que no sé si podré perdonaros.

Volvió a intentar un acercamiento.

—¡Ni me toques!, ¡no me llames!, ¡no me busques!
—No te vayas así, por favor, ¡te lo pido por favor!
—Dile a esa desconocida, a mi madre, que me vuelvo andando, necesito pensar.

Se alejó con los ojos enrojecidos mientras que Laura quedaba llorando con las manos cercándose la boca.

Dentro del edificio continuaba la conversación forzada entre padre, madre e hijo, quedando como testigos presenciales y sin participación alguna los dos amigos.

—La que has liado, Julio, he de decir que me has llegado a sorprender hasta a mí. ¡Qué huevazos tienes!, esconderme que tenía una hermanita, ¡qué cosas! ¿Verdad, mamaíta? ¡Y del mismo padre! Al menos esta vez fuiste fiel a ti misma —ironizó Marcelo.

La entonación era desagradablemente sarcástica e incisiva, y Adelina no estaba para gracias.

—No hables así a tu madre, no quiso volver conmigo a España y dejarte solo cuando peor estabas a pesar de que su estado físico, emocional y económico era calamitoso. —Ahora era Basilio quien, turbado por los reproches, decidió intervenir en favor de su amor.

—¡Mira el santurrón! Sigues empijotado de mi madre, ¿verdad?

El primer viaje de Basilio a Río para tratar de convencer a Adelina de que regresara a la península y comenzara una nueva vida a su lado no produjo el resultado previsto, y todo a pesar de que ella lo estaba pasando francamente mal en esos momentos, viuda de forma fortuita y con el fruto de ambos cumpliendo condena. Además, ¿cómo emprender esa empresa junto un hombre al servicio de la Iglesia? Era la razón por la cual avergonzada dejó todo y ahora insistía en esa absurda idea. Y a su vez, ¿de qué forma una madre podía dejar abandonado a su hijo, a su propia sangre, bajo esas circunstancias, solo y encerrado? Simplemente no podía, no se lo permitió a sí misma a pesar de seguir sintiendo algo de lo que un día fue puro y profundo por aquel hombre, quien, lejos de darle la espalda tras aquel rechazo, deseaba prestarle al menos su apoyo y la poca colaboración económica que podía permitirse en aquellos difíciles años.

Y qué decir del pobre Basilio, a quien su hijo, aquel adolescente descarrilado sin empatía por nadie y lleno de rencor, le mostró su inquina y la distancia tan abismal que les separaba con palabras escritas de su puño y letra, para luego denegarle acceso al centro penitenciario donde cumplía condena. Marcelo no aceptó ninguna de sus visitas entre los oxidados barrotes.

—Sí, llevas razón, sigo, como tú dices, empijotado de tu madre. Siempre estuve enamorado de ella, siempre deseé pasar cada momento de mi existencia a su lado, y al tuyo también, pero dicho anhelo me fue vetado.

—¿Te fue vetado? Pero qué redicho eres, papucho. Para volver a tener sexo con esta mujer no hubo contratiempo, ¿no fue así?

Cuando Marcelo refirió el calificativo de «esta mujer» señaló a Adelina, hecho que hizo que la misma reaccionara de forma expeditiva y acercándose le espetara un correctivo verbal superlativo.

—¡Pero qué idiota, hipócrita y desagradecido eres! Te he querido, te quise y te querré hasta mi muerte. Siento infinitamente aquel maltrato emocional y físico que no debías haber sufrido y que yo sufrí junto a ti. Eras solamente un niño, mi niño. ¿No te acuerdas? Yo también estaba ahí, pasando hambre, sola, desplazada, sin porvenir. Lo que había, lo poco que había, no era precisamente halagüeño y aun así me quedé a tu lado, me quede a pesar de que estabas cambiando, de que te estabas convirtiendo en un canalla, en una persona nociva y al ver que ya no había remedio acabé rindiéndome. Y lo siento, lo siento de veras, pero al menos eso ha podido permitirme dar a tu hermana una oportunidad y una vida mejor separadas de tanta maldad, separadas de tu ejemplo y de tu rabia venenosa.

»Y sí, Basilio volvió a intentar convencerme por segunda vez de que volviese junto a él, volvió a interesarse por aportar su granito de arena para ayudarte también a ti y tú lo despreciaste. Pero, mira, soy humana, volvimos a mantener relaciones, aunque no como tu mente enferma imagina. Fue tan inocente, tan sincero, que estuve muy tentada de regresar junto a él, pero a pesar de quererle seguía siendo sacerdote y no podría soportar de nuevo las habladurías y murmullos de la gente.

La cara de Marcelo se encendió y decidió ejercer la confrontación directa.

—¿Cómo dices? ¡Te marchaste cuando más te necesitaba, cuando más necesitaba el calor de una madre!

—Cuando me marché ya no necesitabas mi calor y cariño, sino mi visto bueno, mi predisposición a quedar en silencio. Si acaso esperabas algo de mí era únicamente apoyo y admiración mientras te adaptabas al ejemplo de aquellos maestros que empezaban a enseñarte las tareas relacionadas con todo tipo de delitos. Mi hijo ya no estaba, tu nuevo tú lo había consumido.

»Así que me marché, sí, embarazada de nuevo. Solicité esta vez yo misma ayuda a Basilio y sin reproche alguno consiguió para mí el dinero suficiente para el pasaje. Tras ello y con su colaboración pude establecerme unos días en Madrid, en las dependencias anexas de una parroquia de barrio. Aquella iglesia facilitaba formación de todo tipo para personas sin recursos, mujeres maltratadas y padres de familia en paro. Aunque supuse que me sería ya difícil debido a mi edad y habiendo perdido la costumbre del estudio, me propuse con todas mis fuerzas actualizar mis conocimientos de auxiliar de administración, estudios que yo ya había cursado antes de partir hacia Brasil cuando todavía era una joven despreocupada y de cuyo título estaba en posesión.

»A pesar de mi estado conseguí realizar las prácticas en una empresa dedicada a la venta de juguetes hasta dos meses antes de dar a luz. Luego, con una niña recién nacida y sin tener dónde ir, viví de ayudas de todo tipo, de la misericordia y compasión de terceros hasta que nuevamente tu padre, Basilio, viajó hasta Madrid y me suplicó comenzar una nueva etapa juntos, dejar los hábitos por Alicia y por mí, pero yo rechacé su proposición para no causarle problemas, a pesar de que seguía enamorada de él.

»Entonces me puse en contacto con una asociación encargada de facilitar alimentos no perecederos a países en desarrollo y conseguí un puesto en su departamento de administración. Al mismo tiempo la niña era cuidada por otras madres tuteladas por la organización. Como sabía que tu padre seguiría insistiendo y para evitarnos sufrimientos innecesarios abandoné la capital cuando Alicia hubo cumplido tres años y me instalé aquí, en Montepardo de la Duquesa. Desde aquel día él jamás supo mi paradero, y yo, al parecer inocentemente, creí que el futuro no nos haría coincidir de nuevo.

»Casualmente se ofertaba una plaza de auxiliar en el Ayuntamiento de la población, con la buena acogida por parte del por entonces alcalde, que no era otro que el padre de Julio, y con un poco de suerte accedí al puesto, lo que me permitió pagar la manutención de las dos y el alquiler inicial de una pequeña casita. Y hasta aquí. Fue pasando el tiempo y mi dolor poco a poco fue cicatrizando. Pero quiero que sepas que no ha habido día en el que no haya pensado y rezado por ti, por mi niño.

Tras aquel último calificativo por parte de Adelina hacia Marcelo este respondió tajante.

—Tu niño ya no está aquí, en esta habitación, tu niño murió el mismo día que maté a aquel hombre.

—Sé que en tu interior queda todavía algo bueno, estoy segura.

—¿Lo estás, madre?

Marcelo subió de nuevo las escaleras, se introdujo en su habitación y cerró de un fuerte portazo.

Adelina quedó mirando a Julio mientras mordía su labio inferior y negaba con la cabeza dando a entender su rechazo por el recibimiento que le fue otorgado sin ponerla sobre aviso.

—Lo siento mucho, Adelina, te juro que lo siento, pero Alicia debía saberlo, no era justo que siguiera engañada.

—Sé que lo has hecho de buena fe, cariño, pero no creo que seas la persona indicada para ponerme en la tesitura de tener que exponer ante mi propia hija el resumen de mi tormentosa vida y de quién debe formar parte o no de la suya.

—Te entiendo perfectamente, créeme que lo hago, pero recuerda que ahora el padre de tu recién descubierto nieto soy yo, por lo que creo que sí que estoy facultado para aclarar ciertos términos y farsas, por no decir que tu hijo disparó contra Joao y contra mí, aunque, claro está, desconoces esos detalles.

—¿Marcelo quiso acabar con vosotros? ¿Qué nueva barbarie de mi hijo me estás contando? Aunque, pensándolo bien, no me extrañaría nada. Lo siento, de veras que lo siento.

—Sí, supongo que no te extraña ya nada, pero como de farsas trataba todo esto, puedes, ahora que no está presente Alicia, decirme cómo fuiste capaz de disimular el dolor y la angustia de ver cada día jugando junto a tu pequeña a un nuevo amigo, a un niño de este pueblo idéntico físicamente a tu hijo?

—¿Por qué supones que lo soportaba? Estuve muy tentada de cambiar de destino, de seguir huyendo, de seguir buscando un lugar que fuese ideal para nosotras, pero los vecinos eran afables y atentos, no había reproche, incertidumbre ni miedo, solo tranquilidad, y sí, al principio lloraba a solas cada día tras ver a José. Recuerdo mi primer encuentro con él en el parque infantil, fue terrorífico, quedé paralizada. Hasta que aquel pequeño fue aupado por parte de Manolo y María creía estar viendo un fantasma. Tras esa primera impresión luego remitió la tristeza, y su presencia no hacía otra cosa que volverse cada vez más adictiva. Llegué a pensar que era la imagen mejorada de Marcelo, una representación del yin y el yang en este mundo, y terminó por acabar gustándome tanto que acabé idealizando la personalidad de José en la de mi propio hijo.

»El día de su muerte creí perder de nuevo a Marcelo. Y ahora, ahora está aquí, en carne y hueso, y se me hace tan difícil mirarle a los ojos, por miedo a confrontarme, a su reacción, y por vergüenza, mi propia vergüenza. Preferiría que no hubiese venido, que no estuviese aquí.

—¿Vas a dejar partir de nuevo a Marcelo sin estar en paz con él? —interrogó Julio.

—¿Paz, qué paz? Tú mismo acabas de decir que quiso asesinaros. Todo lo que toca acaba dañado, quien osa interponerse entre sus deseos termina mal de un modo u otro. Mira, Julio, lo quiero porque es mi deber de madre, y que yo lo siga queriendo no implica justificar su forma de ser y actuar. Él siempre será así, no creo que quiera cambiar. Me maldigo a mí misma porque seguramente fue culpa mía, fue mi culpa por todo lo que tuvo que pasar, fue mi culpa el no saber resguardarle de tanto sufrimiento y odio, no supe protegerle, no supe educarle.

—Esta vez no va a dañar a nadie, Adelina, se muere, está muy enfermo, y es incurable.

—¿Qué estás diciendo? ¡No puede ser! ¿Mi hijo se muere? No es verdad, dime que no es verdad.

La preocupación de madre resurgía nuevamente de sus entrañas a pesar de tanto sufrimiento, de tantas discrepancias, de tanta distancia y tiempo transcurrido.

—Lo es, y es otro de los principales motivos por los que decidí comprometerte en esta reunión clandestina al mismo tiempo que dar la oportunidad a Alicia de conocer a su familia, que cada una decidierais por vosotras mismas si proseguir o no vinculadas a ellos dos.

Basilio, quien llevaba tiempo sin proferir palabra alguna, angustiado y nervioso, intervino de nuevo.

—No me importa lo que digas, no voy a volver a separarme de ti ni de ellos dos, me quedo junto a ti y nuestros hijos, nos necesitan, se lo debemos, ¿no crees? Alicia creció sin saber nada de mí, y Marcelo pudo haber tenido una vida mejor, no fue su culpa, se lo debemos.

—Pero, Basilio, no puedes, no comprendes que...

No le dejó terminar de exponer su réplica y sentenció de forma tajante, era obvio que todavía había ascuas en lo que un día fue un fuego ingente.

—Ya no imparto la doctrina de Dios, he dejado de ejercer, debía de haberlo hecho muchos años atrás y no consentir que me apartaras de tu lado. Lo sabes, siempre lo supiste, me quieres, y yo a ti. Y si por ello mi lugar está en el infierno, gustosamente aceptaré ese destino para mí llegado el momento. ¿Has oído bien? Me quedo aquí, contigo.

Seguían entablando sus discrepancias sobre la conveniencia o no de que el expárroco siguiera conminando con el afán platónico de formalizar una familia que nunca fue tal cuando en la misma puerta de la finca hacían aparición Arabela junto a Alberto a bordo del vehículo de este último.

No había puesto aquella adusta e insufrible mujer un pie en el camino empedrado de la entrada principal cuando ahora entró Laura, quien se había mantenido al margen de todo en el exterior, advirtiendo de la presencia de la recién llegada.

Mientras Arabela se aproximaba caminando, Alberto, sin abandonar el vehículo continuaba su marcha en busca de Alicia, ya que instantes antes Laura, muy preocupada por la forma de despedirse de su amiga en común, le había puesto en antecedentes de todo.

—¿Me estás tomando el pelo, Julio? ¿De veras sabes lo que estás haciendo?

Esta nueva recriminación de Adelina a Julio fue enunciada de una forma más bronca y tajante.

—La idea inicial partió de Arabela, fue ella quien me reveló todo, con una carta de su puño y letra, de cómo los remordimientos y la desazón no le han permitido vivir en paz durante tantos años.

No había dado por finalizada la exposición sobre el punto de inflexión que dio lugar a la idea de congregar a todos los involucrados en ese desmadre de encuentros y desencuentros cuando Arabela ya estaba frente a Adelina, enfatizando esta última y adrede una áspera recriminación.

—¡La que liaste, amiga! ¡No podías mantenerte al margen, claro, tienes que seguir haciendo de mi vida una puñetera pesadilla!

—Creo que te debo una disculpa —alegó Arabela—, y desde hace décadas, maldigo el momento en el cual me dejé llevar por la envidia y los celos. Por eso estoy aquí, voy a responsabilizarme de todo, ante ti, ante nuestros hijos, han de saberlo todo, tu desdicha y desventura tuvo lugar únicamente por mi culpa.

A pesar del recelo de Adelina, Arabela comenzó ante todos —Laura, Julio, Joao y Basilio— a relatar los momentos en los que ambas, conocidas de toda la vida en un pueblo asturiano colindante ya con Galicia iniciaban sus primeras correrías en las apasionantes y perdurables sensaciones de algunos amores de verano.

Ellas dos conformaban un grupo de siete amigas inseparables. El físico de las demás era de lo más común, no así Adelina y Arabela, las cuales destacaban en encanto y fisionomía respecto al resto.

Cuando todavía se encontraban en la metamorfosis entre niña y mujer, con recientes diecisiete años cumplidos, el destino dispuso que ambas quedasen prendadas de Germán, un lugareño de la localidad, un mozalbete de buen parecido físico, hijo del boticario, buen estudiante e interesado en seguir los pasos de su progenitor, siendo inicialmente correspondida con su cariño Arabela, y por ende Adelina supuestamente despechada. Aquella relación, a pesar de la ilusión de la madre de Alberto, había nacido ya herida de muerte, y tras un corto intervalo de tiempo, encontrándose Arabela sumamente acaramelada con su idealizado galán, una noche próxima a la festividad de la Natividad estaban a solas en el puerto cuando le confesó que por quien bebía los aires era por Adelina y no por ella, y, aunque no se lo dijo, la intención de su acercamiento inicial era meramente la de comprobar si podía llegar a infligir algún tipo de celos a Adelina, ya que el chico la percibía bastante inasequible.

Esa noche llorando y hundida fue en busca de su mejor amiga, quien se encontraba con las otras integrantes de su grupo más íntimo en un bar cercano coqueteando con otros muchachos algún que otro año mayor al mismo tiempo que tomaban unos sorbos de sidra. Ni tan siquiera devolvió el saludo, se aproximó rauda y ante todas le cruzó la cara propinándole un par de guantazos para tras ello esputarle en la cara con una mirada que rezumaba un odio intenso, penetrante.

Abandonó el local a toda carrera sin aportar explicación de aquella inusitada reacción a pesar de los intentos de Adelina por retenerla, dado que intuía que el daño emocional que le había sido causado a su amiga podría tener algo que ver con Germán.

No tardó mucho este en hacer acto de presencia en aquella vetusta taberna, siendo violentamente cogido de la mano por Adelina y llevado hasta la zona más alejada del resto de amigas y clientes, para allí, de pie y de forma airada, interpelar por lo que había ocurrido, ya que Arabela completamente rota la había afrontado ante los ojos de todos.

Fue ahí cuando Germán declaró su amor a Adelina, exponiendo que, aunque de forma torpe, lo que había planeado era causarle algún tipo de inquina hacia su amiga para cerciorarse, mediante su alocada teoría, de si era factible llegar a mantener una relación que en primera instancia intuía como imposible. Y aunque no lo dijo de forma obvia, la verdadera razón de obrar así obedecía a que, si no obtenía el beneplácito de Adelina, al menos podría seguir galanteando con otra de la chicas más guapas de la localidad. Pero, al ver como su plan se iba al garete y que no había reacción alguna por parte de Adelina, no pudo más que en un arrebato de sinceridad contarle todo a su enamorada.

Adelina desde aquella noche no volvió a dirigir la palabra a Germán y todo a pesar de que le había complacido sustancialmente aquella revelación.

Hizo acto de presencia en la puerta de Jesús y Covadonga preguntando a la pareja donde se encontraba su hija. Los padres turbados por el estado en el cual había llegado su primogénita indicaron a la amiga que estaba llorando en su habitación y que había cerrado con llave sin contestar a sus preguntas. Subió las escaleras, tocó a la puerta y requirió prudentemente que la dejara entrar. Al principio no hubo contestación, tras el sonido torpe de unos pasos se escuchó un susurro quejicoso al otro lado de la madera:

—¡¿Qué quieres?! ¡Vete con tu Germán! ¡Menuda amiga estás tú hecha!

—Te prometo que no sabía de qué me hablabas, pero quiero que sepas que nunca he estado interesada en él y mucho menos en causarte algún daño a ti. Ábreme, por favor, quiero verte.

Muy poco a poco fue entreabriéndose aquella puerta que las dividía. Adelina alargó sus brazos y Arabela con los surcos ocasionados por las lágrimas en el maquillaje los acogió con tanto ímpetu que parecía le fuera la vida en ello.

Esa noche durmieron juntas, tuvo que telefonear Jesús a Nicolás para comunicarle que su hija se quedaba a pernoctar junto a la suya en casa. Las dos durmieron abrazadas en la misma cama.

Tras dar por superado este primer envite de la vida para separar esa unión tan leal, se produjo nuevamente la tentativa de acercamiento de Germán a Arabela siendo esta incitada a volver a su lado.

Adelina alertó de las verdaderas pretensiones del muchacho, significando que su amor por ella no era verdadero y que no valía la pena sufrir por alguien así, pero Arabela, lejos de seguir aquellos consejos, interpretó que eran debidos a la envidia y volvió a entablar conversaciones con el guaperas.

Tras un breve noviazgo, aquel amorío con fecha de caducidad llegó a su fin al buscar este el disfrute de otras faldas en una agraciada chica recientemente llegada desde la capital en compañía de la familia durante las vacaciones estivales, reincidiendo aquel granuja en el daño inmenso que acarreaba a Arabela. Esta vez sí, *motu proprio* se fue encerrando en sí misma, se fue alejando de sus amistades y de Adelina, dejó de salir, se volvió una persona agria, desconfiada y triste. A pesar de la insistencia de su gran amiga en recuperarla, no hubo disyuntiva alguna y, dada por perdida, finalmente desistió.

No pasó mucho tiempo hasta que a aquella localidad llegó un marinero, portugués, de raíces hispanas, de nombre Agostinho, quien entabló en primera instancia una gran amistad con Adelina, convirtiéndose poco a poco en un cariño sincero. Ambos eran enormemente felices hablando, tantos y tantos atardeceres contándose mutuamente secretos, anécdotas, y de repente, el primer beso. De la nada al todo, paulatinamente llegaron a un punto de inflexión en el cual el siguiente paso únicamente daba lugar a formalizar aquella especie de relación. Él estaba completamente prendado; ella, sin embargo, a pesar de aquella seducción tan visceral, no lo tenía tan claro. No quería causarle daño y al mismo tiempo no sabía cómo deshacer los pasos dados. De que quiso ser consciente estaba ya presentando a aquel hombre a sus ultracatólicos padres, quienes le otorgaron su confianza al ser el novio el hermano menor de un sacerdote de Lisboa.

Como quiera que los padres de Adelina procesaban de forma tan férrea el dogma cristiano, solicitaron a Agostinho que en el siguiente viaje este convenciese a su hermano, párroco, para que les congratulara con su visita, toda vez que la posada de la localidad proveía de suficientes estancias donde pernoctar debido al incipiente turismo del que por entonces comenzaba a gozar aquel pueblo.

La respuesta del religioso a aquella inusitada invitación no se hizo esperar, a la siguiente arribada de Agostinho le acompañó la sombra indivisa de su pariente.

Las presentaciones preliminares entre ambas partes, si bien fueron comedidas, a su vez lo fueron cercanas y afectivas, más por el oficio del recién conocido hermano que por la ventura que el novio prometía darle a la hija de tan estrictos progenitores.

Ella, al ver a Basilio, se enamoró a primera vista, fue un flechazo, nunca había sentido nada similar, ni tan siquiera por Germán, aquel chico que jugó tanto con ella como con los sentimientos de su mejor amiga.

Desde el primer día ya se había corrido la voz entre la mayoría de habitantes de la presencia del párroco junto al foráneo marinero.

Aquella visión de la joven y esbelta chica ruborizada ante el primer saludo a Basilio pareció infligir en él la primera de las puñaladas en su credo, rogando al Grandísimo redención de aquel deseo tan irrefrenable de amar, esta vez de forma y modo distinto.

Habiéndose granjeado la confianza de los padres de Adelina, las visitas del párroco junto a su hermano a la población se tornaron más asiduas de lo inicialmente previsto, y con cada una de estas, una nueva herida contravenida, un piedra menos que conformaba aquel muro invisible que imposibilitaba a Basilio la condición para dejarse amar y ser amado por una mujer.

El pueril disimulo para tratar de encubrir aquella indómita atracción que ya no tenía vuelta atrás entre Adelina y Basilio desembocó tras otro año más de contados viajes en lo que ocasionaría el cisma entre todos y cada uno de los componentes de ambas familias.

En una de aquellas estancias de los dos hermanos en la población costera, Agostinho se encontraba una noche algo indispuesto por la ingesta de tanto licor en la sobremesa de la cena e indicó a su amada y a Basilio que se retiraba a descansar —ya que al día siguiente habían programado una excursión junto a los padres de Adelina a la ría—, confiando en que su hermano haría lo propio con premura, pero, lejos de ello, el cura consumó junto a Adelina la traición que a la postre conllevaría la desgracia de cada uno de los integrantes de aquel triángulo amoroso.

La misma noche en que se produjo aquel velado encuentro carnal, Arabela paseaba sola —y todavía demenciada por la traición de su primer amor— entre la oscuridad de una callejuela. Ante unas risas cómplices procedentes de las rocas cercanas de la playa se acercó en silencio, nerviosa, y allí, furtivamente, entre el repecho de dos salientes pudo constatar de primera mano como la que había sido su mejor amiga besaba el cuerpo desnudo de aquel hombre.

Cuando pusieron fin a aquella demostración de lujuria y pasión, la sigilosa espía contempló atónita como aquel hombre atractivo y viril colocaba de nuevo un alzacuellos en su camisa negra.

Al día siguiente la noticia era *vox populi*. Rauda y veloz corrió como la pólvora la nueva de que Adelina había mantenido una relación sexual con el hermano de su novio, siendo además este un siervo de la Iglesia.

Aquel acto delatador no dejaba de ser tan deleznable e igual de vomitivo y despreciable que el llevado a cabo por parte de aquel par de promiscuos.

El desagravio y la humillación no se hicieron esperar, las habladurías de los vecinos eran cuchillos al aire, la mirada de sus padres desencanto y decepción.

Arabela obró de dicha forma motivada por la rabia nociva y la envidia que le infligía el ver a su amiga manteniendo una vida que creía no corresponderle. No podía, no debía ser feliz mientras que a ella le habían denostado el corazón, no podía permitir que su antigua amiga corriera mejor suerte.

Adelina, entre tanta vergüenza, señalada y hastiada de murmullos a su paso decidió poner océano de por medio aprovechando la visita a la localidad de un hombre de negocios brasileño, quien desde el primer día hizo ostentación de su desmedido capital. Adelina le engatusó mediando sus encantos y, haciéndole pensar que había quedado embarazada de él —cuando el responsable era Basilio—, huyó creyendo poder obtener así un futuro mejor.

Adelina estaba plenamente enamorada de Basilio, hubiese dado la vida por él, pero no podía continuar aguantando ese resentimiento hacia ella por parte de sus propios padres. Aquel no fue el resultado esperado por parte de Arabela, quien no contaba con que Adelina pudiera abandonar el pueblo, ella solo deseaba que su amiga corriese la misma suerte que ella, que juntas y desdichadas resurgieran de sus cenizas cual ave fénix y volvieran a formar un tándem perfecto e inseparable, como el que un día fue.

Transcurrieron muchos inviernos, la monotonía se hizo exasperante. A pesar de mantener intacta su belleza, Arabela no era ya ni la sombra de su lozanía, pero, al igual que ocurrió con Adelina, esta vez le llegó a ella una nueva oportunidad de encarrilar su porvenir, y no fue un amor de conveniencia.

José Martínez, llamado Pepe entre sus amigos, un joven castellano que empezaba a labrarse un futuro prometedor en el por entonces incipiente sector de la manufacturación textil llegó al pueblo con la finalidad de tomar como ejemplo y modelo una empresa similar propiedad de un primo segundo asentada en la ciudad ovetense.

Al mismo tiempo que formalizaba su adiestramiento se concedió a sí mismo unos días de asueto para conocer la zona y sus paisajes, dándose la circunstancia de que necesitó surtir de carburante su vehículo en aquella población alejada de todo. Estacionó y se acercó caminando entre las calles hasta llegar a la plaza mayor, donde compró un bollo de crema en la vieja tahona. Cuando se disponía a pagar entró en el local una hermosa mujer con un vestido largo color caoba y una rebeca blanca cubriendo sus hombros. Al levantar ambos la mirada fueron sacudidos por una sensación indescriptible de vértigo. Quedaron prendados el uno del otro. Al mismo tiempo que Pepe pagaba sin dejar de quitarle ojo a la ruborizada cliente, Arabela quedó en el interior terminando de dar curso a la petición de adquirir el pan de hogaza requerido por su madre. Al salir de nuevo a la calle allí le esperaba Pepe henchido como un palomo cuando corteja a su compañera de vuelo. Se presentó, ella le dedicó una sonrisa y, complacido por aquel gesto, se ofreció a escoltarla hasta la misma puerta de su casa.

Pepe alargó sus días de esparcimiento con afán de granjearse el amor de aquella mujer sin llegar a comprender cómo ella seguía sin haber formalizado noviazgo con alguno de los donjuanes del pueblo. Y así, poco a poco, se fue fraguando un cariño inquebrantable, una unión perfecta. No tardaron mucho tiempo en contraer nupcias, instalándose la pareja en Montepardo de la Duquesa, donde Pepe comenzó a triunfar al poco tiempo en su recién estrenado negocio.

La venida al mundo de Alberto fue algo maravilloso para los dos, pero balsámico y sanador para el alma de Arabela. Todo siguió así hasta cumplidos tres años del crío, cuando en una parsimoniosa tarde de primavera Arabela se cruzó en el camino de una mujer recién llegada a la localidad, quien iba en compañía de una niña de edad similar a la de Alberto, morena, peinada con dos altas coletas, y un vestido estampado muy colorido.

Cuando estaban ya a la misma altura aquella pequeña se zafó de la mano de su madre, iniciando una frenética carrera mientras reía, pero se tropezó y cayó de bruces junto a Arabela y su retoño. Le faltó tiempo para recogerla a pesar de que la niña había interpuesto hábilmente sus manitas para evitar el impacto contra el suelo.

—¿Estás bien, bonita? ¿Te has hecho daño?

La niña ni tan siquiera emitió queja alguna, se quedó mirándola fijamente para acto seguido hacer lo propio con Alberto, quien se había quedado rezagado e inerte unos metros atrás ante la carrera de su madre para evitar el fortuito accidente.

—¡Muchísimas gracias! Mi hija me va a matar de un susto algún día de estos, se lo agradezco.

Fue ahí, cuando agachadas, habiendo quedado Alicia interpuesta entre las dos, encararon sus ojos la una frente a la otra, corroborando que se reconocían mutuamente como las que un día fueron íntimas amigas.

El sobresalto fue brutal. Adelina no atinaba a esbozar palabra mientras que le rechinaba la dentadura. Arabela se tapó la boca con la mamo mientras pasmada y en *shock* requería la mano de su hijo. Se incorporaron con premura y con la tez blanquecina se alejaron a la carrera, las dos llevándose a tirones a sus respectivos párvulos mientras que eran ahora ellos quienes no paraban de girar sus caritas como prediciendo que la vida les depararía una futura y sincera amistad.

Arabela nunca comentó nada a Pepe de lo que años atrás había acaecido en su pueblo, nunca enunció palabra alguna de Adelina a su marido, de que aquella nueva vecina de Montepardo había sido la mejor de las compañeras de juventud y con quien había mantenido un fuerte vínculo de afecto, apego y estima.

Por ende Adelina hizo exactamente lo mismo y no volvió a mantener una sola palabra con su conocida. A pesar de que su presencia en la misma localidad le causaba un hondo penar, esta vez decidió dejar de huir, no iba a permitir que por segunda vez aquella mujer fuese quien manejase los designios de su vida, esta vez no.

Mes a mes, año a año, fueron guardando las composturas en público, como mucho algún breve y conciso saludo por mera educación ante la presencia de terceros. Nunca se les vio de nuevo entablar conversación más allá de esos gestos de básica cortesía, eso sí, ninguna de las dos demandaron a sus hijos que hicieran lo propio. Desde el mismo día que fueron escolarizados los niños empezaron a mantener una estrecha e íntima relación de confianza y fidelidad inalterable al paso del tiempo, y tal fue así que incluso ambas madres llegaron a apreciar y querer al vástago de la otra. Sin embargo, los niños jamás supieron del pasado común de sus madres, en el que las dos mujeres, chicas por entonces, estaban unidas en corazón y alma.

Tras haber terminado su exposición Arabela ante los allí presentes, había que ver los ojos de Laura, eran un poema. No podía asimilarlo a pesar de que ya le había sido descrito todo al detalle por parte de Julio, pero salido de los mismos labios de aquella mujer cobraba una nueva dimensión. Ahora comprendía la desafección algunas veces hacia Alicia y el resto de sus amigos, su personalidad voluble y difícil, su excentricidad.

—Tanto tiempo y ahora, precisamente ahora, vienes con esto. Ten mucho cuidado y procura no envenenarte al morderte la boca, amiga —espetó enrabietada Adelina a Arabela tras su narración de los días en que ambas fueron un tándem inseparable.

Esa entonación de amiga enunciada con desprecio desde la boca de Adelina violentaba todavía más si cabe aquella situación tan inflamable.

—Te juro que siento con todo mi ser que por mi culpa te vieses abocada a huir, a abandonar a tu familia, a tus amigos. Te alejé de todos y de mí involuntariamente, solo pretendía que nos volviese a unir algo, aunque fuese el dolor. Te echaba de menos y sé que no tengo perdón de Dios.

Cierto es que en alguna que otra ocasión durante el transcurso de todos los años convividos en Montepardo de la Duquesa Arabela había intentado dar pie a algún tipo de acercamiento, de conversación, por banal que fuese, donde hacerle ver las muestras de su arrepentimiento, pero todos los empeños resultaron fallidos ante el desprecio e indiferencia de Adelina.

—Cuando supe de todo a través de Alberto no podía creerlo, Julio en su viaje a Río había coincidido con un hombre, hijo este de una mujer española, relacionado a su vez con un sacerdote portugués... Y até cabos: la edad aproximada de ese misterioso hombre, aquel sacerdote, ¿podría ser verdad aquella coincidencia? Así que hace unos días solicité a mi hijo que invitase a casa a todos a comer y pasar la tarde, incluyendo a Danilo, tenía que conocerlo y preguntar a Julio por los detalles de la procedencia del pequeño.

»Al ver la imagen de ese niño, de Danilo, no daba crédito, tenía en mi casa, coincidiendo al mismo tiempo a tu hija y tu nieto, estaba segura de que era así.

»Estuve tentada de contarlo todo a pesar de lo que pudieran pensar de mí, bueno, de las dos, tanto Alicia como Alberto, pero la cobardía y la vergüenza me paralizaron. Luego, al ver a Danilo no podía dejar de agasajarle, de mimarlo, oír su voz, sus ocurrencias, era adorable, y más sabiendo que era un trocito de carne y sangre de la que un día fue mi mejor amiga y que tanto sufrió por mi culpa, por mis celos y envidia. Así que cuando me armé de valor escribí todo en una carta y mandé que le fuera enviada a Julio, a sabiendas de que él reaccionaría ante la evidencia y seguramente se pondría en contacto con el padre de tu hijo y abuelo a su vez de Danilo, y creo al parecer según tengo a la vista a este hombre que finalmente así ha sido.

Adelina quedó muda, no era una mujer a la que se le diera demasiado bien mantener ningún tipo de pausa entre oración y oración, esos silencios incómodos la perturbaban. Aun así calló.

De la habitación que había sido cerrada instantes atrás surgió de nuevo la figura de Marcelo, mientras bajaba a la planta inferior iba aplaudiendo acompasada y efusivamente, tal y como cuando termina una obra de teatro y el público enfervorizado palmotea alabando el buen hacer de los artistas.

Al salir el malhechor de sus aposentos, Laura, a pesar de las advertencias sobre el físico del mismo por parte de Julio no pudo reprimir un sonoro «¡Madre mía!»

Arabela, perturbada por la visión dio un paso atrás. A pesar de que José fue la única de las amistades de su hijo a quien verdaderamente le había sido otorgado algún tipo de gesto cordial, afectuoso y sincero, la similitud de ese hombre con el malogrado joven la sobresaltó.

—Vaya, vaya, así que usted es la hija de mala madre que ha hecho realidad que mi existencia fuese un puto infierno, bueno, usted y este par.

Con este par hacía mención a Adelina y Basilio, quienes, ya desmoronados, ni tan siquiera devolvían los golpes dialécticos encajados.

Intervino Julio tras haberse mantenido al margen y en un discreto papel mientras Arabela cursaba la extensa exposición.

—Creo que te estás pasando un poco, ¿no crees? No eres quién para dar lecciones de ética y moralidad a nadie. ¿Qué justifica tus actos? Has matado, robado, engañado a cada persona cercana y separado de tu lado lo que debía ser considerado lo más importante de tu vida.

—No te sobrepases, Julio, deberías mostrar algo de gratitud y no seguir embistiendo contra mí, contra la persona que te ha facultado ser padre junto a tu adorable mujercita.

Julio se acercó hasta su ubicación con el puño cerrado siendo retenida su reacción por parte de Joao, quien se interpuso entre ambos. Al fin y al cabo, a pesar de aquella hiriente frase, algo de razón respaldaba aquella afrenta.

—O sea que tú eres Marcelo, el hijo de Adelina y Basilio —intervino ahora Arabela.

—Sí, el mismo, ha sido usted muy considerada en planear junto a Julio esta reunión tan placentera en su finca. ¿Sabe?, puede que se la compre, no me disgusta el lugar. No puedo decir lo mismo de la compañía.

—No está en venta, pero con tu beneplácito me gustaría invitarte a pasar unos días aquí. Al fin y al cabo, acabas de reencontrarte con tu familia, y de igual forma lo hago extensivo a Adelina y Basilio.

—¿Ahora mi vieja amiga me coloca en la tesitura de ponerme contra la espada y la pared de nuevo? Esto es inaudito, eres increíble, de veras que lo eres. —Adelina no daba crédito al ofrecimiento de su antigua amiga.

Basilio, quien permanecía ya demasiado tiempo en silencio y a la espera de alguna reacción positiva de alguno de los presentes que pudiera dar pie a algún tipo de acercamiento por ínfimo que fuera, intervino solemne.

—Por mi parte acepto el desafío, no tengo nada que perder y por el contrario sí mucho que ganar, aunque solo sea algo de paz y serenidad de una vez por todas, no quiero arrepentirme lo que me queda en este mundo de al menos no haber intentado acercarme a vosotros.

—Pero, Basilio, no puede salir bien, seriamos siempre la comidilla de la gente, las críticas no tardarían en hacerse insufribles, es un pueblo pequeño, y yo en esta etapa de mi vida solo quiero sosiego.

—¿Me quieres? —preguntó el ya exsacerdote a Adelina.
—¿A qué viene esa pregunta? No procede, no ahora.
—Contesta sinceramente por una vez en tu vida, no es tan difícil, prometo no seguir insistiendo. Si de veras deseas que salga de esta habitación, no volverás jamás a saber de mí.
—Sí, te quiero, siempre te quise, pero lo que ambos le hicimos a Agostinho fue monstruoso, no ha pasado un solo día en el que no haya dejado de culparme de su trágico fin y tú supongo que más todavía si cabe. Es una herida abierta y dolorosa que no ha curado ni creo que lo haga nunca y todo desembocó en que nuestro hijo se convirtiera en lo que hoy en día es.

Dando por hecho que igualmente Adelina aceptaba el reto tomó la palabra el facineroso.

—*Este jogo vai ser muito divertido!* De acuerdo, me apunto. ¿Empezamos?

Cuando llegó Alberto hasta la puerta de Alicia, esta estaba siendo consolada por Paco. El pequeño se encontraba viendo una serie de dibujos animados desde el interior de una trona, bien amarrado para evitar accidentes.

Paco se acercó hasta él, le sobrepuso su mano en el hombro y le hizo una señal inequívoca de que era preciso que se acercara a ayudar a serenar a Alicia dado el estado emocional que presentaba y que él era uno de sus mejores amigos, así que se acercó temeroso y torpe.

—¿Cómo estás, preciosa?
—¿Cómo estoy? ¿Cómo crees que estoy? Estoy hecha mierda. ¿Tú también sabías todo? ¿Era un juego, un puto juego para vosotros?
—No, te juro..., te juro que yo no sabía nada, acabo de enterarme esta misma mañana, y todo parece tan irreal que no encuentro palabras para describirlo. No sé, pienso que todo es una locura, un mal sueño. ¿Cómo ha sido posible?
—¡¿Le has visto la cara?! ¡¿Has llegado a verle la cara, Alberto?! ¡Maldita sea, era José, era José! Mierda, era él... Y ese hombre es..., es... mi hermano, mi puto hermano, un delincuente, un asesino, fruto de un desliz amoroso de mi madre. Es una puñetera pesadilla.
—Lo sé, cariño, lo sé...

—¿Lo sabes?, ¿pero qué mierda estás diciendo? ¡No sabes nada, joder! Ese hombre, ese hombre que es igual que nuestro amigo es mi hermano, sí, mi hermano, el padre biológico de Danilo, y el muy hijo de puta abandonó a esa criatura de Dios, a mi sobrino, y que ahora es hijo de mis amigos, de Julio y Laura, ja, ja, ja, aunque lo de amigos queda por ver...

Esta última farsa de risa mezclada entre gritos, llanto y reproche daba pavor, y todavía no había hecho mención a su amigo de la tesitura de que ella misma, al igual que Marcelo, era hija de Basilio, de cuyo parentesco y consanguinidad había sido ajena hasta ese día.

—Cariño, he de contarte algo que tú desconoces, estoy tan jodido como tú a partes iguales.

—¿Jodido? No te acercarías a mi estado ni en mil vidas, no trates de alentarme, ahórrate el esfuerzo.

—Siéntate en ese banco, hazme caso, te vendrá bien cuando empiece a relatarte todo.

Alicia no sabía qué más podía aportar Alberto a aquel cúmulo demencial de eventualidades, aun así obedeció con los ojos inyectados en sangre de tanta lágrima y desconsuelo.

Comenzó Alberto a narrar parte por parte, de manera cronológica y metódica todo lo que su misma madre le había revelado abochornada y que en esos mismos instantes ella misma relataba en La Florica.

A cada frase un gimoteo, con cada secreto expuesto un nuevo gesto de sorpresa.

Cuando hubo terminado de hablar, ella, se le acercó, afectuosa, besando su mejilla para luego fundirse en un interminable abrazo. Ninguno era culpable de las controversias del caprichoso destino, solo eran dos buenos amigos unidos por la delgada línea que separa la normalidad de la excepción, lo racional de lo inverosímil.

En La Florica se había llegado al punto fatídico de no retorno. Era ahora cuando los integrantes de aquella descabezada apuesta y que habían aceptado el envite debían comenzar a jugar sus bazas.

Julio y Laura, seguidos a corta distancia por Joao salieron del salón hasta la zona empedrada de la entrada, dejando allí a Arabela para que enunciara el epílogo de aquella singular invitación.

—Siento mucho lo que os hice, a los tres, no fue mi intención causaros desgracia, al menos no lo fue en pleno uso de mis facultades mentales. He sido una amiga deplorable, y he intentado atenuar de alguna forma los inmensos fallos provocados por mis inaceptables resentimientos.

»Únicamente puedo aducir en mi propio favor que he intentado ser una esposa fiel y cariñosa a la vez que buena madre. Creo que en parte lo he conseguido, porque he recibido y dado mucho amor, pero ahora os toca a vosotros. Podéis seguir la estela de odio y tristeza con la cual hasta el día de hoy yo misma os marqué o salir del ocaso en el que os encontráis, depende de vosotros. Que paséis buena noche, si os animáis a seguir descubriendo cuánto afecto y esperanza de volver a ser una familia os queda, añadiré también que paséis unos días al menos agradables por estar cerca los unos de los otros.

Hizo el intento de acercar su mano y recoger la de Adelina, pero esta rehuyó aquel amistoso gesto. Tras ello entristecida salió junto a los chicos al exterior.

—¿Todo bien? —interrogó el reportero.

—Lo hemos intentado, Julio, al menos lo hemos intentado.

Se fueron alejando los cuatro cachazudamente hasta llegar al todoterreno propiedad de Arabela, el cual había sido conducido por Julio para llegar al paraje. Durante el recorrido hasta el vehículo unos y otros iban alternando los giros de sus respectivas cabezas para ver si alguno de los recientes moradores de la finca decidía dar por finalizada la quedada y abandonar el lugar. No fue así y, entre una calma tensa a la vez que oprimidos por la duda, se dirigieron a Montepardo sin poder dejar de pensar qué ocurriría con Adelina, Basilio y Marcelo, mientras se preguntaban dónde quedaba y cómo podría estar procesando todo Alicia.

Alberto acababa de informar a su amiga de todo pormenorizadamente, al detalle, sin resquicios a duda alguna. Ella se secó las lágrimas, sacudió la pena al viento y de forma imperativa solicitó a su colega que la llevase de nuevo a La Florica, había decidido ser parte integrante en aquella especie de congregación familiar tan singular.

Cogió algo de ropa y la metió en un pequeño petate, dio un fuerte beso en los labios a Paco y estrechó al niño junto a su pecho.

—No te preocupes, cariño, estaré bien, te veo en unos días, cuida del peque.

Su marido, aquella buena persona, aquel compañero fiel, quedó circunspecto y cabizbajo por ese adiós tan imprevisto, pero comprendía la tesitura en la que se encontraba su mujer.

El corto trayecto se hizo dilatado en exceso, ya que el pobre Alberto aminoraba la marcha a cada mueca dubitativa de su acompañante, quien por momentos parecía arrepentirse de la decisión tomada, pero finalmente no tuvo lugar la rendición.

Él se mantuvo en el interior del coche mientras su amiga recorría el camino de entrada llegando hasta la puerta principal del edificio. Excitada al mismo tiempo que aterrorizada, Alicia golpeó aquella robusta madera. Tomó aire profusamente, todo el aire que pudo contener en sus pulmones, hasta que por fin le fue proporcionado el paso.

La madre, con gesto de agrado, alargó su mano; la hija, como muestra de confianza, la recogió, y tras ello fue vetado a los ojos del diseñador lo que a continuación sucedería en el interior.

Arrancó y, con cara de satisfacción, se dispuso a ir en busca de sus amigos y de Arabela.

No podría llegar a decirse que los primeros instantes en La Florica fuesen plato de buen gusto para los improvisados inquilinos, ninguno de los presentes era capaz de aunar unas escuetas frases sin ser abroncado y reprendido por las acciones tomadas en el pasado, aunque hubieran sido de forma irreflexiva y locuaz. Sobre todo la gresca venía dada por parte de Marcelo y Alicia, quienes, habiendo dejado por un momento aparcada la rivalidad, esta vez aunados por los reproches no dejaban de arremeter contra la madura pareja.

A cualquier leve explicación, un nuevo interrogante; con cualquier disculpa, otro acto imputado.

Alicia, a pesar de no llegar a encontrarse del todo cómoda dada la semejanza física de su reciente conocido hermano con José, empezaba no obstante a sentir una sensación casi reconfortante de complicidad con Marcelo.

Basilio, dado que la mayor parte de su vida había trabajado al servicio de la Iglesia, habiendo permanecido por dicha circunstancia solo y sin convivir con terceros, había desarrollado una notable habilidad culinaria, por lo que se ofreció ante sus hijos y su eterna amada a cocinar para todos, consiguiendo así tregua a aquel desmesurado hostigamiento.

En Montepardo de la Duquesa hasta los minutos se hacían infinitos.

Arabela, habiéndose quitado un peso que durante años le había estado oprimiendo el corazón y a pesar de ser todavía bastante temprano, subió hasta la habitación matrimonial, donde yacía durmiendo plácidamente Pepe, aquel marido bueno, paciente y comprensivo que nunca jamás le reprochó nada.

Su cada vez más avanzado estado de alzhéimer había ido mermando paulatinamente su estado físico y no era rara la vez que a las ocho de la tarde, aturdido y somnoliento por tanto fármaco, se dejaba caer en los brazos de Morfeo. Ella, emocionada a la vez que gratificada por tantos años de serena felicidad a su lado, se tumbó y abarcó su cintura. No le apetecía cenar, únicamente permanecer junto a aquel hombre fabuloso y que tanto bien le hizo siempre.

En la otra parte del pueblo se hallaban Joao, Alberto, Julio y Laura en casa de esta última, quienes habían quedado para resolver algunos flecos pendientes. Mientras, Danilo cenaba ya junto a Pilar en la cocina, ajeno a la conversación entre Joao, sus recién denominados padres y el diseñador de moda en el salón.

—Eres un auténtico hijo de puta, ¿sabes el daño que esto ha provocado?, ¿sabes en qué puede desembocar todo? —arengó Alberto a Julio.

—¿Perdona? Fue tu madre quien me puso al tanto, yo solo me ocupé de dar curso a su deseo, y en parte a que Alicia y tú conocieseis la verdad, toda la verdad, por cruda que fuera. En eso se basa la amistad, o al menos yo la baso en ello.

—Sí, llevas razón, amigo, sinceridad ante todo, pero al menos podrías habernos puesto en antecedentes antes de preparar esa reunión a iniciativa tuya y de mi madre. Alicia estaba hundida, yo avergonzado y sucio, sí, así me siento, sin tan siquiera tener culpa de nada, y para más inri, mi madre...

No pretendía dejar por los suelos a la que con tanto ímpetu había luchado desde que nació hasta ese momento por su bienestar, pero lo de su madre era simple y llanamente escalofriante, no encontraba justificación.

—Tu madre es una buena mujer que en un momento de aflicción de su vida obró sumida por unos sentimientos no muy saludables desconociendo el mal que podría llegar a ocasionar. Pero hubo más actores en ese guion, tu madre únicamente fue una parte más de ese rompecabezas.

—Puede que lleves razón, pero deberías haberme dicho todo al conocer los detalles.

—Verás, hay cosas que solo pueden llegar a decirse por parte de la persona idónea y esta vez no era mi papel, no podía reemplazar a tu madre en el guion. Lo siento, pero no podía.

Sorprendentemente, Alberto se mostró condescendiente y comprensivo, así que la conversación fluyó hacia extremos mucho más amigables y serenos.

De nuevo en La Florica, ahora madre e hijos de forma cómplice y colaboradora se encontraban poniendo la cubertería en aquella desmedida mesa maciza de haya mientras Basilio terminaba de aderezar aquel pollo con una pinta de lo más apetitosa.

De vez en cuando Marcelo notaba la mirada insistente y por momentos incómoda de Alicia sobre él, no le hacía mucha gracia ser escrutado al detalle, pero comprendía que tanta similitud física con el amigo de su recién descubierta hermana le causara a esta como mínimo extrañeza y asombro. Para Adelina se dio la misma circunstancia, pero a la inversa, al pisar por primera vez Montepardo y ver la imagen de aquel niño casi idéntica a la del adolescente que dejó atrás con todo el dolor de su corazón.

Y comenzaron a cenar, tras media hora de nuevas críticas y bruscas e incómodas recriminaciones por fin la velada se volvió algo más apacible y por momentos amena, la acritud y aspereza dio paso a coyunturas más amables, las anécdotas no se hicieron esperar y la sobremesa se alargó durante varias horas.

Fueron uno tras otro abandonando el punto neurálgico del edificio para dirigirse cada uno hasta su estancia a fin de pernoctar. Bajo el mismo techo se encontraba una familia totalmente desestructurada, pero ¿qué podía salir mal?: un exsacerdote padre de dos hijos a los que prácticamente no conocía; una mujer que resultó ser lo contrario a lo proyectado ante sus vástagos y conocidos; una escritora inmadura y locuaz a quien se le había caído un mito con la revelación de que tenía un padre —el cual era todavía cura cuando fue procreada— y un hermano calcado a un amigo difunto, y por último el hijo primogénito, un delincuente desahuciado a quien llegado el momento podía ni tan siquiera importarle acabar con la vida de todos y la de él mismo.

El fuego de la chimenea quedó somero, escondido entre las ascuas y el pequeño tronco que quedaba sin consumirse, y así poco a poco fue menguando. La edificación no resultaba muy fría, aun así, ya se había encargado Arabela antes de la llegada de los invitados de que la calefacción estuviera ajustada a unos agradables veintidós grados centígrados.

CAPÍTULO 22
Hermanos

Las tres de la madrugada. La resonancia del parqué crujiendo se hizo latente, unas pisadas parecían hacerse cada vez más notorias, hasta que de repente se detuvieron frente a su puerta. Literalmente acojonada, Alicia cogió una horrenda figura decorativa de un gato de porcelana que se hallaba junto a la mesita de noche y, ataviada con un pijama de ranas verdes con ojos saltones y ojituertos, se aproximó temblando hasta el umbral. Respiró muy despacio para no delatar su presencia y, armada de coraje, abrió presta al mismo tiempo que con toda su fuerza golpeaba la inquietante sombra que se encontraba al otro lado.

El porrazo fue tal que el pobre gato sucumbió en mil pedazos, mientras que los alaridos de la víctima eran desgarradores. Al dar la luz allí estaba arrojado en el suelo, cual torpe tortuga de espaldas y con un incipiente chichón en la frente, el temido mafioso, vestido con una bata gris con la reproducción de un robusto árbol.

Los gritos de dolor y desconsuelo de Marcelo no habían ocasionado ningún tipo de respuesta de alerta ni de Adelina ni Basilio. Ella, narcotizada a base de diazepam para poder conciliar el sueño ante tantos sobresaltos; él, acostumbrado desde hacía unos años a dormir con auriculares en las orejas escuchando suaves melodías para poder amortiguar el malestar producido por los acúfenos.

—*Meu Deus, que dor! E então dizem que eu sou o perigroso!*
—¡¿Qué haces aquí?! ¡Vienes a matarme, reconócelo, vienes a acabar conmigo! ¡Mamáááá! ¡Mamáááá!
—¡Cállate ya, loca de las narices! Ahora tengo más claro que nunca que eres mi hermana, sin duda, estás igual o más trastornada que yo. Solo quería hablar a solas.

Junto al contusionado, y esparcidos por el suelo, los restos de dos platos que, previamente al ataque sufrido por el confiado visitante, se encontraban llenos de unos apetitosos trozos de tarta de chocolate.

—Entonces..., ¿no me vas a matar?
—¿A ti? Todavía tengo muchas personas en cola, pero, si me vuelves a golpear, puede que cambie la prioridad, eres un riesgo continuo para mi integridad física.

Le ayudó a levantarse, y fue ahí cuando pudo comprobar que ya no se encontraba precisamente en una situación de lo más saludable. Apreciado lo escuálido y débil de su estado debido a la avanzada enfermedad y tras notar Alicia entre sus dedos las costillas desnudas y descarnadas de su hermano, no pudo reprimirse y preguntó:

—¿De verdad te mueres?

Él la miró de forma condescendiente y contestó con franqueza:

—Sí, puede que me queden días o semanas, no mucho más. La razón por la que he venido consistía en decirle a nuestros padres cuatro verdades y joderles la conciencia, y a la vez poder pasar estas últimas horas junto a mi hijo, Danilo, siempre con el permiso de Julio.

Bajaron los dos hasta el salón. Alicia le sujetaba y le ayudó a acomodarse en un sillón orejero que parecía engullirle, después volvió a prender la hoguera.

Se dirigió a la cocina, abrió la nevera y llenó un trapo con hielo que le entregó a Marcelo.

—Toma, colócalo en el chichón antes de que se inflame todavía más.

Enfrentó otro sillón gemelo y apagó el interruptor, ya que la suavidad de la luz dimanante de las llamas recién resurgidas otorgaba al encuentro una percepción hipnotizadora a la vez que placentera.

No pudo reprimirse tras ver a su hermana ataviada con aquel pijama tan singular.

—Tu pijama es bien feo, no puedo quitarte ojo. Lo siento, pero tenía que decirlo.
—Ya, sinceramente a mí tampoco me gusta mucho, pero a un íntimo amigo le ha dado desde hace tiempo atrás por regalarnos a mi marido, a mi hijo y a mí la primera prenda de cada original que saca al mercado, es diseñador de moda.
—No me digas, ¿cómo se llama?
—Alberto Martínez, él es el hijo de Arabela.
Su mirada se desencajó por unos instantes transformándose en pura rabia y aversión.
—¿Así que vistes la ropa del hijo de la mujer que arruinó mi vida?
—No, no te equivoques, tu vida no fue así por Arabela, fuiste tú quien decidió buena parte de cómo vivirla, al igual que nuestra madre, quien desde luego tomó sus propias decisiones, algunas de ellas por cierto bastante desacertadas. Además, Alberto es un amor, ha sido siempre mi gran soporte y apoyo en los malos momentos, siempre estuvo a mi lado, fiel, constante, al lado de todos, así que no te entrometas, no se te ocurra hacerle daño, ¿me oyes?
—Está bien, lo mataré el último.
Ese sarcasmo irónico no la dejó completamente tranquila a pesar de que fue enunciado con una leve mueca de sonrisa por su parte.
—Háblame de ti.
Marcelo desde hacía años no había mantenido una conversación tan afable e íntima en la que desnudar sus más profundas emociones —no desde que murió Luana, a la que tanto amó—, pero aquel rostro atento y amable de su hermana le hacía desprotegerse de su reticencia, de esa coraza invisible que no permitía que nadie se le acercara en demasía. La compañía de Alicia parecía darle calma.
Toda la noche estuvieron conversando, cientos de relatos, historias y vivencias, la crónica de ambos al detalle.
Serían las ocho y media de la mañana cuando Adelina y Basilio despertaron, se vistieron cautelosamente creyendo que el resto seguía descansando, abrieron la puerta de su habitación y salieron, coincidiendo en acción y tiempo, enfrentados y avergonzados, cual quinceañeros experimentando por primera vez los vértigos del primer enamoramiento. Ella le hizo el gesto inequívoco de guardar silencio y le indicó que caminara hacia su ubicación; él obedeció su-

miso y al llegar fue obsequiado contundentemente con un rápido e inocente beso en los labios.

La algarabía interior de los dos era desmesurada, pero debían proceder discretamente para no causar más daño a sus hijos.

Cuando bajaron al salón no podían creer lo que estaban viendo, sus dos hijos manteniendo una conversación amistosa y jovial, quedaron estupefactos ante aquella situación tan grata como imprevista.

—Buenos días.

—Buenos días, mamá.

Alicia interpuso en la frase la palabra «mamá» a efectos de precisar que solo profería dicho saludo a su madre, y no así a Basilio. Marcelo ni contestó.

—Nos gustaría estar a solas con tu hermano si no te importa, hija mía.

—De acuerdo, voy a vestirme.

Ella, creyendo que la verborrea recaería sobre su recién descubierto hermano, subió rauda las escaleras, si bien, encontrándose ya en una posición elevada y antes de alcanzar el último peldaño, fue requerida a girarse hacia ellos nuevamente.

—Esta tarde me gustaría..., mejor dicho, nos gustaría hablar contigo.

—Mamá, no es necesario, no...

Ni le dejó terminar, la conminó tajante a que accediera a su invitación, aunque más que eso parecía ser una orden concisa y directa.

—¡Calla y otorga por una vez!

Alicia, malhumorada e intuyendo que tendría que oír de propia boca de su progenitora las presuntas virtudes y bondades de Basilio, resopló y se dirigió a su cuarto dando un fuerte portazo para así dar por manifiesta su ofuscación.

—Mira por dónde, la parejita feliz. ¿Habéis dormido bien? No habrá habido algún encuentro nocturno imprevisto, ¿verdad? Lo digo porque salís casi a embarazo por acercamiento —ironizó Marcelo.

—No tiene gracia, hijo. Creo que ya estuvisteis anoche tanto Alicia como tú demasiado hirientes y ofensivos. Vístete, vamos a dar un paseo por el campo.

Marcelo sorprendentemente y de la misma forma que Alicia obedeció dócil, no era habitual que nadie ante él adujese la última palabra, mucho menos si cabe que le fuese impuesto nada. Aun así, subió lentamente y entró en su habitación.

Mientras Alicia quedaba a cargo de la intendencia y preparación de la comida, padres e hijo salieron aquella soleada mañana a caminar por las cercanías de La Florica. Tras una breve caminata y debido al agotamiento físico de Marcelo por su avanzada enfermedad, se sentaron los tres en un peñasco, junto a la orilla del riachuelo, y allí fue donde esta vez Basilio, tragando saliva, comenzó a exponer ante la mirada atónita de su hijo todo el calvario por el cual tuvo que pasar y seguía pasando: qué significó la muerte de su propio hermano; cómo todavía esa tortura continuaba siendo insoportable, ya que aquel trágico desenlace se produjo como resultado de su traición; cómo sufría una y otra vez pesadillas recurrentes, tormentosas, con la cara de Agostinho señalándole con el dedo acusador, y cómo la pena y el desconsuelo habían ido calando en él. Le habló de los cientos de intentos frustrados de localizarles a él y a su madre; de que, si bien se habían equivocado y no había vuelta atrás, el amor por Adelina siempre había sido puro y sincero; habló de cómo, cuando tuvo conocimiento de su existencia ya siendo un adolescente, ofreció a Adelina una vida juntos, los tres. Relató, aunque Marcelo ya conocía esos detalles, sus deseos de entrevistarse con este, de ofrecerles a él y a su madre una alternativa y regresar a la península como una familia. Y, cómo no, le recriminó haberle utilizado bajo la amenaza de causarle un daño físico a Danilo para formalizar el entramado de Inocencia y Fé, la supuesta ONG creada únicamente para beneficio y explotación del ilícito negocio de Marcelo.

Terminó la exposición haciendo ver al mafioso que siempre había estado en sus plegarias, que nunca renunció a su cariño a pesar de que lo percibiese como algo prácticamente inasequible.

Marcelo ni siquiera replicó. Continuaron andando un poco más, esta vez en silencio, un silencio incómodo, incisivo.

Cuando se encontraban prácticamente a la entrada de la residencia fueron testigos de cómo un todoterreno oscuro aminoraba su marcha y estacionaba junto a la carretera contigua.

Arabela se apeó de este, quedó inmóvil junto al vehículo, solicitando ser admitida.

Adelina realizó el gesto inequívoco para que se acercase hasta ellos, pero Marcelo entró en el caserón a fin de no tener que guardar las apariencias cuando en primera instancia no sabía ni tan siquiera si podría llegar a hacerlo.

—Buenos días, Adelina. Buenos días, Basilio.

Adelina tocó reflexivamente la punta de su nariz y dio cuatro pasos, la distancia que les separaba a ambas. Cuando hubo llegado a su altura, Arabela cerró los ojos intuyendo que sería justamente abofeteada, si bien lo que recibió fue un enérgico y efusivo abrazo. Ella, sorprendida al mismo tiempo que gratificada por la muestra de aprecio, apretó a la que había sido su mejor amiga como si el universo hubiese quedado congelado en ese instante, como si no hubiese nada más importante que ese gesto, tan esperado, tan deseado.

Tras ello, y siguiendo sus pasos, Basilio la emuló en dicha acción, lo que hizo a Arabela caer arrodillada al suelo y romper a llorar.

Fue levantada por la pareja. Entrelazada por ambos, le dieron a entender que aceptaban sus disculpas y los tres se encaminaron hacia el lugar que momentos antes habían recorrido junto a Marcelo. Durante otras dos horas y media no dejaron de conversar, de recordar, disintiendo algunas veces, coincidiendo muchas otras; se reencontraron, se perdonaron: por fin ese perdón sanador, reconfortante.

El teléfono de Julio se iluminó. Observando el nombre de quien llamaba, dejó sonar la melodía de Héroes del Silencio *Maldito duende*, que durante tanto tiempo le había acompañado dando placer a su oídos. Cuando el interlocutor estaba a punto de desistir, atendió la llamada.

—*Filho da puta, antes de morrer vou te matar!*

—Que sí, que me matas y eso... ¿Qué quieres, Marcelo? ¿Cómo ha ido? ¿Has dado por terminada tu visita o sigues jugando?

Julio había perdido por completo la prudencia y mesura al hablarle, es más, parecía disfrutar con la continua provocación ejercida conscientemente sobre el delincuente.

—*Eu continuo jugando, mal nascido!*

—Te estás volviendo muy malhablado, de seguir así, vas a volverte uno más de nosotros.

—Basta de tonterías, me gustaría ver al niño.

—Por favor.

—¿Qué? *Qué porra você está dizendo?*

—Por favor o no hay visita —sentenció Julio
—*Fodido español, mal nascido, bastardo...!*
Alejó el terminal de su oído mientras Marcelo se desgañitaba, para una vez cesadas las descalificaciones ponerse de nuevo al habla.
—¿Cómo se diceeee? —continuó Julio la chanza.
—Por favooooor.
—Muy bieeen, ahora sí. ¿Hora?
—A las ocho de la tarde. Me gustaría que os quedaseis a cenar aquí para que pudiera pasar unos momentos junto a él.
—Dalo por hecho, a las ocho en punto estaremos ahí.
Tras colgar, la mente de Marcelo solo podía imaginarse a sí mismo apretando hasta la saciedad la nuez del reportero, hasta que sus ojos inertes de vida dejasen entrever la imagen de la muerte. ¡Dios, cómo lo odiaba! Y al mismo tiempo lo apreciaba, era una sensación indescriptible y contradictoria.
—Joao, acicálate, esta noche tenemos cena en La Florica.
Allí quedaría la gruesa y apetitosa tortilla de patatas con cebolla que ya se encontraba predispuesta en el centro de la mesa, pero antes apurarían sus copas junto a Julián, que les había servido uno de los mejores caldos que tenía en su bodega.
—Desde luego, contigo no hay forma de descansar un solo día.
Erin jugaba en la habitación junto a Danilo y el peluche innombrable, rememorando aquella notable mujer los días en los que hacía lo mismo con Julio, cuando les fue interrumpido el entretenimiento para hacer saber al pequeño que a las ocho irían a visitar a un amigo. El niño, contrariado, preguntó por qué tenía que ir, ya que estaba disfrutando mucho con la abuela y antes de la cena habían planeado ir al parque.
—Verás, Danilo, es un buen amigo mío, le he hablado mucho sobre ti y le daríamos un gran disgusto si no te llegase a conocer.
—Está bien, papá, pero, si me aburro, me vuelvo con la abuela.
—Dalo por hecho, si en algún momento no te encuentras a gusto, yo mismo te traeré de vuelta.
—Y vendrá mamá, ¿no?
—Sí, también vendrá.
Y así, tan simple como brevemente quedó zanjada la polémica sublevación del menor.

De nuevo en la finca propiedad de Arabela había sido dispuesta por parte de Alicia la mejor de las porcelanas en la enorme mesa del salón con cubertería para cuatro comensales.

—Yo que tú colocaría otro plato más.

Marcelo aconsejó a su hermana que siguiera dicha demanda ya que intuía que la dueña de la finca pudiera ser la quinta en discordia.

El comunicado no fue precisamente de su agrado. Ya era suficientemente raro tener en la misma mesa a un hermano con la cara de José, a quien estaba empezando a conocer sin saber cuánto tiempo podría seguir intimando dada su enfermedad, a un padre totalmente desconocido, una completa incógnita, y a una madre que le mantuvo en secreto a los dos anteriores hasta la fecha, para que esa mujer —que, según contaban, les había amargado la vida— se sentara al lado de todos, aunque fuese la madre de su querido Alberto.

Efectivamente, el augurio de Marcelo fue llevado a término. La puerta principal se abrió pesada, lenta, como si le costara dejar entrever quién se encontraba detrás.

—Marcelo, Alicia: Arabela se quedará a comer con nosotros.

La jeta de los dos era un cuadro impresionista, pero, si Adelina y Basilio, quienes eran la parte más afectada del incidente que dio lugar a sus tormentosos destinos, dejaban atrás su rencor, ¿cómo podían ellos hacer lo contrario o al menos no contener la indignación? Aun así, el peor parado de todos en aquel drama había resultado Marcelo y tuvo que contenerse en varias ocasiones para no precipitar algún improperio.

La comida transcurrió más bien tensa para todos y cada uno de los integrantes de aquella inusitada reunión. El mutismo se hacía incómodo y por momentos interminable, las pausas se sucedían a intervalos prolongados, era desquiciante.

Llegado el momento de la sobremesa le tocó el turno a ambos hermanos de sobrellevar resignados una conversación por separado: por una parte, Arabela, Adelina y Marcelo; por otra, Alicia y Basilio, quien solicitó a su hija subir en privado a una de las estancias mientras que en el salón quedaban los otros tres.

Marcelo como era intrínseco en su persona pecó de sinceridad, desde el principio dejó muy claro el resentimiento y la falta de empatía que le provocaba la presencia de la reencontrada amiga de su madre. Aun así, dejó que esta volviese a reiterar su hondo pesar por todo el mal causado.

Arriba el diálogo no era mucho más distendido.

Ella sentada en la cama fijando sus ojos en el suelo, él sentado en una silla de mimbre sin dejar de mirarla directamente, con dulzura, como miran los buenos padres a sus hijas.

—Verás, al igual que ocurrió con tu hermano, al principio tu madre me ocultó su embarazo. Luego, al ser consciente de todo me ofrecí a dejar esta profesión, elegida voluntariamente por convicción, por fe, pero ya nada tenía sentido sin el amor de tu madre. Por eso quise formar una familia junto a vosotras dos. Ya que no pude hacerlo con Marcelo, al menos sí que podría realizar la labor de padre contigo. Y de nuevo mi deseo se fue al traste, Adelina desapareció otra vez de mi vida sin dejar rastro tras su huida.

»Durante años estuve intentando localizaros, pregunté a conocidos, llamé y volví a llamar, hospitales, centros de acogida..., pero nada. De nuevo apareció la amargura y la rabia por el distanciamiento de la mujer que quería, y de ti. Mi alma volvía a desgarrarse.

»Tras varios años empecinado en una misión imposible, dejé poco a poco de creer en esa quimera y, resignado, dejé de buscar amparándome de nuevo en lo único que tiempo atrás dio sentido a mi vida: Dios. Hasta que recibí una carta de Marcelo en la que me informaba que había sido padre, extorsionándome, ordenándome que le prestara mi ayuda en alguno de sus turbios asuntos o causaría daño a Danilo. Yo no podía dejar que el niño sufriera por mantenerme al margen y sabiendo de la existencia de mi nieto seguí sus instrucciones, contraté a Julio para publicitar una falsa ONG y ya de paso que fuera quien pudiera ponerme al día de cómo se encontraba el niño. Por supuesto, él no estaba al tanto de la relación que me unía a Marcelo y a Danilo, pero todo se torció en el momento en que se puso a investigar un poco, y el azar hizo el resto, como bien ya sabes.

Alicia interrumpió aquella crónica exponiendo su perplejidad.

—Sí, ese es Julio, siempre fue inquieto. Pero, Basilio, en serio, ¿qué quieres de mí? No puedes pretender que de la noche a la mañana te llame papá y me lance a tus brazos.

—Aunque he de decirte que es lo que me gustaría, comprendo muy bien que no sea tan fácil, pero concédeme la oportunidad de

poder llegar a conocernos un poco, lo demás, si ha de venir, vendrá y, si no es así, al menos habré tenido el privilegio de estar cerca de mi hija.
—De acuerdo, démonos un tiempo.
Se levantó de la cama y abrió la puerta saliendo al pasillo sin realizar ningún gesto ostensible que diera lugar a interpretaciones premeditadas de muestras de cariño hacia él, dejando en Basilio, no obstante, mediante aquella última enunciación, una sensación de alivio a la vez que de esperanza contenida.
Tras ese inicio de acercamiento entre los dos, ella decidió regresar a Montepardo en busca de su marido e hijo con la intención de que le acompañaran y que fuesen presentados a sus recién descubiertos padre y hermano.
La tarde les sobrevino a todos sin haber pasado en muchas ocasiones de palabras meramente superfluas, sin contenido, sin ánimo de contrición, únicamente habiendo mantenido las composturas, pero bueno, al fin y al cabo, era un paso.
Arabela, conminada por parte de Adelina, avisó a Alberto de que esa noche también él era parte invitada para cenar al igual que el resto de sus amigos, solicitando al mismo que preguntase a Isabella la posibilidad de que esta pudiese quedarse hasta el regreso de ambos a cargo y cuidado de Pepe.
El diseñador formalizó el encargo, aceptando de buen grado la empleada de hogar mediando previamente la entrega de gratificación aparte por dichos cuidados, y tras una hora acicalándose en el baño decidió que la mejor forma de presentarse era tintando su pelo a rayas verticales blancas y negras, al igual que hizo con cada una de las cejas.
Se encontraron junto a la fortaleza. Tras verle de tal guisa ni tan siquiera preguntaron, estaban tan acostumbrados a sus locuras que ya nada de este les chocaba, tal vez a Joao un poco, pero transcurridos unos segundos sus retinas se acostumbraron a aquella imagen tan pintoresca.
A las ocho menos cuarto ya hacía entrada en el terreno de la finca el vehículo conducido por Alberto, acompañado por parte de Joao, Julio, Laura y Danilo. Coincidieron con la aparición del vehículo de Alicia, en el que junto a ella iban a bordo Paco y el pequeño Julio.

Las puertas de los turismos se abrieron al unísono.

Laura se dirigió en busca de Alicia, pero esta vez, lejos de rehuir, la escritora se aproximó también. Enlazaron sus manos y se estrecharon llorando, atenuando así la inmensa aflicción que les había producido a ambas el pensamiento de encontrarse enemistadas.

—Mi chica, yo..., lo siento mucho, perdóname, pero lo he hecho solo para...

Alicia no dejó terminar la justificación de Julio, callándole contundentemente mientras colocaba su dedo índice en los labios de él.

—Gracias, mil gracias, de verdad que no sé cómo acabará todo esto, pero, a pesar de todo, gracias.

Alberto, aprovechándose de aquella espontánea concordia, aproximó su cabeza a las de ambos y delicadamente hizo coincidir las tres al mismo tiempo que solicitaba con su mano derecha al resto que hicieran lo propio.

Tras constatar visualmente la señal, Laura y Paco se unieron al achuchón, no así Joao, que, cohibido a la vez que prudente, se mantuvo a distancia de aquel simbólico gesto de fraternidad, si bien tuvo finalmente que emularles tras zarandear todos sus manos requiriéndole que se uniera a la melé.

Mientras, Danilo, con la inocencia de un ángel y sin comprender qué ocurría se acercó hasta el pequeño Julio y lo estrechó imitando el acto de los adultos.

Unos sonoros aplausos interrumpieron aquella demostración de hermandad. No se habían percatado de que Marcelo se encontraba en el lateral de la edificación fumando un cigarrillo, siendo testigo de todo.

—¡Qué bonito!, aunque un poco ñoño para mí.

El susto de Alberto fue mayúsculo.

—¡Hostia, Josico!

A pesar de las advertencias del resto y de ya tener conocimiento de su físico no pudo contener la impresión.

—Buenas tardes, Marcelo, acércate, quiero que conozcas a mi marido y a mi hijo —propuso tras el saludo inicial Alicia a su hermano.

Parsimoniosamente aquel reducto de hombre amarillento y endeble caminó torpe al encuentro de su recién descubierta familia.

Sobrecogido, el marido de Alicia alargó la mano a modo de saludo, él la apretó y tiró de Paco, acercándole a escasos centímetros con la intención de susurrarle algo sin que nadie pudiera percibir el qué.

—Supongo que ya sabes quién soy, ¿verdad? Cuida de mi hermana por la cuenta que te trae, si ella o el niño algún día sufren, te acabarán visitando unos amigos, ¿me entiendes?

Alicia pudo ver la cara descompuesta de Paco mientras aseveraba, pero no llegó a oír ni tan siquiera intuir qué le podría haber dicho Marcelo. Luego se agachó y dio a su sobrino un fuerte beso en la frente. A continuación:

—Bellísima e imponente Laura, Julio es un hombre muy afortunado.

Ruborizada dio las gracias vehemente.

Si bien no se extralimitaba, rozaba lo embarazoso, y a Julio le enfermaba cada vez que entonaba alguna frase con esos aires disfrazados de falsa cortesía. Pese a ello, empezaba a tener cierto aprecio por ese personaje difuso y cambiante, mezcla entre el doctor Jekyll y *mister* Hyde.

—Hola, Marcelo —saludó condescendiente Joao.

—¡Cállate, tontorrón! Aparta y déjame ver a ese niño.

¡Dios, qué inquina que tenía Joao a ese desgraciado! Pero cada vez que el facineroso hablaba, sin conocer la razón, él otorgaba, a pesar de las descalificaciones proferidas.

Cuando se acercó a Danilo no veía factible llegar a contener la emoción. Aquellos ojazos enormes abiertos de par en par, esa mirada tan limpia y pura. Comenzó a temblar compulsivamente, en parte a causa de la enfermedad, en parte por la impresión tan súbita de ver a su hijo tan cerca.

—Hola, me llamo Marcelo. Tú eres Danilo, ¿verdad? Julio me ha hablado muy bien de ti.

—Me suena su cara, señor, le vi una vez, en otro lugar.

Casi cae fulminado al suelo ante esa imprevista afirmación.

—No lo creo, debes haberme confundido con alguien parecido.

—Papá, le vi una vez, yo estaba con la hermana Caridad y le vi, en el orfanato, en Río —dijo el niño dirigiéndose a Julio.

Mientras, Marcelo, sumido en un intenso dolor tras ser dispensado el apelativo papá a otra persona que no era él, replicó raudo.

—Claro, ya sé cómo puede ser, ahora que lo dices. Trabajo llevando comida a muchos sitios, también a orfanatos de todo el mundo, puede que me hayas visto por eso.

El niño quedó convencido de tan escueta explicación y los adultos quedaron sosegados.

—Soy muy amigo de tu papá, y sé que te quiere con toda su alma, me lo ha dicho muchas veces.

—Sí, ya lo sé, y yo a él, pero tuve otro papá, ¿sabe? Bueno, y una mamá. La hermana Caridad me dijo que están con el Señor y que desde allí me cuidan. Todas las noches les hablo desde mi cama antes de dormir.

Los allí presentes tuvieron que girar sus caras para no descubrir sus ojos inundados, mientras, Marcelo, henchido de orgullo le solicitó un abrazo, y el niño le concedió el deseo.

Fueron los diez segundos más emotivos nunca vistos, los diez segundos más profundos y conmovedores jamás vividos por parte de Marcelo, y por fin los demás descubrían que este no estaba carente de sentimientos a pesar de querer ocultarlos.

Aun así, se levantó secando enérgicamente con sus mangas la secreción de sus ojos, él era un hombre rudo e impasible, no podía permitirse que le viesen desvalido y vulnerable.

Solo quedaba por hacer una presentación, y esta no se hizo de esperar.

—Tú debes de ser Alberto, el hijo de Arabela.

Acojonado y cariacontecido dio un paso atrás debido a la forma de fruncir el ceño cuando lo expuso.

—Hola, sí, soy yo.

No supo aportar más al saludo.

—Tu ropa es algo estrambótica, tienes un gusto algo retorcido, como el mío.

—Pues... ¿gracias?...

No sabía dónde meterse ni qué alegar, la saliva se le hacía una pasta intragable por momentos.

—Lo del pelo creo que deberías hacértelo mirar, pareces un cruce entre una mofeta y una cebra.

No fue de agrado la comparativa, pero rebatirle no era una idea oportuna, menos aún cuando gracias a su madre parte de su vida terminó desembocando en lo que fue, amén de que a través de Julio y Joao ya sabía cómo se las gastaba.

Fueron adentrándose en el interior del gran caserón. Los últimos en acceder fueron Paco con el pequeño Julio y Marcelo junto a Danilo, quien siguiendo instrucciones esta vez de Laura iba cogido de su mano.

Adelina y Basilio no supieron reprimirse. Tenían ante ellos a sus dos hijos y a sus dos nietos, la piel de gallina, como si de un soplo gélido se tratara erizándoles su ser, era surrealista y a la vez maravilloso.

Alicia, tímida para lo que solía ser, presentó a Paco a su padre mientras le sustituía en la tarea de sujetar al niño. El pobre marido no sabía dónde colocarse, qué hacer, qué decir, desubicado, pero por ella era capaz de todo, de enfrentarse a sus miedos y vergüenzas.

Basilio, como siempre exquisito en el trato no dejó solo un momento a su recién conocido yerno, eso sí a la vez que tomaba efusivamente al pequeño Julio, a quien agasajó con cientos de besos y mimos.

—¡Hola, don Basilio!

El cariño tan efusivo de Danilo le cogió de improviso, el niño recordó lo amable y atento que fue aquel hombre con él en Lisboa, recordó cómo le guio por la pequeña iglesia enseñándole cada talla, cada imagen de las santidades allí expuestas.

—Hola, cariño, estás hecho un hombrecito, pero qué fuerte y guapo te veo, te cuidas bien, ¿eeeh? Ven, acércate y dame un beso.

En el preciso instante en que Basilio coincidió sujetando a ambos pequeños, la mirada de Adelina acertó con aquella estampa, y fue muy grata a ojos de aquella, era la representación idealizada de lo que siempre quiso tener, un marido con quien formar una familia, una familia a la que querer, por la que luchar.

Todos colaboraron a la hora de poner la mesa mientras los niños quedaban en Babia al ver al abuelo como gesticulaba y contaba historias a la luz de la hoguera. Adelina y Arabela conversaban distendidamente, tenían que recuperar tantos y tantos años perdidos. Le puso al tanto de la enfermedad de Pepe y de los esfuerzos por no dejarle caer a pesar de que él comenzaba a ser consciente de su estado y eso no hacía otra cosa que deprimirle profundamente. Adelina intentaba alentarla ofreciéndose a su vez como pañuelo de lágrimas.

Marcelo solicitó respectivamente a Julio y Laura, muy amablemente esta vez, si podía tener una conversación en privado con Danilo, y por supuesto ese anhelo le fue concedido.

Subieron al dormitorio y abrió la maleta, de esta sacó una especie de cordón del cual colgaba una pequeña esfera a modo de pequeña lamparita de lava, de intensos y relajantes colores luminiscentes en la oscuridad.

A modo de presente se la colocó al niño delicadamente en el cuello y le susurró unas cariñosas palabras al oído.

El pequeño, de forma distendida hablaba y hablaba, de sus preocupaciones, de cuánto quería a Julio y a Laura, de sus nuevos abuelos, de las aficiones y deportes que más le atraían, de sus aspiraciones. Él mientras no podía dejar de prestarle su atención, escrutaba al detalle cada gesto, cada mueca, cada movimiento de su hijo, era inmensamente feliz y se sentía muy desgraciado al mismo tiempo, ya que su tiempo se agotaba y no podría seguir disfrutando de su presencia, pero al menos lo dejaría en manos de alguien que le prestaría cuidado y cariño, y eso le consolaba.

—¡Marcelo, Danilo, la cena está en la mesa!

Era Adelina requiriendo la presencia de padre e hijo para que bajasen al salón, donde ya esperaban el resto de comensales.

Al abrirse la puerta la pobre mujer se abalanzó sobre los dos y los apretujó contra su pecho con gran congoja. El niño no comprendía muy bien qué pasaba, desconocía la verdadera identidad tanto de Marcelo como de Adelina, para él su padre era Julio y sus abuelas Pilar y Erin, pero el cariño es siempre bien acogido, y más por un ser tan inocente. Marcelo se dejó estrechar e imitó a su madre. En ese preciso momento quedaron condonados todos los pecados, todos los reproches.

La cena fue incluso divertida por momentos. Al haber bajado la guardia tanto Marcelo como Alicia, la crispación había sido desalojada de las paredes de aquella residencia, y lo que se barruntaba como la mayor de las tormentas fue convirtiéndose en una plácida y por momentos distendida reunión de familiares y amigos.

Cuando se dio por finalizada la quedada los niños ya estaban rendidos. Alicia introdujo delicadamente al pequeño Julio en la sillita del vehículo y advirtió a su marido de que condujese con cuidado.

—Pero... ¿tú no vienes...?
—No, amor mío, dame un par de días más, necesito estar aquí, compréndeme, acabo de descubrir a un padre y me gustaría conocerlo, y mi hermano se muere, quiero saber todo de él antes de que ocurra, él también me ha pedido que me quede.

A pesar de la reticencias iniciales de Paco entendió que quisiera quedarse en La Florica.

—No te preocupes, el niño y yo estaremos bien. Tú ten cuidado, ¿me oyes?

Se besaron y, tras introducirse en el vehículo, ella cerró delicadamente la puerta del pequeño, al que había tapado con una mantita, cómo no, diseñada por Alberto.

Los demás hicieron lo propio despidiéndose sin muchas contemplaciones. Laura llevaba en volandas a Danilo hasta el vehículo, quien rendido de tantas emociones no podía mantenerse en pie. Cuando estaban ya dentro todos, y con el motor encendido para iniciar el desplazamiento hasta Montepardo, se abrió la puerta trasera derecha. Aunque durante la velada su actitud fue por momentos afable, la presencia de Marcelo seguía resultándoles turbadora.

—Gracias a todos por venir, sois buena gente. Cuidad del niño, concededle un futuro sin tristeza, que siempre esté al margen de todo por lo que yo tuve que pasar. Gracias de corazón sobre todo a ti, Julio, no solo por cuidarle, sino por permitir todo esto.

Antes de cerrar la puerta metió su cabeza en el interior del turismo alargando sus labios hasta la frente del pequeño y le besó, acarició su cara y cerró contenidamente para no despertarlo.

Mientras que aquel sujeto tan enigmático se alejaba, Laura, Alberto y Joao miraron fijamente a Julio.

—¿Y ya está?, ¿gracias y hasta nunca? ¡Este trama algo, seguro! No me fío ni un pelo.

Joao fue el primero en deducir que por la mente del mafioso pasaba alguna estratagema que habían podido obviar mientras que eran engatusados por sus estudiadas y contenidas palabras, pero sabía que Marcelo no era una persona precisamente común. ¿Qué ocultaba?

—Vámonos, intuyo que va a ser la última vez que Marcelo vea a Danilo.

La frase de Julio fue lapidaria pero los demás intuyeron que seguramente no iría mal encaminada.

Quedaban por fin el reducto formado por Adelina, Basilio, Alicia, Marcelo y Arabela, quien, cuando ya se disponía a dirigirse hasta su todoterreno para igualmente dejar la finca de su propiedad, conminada por parte del hijo de su amiga, subió hasta el dormitorio de este a fin de que le fuese mostrada una fotografía que adujo tener en su poder desde que era una criatura en Río de Janeiro y que su madre creía perdida, en la que aparecían Adelina y ella cuando eran solamente unas adolescentes junto a un viejo y descolorido hórreo ubicado en la falda de una elevación.

Arabela, atraída por tener ante su vista la bucólica instantánea que decía mantener en su poder, aceptó la invitación, toda vez que Marcelo pareciera haberse vuelto más afable y cercano en el trato hacia ella.

Él se adelantó con la excusa de buscar entre el equipaje el retrato.

—¿Tú también te vas ya? —interpeló Adelina.

—Sí, pero antes tu hijo quiere mostrarme una fotografía en la que aparecemos ambas de jovencitas.

—¡No me digas! Dile que la baje, que también quiero verla, ¡y yo que juraba haberla dado por perdida!

Tras ello Arabela fue en búsqueda de Marcelo regresando al interior.

Mientras tanto Alicia fue testigo en primera persona de cómo su madre cogía de la mano a Basilio a la vez que, expectante, esperaba la aprobación de la hija de ambos.

Tras su sonrisa Basilio depositó su brazo por encima del hombro de Adelina percibiendo el visto bueno.

—Ven, acércate pequeña.

¿Pequeña? El adjetivo ya no era acorde ni por edad ni tamaño, pero Alicia interiorizó que Basilio solamente quería expresarle que siempre fue y sería su amada niña, a la que tanto buscó a la vez que a la mujer que tenía abrazada en ese momento.

Era feliz, no solo por constatar la dicha en el brillo de los ojos de Adelina, sino por encontrarse estrechada entre los cuerpos de su madre y de su recién descubierto padre.

En la planta superior se encontraba Arabela elevando la voz para que por parte de Marcelo le fuese indicado cuál era la ubicación exacta del dormitorio en el que él pernoctaba.

—Aquí, acércate, ya la he encontrado.

No había puesto los dos pies en el interior de la habitación cuando sorpresivamente y por la espalda se abalanzó sobre ella. Mientras le tapaba la boca con la mano izquierda para evitar sus gritos de auxilio le fue inyectada en el cuello una sustancia que la dejó grogui en cuestión de segundos.

La dejó caer en su cama, lanzando sobre su cuerpo la fotografía que le fue descrita, en la que efectivamente aparecían ambas amigas, si bien la cabeza de Arabela se encontraba rodeada por un círculo y en el reverso unas palabras en portugués: *Você é um traidor de merda.*

Había mantenido impoluta y en perfecto estado de conservación dicha foto años y años únicamente porque era uno de los pocos recuerdos que mantenía de su madre, pero tras ser testigo de primera mano de la historia relatada por la mujer que yacía en su cama, el día anterior, turbado y lleno de ira garabateó la foto escribiendo en dicho anverso aquella frase tan visceral, al ser ya consciente de que la persona que había sido culpable de su calamitosa vida era la misma mujer que figuraba junto a su progenitora y que ahora demandaba la indulgencia de todos los afectados sin más. Y no, no se iba a ir de rositas, aunque esa amnistía fuese aceptada por los demás, él por su parte lo que le proporcionaría sería una terrible sentencia, la misma que tenía inicialmente predispuesta para Basilio y Adelina, si bien cambió de idea tras verificar que ellos habían sido igualmente parte agraviada.

La espera se hacía demasiado larga y Adelina inquieta por la tardanza gritó desde el salón.

—¡Arabelaaa! ¡Baja la fotooo!

Desde la habitación se escuchó la voz ronca de Marcelo.

—Se fue a casa, decidió que mañana la vería, que era demasiado tarde, y yo estoy muy cansado, no bajaré ya. Hasta mañana.

Quedó extrañada, ya que juraría haberla visto dirigirse hacia dentro, pero como era ya noche cerrada y el vehículo de su amiga era oscuro ni tan siquiera discernió el mismo entre la penumbra, estacionado junto al camino.

En fin, como quiera que le había comentado el estado de salud de Pepe pudiera ser que en el último momento hubiese decidido que lo mejor sería verificar el estado en el cual se encontraba su esposo y dejar para el día siguiente lo de la fotografía, pensó para sus adentros, así que una vez los tres en el salón, Basilio, Alicia y ella misma, cerró la puerta y se mantuvieron conversando un par de horas más antes de ir a descansar.

Las diez de la mañana, Alicia y Basilio preparaban juntos una cafetera mientras que Adelina ponía unas rebanadas de pan en el tostador.

Era demasiado extraño que Marcelo no hubiese bajado ya, más teniendo en cuenta que se había acostado varias horas antes que el resto, así que decidió subir a interesarse por dicha circunstancia.

—Marcelo, cariño, ya está el café, ¿bajas?

Tras unos segundos interminables finalmente se escucharon unos golpes, cesaron rápidamente, y se hizo audible la voz de su hijo.

—No, perdóname, pero no me encuentro muy bien, prefiero quedarme aquí, ya veré a lo largo del día.

Ella intentó abrir la puerta, pero pudo comprobar como estaba cerrada desde el interior.

—¿Seguro que estás bien? Me tienes preocupada, ¿por qué has cerrado?

—Todo está bien, de verdad, solo estoy un poco indispuesto. Cerré por intimidad, nada más...

—De acuerdo, a la hora de la comida volveré a avisarte.

—Gracias, pero no hace falta, ya bajaré yo.

Algo pensativa y preocupada bajó nuevamente a la planta baja y se dispuso a desayunar junto a Basilio y Alicia.

—¿Todo bien?

—No sé, hija, algo pasa, me lo dice mi intuición de madre, puede que tu hermano esté empeorando y esté próxima su...

Calló conscientemente al no querer terminar la frase.

—Venga, no seas pájaro de mal agüero, todavía le quedan pilas para largo.

Alicia solo pudo exponer eso para aliviar a la compungida madre.

Tras desayunar salió a tomar el aire fresco para mitigar un poco la preocupación, pero lejos de conseguir dicho objetivo lo que ocurrió fue justamente todo lo contrario, ya que fue consciente de que el vehículo de su amiga continuaba estacionado en el mismo lugar que el día anterior. Asustada llamó su hija, a quien le requirió para que telefoneara a Alberto con la finalidad de verificar si Arabela había pasado la noche en su domicilio.

—Hola, guapísima, ¿cómo vas con la familia Monster? Je, je, je, perdona, no quería resultar cruel.

—Escucha bien, Alberto, ¿ha dormido tu madre esta noche en vuestra casa? Dime, ¿ha dormido allí, sí o no?

La insistencia en requerir la respuesta con tanta celeridad estaba empezando a angustiar a Alberto.

—Oye, ¿de qué va todo esto?, ¿es una broma tuya?

—Mira en su habitación, por favor, y dime si está ahí.

Ante tanto ahínco para que realizara dicha acción corrió hasta las dependencias de Arabela, abrió y pudo comprobar que solo estaba Pepe, quien malhumorado requería que fuese ayudado para incorporarse.

—¡No está aquí!, ¡no está!, ¿qué pasa, maldita sea?

—No estoy segura, pero recoge a los chicos y ven para La Florica.

Alberto, aprovechando que Isabella ya se encontraba atendiendo a su padre, se vistió alocadamente, arrancó a toda prisa el motor de su coche y fue llamando uno a uno a los demás para que le acompañasen.

En la puerta de Julián y Erin esperaban ya cariacontecidos Julio y Joao. No quisieron asustar a Laura quien esa noche se había acostado junto a Danilo.

Los escasos kilómetros parecían no tener fin.

—¿Nos vas a decir de una vez que está pasando? —interrogó Julio.

—No lo sé, os juro que no tengo ni idea, pero Alicia me ha preguntado mucho por mi madre y ella no ha dormido en casa esta noche.

Cuando llegaron ya estaban esperándoles en el camino Basilio y Alicia, mientras, temiéndose algún despropósito por parte de su hijo, Adelina volvía a golpear la puerta del dormitorio de Marcelo.

La zozobra del diseñador subió en extremo al comprobar cómo el todoterreno de su madre seguía en el mismo lugar que el día anterior.

—Nada, ahora ni tan siquiera contesta.

—Déjame a mí, por favor.

Julio apartó delicadamente a aquella alarmada mujer e intentó abrir la puerta, pero era demasiado maciza y consistente para echarla abajo a la vez que el cerrojo interior era de gran envergadura.

—Marcelo, abre, soy yo, Julio.

—¡Hombre!, ¡mi mejor amigo, el cuidador de mi hijo, el confesor de mis miserias!
—Déjate de juegos, ¿está contigo Arabela?
—Sí, está aquí, un poco indispuesta, pero está bien, por ahora.
Ese «por ahora» no era buen preludio en su boca y la cara de los presentes se tornó pálida amén de que nada se oía de Arabela.
—¿Está contigo Joao? —preguntó Marcelo.
—Sí, estoy aquí. Dime, Marcelo.
—Hola, tontorrón, tengo que contarte algo antes de abrir esta puerta.
—¿A mí?, ¿por qué a mí?
—Deja que te cuente, el resto también puede quedarse a oírlo porque seguro que estáis todos al otro lado de la puerta, ¿verdad?
—¡Por Dios, hijo, no cometas ninguna barbaridad!
—Y me lo dice el cura que traicionó a su hermano, a su hijo y a Dios. ¡Cállate hipócrita!
—Quieres contarme algo, ¿no? Pues comienza de una vez —interrumpió tajante Joao.
—Eso es, abre tus oídos de tontorrón y oye bien todo. Hace no muchos años realizaste un estudio en un laboratorio de Berlín sobre algunos tipos de mutaciones víricas, acabaste elaborando una especie de prototipo de vacuna para combatir la resistencia de esas mierdas, pero se rieron de ti, ¿no es así?
La cara de Joao rezumaba odio y resentimiento al recordarlo.
—Entiendo que sí por tu silencio. Tu trabajo no vio la luz porque una empresa farmacéutica se otorgó la titularidad de la investigación y nunca más se supo. Podría decirse que se rieron en tu cara. ¿Ya sabes por qué te llamo, tontorrón?
»Aunque tú no lo sabes, esa empresa farmacéutica se llama Pdsmedic y es de mi propiedad. Los principios activos utilizados eran los correctos, amén de que faltaba ser añadida una enzima que solo puede ser extraída de una planta que nace en la Amazonía, todo esto en su equilibrio exacto produce que alguno de los virus más mortales del planeta se conviertan en simples dolencias pasajeras al atacar directamente sus envolturas lipídicas mediante ese fármaco, sí, tu fármaco, y como colofón además se mantiene estable a temperatura ambiente, pudiendo llegar a distribuirse a lo largo y ancho del planeta.

¿Cómo era posible que aquella persona tan aparentemente básica y sin modales pudiera saber tanto de medicina, y sobre todo de la disciplina de la cual Joao se había ocupado? Pero con todo ello, Joao parecía encontrarse flotando como en una nube, su supuesto descubrimiento podría llegar a convertirse en un gran acicate de optimismo y esperanza para la humanidad, y eso le producía un orgullo indescriptible.

—¡Vuelve en ti, patán! Pregúntale por Arabela.

Julio susurrando le devolvió a la realidad solicitándole que obtuviese algún tipo de información acerca del estado físico de la madre de Alberto.

—Vale, de acuerdo, ¿y qué tiene que ver eso con Arabela? ¿Puedes dejarnos entrar?

—No, tontorrón, si alguien pone un pie en este cuarto, disparo a su jodida cabeza, desparramaré su cerebro por la cama y haré lo mismo con quien se haga el valiente. Si avisáis a las fuerzas de seguridad, ella muere; si entra otro que no seas tú sin mi consentimiento, ella muere. ¿Lo entiendes?, ¿lo entendéis todos?

—Sí, tranquilo, lo entendemos. Pero ¿qué quieres decir con eso de que solo puedo entrar yo?

—Te dije a mi llegada que en el maletín metálico iba tu regalo, hicieron traerlo para mí a este país siguiendo mis órdenes, oculto en un contenedor de un barco. Antes de recogerme en el aeropuerto mi lugarteniente se trasladó y se hizo cargo de ese maletín pagando generosamente a un estibador. En su interior completamente hermético iban ocultos una serie de instrumentos y un pequeño frasquito que contiene el virus que con tanta ansia querías estudiar en Brasil. En principio iba destinado a mis padres como castigo por todo lo que he tenido que pasar, pero finalmente he comprendido que no fueron los culpables, sino víctimas, como yo.

—¡Qué dices, inconsciente, es una locura! ¡Es muy peligroso trasladar así un virus, podrías haber provocado una gran desgracia!

—Puede, bueno, ya está hecho. El caso es que ahora lo tiene dentro de su cuerpo esta hija de puta que jodió la vida de mis padres, de mi hermana y la mía propia, y tengo curiosidad por ver cómo actúa, espero que sea jodidamente doloroso.

Quitó la mordaza de la boca para que la pobre mujer aterrorizada, orinada y confusa pidiera auxilio.

—¡Por Dios, ayuda, ayudadme!
—¡Mamá, mamáaaaa...!
Alberto dejó de oírla ya que volvió a taparle la boca.
—¡Haz lo que te pida, Joao, haz lo que te pida, pero que mi madre no sufra ningún daño, por favor!
—¡Para! ¡Por favor, para! Dime, Marcelo, ¿qué quieres que haga?
—Eso es, así me gusta. Ve con Julio, pedidle a mi hijo un poco de magia, él sabe de qué hablo.
—¿El niño sabe de qué hablas?, ¿estás loco?
—Estáis tardando ya mucho en partir, a Arabela le están comenzando a salir una especie de pústulas un poco desagradables, diría yo.
Los tres se metieron en el coche *ipso facto* para regresar al pueblo.
—Por vuestra culpa, por vuestra puta culpa, habéis traído al mismísimo Satanás hasta aquí. Como a mi madre le ocurra algo, no volveré a miraros a la cara, ¿me oís? —reprochó enérgicamente Alberto a Julio y Joao.
Ninguno de ellos se atrevió a rebatirle, para Julio era un gran amigo, para Joao incluso empezaba a ser algo más que eso, y comprendían perfectamente el estado en el cual se encontraba.
El coche derrapó en la puerta de Pilar, se apearon rápidamente y golpearon compulsivamente el timbre de la residencia.
Laura, al ver aquellos gestos desencajados intuyó que nada bueno acaecía.
Julio solicitó que le indicara la ubicación del niño.
—¿Dónde está Danilo, cariño?
—Con mi madre viendo la televisión. ¿Pasa algo malo? Os veo muy alterados.
Mientras que Alberto le narraba todo, los dos amigos se adentraron en el domicilio llegando hasta el salón donde Pilar tenía apoyada la cabeza del pequeño en su regazo mientras veían la reposición de unos dibujos animados que antaño disfrutaron sus padres.
El niño se incorporó feliz al ver a Julio y de un salto se lanzó hacia él.
—¡Hola, papá! ¿Vienes a buscarme para dar un paseo?
—Más tarde, campeón, te lo prometo, pero ahora tengo que pedirte una cosa muy pero que muy importante. Mi amigo Marcelo nos ha dicho que tienes en tu poder la magia, que él te la regaló y

que podías utilizarla para ayudar a otras personas, ¿es eso verdad?
—Sí, papá, me dio este collar, es mágico, brilla en la oscuridad.
Recogió el cordón de piel de su cuello con aquella esferita que parecía cambiar de color y lo mostró orgulloso.
—Verás mi amor, necesito que me lo prestes para ayudar a la mamá de Alberto porque tiene un pequeño problema.
—Claro, pero devuélvemelo más tarde, ¿vale?, cuando se haya ido el problema. Es un regalo de Marcelo, me dijo que este colgante cura el dolor de las personas y que cuando me preguntaran por su magia yo debía prestarlo, si no se perderían sus poderes. Así que es tuyo, pero no te olvides de volver a dármelo.
—Claro, mi vida, prometo devolvértelo.
Se lo descolgó delicadamente y le hizo entrega del mismo. Pilar quedó extrañada de aquella conversación entre padre e hijo, pero lo interpretó como un simple juego entre los dos.
De vuelta con aquel extraño objeto seguían todos pegados a la puerta del dormitorio intentando convencer al secuestrador para que depusiera esa actitud tan cruel, sin llegar a conseguir, claro está, ese objetivo.
—Estamos aquí de nuevo, tenemos lo que dijiste, ya puedes abrir.
—No es contigo con quien deseo hablar ahora, Julio, sino con Joao, con mi tontorrón preferido.
La cara de repugnancia del portugués era superlativa.
—Te oigo perfectamente, dime.
—Quiero que pases a la habitación, únicamente tú, si lo haces acompañado, Arabela muere, ¿lo entiendes?
—Pero si entro yo también estaré expuesto como vosotros dos.
—He aquí lo excitante de esto, ella tiene el virus en su organismo, haciendo ya estragos mientras te lo piensas, a mí me da igual, yo ya tengo las horas contadas, así que tú debes elegir si te arriesgas a salvar una vida mientras que la tuya propia corre peligro o por el contrario mantenerte seguro y a salvo al otro lado. No es igual que estar apoyado por un traje de protección biológica o NBQ, ¿verdad?, así es más emocionante.
Julio se interpuso entre él y la puerta mientras que negaba con la cabeza.

—No lo hagas, ha de haber otra solución.

Miró hacia atrás y vio totalmente hundido y descompuesto a Alberto secándose con las mangas los lamparones, mezcla de lágrimas y rímel de la noche anterior.

—Te quiero, hermano, si no salgo bien parado, diles a mis padres que estoy orgulloso de haber sido su hijo —alegó Joao ante Julio.

Este seguía interponiéndose entre Joao y aquella puerta negando con su cabeza.

—Por favor, Julio, apártate, ahora me toca a mí emularte, tengo que hacerlo.

A pesar del miedo de que esta vez su amigo no pudiese llegar a contarlo, obedeció a regañadientes y le cedió el paso. Antes de volver a hablar, Alberto se acercó y le besó en la mejilla.

Todo se oía perfectamente al otro lado de la puerta a pesar del grosor de esta.

—Me estoy empezando a cansar, si no entras ya, tal vez me apiade de esta pobre mujer y desparrame sus sesos por las paredes del dormitorio, al menos dejará de sufrir.

—Abre la puerta, Marcelo, voy a entrar.

—De acuerdo, no te olvides de coger el cordón que regalé a mi hijo.

Julio resignado le hizo entrega de aquel collar tan extraño que sujetaba a modo decorativo una pequeña esfera con un líquido que cambiaba de tonalidad según incidía la luz en su interior y Joao lo recogió en su mano delicadamente, intuyendo que la única salida de aquella tesitura bien pudiera encontrarse en aquel pedacito de magia, tal y como lo llamaba Danilo.

Primero apareció la línea de claridad por debajo de la puerta al ser retirada la prenda que obstruía esta, a los dos segundos un sonido metálico se percibió al otro lado de la pared. Rotada la cerradura, se daba acceso al osado y este cumplió con el cometido. Entró y aprisa volvió a cerrar.

Al girarse verificó como Marcelo apuntaba una pistola en su dirección, y pudo ver también el estado calamitoso en el que se encontraba Arabela. Arrojada en la cama, la imagen de aquella desvalida mujer, atada, aterrorizada y enferma le removió por completo.

—Desátala y quítale eso de la boca, tiene los labios morados, está comenzando a tener hipoxia.

—No te equivoques, Joao, quien manda aquí soy yo, ya te disparé una vez, no me costaría nada volver a hacerlo.

Aunque no podía dejarle quedar por encima, obedeció mientras sujetaba el arma con la otra mano.

Joao se acercó y verificó su estado, las incipientes úlceras de su piel no le eran extrañas, se parecía en demasía a un virus muy estudiado durante su carrera. Pero debía estar equivocado, ya que un virus así no tenía cabida en el mundo actual, ¿o sí?

Sorprendentemente Marcelo sacó del maletín metálico un pequeño microscopio electrónico. Parecía de muy alta calidad, y lo era, prototipo de su propia farmacéutica. Dispuso también un pequeño acelerador, tres jeringuillas y unos tubitos de ensayo, depositando todo junto a la mesilla de noche, cerca del enchufe.

—Comienza, sorpréndeme con tu supuesta pericia —conminó Marcelo.

Se acercó sin miedo, le secó el sudor de la frente, comprobando a su vez que ya presentaba fiebre elevada. Volvió a examinar el tamaño y tonalidad de las heridas en la epidermis, constató su deshidratación y tranquilizó como buenamente pudo a la doliente. Recogió la botella de agua que Marcelo tenía a medio ingerir y le dio de beber unos sorbos.

—Voy a sacarte un poco de sangre, ¿de acuerdo? Tranquila, no te va a doler.

No sabía por qué razón, pero la presencia en la habitación de Joao la apaciguó.

Mientras Alberto, Alicia y Julio seguían inmóviles a la vez que impacientes el desenlace de aquel despropósito, Adelina y Basilio se turnaban frenéticamente bajando y subiendo las escaleras debido a los nervios mal contenidos.

Joao llevaba ya tres horas revisando meticulosamente la información que la sangre de Arabela le proporcionaba mientras que Marcelo empezaba ya a bostezar.

—Demuestra quién eres, ahora te toca a ti. ¿Y bien?, ¿diagnóstico?

—Yo diría... viruela mayor. Sí, viruela. Erradicada hace más de cuatro décadas, pudo contenerse la pandemia a lo largo y ancho del mundo gracias a la vacuna. Inicialmente no había cura y solo podían atenuarse los síntomas. ¿Cómo es posible? Parece mucho más agresiva y activa, de ahí que desde el primer día ya se puedan observar a simple vista los daños, sin tener que ser incubada durante más tiempo.

—¡Casi! Pero, aun así, bravo por ti, por fin dejaré de llamarte tontorrón. Efectivamente, es un virus primo hermano de la viruela. Esa extraña y nueva cepa apareció misteriosamente en el asentamiento de unas tribus a las que tú tenías intención de viajar para poder estudiar de primera mano de qué se trataba. Pero a una de esas tribus no muy distante de las otras no parecía afectarle la enfermedad, ¿por qué razón? Caímos en la cuenta, bueno, científicos y colaboradores a mi cargo lo hicieron, de que se debía a la ingesta en esa determinada zona de una planta muy difícil de encontrar y que solo prolifera en una parte selvática muy concreta, de ahí la razón de obrarse el milagro de que los integrantes de esa singular tribu se encontrasen sanos e indemnes ante tal exposición. En fin, era tu momento y seguro hubieses dado por ti mismo con dicho remedio, pero en parte por ser un buen amigo y seguir a Julio hasta el final a la vez que por mi culpa no pudiste cumplir tu deseo, y ahora yo te concedo ese anhelo.

—¿Que me concedes ese anhelo dices? ¿No comprendes que tanto tú como yo puede que ya estemos infectados y que puede que no exista cura?

—¿Tú crees, Joao?

—¿Qué quieres decir con eso? No te entiendo.

—Verás, como te iba contando, tras un análisis arduo y costoso sobre tu estudio, se acabó de unificar todo en una vacuna experimental llamada Luana MD3. ¿Te gusta el nombre? ¡Oye bien antes de pronunciarte, por la cuenta que te trae! Es el nombre de mi mujer, la inicial de mi nombre junto la de mi hijo, y el número tres representa a los integrantes de la unidad familiar que siempre debió ser y no fue. Luana, llena de vida y de alegría, la persona que más he querido y por quien hubiese entregado mi alma a la averno, enfermó repentinamente. Un patógeno extraño, una complicación vírica sobrevenida dijeron esos medicuchos de mierda, que si esto, que si aquello, preguntaba y preguntaba, pero nadie aportaba solución.

»En cuestión de diez días estaba en el camposanto metiendo bajo tierra el cuerpo de mi mujer. ¿Por qué tuvo que morir ella, tan joven, sin haber hecho ningún mal a nadie? ¿Por qué no ocupé yo un lugar a su lado?, ¡¿por qué?! Maldije a Dios y maldije haber nacido.

»Apático y enloquecido, estuve a punto de tirar la toalla y decidí llevar a Danilo a ese orfanato para que no tuviese una vida desgraciada a mi lado. Pero tenía que vengar el fatídico destino de Luana, así que ordené la compra de una farmacéutica, la que fuese, daba igual sede, ubicación, empleados a cargo o capital, el dinero no era obstáculo. La elegida se hacía llamar Pdsmedic, la misma que compró tu investigación y la mantuvo en secreto, no sé con qué finalidad, pero ese secreto ahora estaba en mi poder.

»La investigación llevada por ti iba muy bien encaminada, pero lejos de dar el resultado esperado fallaba en la parte crucial que no era otra, como ya te he dicho, que incluir un principio activo, principio activo contenido en una planta muy peculiar y poco conocida del mismo Amazonas.

»Este remedio produce efectos y mejoras inmediatas en algunas enfermedades víricas muy agresivas, entre las que se encuentra esta nueva y extraña cepa, contrarrestándose en cuarenta y ocho horas los perjuicios ocasionados por la infección.

Lo que Marcelo calló para sí mismo es que ordenó a dos cualificados científicos gratificados a cargo de su farmacéutica que recogieran una muestra de ese nuevo virus y la llevasen hasta su residencia en la favela. Hizo reunir a un reducto de sus mejores hombres, y allí, ante todos ellos, y a modo de conejillo de indias hizo inyectársela él mismo para comprobar en primera persona los síntomas que ocasionaba. Al segundo, veinte de sus hombres dieron un paso al frente demandando para ellos el mismo fin, sin lugar a indecisión ni arrepentimiento alguno, acompañando si fuera preciso hasta el infierno a su patrón.

Tras unas horas sufriendo los envites e incomodidades físicas obradas por aquel desconocido «bicho», era hora de probar la vacuna experimental Luana MD3. O funcionaba, o morían, pero de nuevo ni un signo de vacilación ni en él ni en sus acólitos. Dos días después todo quedó constatado, era un éxito sin paliativos, se encontraba en posesión de un gran remedio para luchar contra un enemigo invisible y temido por todos.

—Gracias a ti ahora tenía una gran patente, aunque he de confesar que la idea inicial no era meramente lucrativa, sino la de tener la cura a gran parte de las enfermedades, ser ahora yo el que decidiese quién vivía o moría. Me sentaría a ver desde mi sillón el sufrimiento ajeno, la desesperación y la rabia de otros haciéndoles ver que yo estaba en posesión de su único y ansiado tratamiento.

El gesto de Joao había cambiado, estaba alucinado tras lo que acababa de oír y desde luego su actitud empezaba a ser más comedida.

—O sea, que mi análisis iba bien encaminado... ¿En serio funcionó?, ¿cómo lo sabes...?

—Lo sé, te basta con mi palabra a la que pocas veces falto, y ahora coge el collar de mi hijo.

—¿Qué quieres que hagamos con esto? —interpeló burlón al mismo tiempo que mostraba enérgicamente el presente que Marcelo regaló a Danilo—. ¿Hacemos un hechizo?

De nuevo perdía las composturas a sabiendas de que no era buena idea.

—Otra bromita y te liquido aquí y ahora.

—De acuerdo, lo siento de veras, dime, ¿qué hacemos con esto?

—Recoge una de las dos jeringuillas que quedan y saca el líquido del interior de la esfera, tienes ante ti nuestro descubrimiento, a Luana MD3.

No podía creerlo, estaba anonadado de nuevo, esa esfera era en verdad una bolita de silicona esterilizada que contenía una pequeña ampollita con el remedio.

—No me mires con ojos de besugo, extrae el líquido y pónselo a esta mujer antes de que me arrepienta.

No tardó ni diez segundos en hacer lo propio mientras que Arabela susurraba un gracias tan débil como casi ininteligible, si bien, dadas las circunstancias y la inestabilidad mental del secuestrador, no acababa de sentirse completamente agraciada tras serle nuevamente dispensada en su cuerpo otra nueva y distinta sustancia.

—Ahora coge la última de las jeringuillas, repite la operación y pínchatela en el brazo —ordenó Marcelo.

Tras unos instantes de dubitación Joao extrajo el poco contenido que quedaba, parecía que estuviese calculado de antemano para un máximo de dos personas.

—¡Vamos! Es tu momento, disfrútalo.

Oír en primera persona a Marcelo decirle disfrutar de esa experiencia era poco más que aterrador, pero esta vez la curiosidad más que la cobardía obró aquel despropósito y le empujó a seguir dicha demanda.

—Bien, ya está, mis felicitaciones a ambos, estáis, bueno, estaréis curados en breve.

—Verás, Marcelo, creo que es demasiado pronto para aseverar eso, pero no sé por qué extraña razón creo que tú estás al tanto de que verdaderamente es así.

Joao desconocía que aquel milagroso remedio, todavía en estadio experimental, sin haber tan siquiera pasado los cánones básicos de seguridad mínima ni por ende las distintas fases en comparación con otras vacunas, ya había sido probada por Marcelo y buena parte de sus hombres con resultados muy alentadores.

—Y ahora, antes de salir de esta habitación el último gesto de redención por haberte disparado.

Sacó de su chaqueta una especie de documento junto a una pluma estilográfica, alargó este y le demandó que rubricase el mismo.

—¿Qué es esto, mi testamento para cuando muera por esta porquería que me has hecho meterme en vena?

Volvió a acercar la pistola a la frente de Arabela y la amartilló. Las lágrimas de la atemorizada mujer brotaban cuales gotas de rocío en los cristales.

—Está bien, eres muy convincente, aparta la pistola.

Firmó aquella especie de acta y la retornó a Marcelo.

Este la depositó extendida en la mesita y la escaneó con una especie de terminal PDA ofertándole un destino con una numeración que no coincidía con el prefijo español.

—Bueno, está hecho, oficialmente eres el dueño de la más prometedora y en breve poderosa farmacéutica sobre la tierra, ¿qué tal sienta?

Efectivamente, trasladó el documento directamente a un prestigioso bufete de abogados ubicado en Ámsterdam donde se formalizaría el cambio para que Joao quedase ahora a cargo de esa descomunal y floreciente empresa.

—Termina de desatar a esta pobre desgraciada y salid ambos del dormitorio, ¡vamos!

Ahora la exigida premura daba pie a pensar que aquella soterrada cordialidad había llegado a su fin.

Sujetando a Arabela por la cintura, llegó a bandazos hasta la puerta, ya que esta no ayudaba en la tarea del caminar por sí sola.

—Joao, no te olvides el regalo de mi hijo.

Marcelo le lanzó de nuevo el collar con aquella esfera tan singular, la cogió al vuelo mientras sujetaba a la madre de Alberto y la introdujo en uno de sus bolsillos.

—¡Cierra la puerta al salir! ¡Ah!, sería recomendable que ninguno de los demás se acercara a vosotros en un par de días, solo por prevención.

Al abrirse aquella puerta que separaba el infierno nuevamente de la luz, Adelina se tapaba la boca emocionada, aliviada de que no hubiese sucedido una desgracia mayor. Aun así, Joao tuvo que reprimir de forma tajante el intento de Alberto por abrazar a su madre.

—¡No!, separaos de nosotros dos, ¡todos! Tenemos que ir hasta una habitación donde aislarnos unos días por seguridad. Tranquilos, todo está bien, pero puede que estemos infectados de un nuevo y desconocido virus.

—¿Qué...?, ¿un virus?, ¿pero qué mierda dices?

Alberto necesitaba el contacto de su progenitora y no atendía a razones, teniendo esta vez que ser recriminado por la víctima inicial.

—¡Hacedle caso, por Dios! Es cierto lo que dice, Marcelo me inyectó algo. Luego nos ha proporcionado un remedio, pero para estar todos a salvo y no contagiaros debemos permanecer aislados por prevención.

Todos se ladearon, dejando libre el camino para que Arabela, ahora caminando sola y erguida para no preocupar más a Alberto, indicara el camino a Joao hasta su nueva habitación: el dormitorio más amplio de la finca, en posesión de un baño *en suite* y que estaba siendo utilizado por Adelina.

—Yo os subiré la comida, la dejaré en el suelo y me apartaré cada vez.

Arabela, a punto de caer al suelo desfallecida, fue ágilmente sujetada por Joao, evitando así el accidente, para después ayudarla a entrar con bastante pericia.

—¡Gírame, por favor! —solicitó la mujer a su acompañante muleta.

Con un pie ya en la nueva ubicación, Arabela solicitó a Joao que la pusiera frente a su amiga, ya que su debilidad por el soponcio y el estado de nervios sufrido era mayúscula y no se valía por sí misma.

—Gracias, cariño. Óyeme, Marcelo no sabe lo que hace. Habla con tu hijo cuanto antes, no es maldad lo que campa en él, sino tristeza. No sé qué idea se lleva entre manos, pero no es buena y no se encuentra bien. Y ten cuidado, lleva una pistola.

—¿Cómo me dices eso? ¿Pero qué os ha dicho mi hijo? ¿A qué te refieres?

—Consuélale, solo demanda cariño, nada más.

Joao cerró con el pie dando por acabada la conversación debido al riesgo de su cercanía a la madre de Alicia.

Adelina, fingiendo controlarse, intentó calmar a Alberto garantizándole, pese a no tener certidumbre de nada, que Arabela se encontraba en perfecto estado, si bien él no solamente sufría por ella, sino también por el que acabó siendo el protector de su madre durante esa locura de día.

—Marcelo, sal, nadie va a dar cuenta de nada, dame el arma y no hagas locuras.

—Julio, lárgate, no debes entrar en esta habitación, por tu salud y la de mi propio hijo. No me encuentro bien, estoy muy cansado, no puedo más, los dolores se han vuelto insoportables desde hace semanas a pesar de la morfina.

—Por favor, hijo mío, aguanta un poco, tiene que haber alguna solución.

Adelina suplicaba desde el otro lado que su hijo no atentara contra su propia vida.

—Mamá, ¿te acuerdas de aquella canción que tatareabas para tranquilizarme y poder dormir cuando estábamos solos en la favela?

—Claro, hijo mío, la recuerdo.

—Cántala para mí, vieja, cántamela.

Rota, comenzó a tatarear suavemente aquella sedante melodía que tanto bien había hecho a Marcelo cuando, siendo un infante aterrado, despertaba siempre entre pesadillas, siendo acariciado por su madre mientras esas notas realizaban el milagroso efecto de conciliar el sueño.

Alicia la reconocía perfectamente, era la misma canción que le había dispensado a ella en su infancia y que ahora cantaba cada noche al pequeño Julio.

Llegando casi a término aquel agradable cántico, una fuerte detonación y, tras ello, el silencio.

—¡Noooo! ¡Noooo! ¿Por quéééé? ¡Nooooooo!

Adelina sollozaba amargamente arrojándose al suelo, encontrando el apoyo inmediato de Alicia, quien la recogió entre sus brazos.

El interior de la habitación donde acababa de ocasionarse la defunción se tornó fulgente, inconmensurablemente luminosa a pesar de encontrarse la persiana completamente bajada impidiendo los rayos de sol de aquella convulsa mañana. Los ojos de Marcelo volvieron a abrirse y se vio a sí mismo mirando su maltrecho cuerpo con una bala en la cabeza.

Aterrorizado ante la esperpéntica visión y creyendo que su propia alma había finalmente dado de bruces en el mismísimo infierno por tantas atrocidades cometidas durante su vida, solicitó a Dios perdón ante el temor de no reencontrarse nuevamente con su amada, con su querida Luana, y lloró, lloró amarga y efusivamente, hasta que..., hasta que reparó en que no estaba solo, que otra insólita y extraña presencia se configuraba ante él.

—¡¿Quién eres?! ¡¿Qué eres?!

Cómo podía encontrarse tan asustado si ya no estaba vivo, pensó para sí mismo.

Poco a poco aquella especie de aura etérea fue transmutando en una figura, los rasgos de aquella especie de ente difuminado se tornaron claros, evidenciándose a Marcelo que ante quien ahora se encontraba no era otro que la persona que tantas y tantas veces había aparecido en sus sueños, aquellos sueños recurrentes que le habían ido acompañando desde hacía unos años y que culminaron con el encuentro con Julio en la favela, lo que devino en la entrega de su hijo al reportero, su último viaje en busca de venganza y la autolisis de su propia vida.

—Eres..., eres tú..., tú eres..., mis sueños, salías en ellos...

—Sí, soy José Roncero, Josico o Ron, como te guste más llamarme.

Marcelo, algo más sosegado ante aquella aparición, la cual en primera instancia parecía afable y amistosa, continuó con aquella desconcertante charla.

—En efecto te pareces a mí. Tú has ideado todo esto, ¿verdad? Fuiste tú desde el primer día, desde aquella primera ensoñación, quien planificó al detalle cada movimiento, cada argucia, cada encuentro, planificaste cuál iba a ser el fin último de todo. Dime, ¿es así?

—Sí —aseveró contundente José saboreando aquella especie de *vendetta*—. Proyecté en ti la rabia incontenida, ese dolor punzante que no permitió que siguiera al lado de mis padres, de mis amigos, de esa vida efímera pero maravillosa que pasa de forma rauda, esa existencia que no valoramos suficientemente a pesar de ser un tesoro que se nos entrega para ser gozada, para ser exprimida hasta su última esencia. Pero a su vez hice que fraguase en tu interior todo el amor y benevolencia que pude, de ahí, de todo ello, el resultado de tus últimas acciones.

—¿Quieres decir que si maté a mi hombre fue por ti?, ¿que si entregué mi hijo a Julio fue por ti?, ¿que si no he matado a mis padres y Arabela ha sido por ti...?

—Ahí te equivocas, yo no he dicho que hiciste todo eso sin mediar libre albedrío por tu parte, tal vez sí influenciado por mí, pero las decisiones últimas han sido obradas únicamente mediando tu mera voluntad, y eso, eso arroja como resultado que puede se te conceda perdón a una vida llena de desatinos, de ausencia de valores y pecados.

—¿Puede...? ¿En nombre de quién hablas? —preguntó consternado Marcelo.

—¡Ni se te ocurra! He dicho puede siempre bajo mi propia percepción, jamás interpretes que tú o yo podamos tan siquiera entender los designios de quien todo lo obra.

—¿Y si no es así?, ¿y si no hay perdón?

—No lo sé, puede que ambos nos divirtamos juntos un tiempo, quién sabe...

Ese «quién sabe» volvió a hacer sentir una aflicción vertiginosa en Marcelo, quien únicamente aguardaba el reencuentro eterno con Luana.

Tras esta última enunciación tanto la tenue silueta de José como la de Marcelo fueron diluyéndose, dejando nuevamente aquel dormitorio en aparente y sosegada calma con el cuerpo inerte de este último arrojado en el suelo. La conversación entre Marcelo y José, pese a haber perdurado algunos minutos entre ellos, no se correspondía en similitud con el transcurrido tras los muros de aquel recinto, equiparándose levemente al intervalo de apenas unos segundos para el resto de mortales.

En el mismo momento en que Alberto y Julio prestaban colaboración a Arabela y Alicia se oyó un sonoro portazo. Basilio acababa de entrar en el dormitorio de su hijo desobedeciendo las más elementales normas de sensatez y prudencia, al fin y al cabo, quien había disparado era su propio hijo, sangre de su sangre.

Tras el descorazonamiento de la visión que infringió al buen hombre aquella estampa, para él y solo él se hizo audible la voz de Marcelo.

—Papá, me encuentro bien, no te preocupes, creo estar junto a un amigo. Dile a mamá que la quiero, que me perdone por todo el sufrimiento que pasó por mi culpa, perdonadme todos. Recoge la carta que he depositado encima de la mesita y haz extensiva a todos su contenido. Eres una buena persona, y ahora sal de esta habitación, ¡ya!

Esa última imposición dimanante de aquel susurro modulado con la entonación de Marcelo inquietó sobremanera a Basilio, quien raudo recogió la misiva y salió con premura de nuevo al pasillo, no sin antes santiguarse y lanzar simbólicamente un velado beso al cuerpo inerte de su hijo, tras ello sacó la llave de la cerradura con la cual Marcelo había impedido el paso al interior del dormitorio, salió al pasillo y con la misma cerró desde el exterior.

Los ojos de Adelina al mirar la cara de Basilio se tornaron ríos. Abandonó al resto recorriendo los pocos pasos que les separaban y con inusitada templanza entrelazó sus dedos con los de él y le dijo:

—Tranquilo, sé que está en buena compañía, que no está solo, y que nos ama.

Basilio no salía de su perplejidad, en el interior de la habitación interpretó haber llegado a oír la voz de su hijo solicitando indulgencia por sus actos en vida, requiriendo que recogiese aquel manuscrito, y ahora, la madre del finado aseveraba conocer que estaba en paz consigo mismo y «en buena compañía». No sabía a qué podría referirse con ello, pero la abrazó y juntos lamentaron el trágico fin de la existencia de su descendiente. Al fin y al cabo, Marcelo obró el milagro de ocasionar el reencuentro entre padre, madre y hermana, hizo entrega de su propio hijo a una persona fiel e íntegra como Julio y propició el perdón entre dos viejas amistades: Adelina y Arabela.

Quienes quedaban en el exterior de aquellos dos recintos ahora estancos bajaron a la planta baja, donde Basilio, ante el silencio sepulcral de todos, comenzó a dar dicción a las letras escritas de puño y letra por parte de Marcelo la tarde anterior a su muerte.

Mientras Basilio relataba cada palabra, cada frase que configuraba aquel manuscrito en el cual Marcelo exponía resumidamente su calamitosa vida, todos sus fallos y sus anhelos sin cumplir, y rogaba a todos indulgencia y comprensión para sí mismo por el dolor causado intencionada o involuntariamente, Adelina, abstraída y cuasiausente, cocinaba compulsamente ingentes cantidades de comida para los presentes, también para Arabela y Joao.

En la habitación donde se encontraban estos últimos Arabela, al mismo tiempo que agradecida por lo que Joao había hecho por ella, conminaba a este a que le fueran aportados los detalles de la relación que su hijo mantenía con él, ya que entre madre e hijo siempre se había satisfecho cierto acuerdo de confianza y complicidad en lo relativo a los amoríos de Alberto, viéndose acorralado y sin salida en aquella inusitada celda. «¿Y por qué no?», pensó para sí el portugués. Hablaron sin tapujos, claro, largo y tendido de sus sentimientos, y Arabela vio con buenos ojos la relación entre su hijo y aquel valiente y educado foráneo.

Esos dos dilatados días transcurrieron despacio, muy despacio, la espera parecía no tener fin. Mientras la intendencia de la manutención, fuese desayuno, almuerzo o cena, era llevada a cabo por Adelina, los amigos se iban repartiendo las tareas de supervisión del estado de los enfermos, conversando con ellos asiduamente desde el pasillo. Entre tanto, Laura, quien estaba a cargo de Danilo, iba siendo puntualmente informada de todo por parte de Julio. Alicia hacía lo propio con Paco y le daba instrucciones sobre cómo proceder para el bienestar del pequeño.

Cumplido un plazo orientativo de cuarenta y ocho horas se conglomeraron nerviosos y expectantes junto a la chimenea, y allí, conteniendo el aliento, diez atentos ojos fueron testigos de cómo bajaba la escalera Joao junto a Arabela prácticamente restablecida.

La alegría inicialmente contenida dio paso a un frenesí de besos, achuchones y mimos entre todos.

El gesto de reconocimiento de gratitud de Alberto hacia Joao se tradujo en un breve y conciso beso en los morros a modo de piquito que no esperaba ni el portugués ni el resto de los presentes, denotándose sorpresa en ellos a la vez que una leve mueca de agrado en Arabela.

Tras los saludos pertinentes y el relato de las horas pasadas, llegó de nuevo la desazón al constatar que Basilio no se encontraba en el salón.

Adelina subió las escaleras junto a Alicia y tocó asustada la puerta del dormitorio de Marcelo. Nadie respondió, pero de sobra sabía ella que se encontraba dentro, velando por el alma de su primogénito.

Al abrir vio postrado de rodillas a Basilio sujetando un pequeño crucifijo mientras con la otra mano tocaba el cuerpo del hijo de ambos que se hallaba en el suelo yacente.

La pobre mujer se arrojó desconsolada ante su vástago y Alicia la emuló en el gesto.

Julio, al ser consciente de dichas ausencias subió precipitadamente, no tardó ni diez segundos, corroborando de primera mano como la familia del facineroso se encontraba unida junto a su cuerpo. Y sintió pena, una pena profunda, angustiosa por momentos, y que le oprimía el corazón.

Aquel despojo de ser se había convertido en su amigo, sí, su amigo, quién lo iba a decir. Aquel hombre resentido con la vida fue el encargado de ejecutar la venganza en nombre de José —o eso mismo creía él— y le había regalado lo más valioso, que no era otra cosa que su propio hijo, para ser criado como si fuera suyo.

Julio entre lágrimas salió al pasillo y se apoyó en la barandilla de la escalera, no quería que nadie le viese así.

Al momento el grito desgarrador de Adelina rompía de nuevo el mutismo.

A pesar de lo extraño del hallazgo del cadáver, nadie preguntó por el hecho de que se diera aviso del suicidio cuarenta y ocho horas más tarde; al fin y al cabo, era un hombre ya desahuciado por aquella enfermedad terminal. Nadie alegó circunstancia singular aparte de dicho suceso, dado que la carta manuscrita por la misma víctima exponía su predisposición a abandonar este mundo. Finalmente y tras la preceptiva autopsia el cuerpo le fue entregado a la familia.

Marcelo se había ido a su manera, convulsamente, como lo fue su existencia, pero al menos sus ojos fueron cerrados por un buen padre y su pérdida llorada por muchos, no solo en aquella finca, sino en lugares repartidos por toda la geografía de múltiples países, pues Marcelo siempre cooperó aportando ingentes cantidades de recursos amén de dinero a las personas más vulnerables, marginales y desprotegidas de la sociedad, renovando sus ilusiones y, sobre todo, brindando esperanza.

CAPÍTULO 23
Una despedida, unas nupcias y ¿algo más?

A pesar de las penurias adolecidas por parte de Arabela, esta ni tan siquiera mostró deseo alguno de revancha, ya no, no quiso interponerse de nuevo en el dolor de su amiga, así que calló y amnistió. El entierro se produjo en la más estricta intimidad alegándose ante el resto de vecinos que aquel forastero era un pariente lejano, el supuesto hijo huérfano de un primo de Adelina, a quien sobrevino *motu proprio* aquel fatal desenlace tras años de depresión encontrándose este de visita en la localidad, todo para intentar acallar habladurías y sinsentidos, los cuales, no obstante y como era de prever, siguieron su curso.

El cuerpo fue incinerado y las cenizas depositadas en el interior de un nicho en la parte nueva del camposanto, a escasos metros de la esquina donde reposaba el cuerpo de José. Qué extraña coincidencia, ¿verdad?, dos seres tan distintos y parecidos a la vez unidos por un trágico destino, queridos y llorados por tantos, a tan escasa distancia el uno del otro, recordados, muy recordados por quienes tuvieron el privilegio de llegar a conocerles.

Así que, en fin, resulta imposible llegar a resolver el enigma de cuándo se producirá el acontecimiento que lo cambiará todo, que dará inicio a esa chispa, a ese instante que te coloca en la verdadera casilla de salida, con el que se emprenderá un camino de no retorno que acabará tejiendo la historia de tu propia vida, de la vida de cada uno de nosotros.

La boda no se hizo esperar. Los prometidos rebosaban alegría a la par que nervios incontenibles. Julio, engalanado de chaqué, parecía un actor de cine esperando la culminación de la entrega de un premio. Laura era indescriptible; ataviada con un vestido de tejido blanco ceñido y traslúcido, dejando entrever sus suntuosas caderas, espalda al aire y pelo ondulado recogido en un moño que hacía de soporte vital a ese velo al que la tenue brisa daba cierta similitud a una pequeña estela dejada a su paso. Julio no pudo contener las lágrimas al verla, no era para menos.

¿Podrías adivinar quien diseñó esa maravilla? Así es, fue su regalo de bodas. No habría otro vestido así jamás, se aseguró muy mucho de que así fuese, no habría ventas ni réplicas, lo quiso así para que su amiga fuera la única mujer del mundo en portarlo, para que fuese especial, para que fuese irremplazable, como el amor que se profesaban sus dos amigos.

Danilo, imitando en la vestimenta al papá, fue quien portó los anillos ante el improvisado altar bajo la sombra de Máximo. La ceremonia fue ejercida por parte del párroco de Montepardo con la inestimable ayuda de Basilio, quien adujo haber prestado ayuda siempre en la iglesia de su barrio.

Imponente, vestida de largo en color granate, con un prominente escote que dejaba parte del pecho al descubierto y un bolso negro a juego, Alicia, emocionada y desfigurada por los ríos de maquillaje y rímel que surcaban su cara, abrazaba a Paco mientras este sostenía al pequeño Julio en corcoletas.

Erin aportaba un calificativo inaudito a su vestido floreado con volantes y estrechado en torno a la cintura. Su pelo, recogido en un agraciado y excelso rodete y flanqueado con aquellos enormes pendientes de aro metalizados, daba a su aspecto cierta semejanza a las actrices hollywoodienses de antaño.

Henchida de orgullo sonreía sin parar mientras Julián quedaba ensimismado ante la figura de su mujer, seguía tan enamorado de ella a pesar de tantos años compartidos que bien pareciera encontrarse todavía en la etapa del primer flechazo.

Con el beneplácito de Pilar fue Joao quien hizo de padrino de la esplendorosa novia. Él tampoco quedaba nada mal parado a la hora de compararse con los presentes. Ese porte encorsetado en un traje a medida color azul celeste a juego con una indiscreta pajarita podría incluso llegar a rivalizar con el novio del evento, y por supuesto los ojos de Alberto no encontraban mejor destino.

Alberto, quien por una vez esquivó su deseo irrefrenable de destacar, dejó que el resto de mortales le viesen como su madre lo trajo al mundo, no desnudo, sino sin tintes, adornos ni postizos, vestido de esmoquin color negro, camisa blanca y pajarita igualmente negra; eso sí, serigrafiado por todo su contorno con la imagen de dos anillos dorados entrelazados.

Sentadas muy elegantes en primera fila, Adelina, Pilar y Arabela parecían haberse puesto de acuerdo a la hora de engalanarse con aquellas variopintas y descomunales pamelas, como si fueran el trío integrante del cuadro de unas modernas meninas.

Junto a ellas y sentados en no menos importante localización, Manolo y María, los padres de José, quienes proyectaban la propia reminiscencia de su hijo en Julio, a quien tanto apreciaban.

Como era de prever, sor Caridad no podía faltar a la celebración de aquella unión, y henchida de dicha lanzaba besos y besos a todos a pesar de no conocer a nadie salvo al novio, a Joao y a Danilo.

No faltaron tampoco Adalberto Botelho y Cesária, los padres de Joao, quienes ya adelantaron que obsequiarían por su parte a los afortunados novios con un viaje de un mes de duración alrededor del mundo.

El convite fue celebrado junto a la fortaleza mediando un *catering* satisfecho por parte de Alberto. El día tan propicio dio pie a que el festejo se prolongara hasta bien entrada la tarde, prácticamente anocheciendo.

Mientras sonaba la música Julio salió a respirar fuera de la carpa y abstraído quedó mirando aquel atardecer. Esa puesta de sol en Montepardo de la Duquesa se le antojaba dibujada por un divinidad superior.

—¿En qué piensas, compañero?

Su fiel escudero, su acólito de andanzas, su amigo portugués, se encontraba ahora a su lado.

Joao le puso la mano en el hombro al mismo tiempo que dirigía también su mirada hacia el haz de la tenue luz que sobre la fortaleza quedaba tras la reincidente dormida del astro rey.

—Les echo mucho de menos, a los dos. ¿Crees que está mal poner en la misma balanza a Marcelo y a José?

Joao miró de frente a Julio mientras apoyaba las manos en sus hombros y replicó...

—No, amigo, no lo está, los dos han dejado una huella imborrable, está bien echar en falta lo mejor de cada uno de los dos. Pero, en fin, ¿y a mí?

—¿A ti qué?

—¿Cuánto me quieres?

—¡Mucho infinito, puto portugués!

Mucho infinito era la frase utilizada para dar por finalizada cada jornada cuando Danilo desde su cama demandaba esa respuesta para sí mismo como símbolo de unión y cariño entre él y Julio antes de dormir.

Entraron de nuevo requeridos por los alaridos desafinados de Alberto quien habiéndose apropiado para sí mismo del micrófono solicitaba ahora que los integrantes de los Volaos subiesen al reducido escenario a fin de cantar en el karaoke todos juntos *Entre dos tierras*, tema del cuarteto musical preferido de aquel singular grupo de amigos.

A pesar de los intentos de Joao por pasar desapercibido fue reclamada su presencia arriba como uno más de aquellas caricaturas de improvisados artistas.

La algarabía, el hermanamiento y la diversión fueron incrementándose de forma prolongada y exponencial.

Ya como cenit de aquel singular momento, el crepúsculo fue cerniendo de tonalidades rojizas el horizonte mientras una extraña bruma fue transmutando en sendas siluetas con apariencia humanoide a los pies de Máximo.

Ambos, José y Marcelo, en común unión, siendo testigos impertérritos de aquel transitorio júbilo, hicieron acto de presencia bajo aquel árbol centenario que bien pudiera incluso encontrarse en posesión de su propia alma.

—José, no he dejado de darle vueltas... ¿Cómo es posible...? ¿Quién si no fui yo despachó a esos dos hijos de puta que acabaron con tu vida e intentaron hacer lo propio con mi hijo? ¿Y qué significaban esas letras en su frente? Porque Julio cree que eran mis iniciales junto a las tuyas...

Con una especie de semblante cambiante de lo que podría definirse en aquella figura como la faz de José, mezcla esta entre ironía y placer, le contestó:

—A la última de tus preguntas he de responderte que todos erran en la predicción, ya que las siglas MFXJR grabadas en la frente de cada uno de mis homicidas no se corresponde con Marcelo Farías por José Roncero, sino con Mi Furia por Joderme, Rata.

»Y verás, no muy a menudo, pero algunas veces, el más fuerte se convierte en presa y el más débil en cazador.

Marcelo postuló la aportación de explicación algo más somera y concisa a su espectro consorte, coincidiendo en tiempo con la llegada caminando de Julián y Erin hasta la base de aquel vetusto árbol.

—Calla y observa —le interrumpió José barruntado lo que en breve acontecería.

Julián, embelesado con el físico de su mujer, cual enamorado en su primera noche de cita besó lenta y pausadamente el cuello de su cónyuge mientras que ella, coqueta, apartaba el cabello de aquella zona tan erógena incitando a este a que prosiguiera con tan deleitoso acto, siendo en ese preciso momento cuando Erin dejó a la luz una marca relativamente reciente, una especie de profunda laceración en el lóbulo de su oreja izquierda.

—¡Qué hijo de puta!, ¿lo hiciste tú o lo hizo ella...?

—Digamos que lo hicimos entre ambos, ella me prestó involuntariamente su cuerpo una noche y yo hice el resto.

—¿Te creerías que estás empezando a darme algo de miedo?

—¡No ni *ná*! —contestó sarcásticamente Josico.

Julio, henchido de orgullo salió en búsqueda de sus padres a fin de mostrarles las habilidades de Danilo en el teclado de uno de los componentes de la banda, quien gentilmente accedió a dejar aporrear aquel instrumento al párvulo.

—¡Ah, estáis ahí, tortolitos! Vamos, entrad, Danilo nos está dando un recital de música alternativa, ja, ja, ja.

La pareja, manos cogidas en cremallera, corrió a ver a su recién descubierto nieto maltratar aquella especie de sintetizador mientras que sus alaridos eran ya audibles fuera de la carpa.

Julio se quedó solo, inspirando y exhalando suavemente. De forma distendida cerró los ojos y al volver a abrirlos enfrentado a Máximo fue consciente de la presencia de Marcelo y Josico.

No se amilanó, sin temor alguno enarboló la mano a modo de despedida mientras ambas presencias se desdibujaban ante él y les agradeció su intercesión. De sobra sabía que los dos habían obrado aquel milagro y que siempre, hasta el final de sus días, realizarían el papel de ángeles custodios de todos y cada uno de ellos.

Esbozó una sonrisa y extrañamente sosegado volvió de nuevo a la celebración, no participó nada acerca de su visión, para qué, nadie le creería, pero la sensación de haberse despedido de ambos para él fue sanadora.

Montepardo de la Duquesa
30 de agosto de 2002

Mientras Julio regresaba tras la singular despedida a las dos personas que habían marcado tan profusamente su vida, en el interior de la carpa y mientras todos elogiaban las habilidades de Danilo, una vieja amistad volvía a florecer, a hacerse patente, esta vez si cabe con más ímpetu y solidez que antaño.

—Te he echado mucho de menos —susurró Adelina al oído de su reencontrada amistad.

—Y yo a ti amiga, y yo a ti —le confió igualmente Arabela.

Y así, Adelina fue la primera en desnudar ante Arabela sus sentimientos, y esta última recogió el guante agarrándola fuertemente de la mano, al igual que cuando eran aquella pareja inseparable en aquel pueblo septentrional en el que llegaron a ser tan felices a la vez que desgraciadas, pero esta vez ya nada ni nadie volvería a separarlas.

Tras haberse generado una tregua por parte de aquel reducto de enardecidos jóvenes, sonando esta vez una melodía un poco más acorde y asequible para el baile del resto de invitados, Arabela empujó a su amiga a fin de que solicitara a Basilio hacer de tándem en los pasos de aquella balada.

Ruborizada como si tuviese dieciocho años recién cumplidos, pidió al buen hombre que fuese su pareja, accediendo el mismo gratamente al envite.

Dos melodías y seguían abrazados, podrían haber sido mil de ellas y hubiesen seguido danzando sin parar de mirarse, frente a frente, despojados de todo óbice y vergüenza, sin reparos ni cortapisas ante el resto de espectadores, sin que tan siquiera el tiempo, ese maldito tiempo que tanto daño les causó y también les curó, les importase.

Alicia, absorta y a distancia, mientras se balanceaba descalza suavemente abrazada al cuello de Paco y con el niño cogido a su pierna, era testigo en primera línea de cómo la llama del amor entre sus padres continuaba encendida, constatándose que ambos se seguían queriendo y deseando, así que, como no podía ser de otra forma, dada la voluble personalidad de la escritora, dejando al hijo al cuidado del sufrido padre, se acercó hasta sus ascendientes y tocó insistentemente la espalda de su madre.

—Dime, cariño, ¿pasa algo? ¿El peque está bien?

—Mamá, tranquila, está con Paco. ¿Puedo? Será un minuto.

Esa escueta pregunta seguida de la contundente aseveración fue formulada mientras disponía sus brazos a modo de ruego con la finalidad de ser recogidos por parte de Basilio, robando así la pareja de baile a Adelina.

Ella, congratulada porque su hija diese el visto bueno a su amado, se retiró de nuevo junto a Arabela.

—La quieres todavía, ¿verdad? —preguntó Alicia a su padre.

—Como el primer día que la vi.

—Si le haces daño o sufre por tu culpa, haré un viaje a Brasil, a ver a unos amigos en común, diré que soy la hermana de Marcelo Farías y cada extremidad de tu cuerpo será depositada en un punto cardinal distinto del mundo, al igual que hicieron con santa Teresa de Jesús. ¿Me has oído bien, papá?

Tras esa especie de burlesca amenaza dio un beso eterno a Basilio, y él, conmovido, correspondió con todo el afecto que pudo. Era la primera vez que le llamaba papá, y eso era un gran paso a fin de granjearse la querencia de su hija.

Las horas se transformaron en minutos, precipitadas, rápidas. Sobrevino la noche, trayendo la calma a todas las moradas menos al lecho de los recién casados, y resurgió nuevamente de su sueño el sol cual ave fénix.

Adalberto y Cesária, quienes habían pernoctado en la habitación de invitados de la planta baja del chalé propiedad de Arabela, tras haber desayunado junto a la anfitriona se disponían a emprender el viaje de vuelta a Madrid, donde esperaba su *jet* privado a fin de trasladarles de nuevo a Lisboa.

No habían puesto un pie en la calle tras despedirse amable y educadamente de Arabela cuando salió a la carrera en pijama Joao cogido de la mano de Alberto, tratando de afrontar y poner a prueba el verdadero sentimiento hacia él del afamado arquitecto. Arabela, a pesar de agradarle la relación que ambos acababan de formalizar quedó atenazada por la duda ante la reacción que pudiera tener Adalberto. Si bien, tras toda una noche conversando con Cesária, aquella buena mujer era también conocedora y consciente al igual que ella de la condición sexual de su primogénito desde que era un retoño —tan natural y respetable como cualquier otra, pensaban ambas—, no tenía tan clara que la reacción del marido pudiera ser equivalente.

Adalberto rio a carcajada limpia y todos quedaron boquiabiertos, mirándose con extrañeza los unos a los otros.

—Ja, ja, ja, ¡pero qué pintas me llevan el par de acaramelados!

Ante esa frase, en primera instancia jocosa, una ráfaga de sentimientos contrapuestos bombardeó la mente de Joao... ¿Y ya está? ¿Dónde quedaba la tensión que no le dejaba conciliar el sueño? No podía ser, ¿o sí? Su padre había progresado hacia..., hacia la normalidad.

—*Venha aquí e me dê um abraço.* Vamos, yerno.

—¿Qué ha dicho? —preguntó Alberto atenazado por el miedo.

—Que te acerques a darle un abrazo.

Alberto, literalmente acojonado ante las apocalípticas descripciones que adujo Joao sobre la posible respuesta que aquel hombre pudiese dar tras ser consciente de la relación que mantenían se acercó cual perro maltratado y asustado demandando las sobras, a pequeños pasitos.

—Vamos, hombre, ven aquí.

Le apretujó con tal fuerza que reclamó lastimosamente aire para sí mismo. Cesária se unió al gesto y tras ella su queridísimo y amado hijo.

—Gracias, papá, eres único.

—Lo sé, granujas, os quiero en casa en un par de semanas, tenéis que pasar unos días en Cascais, y de paso enseñas a Alberto las cualidades y bellos entornos de nuestro país.

En Joao nacía un nuevo sentimiento, el orgullo de ser hijo de Adalberto Botelho, aunque ya lo estaba desde hacía un tiempo, ahora era simplemente el colofón a aquel sentimiento magnánimo.

—Oye, podré ir con otro color de pelo, ¿no? —le susurró al oído.

—Ni se te ocurra, ¿me has oído?, no tientes a la suerte.

Pasaron los días, las semanas y meses, y aquel bucólico pueblo fue incrementando su padrón de nuevos vecinos.

Finalmente Basilio y Adelina comenzaron un aunque tardío a su vez idílico romance, fijándose eventualmente como residencia de ambos la finca de La Florica ante la insistencia de Arabela en contraprestación por tantos y tantos tormentos padecidos y de los cuales se sentía responsable.

Cada tarde las amigas, siempre y cuando lo permitiese el estado de Pepe, paseaban juntas por los alrededores recuperando el tiempo y vivencias perdidas, charlando distendidamente, tal cual el destino les cediera esa segunda y no menos merecida oportunidad, volviendo a ser cómplices de una unión que nunca debió ser sometida por nada ni nadie.

Basilio alguna que otra tarde acompañaba a estas en las caminatas, siempre que no hubiese quedado previamente con su hija, con quien empezaba a fraguar una alianza de gran afectividad y cariño.

Mientras, Laura ejercía de profesora en el colegio de la localidad, pero esta vez su clase contaba con un alumno más, no siendo otro que su hijo Danilo, quien pletórico de orgullo no podía dejar de observar ensimismado a su madre impartir la enseñanza diaria.

Julio, a pesar de realizar trabajos desde casa como redactor en un periódico cuyos ejemplares se vendían por miles, continuó igualmente con la vocación que tanto le había apasionado durante su vida, sí, con la fotografía, pero, lejos de versar sobre temas cercanos a trincheras, contiendas, lastimados, dolor y muerte, ahora lo hacía en base a momentos intrínsecamente ligados a la felicidad tales como la naturaleza, las tradiciones y la familia, llegando incluso a ser galardonado con un premio de fotografía otorgado en Madrid ante la presencia de todos sus admiradores, amigos y allegados.

Alicia sucedía las horas escribiendo relatos. Entre párrafo y párrafo se dedicó a parapetarse en el amor de su marido y su pequeño, quienes llenaban de luz la ínfima parte de su existir que un día pudo haber sido penumbra.

Mantuvo igualmente con su padre una relación afable y estrecha, muy estrecha, siendo él quien la inspiró a escribir su última obra, la cual la catapultó al estrellato de la narrativa. La tituló *El regreso del caminante* y ahondaba tanto en los acontecimientos y vivencias sufridos por Julio como en otros ficticios a partes iguales.

Alberto y Joao apostaron fuerte por su para ellos idílica relación, ajenos a los chascarrillos del pueblo, y se trasladaron a vivir juntos. Rara era la semana que no se organizaba alguna quedada en aquel hogar a fin de dar curso al correspondiente festejo, al cual por supuesto eran convidados los integrantes de los Volaos.

La vacuna Luana MD3 fue dada de alta con la autorización y seguimiento de la Agencia Europea del Medicamento, figurando Pdsmedic como la revolucionaria farmacéutica capaz de haber realizado dicho prodigio. El producto se comercializó a lo largo y ancho del mundo a muy bajo coste siguiendo órdenes expresas del presidente de dicha empresa, que no era otro que Joao.

Ese y otros innovadores fármacos fueron puestos a la venta, sufragándose los gastos para su compra en países en vías de desarrollo mediante los ingentes beneficios obtenidos en los países más ricos, así lo quiso Marcelo y así se comprometió con él Joao, quien delegó a su vez la supervisión de la compañía en varios científicos de renombre, los cuales rendían cuentas de todo el balance tanto financiero como logístico periódicamente y viajaban para tal fin hasta la localidad de Montepardo de la Duquesa, donde residía Joao en aquella vanguardista casa de campo junto a Alberto.

Una mañana en la cual el diseñador se había trasladado hasta la capital por motivos relacionados con la reposición del género de sus tiendas debido al cambio de temporada, y encontrándose Joao solo en la vivienda, se dirigió hasta el armario del dormitorio principal donde tiempo atrás depositó a modo de evocación la maleta metálica en la cual Marcelo portó en secreto la vacuna que tanto bien acabó realizando.

Todavía con recelo volvió a abrirla, no lo había vuelto a hacer desde aquel trágico final. La revisó meticulosamente y al darle la vuelta pudo oír un casi inaudible sonido metálico. Extrañado, abrió aquella valija tan particular, pero no había nada, así que esta vez volvió a agitarlo más concienzudamente. De nuevo ese ruido, ¿de qué podría tratarse?

Cayó en la cuenta que tras aquella parte esponjosa y acolchada pudiera llegar a darse la existencia de algún hueco en el cual pudiera haber quedado depositado el objeto culpable de aquel sonido.

Con cautela y curioso acabó despojando ese cubrimiento protector del maletín, dejando ahora a la vista lo que parecía ser una pequeña memoria extraíble.

Sin poder contener más la intriga la introdujo en su ordenador portátil, dando lugar tras su apertura al visionado de unas imágenes. Un reducto no muy grande de mujeres y hombres semidesnudos entraban y salían de unas chozas construidas de troncos y ramas secas alarmados por lo que ocurría en su interior, luego la figura de un hombre agonizante aplomado en un camastro con todo el cuerpo completamente lleno de úlceras y laceraciones.

La secuencia pareció ralentizarse cuando de repente hizo aparición en aquella proyección una mujer menuda de pelo moreno y coleta que vestía una camiseta con las siglas MSF de Médicos Sin Fronteras y se introducía en aquella especie de cabaña presumiblemente con la intención de verificar el estado del enfermo.

Al salir de nuevo al exterior los rayos de luz incidían directamente en el objetivo no dejando en primera instancia vislumbrar la cara de aquella misteriosa mujer. Giró a derechas volviendo así a regularse automáticamente la exposición de la luz.

No podía ser, la sensación de un vertiginoso latigazo directo al estómago fue monstruoso, desproporcionado, era..., era... ¡Alicia!

¿Cómo era posible? Aquella doctora que se encontraba intentando dilucidar el mal que se cernía en ese poblado apartado de la civilización era Alicia, o al menos alguien que era físicamente idéntica a ella.

No podía contener su asombro, sintió un escalofrío incómodo recorrer su columna. Sin tan siquiera meditarlo, cogió del escritorio una piedra que hacía la función decorativa al mismo tiempo que de sujetapapeles y golpeó contundentemente aquel USB. Lanzó los pedazos al inodoro y apretó la cisterna.

Nunca refirió nada de ello, nunca. Así sería hasta que de nuevo otro caminante fuese consciente de que ahí fuera hay otros, otros que se asemejan, que pueden llegar a cambiar tu concepto de la misma existencia y tu escala de valores. ¿Quién dará ese paso? ¿Serás tú esta vez?

Muchas gracias por leer a los nuevos talentos de la Literatura.
Espero que haya disfrutado de la lectura.

Le invito a visitar nuestras Librerías donde podrá disfrutar
de un 15% de descuento en su próxima compra.
Solo tiene que poner la palabra lector en el apartado cupón y aplicarlo.

Si prefiere leer en formato digital, se puede descargar nuestra App Gratuita
Angels Fortune Books, donde además podrá leer gratis nuestra revista literaria.

Si lo desea, también puede seguirnos en nuestra redes sociales.

Isabel Montes
Escritora y Editora fundadora
Grupo Editorial Angels Fortune

Made in the USA
Monee, IL
03 May 2026